| 第7版 |

曼昆《经济学原理：宏观经济学分册》学习手册

付达院 主编

图书在版编目(CIP)数据

《经济学原理（第7版）：宏观经济学分册》学习手册/付达院主编. —北京:北京大学出版社, 2015.9

ISBN 978-7-301-26243-6

Ⅰ. ①经… Ⅱ. ①付… Ⅲ. ①宏观经济学—高等学校—自学参考资料 Ⅳ. ①F015

中国版本图书馆 CIP 数据核字(2015)第 199024 号

书　　名	《经济学原理(第7版):宏观经济学分册》学习手册
著作责任者	付达院　主编
责任编辑	周　玮
标准书号	ISBN 978-7-301-26243-6
出版发行	北京大学出版社
地　　址	北京市海淀区成府路205号　100871
网　　址	http://www.pup.cn
电子信箱	em@pup.cn　　QQ:552063295
新浪微博	@北京大学出版社　@北京大学出版社经管图书
电　　话	邮购部62752015　发行部62750672　编辑部62752926
印 刷 者	河北滦县鑫华书刊印刷厂
经 销 者	新华书店
	787毫米×1092毫米　16开本　16.25印张　406千字
	2015年9月第1版　2020年12月第9次印刷
定　　价	35.00元

编 委 会

前 言

本书是与 N. 格里高利·曼昆(N. Gregory Mankiw)的《经济学原理》(第 7 版)相配套的学习手册,本书编写的目的是真正创造一本来自国外而又适用于中国学生的经济学辅导教材。

《学习手册》的特色

N. 格里高利·曼昆的《经济学原理》是当今世界上最流行的经济学入门教材,不仅其英文原版已被哈佛大学、耶鲁大学、斯坦福大学等世界顶尖大学采用,而且被翻译成二十多种语言并以其畅销性创下吉尼斯世界纪录,本书的中译本自 1999 年出版以来也一直是国内选用最多、最受欢迎的初级经济学教材之一。这本教材的最大优点在于其"学生导向",与其他同类教材相比,它更多地强调经济学原理的应用和政策分析,而不是正式的经济学模型。这表现在作者不仅在大部分章节中提供了案例,而且加入大量的"新闻摘录"。但遗憾的是,这本教材不太可能做到对国内学生身边发生的新闻和案例的深入分析和解读。

《学习手册》最大的特色和亮点在于,不仅涵盖国内外通行教辅所包含的学习精要和课外习题及解答,还重点突出中国的新闻透视和案例研究,其中新闻透视部分遵循"新闻热点 & 评析透彻"原则,案例研究部分遵循"案例经典 & 解剖到位"原则,让学生懂得什么是本土化的经济学和生活中的经济学。

《学习手册》的结构

《学习手册》的每一章都与曼昆《经济学原理》的内容相对应。每一章又分为以下四个部分:

- **学习精要**:包括教学目标、内容提要、关键概念、拓展提示四个小部分。其中"教学目标"侧重从了解、领会、理解、熟悉、掌握等五个层次介绍本章学习目的。"内容提要"重点梳理和总结本章经济学原理的核心内容,可以起到提纲挈领的效果。"关键概念"提供本章所学的核心经济学词汇,以有利于学生复习和巩固关键术语和定义。"拓展提示"意在掌握教科书原理的基础上,进一步拓展学生的经济学视野,培养学生开放地思考和反馈的能力。
- **新闻透视**:从与中国当前密切关联的经济社会、时事热点、大众传媒等领域择取具有较强时效性和现实意义的新闻素材,结合本章核心原理,从经济学视角还原新闻全貌并解读事件真相。每章"新闻透视"的数量为 2—3 个,每个"新闻透视"均包含新闻内容、关联理论、新闻评析三部分内容。其中,新闻内容大多来自国内政府机关权威报道、重点报刊及媒体网络,关联理论展示能够解释新闻事件的核心原理,而新闻评析将实现新闻内容与关联理论的紧密结合,以培养学生解决实际问题的能力以及对现实的敏锐洞察力。

- **案例研究**:从与日常生活密切关联的经济事件、公共话题、社会实践等领域择取具有一定典型性、新颖性和启发性的案例素材,结合本章主要原理,挖掘经典案例背后隐含的经济学意蕴。每章"案例研究"的数量为2—3个,每个"案例研究"均包含案例内容、关联理论、案例解剖三部分内容。其中,案例内容大多摘自实践与创新及其相关领域,关联理论展示能够解释该案例的主要原理,而案例解剖将实现案例内容与关联理论的有效融合,以培养学生的自主思考能力及综合创新思维。
- **课外习题**:本部分精选术语解释、单项选择、判断正误、简答题、应用题、拓展思考题六大题型,包括5道"术语解释"、15道"单项选择"、10道"判断正误"、5道"简答题"、3道"应用题"、2道"拓展思考题"。术语解释、单项选择、判断正误和简答题四类习题侧重于对基础知识的理解,应用题和拓展思考题侧重于对理论应用能力的考查。《学习手册》对所有问题都给出解答,并特别就简答题、应用题、拓展思考题等习题给出考查要点和参考答案。

《学习手册》的使用

对于如何使用本手册,我们将为你提出以下建议:尽管本书最大的特色和亮点在于其新闻透视和案例研究,但并非让学生忽略其他部分。其原因在于,学习精要有助于学生巩固课本知识,并增进对经济学原理的进一步理解,课外习题有助于学生检验对课本内容和经济学原理的掌握程度。因此,建议在进入新闻透视和案例研究之前,先仔细阅读并理解学习精要,这一点非常重要。

《学习手册》的编写

这本《学习手册》是集体讨论和研究的成果,宏观经济学分册各章的编写分工是:陈刚(第23章),付达院(第24、31章),陈寿雨(第25章),金兴华(第26章),徐丽(第27章),萨日娜(第28章),柳萍(第29章),徐翌(第30章),黄瑶(第32章),陈曦(第33章),黄栋(第34章),孙一得(第35章),李瑞(第36章)。全书由付达院担任主编,负责统稿、终审、定稿;徐丽、柳萍担任副主编,分别负责部分章节的初审。除作者外,本书编写过程中还得到多位老师的大力支持,他们是浙江大学赵伟教授、顾国达教授,南开大学周冰教授,上海大学顾卫平教授、吴解生教授,浙江财经大学王俊豪教授、卢新波教授、邱风教授、项后军教授,浙江越秀外国语学院徐真华教授、詹文都教授、单胜江教授、李建平教授、何建乐教授、任建华教授,在此深表谢意。同时,感谢曼昆写出的《经济学原理》经典教科书。最后,还要感谢北京大学出版社郝小楠和周玮两位编辑为本书所做的认真细致的工作,她们的辛勤劳动直接促成了本书的出版。

作为2015年度浙江省高等教育教学改革项目(编号:jg2015199)以及2015年度浙江省哲学社会科学规划课题(编号:15NDJC245YB)的重要研究成果之一,这本《学习手册》中的所有内容均已经过多位评审者的多轮精心核对和修撰。但受编者水平和编写时间所限,书中难免存在一些不足。如果您发现书中错误或不当之处,抑或您对未来版本有任何意见和建议,请随时与我们保持联系(E-mail:fudayuan6190@163.com)。敬请读者批评指正,以求不断改进和完善。

付达院

2015 年 6 月 20 日

目　　录

第 23 章
一国收入的衡量

一、学习精要

(一) 教学目标

1. 领会为什么一个整体经济中的总收入等于其总支出。
2. 理解国内生产总值(GDP)的定义,掌握 GDP 按总支出角度划分的四个主要组成部分。
3. 掌握真实 GDP 与名义 GDP 的概念、计算方法及其区别。
4. 理解 GDP 平减指数的概念,学会计算 GDP 平减指数及通货膨胀率。
5. 学会对 GDP 这一衡量经济福利的指标进行公正评价。

(二) 内容提要

本章主要论述用来衡量宏观经济中的生产和收入的重要指标——国内生产总值(GDP)。主要分三步进行:第一,探讨经济的收入和支出及国内生产总值的衡量;第二,探讨一国国内生产总值的基本构成;第三,讨论真实 GDP 与名义 GDP 的差别以及 GDP 与经济福利的相关性。

1. 经济的收入与支出

(1) 当判断一国经济是富裕还是贫穷时,自然就会考察经济中所有人赚到的总收入,这正是国内生产总值的作用。GDP 同时衡量两件事:经济中所有人的总收入和用于经济中物品和服务产出的总支出。

(2) 对于一个整体经济而言,收入必定等于支出,其原因在于经济生活中每一次交易都有买方和卖方。可以用循环流量图来简化说明为什么一个宏观经济中收入和支出相等,尽管现实经济比这要复杂得多,但基本结论是相同的。

2. 国内生产总值的衡量

国内生产总值(GDP)是在某一既定时期一个国家内生产的所有最终物品与服务的市场价值。

(1) 市场价值:物品对 GDP 的贡献可以用它们的市场价值来评价。这便于所有物品都用相同的单位来衡量,那些没有市场价值的物品被排除在外,比如你为自己而做的家务。

(2) 所有:GDP 力图衡量经济中在市场上合法销售的所有生产,为了力求全面,GDP 把估算的所有者自住房屋的租金价值作为住房服务的生产包含在内。但要注意的是,GDP 不包括非法生产与销售的东西。

(3) 最终:GDP 只包括出售给最终使用者的物品或服务,生产过程中使用的中间物品的价值已经包含在最终物品的价值中，不再重复计算。

（4）物品与服务：GDP 既包括有形的物品，也包括无形的服务。

（5）生产的：GDP 只包括现期生产的物品，不包括过去生产的物品（如二手车）。

（6）一个国家内：GDP 衡量的生产价值局限于一个国家的地理范围之内，不管是由本国的国民还是住在本国的外国人生产。

（7）在某一既定时期：通常是一年或一个季度（3 个月）。

3. GDP 的组成部分

从总支出角度，可以把所有最终物品或服务的价值相加来衡量 GDP。GDP 分为四个组成部分：消费、投资、政府购买和净出口。若用 Y 代表 GDP，则可得国民收入恒等式：

$$Y = C + I + G + \mathrm{NX}$$

（1）消费：家庭用于物品和服务的支出，但不包括购买新住房。

（2）投资：企业用于资本设备、存货和建筑物的支出，也包括家庭购买新住房的支出。

（3）政府购买：包括地方、州和联邦政府用于物品和服务的支出，但不包括转移支付。

（4）净出口：等于国内生产并销售到国外的物品和服务的价值（出口）减国外生产并在国内销售的物品和服务的价值（进口）。

4. 真实 GDP 与名义 GDP

（1）名义 GDP 是用现期价格评价的经济中物品与服务的生产，它没有经过通货膨胀校正。真实 GDP 是用不变的基年价格来评价的经济中物品与服务的生产，它经过了通货膨胀校正。由于真实 GDP 衡量经济中物品和服务的生产，因此它反映经济满足人们需要和欲望的能力。因此，真实 GDP 作为衡量经济福利的指标要优于名义 GDP。

（2）GDP 平减指数是衡量相对于基年物价水平的当年物价水平的物价指数，通常用名义 GDP 与真实 GDP 的比率乘以 100 计算的物价水平指标衡量。GDP 平减指数的得名是因为它可以用来从名义 GDP 中剔除通货膨胀。

$$\text{GDP 平减指数} = \frac{\text{名义 GDP}}{\text{真实 GDP}} \times 100$$

（3）GDP 平减指数是经济学家用来监测经济中平均物价水平，从而检测通货膨胀率的一个衡量指标。衡量经济中通货膨胀率的一种方法是计算从一年到下一年 GDP 平减指数增加的百分比。

$$\text{第二年的通货膨胀率} = \frac{\text{第二年的 GDP 平减指数} - \text{第一年的 GDP 平减指数}}{\text{第一年的 GDP 平减指数}} \times 100\%$$

5. GDP 是衡量经济福利的好指标吗

（1）GDP 是衡量经济福利的一个良好指标，因为人们对高收入的偏好大于低收入。人均真实 GDP 高的国家往往有更好的教育体系、更好的医疗体系、更有文化的公民、更好的营养和更长的预期寿命。

（2）但 GDP 并不是衡量经济福利的一个完美指标，因为对美好生活作出贡献的很多东西并没有包括在 GDP 中，譬如 GDP 没有包括闲暇、环境质量以及在家中生产但不在市场上销售的物品与服务，当然 GDP 更不可能包括地下经济和影子经济。

（三）关键概念

1. 微观经济学：研究家庭和企业如何做出决策，以及它们如何在市场上相互影响。

2. 宏观经济学：研究整体经济现象，包括通货膨胀、失业和经济增长。

3. 国内生产总值：在某一既定时期一个国家内生产的所有最终物品与服务的市场价值。

4. 消费：家庭除购买新住房之外用于物品与服务的支出。

5. 投资：用于资本设备、存货和建筑物的支出，包括家庭用于购买新住房的支出。

6. 政府购买：地方、州和联邦政府用于物品与服务的支出。

7. 净出口：外国人对国内生产的物品的支出（出口）减国内居民对外国物品的支出（进口）。

8. 名义 GDP：按现期价格评价的物品和服务的生产。

9. 真实 GDP：按基期不变价格评价的物品和服务的生产。

10. GDP 平减指数：用名义 GDP 与真实 GDP 的比率乘以 100 计算的物价水平的衡量指标，即可用于衡量相对于基年物价水平的当年物价水平的物价指数。

（四）拓展提示

1. 在实际核算中，国内生产总值的三种形态表现为三种计算方法，即生产法、收入法和支出法，三种方法分别从不同的方面反映国内生产总值及其构成。用生产法、收入法、支出法计算的结果分别称为生产法 GDP、收入法 GDP、支出法 GDP。因为按三种方法计算的 GDP 反映的是同一经济总体在同一时期的生产活动成果，所以从理论上讲，三种计算方法所得到的结果应该是一致的。但在实践中，由于受资料来源、口径范围、计算方法等因素的影响，这三种方法的计算结果往往存在差异。

（1）生产法核算 GDP，是指按提供物质产品与服务的各个部门的产值来计算国内生产总值。生产法又叫部门法。这种计算方法反映了国内生产总值的来源。在中国的统计实践中，生产法计算 GDP 分为四项：GDP = 劳动者报酬 + 生产税净额 + 固定资产折旧 + 营业盈余。

（2）收入法核算 GDP，就是从收入的角度，把生产要素在生产中所得到的各种收入相加来计算 GDP，即把劳动所得到的工资、土地所有者得到的地租、资本所得到的利息以及企业家才能得到的利润相加来计算 GDP。这种方法又叫要素支付法、要素成本法。收入法计算 GDP 分为以下项目：GDP ＝工资 + 利息 + 利润 + 租金 + 间接税和企业转移支付 + 折旧。

（3）支出法核算 GDP，就是从产品的使用出发，把一年内购买的各项最终产品的支出加总而计算出的该年内生产的最终产品的市场价值。这种方法又称最终产品法、产品流动法。支出法计算 GDP 可分为以下四项：$\mathrm{GDP} = C + I + G + \mathrm{NX}$。

2. 名义 GDP 也称货币 GDP，是用生产物品和服务的当年价格计算的全部最终产品的市场价值。名义 GDP 的变动可以有两种原因：一种是实际产量的变动，另一种是价格的变动。也就是说，名义 GDP 的变动既反映了实际产量变动的情况，又反映了价格变动的情况。由于相同产品的价格在不同的年份会有所不同，因此，如果用名义 GDP 就无法对国民收入进行历史的比较。为了使一个国家或地区不同年份的 GDP 具有可比性，就需要以某一年的价格水平为基准，各年的 GDP 都按照这一价格水平来计算。这个特定的年份就是基年，基年的价格水平就是所谓的不变价格，按基年的不变价格计算出来的各年最终产品的价值就是真实 GDP。

3. GDP 作为一个最基本的总量指标，在衡量国家总体经济水平、科技水平和居民生活水平方面还存在一些缺陷或不足。首先，GDP 不能全面地反映一个国家的经济活动，因为存在不少非市场性的商品和服务活动，针对市场经济落后的国家更是如此。其次，GDP 不能真实反映经济发展及其国民福利。再次,GDP 是一个"数量"概念,不能反映经济增长方式和经济增长的质量。因此,如果盲目地追求和崇拜 GDP,将可能导致社会层面、经济层面中真正需要关注的领域被忽视。

二、新闻透视

(一) 新闻透视 A

GDP 增长不能以破坏环境为代价

从各个省份陆续公布的 2012 经济年报中,人们欣喜地看到,人均 GDP 突破 1 万美元大关的省份又多了三个,它们分别是浙江、江苏和内蒙古。连同北京、上海和天津三个直辖市,中国已经有六个省份的人均 GDP 超过 1 万美元。

人均 GDP 达到或超过 1 万美元,在一个地区的经济发展中具有里程碑意义。它是我们努力摆脱"中等收入陷阱"的历史见证,也是未来全面建成小康社会的必要基础。

按照世界银行的标准,中低收入经济体 2010 年的平均收入为 1 006—3 975 美元;中高收入经济体的平均收入为 3 976—12 275 美元,高收入经济体的平均收入为 12 276 美元以上。中国一些经济发达地区正在向高收入台阶迈进。

但是,进入今年以来连续的雾霾天气让这些成绩单打了折扣。雾霾无情地揭示,环境承受了太多压力,而环境和生态代价并未计入经济统计数据。以 2013 年 1 月 29 日为例,受到雾霾影响,北京、天津、石家庄、济南等城市空气质量为六级,属严重污染;郑州、武汉、西安、合肥、南京、沈阳、长春等城市空气质量为五级,属重度污染。

目前,中国有关环境污染对经济影响的量化研究尚不充分。2013 年 1 月 28 日,中国气象局首次将 PM 2.5 作为发布霾预警的重要指标之一,并于次日两度发布霾黄色预警。北京大学公共卫生学院开展的《PM 2.5 的健康危害和经济损失评估研究》显示,2010 年,北京、上海、广州、西安因 PM 2.5 污染分别造成早死人数达数千人,经济损失数十亿元。而这些仅是由于 PM 2.5 污染带来的早死导致的经济损失,并未包括患病造成的治疗损失、工作日损失、学习日损失等。可见,PM 2.5 污染已经给城市居民公共健康带来巨大代价,是经济社会可持续发展的负能量。

监测数据表明,中国中东部地区的雾霾污染面积一度达到 143 万平方公里。被雾霾笼罩的广大地区也是中国经济活跃地带。这就很自然地提出一个严肃话题:经济发展与环境保护应该是怎样的关系?是先发展后治理,还是边发展边治理,抑或只管发展而不予治理?

严重雾霾警醒中国式经济增长。在令人鼓舞的人均 GDP 增长数据面前,我们不应沾沾自喜,而是要多几分清醒,认清所面临的挑战。中国已经具备了跨越中等收入陷阱、冲击高收入国家门槛的基础,与此同时,对环境污染和生态破坏的代价亦不能视而不见。除大气污染外,水污染、土壤污染等均与百姓生活质量息息相关。罔顾污染给人民群众造成的危害而片面追求经济增长,这样的增长是缺少质量的增长,其增长效益也必然大打折扣。

党的十八大报告提出"全面落实经济建设、政治建设、文化建设、社会建设、生态文明建设五位一体总体布局"。如何将经济建设和生态文明建设有机融合,不断开拓生产发展、生活富裕、生态良好的文明发展道路,成为摆在每一位决策者、企业公民和普通百姓面前的必选课题。

资料来源:人民网—财经频道,2013 年 2 月 1 日。

【关联理论】

GDP 是衡量经济福利的一个良好指标,人均真实 GDP 高的国家往往有更好的教育体系、更好的医疗体系、更有文化的公民、更好的营养和更长的预期寿命。但 GDP 并不是衡量经济福利的一个完美指标,因为对美好生活作出贡献的很多东西并没有包括在 GDP 中,譬如 GDP 就没有包括环境质量。如果政府取消了所有环境管制,那么企业就可以不考虑它们引起的污染而生产物品与服务。最终导致的结果是,空气和水质量的恶化要大于更多生产所带来的福利利益,尽管 GDP 会增加,但国民福利很可能会下降。

【新闻评析】

GDP 是衡量经济福利的一个良好指标,但绝不是完美指标。因为 GDP 仅仅记录和反映以价格为条件的市场交易活动,也就是 GDP 只是反映了经济增长的数量,但不能反映经济增长的质量和经济发展水平。在一个工业社会里,经济总量的增加往往伴随着环境污染、城市噪声、交通拥挤的产生,GDP 作为一个经济增长的总量指标,由于没有考虑在生产过程中造成的环境污染和资源耗费所带来的损失,从而导致 GDP 忽略了经济增长时所付出的沉重代价,因而存在重大缺陷。

为了弥补 GDP 的这一缺陷,1997 年世界银行设计和推出了“绿色国内生产总值国民经济核算体系”,即将一国经济产出中的能源耗费和二氧化碳的排放量等记录于绿色账户,再将其从 GDP 中核减,从而形成绿色 GDP。由于绿色 GDP 是在扣除了能源耗费、环境成本之后的国民财富,因而绿色 GDP 比较真实可靠。绿色 GDP 占 GDP 的比重越高,则表明一国经济增长的正面效应越大,而负面效应也就相应越小;反之,绿色 GDP 占 GDP 的比重越低,则表明一国经济增长的负面效应越大,而正面效应也就相应越小。绿色 GDP 是对 GDP 指标的一种调整。从保护环境的角度来说,启用绿色 GDP 的指标有利于防患于未然。虽然目前世界上还没有出现一套科学的、可操作的绿色 GDP 统计模式,但绿色 GDP 指标的提出,弥补了传统 GDP 在统计中的一些不足,对于构建一个能充分反映在经济产出过程中资源成本和环境成本的总量指标有积极的指导意义。

雾霾天气不光给人们的出行带来了很大的困难,也造成很多交通事故和对人们健康与生命的威胁,使我们看到环境污染治理的紧迫性,认识到十八大提出的加强生态文明建设的必要性。对自然资源的毫无顾忌的滥用,造成环境的恶化、资源的枯竭,导致了雾霾天气。雾霾天气频发再一次给我们敲响了警钟,环境与每个人息息相关, 经济发展再也不能走先污染后治理的老路,城市管理再也不能以“空气不好是小事”的心态来应对突发情况,居民生活再也不能只图自己方便、不管环境负担。只有形成节约资源和保护环境的空间格局、产业结构、生产方式、生活方式,从源头上扭转生态环境恶化趋势,我们才可能拥有天蓝、地绿、水净、风清的美好家园。

(二)新闻透视 B

国家统计局:2013 年全国人均可支配收入 18 311 元

国家统计局最新发布的《2013 年国民经济和社会发展统计公报》中,首次发布了城乡住户调查一体化后的全国居民人均可支配收入数据——全年农村居民人均纯收入 8 896 元,比上年增长 12.4%,扣除价格因素,实际增长 9.3%;城镇居民人均可支配收入 26 955 元,比上年增长 9.7%,扣除价格因素,实际增长 7.0%。根据从 2012 年第四季度起实施的城乡一体化住户调查,全国居民人均可支配收入 18 311 元,比上年增长 10.9%,扣除价格因素,实际增长 8.1%。

收入数据源自对 16 万户家庭的直接调查

全国居民人均可支配收入来源于城乡一体化住户调查对全国 16 万户居民家庭的直接调查。国家统计局根据人口普查资料建立抽样框,对全国城乡居民统一按照常住地进行科学的概率抽样,随机抽选调查住宅和调查户,较好地覆盖了常住人口和流动人口。全国共抽选出 1 650 个县的约 16 万住户参加调查。样本规模和分布经过科学测算,抽样结果经过严格评估,对全国和分省有代表性。

房租上涨是居民收入增长的原因之一

2013 年全国城镇居民人均可支配收入增长的主要原因:一是工资性收入稳定增长。主要是企业薪酬继续上升,就业人数稳定增加;27 个省份上调了最低工资标准。二是经营净收入平稳增长。主要是营改增的行业地区试点范围进一步扩大,惠及 600 多万家小微企业,切实提高了个体工商户和小微企业从业人员的收入。三是受居民出租房屋面积增加、租金上涨的影响,财产性收入较快增长。四是政府加大社会保障和转移支付力度,包括养老金在内的转移性收入稳步增长。

居民收入增长和 GDP 增长基本同步

统计数字显示,2013 年城镇居民人均可支配收入实际增长 7.0%,农村居民人均纯收入实际增长 9.3%,全国居民人均可支配收入实际增长 8.1%,全国国内生产总值(GDP)增长 7.7%。从总体上看,居民收入增长与 GDP 增长保持了基本同步。比较居民收入增长与 GDP 增长是否同步,需要在同范围、同口径、同方法下进行,即人均数与人均数比、全体数与全体数比、实际增速与实际增速比。2013 年,中国 GDP 总量实际增长 7.7%,扣除人口自然增长因素后,人均 GDP 实际增长 7.1%,与之对应的全国居民人均可支配收入实际增长 8.1%。即使增长稍慢的城镇居民人均可支配收入 7.0% 的增幅,与人均 GDP 7.1% 的增幅也是基本相当的。所以,综合上述各种情况,2013 年中国实现了居民收入和国内生产总值增长基本同步。

资料来源:北京青年报,2014 年 2 月 25 日。

【关联理论】

如果要判断一国经济是富裕还是贫穷,或者说判断一个国家人们的生活水平的高低,自然就应当考察经济中所有人赚到的总收入,这正是国内生产总值(GDP)的作用。而个人可支配收入(PDI)表示一国所有个人在一年内实际得到的可用于消费和储蓄的收入总和,它是从个人收入派生出来的一项指标。从长期来看,人均可支配收入与 GDP 同向变动。

【新闻评析】

国民生产总值(GNP)指某国国民拥有的全部生产要素所生产的最终物品和服务的市场价值,国民生产总值(GNP) = (GDP - 外国居民在本国的要素收入) + 本国国民在国外的要素收入 = GDP + 国外净收入。而国民生产净值(NNP)指一个国家的全部国民在一定时期内,国民经济各部门生产的最终物品和服务价值的净值,国民生产净值(NNP) = GNP - 资本折旧。而国民收入(NI) = NNP - 企业转移支付 - 间接税 + 政府给企业的补助金,即一国生产要素

(包括土地、劳动、资本、企业家才能等)所有者在一定时期内提供生产要素所得的报酬,即工资、利息、租金和利润等的总和。个人收入(PI)指个人在一年内从各种来源所得到的收入总和,包括劳动收入、业主收入、租金收入、利息和股息收入、政府的转移支付等,它是从国民收入派生出来的一项指标。个人可支配收入(PDI)表示一国所有个人在一年内实际得到的可用于消费和储蓄的收入总和,它是从个人收入派生出来的一项指标,可以写成:PDI = PI - 各种个人税 = 个人消费 + 个人储蓄。人均可支配收入是指个人可支配收入的平均值。个人可支配收入指个人收入扣除向政府缴纳的各种直接税以及非商业性费用等以后的余额。个人可支配收入被认为是消费开支的最重要的决定性因素,因而常被用来衡量一个国家生活水平的变化情况。

一国 GDP 对该国居民的收入有显著的影响。创造 GDP 好比是做蛋糕,GDP 大了,蛋糕就大了,全体居民就可能多分配到一些。从参与分配的主体看,主要包括三大主体:一是政府,它以税收的形式参加分配;二是企业,它以利润的形式参加分配;三是居民,它以工资、奖金、福利等形式参加分配。如果这三大主体的分配比例变化不大,则 GDP 增加了,政府、企业、居民的收入都会相应增加。政府的税收会增加,企业的利润会增加,居民的工资收入会增加。近年来,中国的 GDP 增长一直很快,相应地,居民收入增长也很快,就是这个道理,居民收入的增长快慢与 GDP 增长的快慢在趋势上是一致的。随着近年来居民收入增幅,特别是城镇居民收入增幅的增加,居民收入基数也在增大。在居民收入基数增大的情况下,从绝对值来看,居民收入较小的增长率也能带来可支配收入的大幅度增长,对于改善居民生活有重要意义。

(三) 新闻透视 C

中国落后日本 40 年:GDP 是日本的 2 倍 人均不及其 1/5

自 2012 年钓鱼岛争端以后趋冷的中日经贸,最近开始有了回温的迹象。

据日本贸易振兴会(JETRO)发布的数据,2014 年上半年,日本对华出口同比增长 2.5%,至 780 亿美元。尽管日本对华出口规模仍没有超越 2012 年上半年的水平,但这却是三年来首度正增长。

中日关系似乎又要回到以往“政冷经热”的局面。

但是,这一次和以往不同。日本著名华人经济学家、野村证券高级研究员关志雄撰文称,“中国的崛起改变了中日关系”,“中国从援助对象变成对等伙伴,而且不仅作为工厂,作为市场的重要性也越发显著”。

中日关系的大变:中国 GDP 是日本的 2 倍

关志雄指出,“中国的崛起改变了中日关系”主要体现在两个方面。一方面,中国已经成为仅次于美国的世界第二大经济体,与日本的差距也在逐渐扩大。

2010 年,中国 GDP 首次超越日本,跃居世界第二。而在 30 年前的 1980 年,中国 GDP 还仅仅只是日本的 27.9%。如今,中国 GDP 已经是日本的 1.87 倍(2013 年数据),2014 年达到日本 2 倍的水平,几乎不成问题。

随着中国经济的飞速发展,中国在世界贸易中所占份额迅速上升,而日本则在急剧下降,两国几乎形成了一个十字交叉。

与此同时,随着中国外贸规模的扩大,无论是出口还是进口方面,日本对中国的依存度均大幅上升，而中国对日本的依存度则大幅下降。

"中国的崛起改变了中日关系"体现的另一个方面，则是中国从日本的援助对象变成了对等伙伴。

关志雄指出，第一，"对日本来说，中国从初级产品供给国转变为出口产品生产基地，进而转变为市场"。据日本官方调查，从2001年度到2013年度，在华日企在华生产总额从251亿美元增长至2265亿美元，在华销售额则从87亿美元扩大至1446亿美元，在华销售比例则从34.6%增至63.8%。

第二，中日间的资金流动也从单向的"日本流向中国"变为双向流动。

关志雄指出，日本流入中国的资金，最初以政府开发援助（ODA）为主，而日元贷款占绝大部分。从1979年开始到2007年结束，日元贷款累计达33164亿日元。到20世纪90年代后，日企对华直接投资不断增加，截至2013年年底，投资余额达10.3万亿日元（约合6100亿元人民币）。

另一方面，中国对日投资近几年来也在不断增加，如"联想集团收购了NEC的个人电脑部门，海尔集团收购了三洋电器的白色家电部门等"。另外，截至2013年年底，中国持有的日本债券余额达14.3万亿日元，中国也已成为日本国债的最大持有国。

中日关系的不变：依然互补，依然可以双赢

尽管如此，关志雄同时指出，中日两国"具有的互补关系大于竞争关系，具有充分的合作余地"，"但由于领土问题和历史认识问题等政治面的对立，两国间的互补性没有得到充分发挥"。

关志雄认为，"虽然GDP规模超过了日本，但中国的人口是日本的10倍，2013年的人均GDP还不到7000美元，远不及日本的近40000美元"。

"另外从平均寿命、婴儿死亡率、第一产业占GDP的比重、城市地区的恩格尔系数、人均电力消费量等显示经济发展的指标来看，中国最近的数字大致相当于日本20世纪70年代前半期的水平，中日间的发展阶段相差40年左右。"

换句话说，虽然GDP规模几乎是日本的两倍，但中国仍然落后日本40年，而"这意味着两国具有的互补关系大于竞争关系，具有充分的合作余地"。

资料来源：搜狐财经，2014年8月22日。

【关联理论】

GDP既衡量经济的总收入，又衡量经济用于物品与服务的总支出。而人均GDP能够告诉我们经济中每个人的平均收入与支出，因此与GDP比较而言，人均GDP自然成为平均经济福利的衡量指标。但所有关于GDP的指标其实都不完美，GDP没有衡量健康、医疗、环境、闲暇，而人均GDP也没有涉及收入分配状况的评价。因此，需要更加全面地看待国与国之间GDP或者人均GDP的差距。

【新闻评析】

最近十年，中国经济总量在世界上的排名大跨步前进。2005年，中国GDP增加16.8%，超过意大利，成为世界第六大经济体。2006年，中国经济规模超过英国，成为仅次于美国、日本和德国的世界第四大经济体。2007年，中国GDP增速为13%，超过德国成为全球第三大经济体。仅仅3年之后，中国GDP便于2010年超越日本，成为世界第二大经济体，而到2014年中国GDP已经达到日本2倍的水平。中国的GDP从1978年的2683亿美元，猛增到2010年的5.879万亿美元,30余年间增长了20余倍,平均增速接近10%,开创了中国经济发展史上前所未有的“高速”时代。

但是从客观来讲,中国作为一个发展中国家、后发国家,改革开放30多年,中国的GDP总额追赶和超越日本是一个自然现象。重要的是人均GDP,中国有13亿人口,日本有1.27亿到1.28亿人口,即便2014年中国GDP总量达到日本的2倍,人均GDP也不及日本的1/5。从对外影响力看,中国GDP赶超日本,并不意味着中国对外影响力会同步增长。事实上,除了人均指标在世界排名靠后,中国在医疗、教育以及环境、文化及软实力等较多领域仍比较落后。按照联合国一天一美元收入的贫困标准,中国大约还有超过1亿的贫困人口,人口多、底子薄、相对资源少、贫困人口多仍然是中国的基本国情。因此,必须清醒地认识到,中国GDP增长与有质量的经济增长尚有距离,中国从“粗放型”到“集约型”的增长模式转变,并实现可持续发展,仍然任重道远。

针对这一新闻,还有一点需要附带补充的是,中日经济关系在双边关系中具有重要地位和意义,过去即使在两国政治关系陷入低谷之际,由于经济相互依赖,经济往来并未受到很大影响。这是因为中日两国已经是经济上互有需要、利益共享的重要合作伙伴。中国需求对日本经济的拉动作用不可小视,同时日本对华投资对双方经济发展有利,中日经贸关系的长足发展符合中日双方的利益,也为亚洲和世界的和平与繁荣做出了有益的贡献。

三、案例研究

(一) 案例研究A

中国GDP为何被低估?

GDP是决定中国宏观经济政策的重要指标,对GDP的衡量和评估直接影响中国宏观经济政策走向。随着中国改革开放的不断深化,中国GDP呈现出快速增长的趋势,从1995年的60793.7亿元人民币上涨到2011年的471564亿元人民币。至此,中国超越日本,成为全球第二大经济体。相关学者通过选取两个指标对中国GDP进行定量分析,发现中国GDP不是被高估了,而是被低估了。GDP的低估导致宏观经济信息失真,给宏观经济决策带来了一定的困难和误导。

电力消费弹性系数显示GDP被低估

由于在一个国家经济发展过程中国民经济从能源消费大的第二产业向能源消费小的第三产业不断升级,以及劳动生产率提高带来能源利用效率的提升,世界各国在发展过程中普遍呈现出单位生产总值的能源消费在下降,而电力消费在增加,也就是说,电力消费的速度总是超过国民经济发展的速度。按照发达国家的经验,一国的电力消费弹性系数应该维持在1.0左右。电力消费弹性系数是反映一个国家或地区电力消费增长速度与国民经济增长速度之间比例关系的指标。电力消费弹性系数的计算公式为:电力消费弹性系数=电力消费量年平均增长速度/国民经济年平均增长速度。公式分子中的数据是由电力消费量计算而来,后者由电力部门单独统计,统计的难度较低,因此数据的可信度较高。公式分母中的数据则是由GDP计算而来,由此可见,中国电力消费弹性系数被高估的原因是国民经济年平均增长速度被低估了,也就是GDP被低估了。

从股票总市值与 GDP 之比显示 GDP 被低估

股票总市值/GDP 反映的是一个国家国民经济的证券化程度。一国股票总市值与 GDP 的比值越高,说明其国民经济的证券化程度越高,资本市场就越完善。研究以上数据可以发现,2006 年股权分置改革以来,中国股票市场总市值与 GDP 比值基本上一直保持在其他新兴经济体之上,甚至与美国、日本等发达经济体不相上下。巴西与中国相比,股票市场建立较早,国民经济证券化程度相对更高,但是其总市值占 GDP 的百分比在 2006 年之后一直低于中国。中国股票总市值占 GDP 的比值之所以高于巴西等证券化程度较高的国家,一方面是由于分子被高估,即中国 2006 年股权分置改革引发的股票市场繁荣,另一方面则是由于分母被低估,即中国的 GDP 被低估了。

中国 GDP 为何被低估?

由于中国建立社会主义市场经济体制时间不长,制度也不完善,中国产品和劳动的商品化程度还不高。以家庭劳动为例,在美国等西方国家,家政服务业很发达,多数家庭选择从专业机构聘请家政服务人员。发达国家高昂的劳动力价格使得这部分服务产生了可观的 GDP。相应地,中国的家政服务业发达程度远不及西方国家,绝大多数家庭习惯于自己料理家务。这部分劳动是客观存在的,但是因为不存在交易,劳动没有被商品化,因此不计入 GDP。据相关研究预测,未来几年,中国家政服务业增长速度将超过 20%,达到中等发达国家水平,其产值可达 GDP 的 10% 以上。这部分增长中相当部分一直未能计入中国 GDP。另据 2004 年第一次全国经济普查结果,中国 GDP 上调为 15.99 万亿元,比调整前公布的数据增加了 2.3 万亿元,增加了 16.8%。这是一个惊人的数字。依照国家统计局负责人的解释,这一调整的主要原因是对服务业的统计出现明显缺漏,上述增加额的 93% 来自对服务业统计数据的修正,服务业产值一直在中国 GDP 统计中位于严重低估状态。

又例如中国绝大部分农村地区市场不发达,经济自给化程度很高,因此隐藏了大量未被计入 GDP 的产值。这里可以从中国农村留守儿童的角度进行简要分析。根据全国妇联儿童工作部的统计,2009 年中国农村留守儿童数量约为 5 800 万人,由于农村的青壮年多去外出务工,只剩下老人在家照顾小孩。如果假设一个老人照顾一个留守儿童的劳动价值为 1 000 元,这部分产值大约为 580 亿元,未计入 GDP 统计。不仅如此,小孩的很多消费也是老人自给自足,加上这一因素,保守估计这一数据应放大 4 倍,大约 2 300 亿元。再考虑现阶段中国农村消费的大部分产品和服务实际上不是通过交易而是通过自给进行的,例如农民普遍食用自家产的粮食,农民建造房屋也通常是自己动手而不是聘请专业的建造公司,这些产值都没有计入 GDP。中国农村基于自给自足的生产方式产生的大量产值由于非商品化未被计入 GDP,据此可以判断中国 GDP 被严重低估了。

资料来源:国企新闻网,2012 年 7 月 31 日。

【关联理论】

国内生产总值指的是在某一既定时期一个国家内生产的所有最终物品与服务的市场价值。由于 GDP 用市场价格来评价物品与服务,因此它几乎没有包括所有在市场之外进行的活动的价值,尤其是它漏掉了在家庭中生产的物品和服务的价值,还有义务工作人员劳动的价值,这是导致市场不发达国家 GDP 被低估的主要原因。

【案例解剖】

中国 GDP 持续多年保持着增长,特别是 20 世纪 90 年代中后期之后,在国际经济不景气的背景下，中国 GDP 仍然保持着高速增长。伴随着中国 GDP 持续高速增长，近年来不少学者开始质疑 GDP 统计数据的真实性。关于对中国 GDP 统计数据的看法，主要有高估和低估两种观点：

第一种观点认为中国 GDP 被高估，甚至中国 GDP 被高估的论调逐渐在学界和媒体中成为主流。坚持这一论调的人普遍认为中国 GDP 被高估主要基于以下三个原因：其一，企业跨地区发展造成的重复统计。其二，在核算 GDP 的过程中，各地区使用的基础资料不完全一致，许多行业的统一调查制度还没有建立起来。其三，由于地方政府的政绩考核很大程度上直接与 GDP 挂钩，造成地方统计部门虚报现象严重，夸大 GDP。美国著名经济学家托马斯·罗斯基在“中国 GDP 统计怎么了”一文中，利用简单直观的数据比较和推理，质疑中国官方发布的 GDP 数据；美国《时代周刊》登出一篇名为“中国为什么造假账”的文章，称中国已经被虚假的数字所掩埋，并指出在某种程度上，中国作为经济大国的名声建立在虚假的基础上。这确实说明中国的 GDP 统计存在一些问题，譬如 GDP 统计理论体系不健全，统计范围存在缺口；GDP 统计存在人为干扰因素；地方和国家统计数据不衔接；GDP 统计管理体制的监管仍不完善等。

第二种观点认为中国 GDP 被低估。其中非常重要的原因之一即为一个国家的 GDP 被低估程度与该国的经济发展水平和市场化程度有密切的相关性。经济越发达的国家，市场化程度也越高，商品和服务通过市场进行生产和销售的比例也越高，GDP 被低估的程度就越低；反之，经济越不发达的国家，市场化程度也越低，商品和服务通过市场进行生产和销售的比例也越低，GDP 被低估的程度就越高。中国虽然是一个经济快速发展的大国，但是经济活动的市场化程度依然与其发展中国家的身份相一致，大量的生产和服务活动没有进入官方的 GDP 统计中，如家庭生产的自用产品和家务劳动、通过现金交易并不需要开具发票的偷漏税交易、非法的走私活动都是在中国大量存在的经济活动，这些经济活动产生的商品和服务的价值一般都不会列入官方的 GDP 统计中，因此中国的 GDP 被低估也是在所难免。以家政服务为例，发达国家的家政服务人员都被严格登记并由公司统一管理，每一次交易的价值都被计入 GDP。而在中国大部分家政服务人员都没有登记，很多服务人员并不属于家政服务公司，而是采用打零工的形式。雇主与服务人员之间的交易大多私下进行，因此没有被计入 GDP。类似的各种为了偷税而没有被登记的灰色经济在中国十分普遍且规模庞大。即使在被登记的经济活动中，以偷税为目的少报产值的现象在中国私营经济领域也十分广泛。此外，中国存在规模庞大的灰色经济。中国与发达国家相比市场不够规范，税费较高，国家对经济的调控力度较强，导致中国的经济参与者逃避税收及行政管理负担和国家调控的激励更大，因此中国的灰色经济相比发达国家更加繁盛。

实际上，尽管中国主要采用生产法和收入法来核算 GDP，但目前中国 GDP 核算在理论和具体实践上与国际通行做法还是存在着差异，因而部分数据出现高估或低估现象就不难理解了，但不能由此就下结论说我国 GDP 总体的官方数据就是高估或低估，因为每个国家的经济情况都不一样，而且任何统计都存在误差，有些误差不可避免。将这些误差与整体的数据相对比，我们会发现有些误差会使我国 GDP 总量被低估，而有些误差则带来 GDP 的高估，但这些误差并没有对总体数据造成实质性影响。近年来，许多经济发达国家和地区采用新的国民经济统计方式，以进一步推动知识经济或创意经济的发展。新的统计方式是联合国、欧盟委员会、经济合作与发展组织、国际货币基金组织和世界银行于 2008 年联合发布的国民经济核算体系 2008（SNA2008），这个版本涉及诸多统计方法和数据来源上的变化，其中将技术、知识、智慧、创新能力等无形生产资产资本化,是其最大特色。2013年7月13日,美国正式采用SNA2008核算方式,按新方式统计2012年的GDP为16.2万亿美元,而按老方式统计的GDP为15.7万亿美元,新方式修订的GDP的增幅达3.6%,其中无形资产投资的变化贡献了90%。新的统计方式更好地反映了技术和知识创新在国民经济中的作用,它有利于推动国家的创新发展。除美国外,大多数G20国家将于2015年前采用新体系。我国的香港特别行政区从2012年9月开始也采用了这套新的统计标准,按照新标准修订的香港本地生产总值的数值在近年上调约2%。中国GDP的统计方法和内容亦需要进一步改进,要学习和借鉴发达国家成熟、成功的统计方法和经验,建立具有中国特色的统计体系。

(二)案例研究B

全面准确理解中国经济新常态

2014年11月9日,习近平主席在APEC工商领导人峰会开幕式主旨演讲中,对中国经济新常态进行了全面阐述和解读。他指出,中国能否抓住新的机遇,应对新常态下的各种挑战和风险,关键在于全面深化改革的力度。这是继2014年5月,习近平在河南考察时首次提出"新常态"概念之后,时隔半年,高层对新常态的全面解读,对于各界正确理解和把握新常态的内涵,新常态下中国经济面临的机遇、挑战及如何在战略上应对,无疑具有极其重要的意义。

应该指出,新一届领导层以"新常态"定义当下的中国经济,并按照"新常态"在战略上审慎选择中国的宏观政策,绝非简单制造新的政策词汇,而是对改革开放三十多年后中国经济进入新的阶段之后的战略性思考和抉择。近年来,特别是2010年中国经济超越日本成为全球第二大经济体之后,中国经济增速持续下滑,过去三十多年高速增长积累的矛盾和风险逐步凸显,中国经济明显出现了不同于以往的特征。但是,对中国经济的下滑、风险的凸显以及红利的转换究竟受外部因素影响,还是意味着中国经济进入到一个新的和过去不同的阶段,各界争论和分歧很大。这种分歧不仅仅是理论的分野,更重要的,其蕴含的宏观政策的导向完全不同。习近平站在最高决策者的角度,以"新常态"描述中国经济的特征,并将之上升到中国宏观战略高度,在解决纷争的同时,对中国经济"下一个十年"的政策大方向做出了战略性选择。

习近平选择在APEC会议国际场合,全面阐述新常态,对新常态进行定调,一方面有利于"定纷止争",消除各种分歧;另一方面,也有利于国际社会全面了解中国未来宏观政策。

第一,习近平阐述了新常态下中国经济的三个不同于过去三十多年的特征:一是从高速增长转为中高速增长;二是经济结构不断优化升级,第三产业消费需求逐步成为主体,城乡区域差距逐步缩小,居民收入占比上升,发展成果惠及更广大民众;三是从要素驱动、投资驱动转向创新驱动。这三个特征是一个具有内在统一逻辑的体系。中国经济在经历三十多年的快速增长之后,无论是经济基本面,还是经济发展基本模式、产业业态以及经济增长动力已经今非昔比。中国经济基本面不仅发生了量的巨变,更是发生了质的飞跃,用过去的眼光看待中国经济、用过去的思维思考中国经济既不准确,也不现实。以经济速度而言,中国经济在经历三十多年的快速增长之后,已经正式告别高速增长进入到"常态增长"阶段,经济增速将在8%以下、7%以上运行。以中国经济前三季度7.4%的速度而言,由于很多人不能准确把握新常态下中国经济的减速趋势,就想当然地认为7.4%的增长是一个很差的速度,认为应该通过政策刺激,让经济增速再回到8%以上的高速轨道上去。这种高速依赖症,恰恰是因为没有意识到中国经济的这种巨变所致。正如习近平在演讲中精辟指出的:“2013 年一年中国经济的增量就相当于1994 年全年经济总量,可以在全世界排到第十七位。即使是7%左右的增长,无论是速度还是体量,在全球也是名列前茅的。”

第二,习近平阐述了新常态下中国经济面临的新机遇,这是理解中国经济新常态的关键。在很多人看来,既然中国经济要减速,将要面临更多的是挑战而非机遇。事实上,5月份习近平首次提出新常态的时候,首先明确的是“中国仍然处在重要的战略机遇期”。新常态只是意味着中国经济进入到一个新的发展阶段,只是意味着速度要下一个台阶,而不是意味着中国发展的黄金时代已经结束。事实上,如果中国经济顺利完成增长驱动力的转换,增速虽然下滑,但经济增长的质量、经济总体的含金量都会高于过去三十多年的高速增长期。

第三,明确提出深化改革是化解新常态下中国经济面临的新问题、新矛盾的关键,这点可谓切中肯綮。应该承认,从过去的高速增长到今天的新常态,中国经济本身已经换上了“另一个轨道”,乘客会出现“晕车”等各种“不适应”这很正常。如何认识这种风险,如何转换思维,适应新常态,保持平常心,的确非常关键。比如,面对中国经济的下滑,很多人习惯了过去一下滑就刺激的惯性思维。在新常态下,中国经济最大的风险绝非增速下滑,而是不适应这种下滑,不允许下滑。这种风险起码有四:一是刺激依赖症;二是不改革的风险,尽管十八届三中全会确立了宏大的改革计划,但民间对中国未来的信心是否因此而恢复,取决于改革的执行力,目前投资不力,民营企业家仍然徘徊犹豫,关键还是没有看到改革强有力的推进,这是经济下滑的主要原因;三是过去刺激政策导致的产能过剩和企业债务;四是房地产全面调整带来的风险。面对这些风险,是继续人为刺激带来好看的数据,还是痛下决心,通过改革和创新带领中国经济走过激流险滩,这是攸关中国经济前途和命运的选择。习近平在演讲中再一次强调了“敢于啃硬骨头,敢于涉险滩,敢于向积存多年的顽疾开刀”,通过改革和创新战胜风险的决心。习近平肯定了深化改革在中国经济新常态下的关键作用,肯定了市场和企业家的重要价值,肯定了创新对于中国经济转型的重大意义。习近平指出:“如果说创新是中国发展的新引擎,那么改革就是必不可少的点火器。”这种表态,对于那些一看中国经济下滑就呼吁刺激的人而言,无疑具有警示意义。

资料来源:经济参考报,2014 年11 月10 日。

【关联理论】

经济新常态就是经济结构的对称态,在经济结构对称态基础上的经济可持续发展,包括经济可持续稳增长。经济新常态是调结构稳增长的经济,而不是总量经济;着眼于经济结构的对称态及在对称态基础上的可持续发展,而不仅仅是 GDP、人均 GDP 增长与经济规模最大化。经济新常态就是用增长促发展,用发展促增长。

【案例解剖】

一个国家在经历了经济危机、经济调整之后出现的一个过渡阶段经济运行态势称为经济新常态。所谓经济的“常态”是一个经济体运行的“经常性状态”或“稳定性状态”的简称。显然,这里隐含了一个时期或阶段的概念,即所谓经济的“常态”应该是一个经济体在“某一特定时期或阶段”内运行的“经常性状态”或“稳定性状态”的简称。依此定义,“经济新常态”,由于有一个“新”字,那就一定是相对于“上个时期或阶段”经济运行的状态而言的,或者是相对于“历史时期或阶段”经济运行的状态而言的。

旧常态说穿了就是粗放型、数量型、扩张的一种状态,它靠低成本来驱动。经济“新常态”

就是要转到集约型、质量型来进行发展,这就是经济“新常态”和经济旧常态的差别。应该从中国经济发展的阶段性特征出发,适应新常态,保持战略上的平常心态。中国 GDP 增速从 2012 年起开始回落,2012 年、2013 年、2014 年增速分别为 7.7%、7.7%、7.4%,是经济增长阶段的根本性转换。中国告别过去三十多年平均 10% 左右的高速增长,呈现出新常态,从高速增长转为中高速增长,经济结构优化升级,从要素驱动、投资驱动转向创新驱动。经济的最大特点是速度“下台阶”、效益“上台阶”;经济新常态下的明显特征是“增长动力实现转换”、“经济结构实现再平衡”。“新常态”下的中国经济面临四大阵痛:其一,钢铁、水泥、造船、电解铝等制造业面临严重的产能过剩,制造业要“去产能化”;其二,中国地方政府负债率较高,金融要“去杠杆化”;其三,房地产调整阵痛;其四,环境的要求,环境要“去污染化”。新常态给中国带来新的发展机遇:经济增速虽然放缓,实际增量依然可观。客观地说,即使是 7% 左右的增长,无论是速度还是体量,在全球也是名列前茅的。经济增长更趋平稳,增长动力更为多元。

新常态下的中国仍然处在极为珍贵的战略机遇期。下一个 30 年,仍然属于中国黄金发展的 30 年,中国的增长方式将更加合理,产业的国际竞争力将大幅提升,经济发展带来的幸福感将更加包容,中国经济对全球的影响将更为深刻和全面。但这种机遇能否兑现,取决于我们能否深刻认识中国经济的新常态,对经济减速保持宽容,对调整中的风险不再回避和拖延。

四、课外习题

(一) 术语解释

1. 国内生产总值
2. 投资
3. 净出口
4. 真实 GDP
5. GDP 平减指数

(二) 单项选择

1. 下列经济活动中,能够对 GDP 中的投资产生影响的是(　　)。
   A. 一对新人购买了一所新房子
   B. 家庭购买了一辆电动车
   C. 买卖股票
   D. 在自家的院子里用废旧材料自己修建了一座凉亭
2. 真实 GDP 使用(　　)价格衡量,而名义 GDP 使用(　　)价格衡量。
   A. 现期　基期　　B. 基期　现期
   C. 中间物品　最终物品　　D. 最终物品　中间物品
3. 某家庭主妇提供自助性家庭服务,那么她(　　)。
   A. 不创造新价值　　B. 创造新价值,但不创造 GDP
   C. 创造了 GDP,但不创造新价值　　D. 既不创造 GDP,也不创造新价值

4. 在下述供应链中：农民生产了100公斤小麦，以3元/公斤卖给面粉厂；面粉厂将面粉加工成90公斤面粉，以4元/公斤的价格出售给馒头铺；馒头铺用这些面粉制作了价值600元的馒头。上述经济活动创造的GDP值为(　　)。

A. 600元　　B. 1 260元　　C. 300元　　D. 360元

5. 某家庭某月支出如下：购买100元大米、200元牛肉，支付1 000元旅游费用，支付1 000元房租。该家庭这个月对GDP中的消费的贡献是(　　)。

A. 2 300元　　B. 1 300元　　C. 300元　　D. 2 000元

6. 某摩托车生产企业某年：(1) 购买了价值100万元的新设备；(2) 新构建了一座价值500万元的厂房；(3) 生产了价值2 000万元的产品，其中的1 500万元产品已经销售，年底尚有500万元的产品库存。该企业当年创造的GDP值中的投资等于(　　)。

A. 600万元　　B. 2 600万元　　C. 1 100万元　　D. 2 000万元

7. 某年，X国国际贸易平衡，出口值为20亿美元；GDP总值为1 000亿美元，其中消费为700亿美元，投资为110亿美元。该国的净出口为(　　)。

A. 无法求解　　B. 0　　C. 20亿美元　　D. 190亿美元

8. (　　)是一国居民的总收入减折旧。

A. 国民生产净值　　B. 国民生产总值　　C. 国民收入　　D. 国民储蓄

9. 2014年全球GDP最高的国家是(　　)，全球人均GDP最高的国家是(　　)。

A. 美国　卢森堡　　B. 中国　卢森堡　　C. 俄罗斯　瑞士　　D. 美国　日本

10. GDP平减指数是衡量相对于基年物价水平的当年物价水平的物价指数，通常用(　　)与(　　)的比率乘以100计算的物价水平指标衡量。

A. 名义GDP　真实GDP　　B. 真实GDP　名义GDP

C. 人均名义GDP　人均真实GDP　　D. 人均真实GDP　人均名义GDP

11. 假设某个小国仅生产和消费牛肉，下表是相关数据：

年份	牛肉产量	牛肉价格
2013年	10 000公斤	80元/公斤
2014年	12 000公斤	100元/公斤

以2013年为基年，该国2014年的GDP平减指数为(　　)。

A. 96　　B. 100　　C. 125　　D. 80

12. 关于真实GDP说法正确的是(　　)。

A. 它是用当期价格计算出的全部产品和服务的市场价值

B. 它是用基期价格计算出的全部产品和服务的市场价值

C. 它是用当期价格计算出的全部产品和服务的价值

D. 它是用基期价格计算出的全部产品和服务的价值

13. 下列选项中，不属于GDP中的政府购买的是(　　)。

A. 购置公车　　B. 购置军火

C. 支付事业单位工作人员的工资　　D. 支付退休公务员的退休金

14. GDP没有伦理学的意义，毒贩所创造的价值、黑市创造的价值也包含在GDP的统计中。该观点(　　)。

A. 正确　　　　　　　　　　　　　　　　B. 错误

C. 从国家的角度说正确　　　　　　　　　D. 从自由的角度说正确

15. 某中国网球明星 2013—2014 赛季,在温布尔登等四大国际公开赛中,累计获得奖金、出场费 3 000 万欧元,扣除所得税后,奖金、出场费净收入 2 000 万欧元,其中她向中国政府缴纳 50 万欧元的所得税。问该明星创造的上述价值,包含在中国 GDP 中的是(　　)欧元。

A. 3 000 万　　B. 2 000 万　　C. 0 万　　D. 50 万

(三) 判断正误

1. 对整个经济而言,支出和收入总是相同的。(　　)

2. GDP 衡量的生产价值局限于一个国家的地理范围之内。(　　)

3. GNP 与 GDP 的不同之处在于:GNP 包括本国公民在国外赚到的收入,而不包括外国人在本国赚到的收入。(　　)

4. 个人可支配收入是雇员通过各种方式获得的可以自由使用的收入。(　　)

5. 家庭用于教育的支出也包括在投资中。(　　)

6. 美国 GDP 历史数据最明显的特点是真实 GDP 一直以年均 1% 左右的速度在增长。(　　)

7. 名义 GDP 的上升有时被称为衰退的真实 GDP 减少时期打断。(　　)

8. 按广义的定义,地下经济、灰色经济、非正式经济或影子经济包括合法但没有报告或记录的交易。(　　)

9. 减少劳动引起的福利损失抵消了人们从生产并消费更多的物品和服务中所获得的福利利益。(　　)

10. 如果更多的 GDP 能够带来更高的生活水平, 那么我们就应该认为 GDP 与生活质量的多种衡量指标是密切相关的。(　　)

(四) 简答题

1. 为什么 GDP 不是衡量福利的完美指标?

2. 人均 GDP 低的国家生活水平低的表现有哪些?

3. 列举 GDP 的四个组成部分,并各举一个例子。

4. 为什么经济学家在判断经济福利时用真实 GDP,而不用名义 GDP?

5. 生产一台手提电脑和生产一辆普通自行车,哪一个对 GDP 的贡献更大? 解释原因。

(五) 应用题

1. 在 2013 年,某个经济体生产 100 艘轮船,每艘以 2 万美元的价格售出。在 2014 年,这个经济体生产 200 艘轮船,每个以 3 万美元的价格售出。计算每年的名义 GDP、实际 GDP 和 GDP 平减指数。从一年到下一年的这三个统计数字的百分比分别提高了多少? (以 2013 年为基年。)

2. 某一天强森的清洁公司得到 800 美元清洁收入。在这一天,公司的设备折旧价值为 100 美元。在其余的 700 美元中,公司用 60 美元向政府缴纳了销售税,强森以工资拿回家 440 美元,经营中留 200 美元在未来增加设备。在强森拿回家的 440 美元中,他缴纳了 140 美元所得税。根据这些信息,计算强森对以下国内生产总值、国民生产净值、国民收入、个人收入、个人可支配收入等收入衡量指标的贡献。

3. 过去几十年以来,发达国家妇女的劳动力参工率大幅度增加。

(1) 你认为这种增加会如何影响这些国家的GDP?

(2) 现在设想一种包括用于家务劳动时间和闲暇时间的福利衡量指标。应该如何比较这种福利衡量指标的变动和GDP的变动?

(3) 你会认为福利的其他内容与妇女劳动力参工率提高有关吗? 构建一个包括这些内容的福利衡量指标现实吗?

4. 请搜集相关材料阐述中国从改革开放前后到2014年GDP总量和人均GDP的变化历程及其国际比较。

(六) 拓展思考题

1. 国家统计局的相关数据表明,近年来尽管中国居民消费增长较快,但相对同期GDP的增速,仍相对滞后。中国居民消费相对比例仍较低有几个原因。首先与投资和出口增速相比,居民消费增长相对较慢,从而居民消费在GDP中的比重较低。从2008年到2013年的6年间,中国居民消费率(居民消费占GDP的比重)年均约为35%,而同期美国约为70%,印度约为55%,中国居民消费率不仅低于发达国家,也低于发展中国家。其次从需求角度看,中国的三大需求发展不平衡,投资和出口增长快,消费增长相对较慢,使得消费的比重不断下降。试结合所学相关理论分析中国GDP构成中消费比例过低的原因。

2. 一般而言,一国每隔几年都会调整国内生产总值(GDP)的统计方法,以更好地反映该国产业结构和经济变化情况。但是,近年来,欧美国家在经济持续低迷、产业空洞化、债务持续增长的大背景下,为了"创造"GDP增长,降低政府开支和债务占GDP的比率,开始走火入魔,不仅将一些中间活动纳入GDP统计,而且将毒品、色情、走私等非法活动纳入GDP统计,使得GDP成了越来越虚化、毒化的数字游戏。2013年7月,美国改变统计方式,将科研投入(归类为资本投资而不是生产成本)、影视作品版税、原创艺术作品投资(视为固定资产投资)、退休养老金(当作工资)、房产交易费(视为投资)等纳入统计。2014年5月,意大利统计局宣布把毒品、色情、走私记入GDP,一时舆论哗然。随后,英国国家统计局也宣布效仿意大利,将毒品与色情交易纳入GDP统计。此前,荷兰等国已将走私和毒品纳入GDP统计范围。试结合所学相关理论分析上述西方国家调整其GDP的统计方法和范围的原因。

五、习题答案

(一) 术语解释

1. 国内生产总值:在某一既定时期一个国家内生产的所有最终物品与服务的市场价值。

2. 投资:用于资本设备、存货和建筑物的支出,包括家庭用于购买新住房的支出。

3. 净出口:外国人对国内生产的物品的支出(出口)减国内居民对外国物品的支出(进口)。

4. 真实GDP:按基期不变价格评价的物品和服务的生产。

5. GDP平减指数:用名义GDP与真实GDP的比率乘以100计算的物价水平的衡量指标,即可用于衡量相对于基年物价水平的当年物价水平的物价指数。

（二）单项选择

1. A 2. B 3. B 4. A 5. A 6. C 7. B 8. A 9. A 10. A 11. C 12. B 13. D 14. B 15. C

（三）判断正误

1. √ 2. √ 3. √ 4. × 5. × 6. × 7. × 8. √ 9. × 10. √

（四）简答题

1.【考查要点】 对 GDP 指标的评价。

【参考答案】 虽然就大多数情况而言，GDP 是衡量经济福利的一个好指标，但 GDP 不是衡量福利的完美指标，对美好生活作出贡献的某些东西并没有包括在 GDP 中，例如休闲、环境质量等。GDP 没有包括所有在市场之外进行的活动的价值，GDP 也没有涉及收入分配。

2.【考查要点】 GDP 与生活质量。

【参考答案】 人均 GDP 低的国家生活水平低的表现包括：婴儿死亡率高，儿童营养不良率高，学龄儿童入学率低，家庭电视、电话和电器拥有率低，铺设的道路少等。

3.【考查要点】 GDP 的组成。

【参考答案】 GDP 包括消费（如购买衣服）、投资（如购买厂房）、政府采购（如购买国防军用飞机）和净出口（如中国向泰国销售高铁）四个组成部分。

4.【考查要点】 名义 GDP 与真实 GDP 的区别。

【参考答案】 名义 GDP 是用当年价格来评价经济中物品与服务生产的价值。真实 GDP 是用不变的基年价格来评价经济中物品和服务生产的价值。由于真实 GDP 不受价格变动的影响，因此对经济学家来说，真实 GDP 作为衡量福利的指标要优于名义 GDP。

5.【考查要点】 GDP 的数量大小的计算。

【参考答案】 生产一台电脑比生产一辆普通自行车对 GDP 的贡献更大，因为平均一台电脑的市场售价远高于平均一辆普通自行车的市场售价。

（五）应用题

1.【考查要点】 名义 GDP、实际 GDP 与 GDP 平减指数。

【参考答案】 如下表所示：

年份	名义 GDP（万美元）	实际 GDP（万美元）	GDP 平减指数
2013	100 × 2 = 200	100 × 2 = 200	（200/200）× 100 = 100
2014	200 × 3 = 600	200 × 2 = 400	（600/400）× 100 = 150

名义 GDP 变化的百分比：（600 万 − 200 万）/200 万 × 100 = 200%；

实际 GDP 变化的百分比：（400 万 − 200 万）/200 万 × 100 = 100%；

GDP 平减指数变化的百分比：（150 − 100）/100 × 100 = 50%。

2.【考查要点】 国内生产总值、国民生产净值、国民收入、个人收入、个人可支配收入。

【参考答案】 国内生产总值：GDP 等于强森获得的全部收入，即 800 美元。国民生产净值:NNP = GDP - 折旧 = 800 美元 - 100 美元 = 700 美元。国民收入 = NNP - 销售税 = 700 美元 - 60 美元 = 640 美元。个人收入 = 国民收入 - 留存收益 = 640 美元 - 200 美元 = 440 美元。个人可支配收入 = 个人收入 - 个人所得税 = 440 美元 - 140 美元 = 300 美元。

3.【考查要点】 GDP 指标的含义及其评价。

【参考答案】 (1) 妇女劳动力参工率的增加会增加这些发达国家的 GDP,因为这意味着更多的人在工作,产出会增加。

(2) 如果我们的福利衡量指标包括家务劳动时间和闲暇时间,那么它就不会随着 GDP 的增加而增加,因为妇女劳动力参工率的增加减少了家务劳动和闲暇的时间。

(3) 与妇女劳动力参工率增加相关的其他福利包括提高自尊和妇女在劳动力中的地位,尤其在管理层,但是与孩子相处的时间变得更少。这些方面很难被衡量。

4.【考查要点】 对 GDP 含义的实践考查。

【参考答案】 (1) **中国 GDP 的发展历程。GDP 总量按本币计算:**从改革开放 1978 年的 3 650 亿元(合 2 168 亿美元),到 2014 年达到 636 463 亿元(合 103 611 亿美元)。中国经济发展的主要衡量指标 GDP 大致经历了以下几个阶段:1956 年突破 1 000 亿元;1982 年突破 5 000 亿元;1986 年突破 1 万亿元,达到 10 309 亿元(合 2 986 亿美元);1995 年突破 5 万亿元,达到 61 130 亿元(合 7 320 亿美元);2001 年超过 10 万亿元,达到 110 270 亿元(合 13 323 亿美元);2012 年突破 50 万亿元,达到 534 123 亿元;2014 年,中国 GDP 总量达到 636 463 亿元。**GDP 总量按美元计算:**1972 年首次破 1 000 亿美元,1993 年破 5 000 亿美元;1998 年破 1 万亿美元,达到 10 253 亿美元;2009 年中国 GDP 破 5 万亿美元,达到 50 597 亿美元;2010 年,超过日本跃居世界第 2 位;2014 年破 10 万亿美元,达到 103 611 亿美元。

(2) **中国人均 GDP 的发展历程。人均 GDP 按本币计算:**1982 年中国人均 GDP 首次突破 500 元,达到 529 元,从 1952 年人均 119 元到 1982 年人均突破 500 元共花了 30 年时间。1987 年首次突破 1 000 元,达到 1 116 元;1995 年破 5 000 元,达到 5 074 元,从 1987 到 1995 年的 8 年时间年均实际增长率为 8.6%。2003 年首次突破 1 万元,达到 10 600 元,从 1995 年到 2003 年 8 年时间,年均实际增长率为 7.9%。2013 年中国人均 GDP 为 30 015 元,2014 年达到 46 652 元。**人均 GDP 按美元计算:**1993 年首次突破 500 美元,达到 523 美元(合人民币 3 015 元);2001 年首次突破 1 000 美元,达到 1 047 美元(合人民币 8 670 元);2011 年突破 5 000 美元,达到 5 577 美元(合人民币 36 018 元);2014 年达到 7 595 美元(合人民币 46 652 元),但仍然落后于很多国家,位于世界第 90 位左右。

(六) 拓展思考题

1.【考查要点】 GDP 的基本组成。

【参考答案】 中国"消费不足"与中国的服务消费被低估有关。官方统计数据显示,近年来服务业占个人消费总额的比例不仅远低于工业化国家,而且远低于其他新兴市场经济体。中国服务消费被低估的一个重要原因是个人医疗支出。坊间不乏证据显示,在中国存在着巨大的医疗开支黑市或灰市,这部分开支未被纳入官方统计数据。中国服务消费被低估的另一个主要原因是住房消费被低估了。中国住房消费表面看来较低的一个重要原因是自有住房的估算租金未能得到恰当的统计。由于中国房屋租赁市场还不发达,有关住房租金的资料不足,难以获取合适的市场租金,因此,中国的自有住房服务消费按成本法计算,即自有住房服务消费等于当期发生的房屋维修支出、折旧费、物业管理费之和。另外,中国的高国民储蓄率也是导致消费不足的一个重要因素，虽然家庭收入与整体经济增长出现了同步的快速增长，但个人消费习惯的改变可能需要数十年的时间。

2.【考查要点】 GDP的统计方法和范围。

【参考答案】 某些西方国家这么做，主要是为了粉饰GDP数据，降低政府支出和债务占GDP的比率，提升境内外投资者对本国市场的信心。经济增长由重视实体经济到虚拟经济、地下经济，由工农业总产值、国民生产总值(GNP)到GDP，越来越虚化，统计更加主观化。GDP数据好看，确实可以粉饰基本面，增强居民和投资者的信心，但是不能改变产业空洞化、失业率高企、贫富两极分化、经济增长乏力的现实和趋势，也偏离了充分就业、人民生活质量持续改善的发展目标。在经济全球化大背景下，产业虚拟化或许有理，但是，毒品交易、卖淫、走私等本身是非法或逃避管制的产物，西方国家将其纳入GDP统计，既可见其产业空洞化和经济增长的困境，也反映了社会意识和观念堕落的趋势。

第 24 章
生活费用的衡量

一、学习精要

(一) 教学目标

1. 理解消费物价指数(CPI)的基本含义。

2. 了解 CPI 的作用,掌握 CPI 及其相关计算的步骤。

2. 领会为什么 CPI 指标并不完美,理解用 CPI 衡量生活费用变动存在的三个问题。

3. 掌握 CPI 与 GDP 平减指数之间的两个重要差别。

4. 会根据通货膨胀的影响来校正经济变量,包括不同时期货币量的比较,以及真实利率与名义利率之间的关系等。

(二) 内容提要

本章论述经济学家如何衡量宏观经济中的物价总水平,主要包括两个重点内容:其一是说明如何编制消费物价指数以及理解消费物价指数的缺陷;其二是如何运用物价指数来校正通货膨胀对经济变量的影响,如如何运用物价指数比较不同时点的美元数字,并根据通货膨胀调整利率。

1. 消费物价指数

(1) 消费物价指数(CPI)是普通消费者所购买的物品和服务的总费用的衡量标准。消费物价指数具有四个重要作用:衡量普通消费者的生活成本;监测生活费用随着时间的推移而发生的变动;在许多合同与社会保障中作为生活费用调整的依据;通常作为观察通货膨胀水平的重要指标。

(2) 消费物价指数及其相关计算可以分以下五个步骤:

第一步是固定篮子,即确定哪些物价对普通消费者是最重要的;第二步是找出价格,即找出每个时点上篮子中每种物品与服务的价格;第三步是计算一篮子的费用,即用价格数据计算不同时期这一篮子物品与服务的费用;第四步是选择基年并计算指数,即选择一年作为其他各年可以比较的标准(基年),可根据以下公式计算:

$$\text{消费物价指数} = \frac{\text{当年一篮子物品与服务的价格}}{\text{基年一篮子物品与服务的价格}} \times 100$$

第五步是计算通货膨胀率,即连续两年物价指数变动的百分比:

$$\text{第二年的通货膨胀率} = \frac{\text{第二年 CPI} - \text{第一年 CPI}}{\text{第一年 CPI}}$$

(3) 消费物价指数的作用体现在衡量生活费用的变动,或者说确定为维持不变的生活水

平必须增加的收入量。但消费物价指数并不是生活费用的完美衡量指标,用 CPI 衡量生活费用的变动存在三个问题:

第一个问题是替代偏向:随着时间的推移,不同物品与服务价格上升的幅度不同,消费者会用那些变得不太昂贵的物品与服务来替代价格上涨相对较快的物品与服务。由于 CPI 没有考虑这种替代,始终使用一篮子固定不变的物品与服务,因此 CPI 高估了生活费用的增加。

第二个问题是新物品的引进:新物品的引进增加了物品的种类,允许消费者选择那些更加满足他们需求的产品,从而每一美元变得更有价值。由于 CPI 使用的是一篮子固定的物品,它没有考虑到这种影响,因此 CPI 高估了生活费用的增加。

第三个问题是无法衡量的质量变动:即使部分物品与服务的价格没有变化,但篮子中物品与服务的质量逐年提高,增加了消费者每一美元的价值,这实际等同于物价的下降。由于物价统计部门并没有考虑或者说很难考虑质量提高的程度,因此 CPI 高估了生活费用的增加。

经济学家认为,尽管已经进行了一些技术调整,替代偏向、新物品的引进以及无法衡量的质量变动三个问题会引起美国 CPI 每年高估通货膨胀 0.5% 左右。这很重要,因为社会保障补助以及许多合同都会根据 CPI 进行通货膨胀调整。

(4) GDP 平减指数也是衡量相对于基年物价水平的当年物价水平的物价指数,通常用名义 GDP(按当期物价计算)与真实 GDP(按基期物价计算)的比率乘以 100 来计算。经济学家和决策者为了判断物价上升的快慢,既要关注 GDP 平减指数,又要关注消费物价指数。通常这两个统计数字说明了相似的情况,但存在两个重要的差别使这两个数字不一致。

第一个差别是"一篮子物品不同":GDP 平减指数反映国内生产的所有物品与服务的价格,而 CPI 反映消费者购买的所有物品与服务的价格。这里主要体现在:进口消费品包含在 CPI 内,但不包含在 GDP 平减指数内;资本商品不包含在 CPI 内,但包含在 GDP 平减指数内(如果是在国内生产)。

第二个差别是"篮子固定与否不同":CPI 用固定的篮子,这一篮子只有在物价统计部门重新选择时才会变动;而 GDP 平减指数是使用现期生产的物品和服务量,因此"一篮子"自动地随着时间的推移而变动。尽管 CPI 和 GDP 平减指数密切相关,但 CPI 由于固有的替代偏向及新物品引进相关的偏差,可能上升得略快。

2. 根据通货膨胀的影响校正经济变量

(1) 经济学家利用 CPI 根据通货膨胀的影响校正美元变量,如为了比较过去与现在的收入,需要剔除通货膨胀的影响。比较 S、T 两个不同年份的美元值可以采用以下公式:

$$S\text{ 年美元的价值} = T\text{ 年美元的价值} \times (S\text{ 年的 CPI}/T\text{ 年的 CPI})$$

(2) 当比较不同时期的美元数字时,要用物价指数来校正通货膨胀的影响,在经济的许多地方都反映出这种校正。当某一美元量根据法律或合同自动地按物价水平的变动而校正时,这种美元量被称为通货膨胀的指数化。企业和工会之间的许多长期合同有工资根据消费物价指数部分或全部指数化的条款,这种条款被称为生活费用补贴(COLA)。

(3) 考察利率数据时,对通货膨胀的校正更加重要,因为如果在贷款期间物价上升了,用于偿还的美元就买不到当初借款时的美元能买到的那么多物品了。没有根据通货膨胀的影响校正的利率是名义利率,根据通货膨胀的影响校正后的利率是真实利率。真实利率与名义利率之间的关系是:真实利率 = 名义利率 - 通货膨胀率,这也可以看成是根据通货膨胀率校正名义利率的公式。

(三) 关键概念

1. 消费物价指数(CPI):普通消费者所购买的物品与服务的总费用的衡量指标。
2. 通货膨胀率:从前一个时期以来物价指数变动的百分比。
3. 生产物价指数:企业所购买的一篮子物品与服务的费用的衡量指标。
4. 指数化:根据法律或合同按照通货膨胀的影响对货币数量的自动调整。
5. 替代偏向:CPI 没有考虑到消费者用便宜的物品与服务的替代。
6. 名义利率:通常公布的、未根据通货膨胀的影响校正的利率。
7. 真实利率:根据通货膨胀的影响校正过的利率。

(四) 拓展提示

1. CPI 一篮子中物品和服务的项目和权重会随着经济发展而变化。因此针对两个不同经济发展阶段的国家,CPI 一篮子中的主要项目及其所占比重会存在一定差异。在美国,CPI 一篮子中的主要项目及其所占比重分别是住房(41%)、交通(17%)、食物和饮料(15%)、医疗(7%)、休闲活动(6%)、教育和通信(7%)、服装(4%)以及其他物品和服务(3%)。而在中国,为了与国民经济社会发展和人民生活水平提升适应,CPI 篮子每间隔五年进行一次调整。2011 年开始,中国 CPI 一篮子中的主要项目及其所占比重分别是食品(31.79%)、烟酒及用品(3.49%)、衣着(8.51%)、家庭设备用品及维修服务(5.64%)、医疗保健及个人用品(9.64%)、交通和通信(9.95%)、娱乐教育文化用品及服务(13.75%)、居住(含建房和装修材料费用、租房房租、房屋贷款、物业费、水电燃料等,17.22%)。

2. 生产物价指数(PPI)与 CPI 不同,它主要的目的是衡量企业购买的一篮子物品和服务的总费用。PPI 是衡量工业企业产品出厂价格变动趋势和变动程度的指数,是反映某一时期生产领域价格变动情况的重要经济指标,也是制定有关经济政策和国民经济核算的重要依据。由于企业最终要把它们的费用以更高的消费价格的形式转移给消费者,通常认为生产物价指数的变动对预测消费物价指数的变动有重要价值。

3. 中国从 1953 年就开始编制价格指数,在编制价格指数方面积累了丰富的经验,其中 CPI 的编制工作始于 1984 年。经过对 CPI 统计调查方案、计算方法的数次改革,目前我国 CPI 的调查方法、计算公式、权数的获取等均已比较成熟,CPI 编制在世界各国中处于前列。我国 CPI 的编制方法与国际货币基金组织(IMF)等国际组织和一些外国专家进行过广泛的讨论与交流,并按照 IMF 数据公布通用系统的要求公布在 IMF 网站上。目前,我国 CPI 的调查内容分为食品、烟酒及用品、衣着、家庭设备用品及维修服务、医疗保健及个人用品、交通和通信、娱乐教育文化用品及服务、居住等八大类,共 263 个基本分类(国际分类标准),约 700 种商品和服务项目。主要是根据我国城乡居民消费模式、消费习惯,参照抽样调查原则选中的近 12 万户城乡居民家庭(其中,城市近 5 万户,农村近 7 万户)的消费支出数据,并结合其他相关资料确定。

二、新闻透视

(一) 新闻透视 A

2015 年中国物价将如何变动?

新华网上海1月9日电(记者陈爱平、许晓青)中国国家统计局9日发布数据,2014年12月,全国居民消费价格总水平(CPI)同比上涨1.5%。2014年,中国居民消费价格总水平比上年上涨2.0%,年度涨幅创出自2010年以来的新低。在2015年,中国的物价变动将何去何从?

在2014年的最后一个月,鲜果、鲜菜价格再度发力:受中国部分地区降温雨雪天气影响,鲜菜、鲜果价格由11月份环比下降转为环比上涨,两类商品环比涨幅分别为11.3%、1.9%。这也推动同比价格中的鲜菜价格由降转升、鲜果价格延续上行,鲜菜、鲜果价格分别上涨7.2%及10.4%,分别影响居民消费价格总水平同比上涨各约0.22个百分点。

在上海,居民普遍消费的鸡毛菜、菠菜等叶菜价格在12月份较前几个月明显上涨,不少品种每斤价格一个月来上涨1—2元。鲜果也延续了半年来令人咋舌的高价:富士苹果每斤超过8元,新上市的草莓价格每斤接近20元。

不过,2014年年末部分农产品价格的波动并没有改变中国物价处于温和通胀水平区间的格局。

业内人士分析,2014年中国物价趋稳主要由几方面因素推动:

根据大宗商品数据商生意社的统计,作为大宗商品的生猪(外三元)价格,在2014年全年就下跌了14.01%。中国居民也感受到了猪肉价格的疲软:除了2014年春节期间猪肉价格小幅上涨,截至目前,上海零售猪肉(精瘦肉)价格维持在每斤16元左右的较低水平。

其次,银河证券首席经济学家潘向东分析认为,由于中国经济增速放缓带动需求弱势,也抑制了物价上行趋势。

再次,2014年第四季度以来,物价水平屡创新低,进一步延续全年温和通胀的格局:一方面,受到国际大宗商品价格影响,尤其是石油价格加速下滑,输入性因素也抑制了物价;另一方面,由于2014年前三季度物价波动幅度并不大,翘尾因素减弱,使得第四季度物价变动更为平稳。

放眼2015年,业内人士预计,中国物价水平变动将延续温和通胀的态势。

在交通银行首席经济学家连平看来,2015年CPI涨幅很难明显走高。银河证券亦有类似观点。同时潘向东认为,随着大宗商品价格企稳,中国经济稳定,加上猪肉价格经过一年的亏损未来跌幅有限,在2015年物价上涨幅度可能略有回升,但仍然落入温和通胀水平的区间。

从商品分类来看,预计2015年食品价格将总体随季节波动。短期来看,受到消费不旺及库存充足的影响,猪肉价格很难明显回升;受到冷空气影响,运输成本提高,短期内中国蔬菜价格或将延续涨势。

非食品价格在2015年将延续低增长态势,在原油价格走低的影响下,国内油价或进一步下调,成为影响CPI中非食品价格走势的重要因素。

资料来源:新华网新闻中心,2015年1月9日。

【关联理论】

消费物价指数(CPI)是普通消费者所购买的物品和服务的总费用的衡量标准。消费物价指数可以用来检测生活费用如何随着时间的推移而发生变动。当消费物价指数上升时,一般家庭必须支付更多的货币才能维持同样的生活水平。通货膨胀率是上一个时期以来物价水平变动的百分比,由于消费物价指数更好地反映了消费者购买的物品与服务,因而CPI在很多时候被作为观察通货膨胀水平的重要指标。无论通胀还是通缩都不好,价格稳定才好。

【新闻评析】

消费物价指数(CPI)是一个反映居民家庭一般所购买的消费商品和服务价格水平变动情况的宏观经济指标。它是度量一组代表性消费商品及服务项目的价格水平随时间而变动的相对数。消费物价指数统计调查的是社会产品和服务项目的最终价格,一方面同人民群众的生活密切相关,另一方面在整个国民经济价格体系中也具有重要的地位。它是进行经济分析和决策、价格总水平监测和调控及国民经济核算的重要指标。CPI变动率在一定程度上反映了通货膨胀或紧缩的程度。一般来讲,物价全面地、持续地上涨就被认为发生了通货膨胀。

国家保持着低通胀率是经济健康的表现。根据诺贝尔经济学奖得主萨缪尔森对于通货紧缩的解释,目前的CPI增速情况还只属于通胀放缓阶段。因为与各地平均工资状况相比,中国的物价的确有过高之嫌,在这个情况下通胀放缓对于短期民生消费的稳定有直接益处,不过长期对企业并不利好。通常通货膨胀与通货紧缩是以通货膨胀率的正负来划分的,而如何界定一个国家是否进入通货紧缩状态仍然没有一个精准的方法,经济学家通常以CPI增长率为负并且持续一个季度作为通缩警报。但是,上述CPI数据同比、环比仍然处于上涨趋势,因此可以判定中国至少在2015年之后的几年内出现通货紧缩的可能性不大,同时也不会出现涨幅过大的物价上升。首先,中国经济增速稳中趋缓,需求对物价的推升力度有限;其次,在“新常态”下,稳健的货币政策将保持松紧适度,不会产生抬升物价水平的货币条件;最后,从食品价格走势来看,受经济增速放缓影响,猪肉等农产品的周期明显拉长,周期涨幅也明显收敛,预示未来食品价格大幅上升推高物价的可能性较小。

从理论上来说,通缩应该是CPI增长为零,但零不具有可操作性。而且各国认为价格存在系统性的低估。所以,一般把CPI增长1%以内定义为通缩。现在从数据看,中国显然还没有到通缩的程度。实际上,无论通胀还是通缩都不好,价格稳定才好。经济学上有一个CPI合意增长空间的概念,发达国家的CPI合意增长空间是0%—2%,新兴市场国家是1%—3%。中国是新兴国家和转轨国家,CPI合意增长空间是2%—4%,高于4%要反通胀,低于2%要注意反通缩。目前中国CPI增长已经到了合意增长空间的下限,但是还没有到真正的通缩,要防止进一步下行。因此总体上来说,财政政策应该更加积极有力度,货币政策应该坚持稳健基调,同时朝着偏松的方向适当调整。

(二)新闻透视B

通缩致实际利率上升　进一步降息仍可期

华泰证券发布宏观研究报告称,2015年春节黄金周全国零售和餐饮企业实现销售额约6780亿元,增长11%,比2014年回落2.3个百分点,回落幅度比2014年有所扩大,经济依然低迷。PPI虽有企稳迹象,但通缩压力不减。2015年基建仍然有望保持20%左右的高速增长，仍然是稳经济的重要力量。通缩导致实际利率上升，进一步降息仍有可能。近几个月以来，外汇占款增速显著下降或者负增长，为了补充基础货币和释放流动性，降准仍有非常大的可能。

华泰证券表示，央行对称降息，最重要的理论支撑就是强通缩之下实际利率的上升。通缩在2014年第三季度加速，2014年第四季度极度加剧，导致央行在2014年11月降息的效果大打折扣。降息能够降低企业融资成本，但强通缩导致企业营收、利润下滑，债务滚动压力激增。再次降息是央行在当前经济环境下的最优决策。主要的商业银行总行没有将存款利率上浮至上限，在经济低迷、市场利率下行的环境中，管制利率和市场利率的差距在收窄。

央行表达降息等“中性适度”的操作来为改革转型提供较为合宜的环境的意思，展望2015年未来三个多季度，经济虽有企稳迹象但趋势仍是下行，各项改革往往短期难以改善盈利，需要低成本资金，因此货币政策继续宽松是央行的最优策略，当然在表态上央行当会内敛。外围虽有美联储加息的日益临近，但从日本、欧元区央行的宽松而言，内部问题还是重于外部问题，利率问题还是重于汇率问题。

资料来源：网易财经，2015年3月3日。

【关联理论】

考察利率数据时，对通货膨胀的校正更加重要。没有根据通货膨胀的影响校正的利率是名义利率，根据通货膨胀的影响校正后的利率是真实利率。真实利率与名义利率之间的关系是：真实利率＝名义利率－通货膨胀率，这也可以看作根据通货膨胀率校正名义利率的公式。

【新闻评析】

名义利率是央行或其他提供资金借贷的机构所公布的未经过通货膨胀影响校正的利率，即利息（报酬）的货币额与本金的货币额的比率。例如，张某在银行存入100元的一年期存款，一年到期时获得5元利息，利率则为5%，这个利率就是名义利率。名义利率并不是投资者能够获得的真实收益，还与货币的购买力有关。如果发生通货膨胀，投资者所得的货币购买力会贬值，因此投资者所获得的真实收益必须剔除通货膨胀的影响；而真实利率是根据通货膨胀的影响校正的利率，也是物价水平不变从而货币购买力不变条件下的利率。名义利率虽然是资金提供者或使用者现金收取或支付的利率，但人们应当将通货膨胀因素考虑进去。因此，可以把名义利率看成是包括补偿通货膨胀（或通货紧缩）风险的利率。

在以上新闻中，华泰证券表示，央行对称降息，最重要的理论支撑就是强通缩之下实际利率的上升。实际上，这里依据的就是真实利率与名义利率之间一对一的校正关系：真实利率＝名义利率－通货膨胀率。当名义利率不变时，真实利率会随着通货膨胀率的降低而上升。进一步降息仍可期，实际上，降息的主要目的在于抵抗通缩风险和实际利率上行。2014年第四季度降息之后，名义贷款加权平均利率出现一定程度的下行，但通缩状况在2014年第四季度出现了超预期恶化，2015年1月份物价数据暗示经济通缩风险进一步升温，名义利率的小幅下降和物价的大幅下滑使得实际利率显著上升，加剧企业资金链的风险，尤其是融资成本较高的中小企业。实际上按照加权价格指数测算，2014年10月中国就滑入靠近通缩区间，2015年1月随着大宗商品的价格下滑通缩加剧。中国人民银行决定，自2015年3月1日起下调金融机构人民币贷款和存款基准利率。金融机构一年期贷款基准利率下调0.25个百分点至5.35%；一年期存款基准利率下调0.25个百分点至2.5%，同时结合推进利率市场化改革，将金融机构存款利率浮动区间的上限由存款基准利率的1.2倍调整为1.3倍；其他各档次存贷款基准利率及个人住房公积金存贷款利率相应调整。此次降息力度温和,目前通缩和投资数据持续下滑,实际利率上行推升债务风险的隐忧,外汇占款走低带来流动性缺口,因此随着经济的下行,今后还有降准降息等释放流动性的必要。

三、案例研究

(一) 案例研究 A

CPI 被低估 7%结论引争议

中国居民消费物价指数(CPI)能否与民众感受“合拍”,是否存在人为低估,国家统计局城市社会经济调查司副司长庞晓林已解释了不止一次。

2010 年 11 月 10 日,国家统计局网站刊发庞晓林的文章,回应前一日“社科院报告称中国 CPI 被人为调整五年间被低估 7%”的媒体报道。这些报道源自中国社科院研究人员徐奇渊的一篇分析报告——《统计数据和主观感受:CPI 是风动还是帆动》。报告得出结论:在过去五年中,通过人为调整方式,CPI 大约被系统低估了 7%。

“这一结论是主观推断,与事实不符。”庞晓林指证了数学模型用来生产统计数据的局限及不同计算公式的差异。

徐奇渊的报告确实存在技术瑕疵。上海交通大学安泰经济与管理学院钱军辉博士即提出,其错误之处在于,作者误解了线性回归的常数项。若其中的基准由 100 调为 0,同样的数据、同样的公式,则常数项,即所谓的低估部分仅为 -0.11,而非报告中的 -7.53(即人为低估 7%)。

尽管无法用公式衡量数据与主观感受间的偏差,但这难以扭转官方数据备受质疑的境况。

“统计局的同志买菜吗? 他们要是买菜,肯定不能算出这个数(2.8%)。”当上半年 CPI 还落在 3% 以下时,国家统计局北京调查总队队长潘璠不得不在其博客中回答,统计局的同志们都买菜。

对 CPI 与居民感受不一致,2010 年 5 月庞晓林就撰文称,其间可能有多方面原因。比如,CPI 是一个总体指标,反映的是众多居民消费品和服务项目的价格总水平,而百姓对物价上涨的感受,往往是对单一商品价格变化的感受,而且时点性特别强。

CPI 的一大缺陷是权重设置不能反映总体,同时,自有住宅消费支出的权重缺乏合理依据。

资料来源:新世纪周刊,2010 年 11 月 15 日。

【关联理论】

消费物价指数并不是生活费用的完美衡量指标,用 CPI 衡量生活费用的变动存在三个问题,即替代偏向、新物品的引进以及无法衡量的质量变动等会引起 CPI 被高估。但也可能存在诸如数据选取、权重设置、样本偏差等因素,导致 CPI 被低估。

【案例解剖】

消费物价指数的作用体现在衡量生活费用的变动上,但消费物价指数并不是生活费用的完美衡量指标,用CPI衡量生活费用的变动存在三个问题。第一个问题是替代偏向:随着时间的推移,不同物品与服务价格上升的幅度不同,消费者用那些变得不太昂贵的物品与服务来替代价格上涨相对较快的物品与服务。第二个问题是新物品的引进:新物品的引进增加了物品的种类,允许消费者选择那些更加满足他们需求的物品,从而每一单位货币变得更有价值。第三个问题是无法衡量的质量变动:即使部分物品与服务的物价没有变化,但篮子中物品与服务的质量逐年提高,增加了消费者每一单位货币的价值,这实际等同于物价的下降。经济学家认为,替代偏向、新物品的引进以及无法衡量的质量变动等三个问题会导致CPI高估生活费用的增加。

但在实际中,也可能存在诸如数据选取、权重设置、样本偏差等因素,导致CPI被低估。根据国家统计局《居民消费物价指数调查方案》,CPI权重是根据居民家庭用于各种商品或服务的开支在所有消费商品或服务总开支中所占的比重来计算。目前,统计部门调查全国近12万户居民家庭住户,根据其消费支出调查材料中消费额较大的项目及居民消费习惯,确定CPI中八大类263个基本分类。这八大类包括食品、烟酒及用品、衣着、家庭设备用品及维修服务、医疗保健和个人用品、交通和通信、娱乐教育文化用品及服务、居住。首先,权重设置是否合理,取决于住户调查收集的数据,不能主观确定;其次,住户调查由于可能存在样本偏差,全国近12万户样本覆盖面足够,但国家统计局发放的问卷中,存在相当一部分拒访者,调查分析表明拒访的大多为高收入者,则消费支出结构可能偏向低收入群体的结构,即会导致CPI中食品权重偏高;再次,在数据采集过程中,有些因素也可能影响到CPI的准确度,譬如技术进步较快,实际上使得电脑这类商品价格下降。美国通常采用特征价格法剔除商品中技术进步带来的变化。但是,中国统计部门采用何种方法进行调整,并未明确公布。此外,还有观点认为,尽管CPI中已经考虑到居住类消费,包括租房和自有住房的消费,自有住房包含房屋贷款利率、物业管理费用、维修管理费用和其他费用。但由于不是所有拥有自有住房的人都贷款买房,因此自有住房消费支出没有很好地体现在CPI之中。

(二)案例研究B

居民物价上涨感受远超CPI数据

今年以来,物价上涨催生了“蒜你狠”、“苹什么”、“糖高宗”、“棉里针”、“油你去”、“煤超疯”等网络热词,也引发了居民“海囤”、上网“晒恩格尔系数”、交流“菜奴省钱攻略”等行为。记者走访发现,不管居民还是企业都感受到了物价上涨压力,而物价“现实之痛”与统计部门公布的CPI数据之间的较大落差,也使各界高度关注CPI数据构成如何更客观地反映我国居民消费的现实状况。

今年以来,物价尤其是食品价格的快速上涨,让普通百姓感受到前所未有的压力。记者在北京、上海、浙江分别探访“胡同族”、“白领族”和“打工族”,倾听了这些普通人的“紧巴账”。

老百姓感觉物价高

北京:家住北京市海淀区普惠南里的王奶奶今年70岁,老两口每月退休工资约2 500元,还养着一个40多岁的智障女儿。因为菜价上涨,她每月买菜支出已由原来的550元左右涨到700元左右。为了省钱,她每天要早起到附近的华联超市排队买特价菜。“超市促销最便宜,比如白菜每斤只要0.48元,到早市就要0.6—0.7元。如果没特价菜,我就得多跑几个市场，比较后才买。”王奶奶还隔三差五让老伴坐40多分钟公交车到南四环附近的新发地批发市场买菜。

上海：于永福在张江高科技园区一家企业做财务，夫妻月收入扣掉税和“四金”净到手约1.5万元。他们在上海中环以内租了一套40平方米的老房，每月房租2100元，今年涨了300元。夫妻俩中午吃饭都在单位食堂，家里就早晚两顿。原来一个月食品消费800多元，现在价格一涨至少得1200元，每月吃饭应酬也在800元以上。于永福上班地铁换公交，一天来回12元，妻子每天坐地铁8元，一个月交通支出约500元。此外，于永福每月给山东老家父母寄1000元，母亲今年生了场大病，扣掉社保还花费了3万多元，兄弟姐妹每家摊1万多元。“再苦不能苦孩子。奶粉吃的是日本明治牌，198元一罐，搭配米粉每月得500多元；尿不湿用的‘花王’2元多一片，每月省着用也得600元。小孩要是有个头痛脑热，上一趟医院最低上百元。”于永福坐在书柜“横躺”而成的书桌前说：“原本打算攒个首付明年买房子，可是钱一毛一毛地挣、一块一块地花，看来买房还是个梦。”

杭州：走进从外地到杭州务工的闻小松租住的房子，可看到一家四口挤在30多平方米的空间中。36岁的闻小松近两年工资大幅提高，每月约3400元，可没有工作的妻子和双胞胎孩子都靠他养活。他向记者展示了自己的生活账本：尽管粮和油都是从农村老家带来的，除了盐其他调料都不买，可吃的方面每月还要花费1500元；孩子要营养，水果每月300元；包含水电的房租每月900元；煤气每月200元……“你看看，别的消费不要去想了，衣服也涨价，我和妻子今年没有买过一件衣服，鞋子穿我外甥的。”身上还穿着2003年结婚时衣服的闻小松说。

昆山：台商李明贵说，本地物价跟台湾相比，除显著低于台北外，不管是餐饮等一般民生消费还是房价，同桃园、高雄等城市已基本看齐。“我家在高雄，市中心很新的精装修房，折合人民币每平方米11360元，与昆山市中心差不多，而且昆山还是简装修甚至毛坯房。”

企业：原料涨价快把利润挤没了

同样感受到“高价之痛”的还有部分企业。在长三角地区，原材料涨价、用工成本上升、资金成本高企给不少企业带来巨大压力。

上海：上海新联纺进出口有限公司董事长黄勤说，今年棉花价格暴涨让棉纺企业心惊肉跳，棉价每吨从2007年的1.3万元跳升到今年10月的2.6万元，最高到3.3万元，企业根本不敢对外报价。与此对应，棉花的替代原料化纤价格也全面上涨，目前每吨已近2万元，比年初涨了近9000元。在上海，像新联纺这样的“大客户”，以往代工企业一般是不收订金的，现在要提前给30%—50%甚至全款，不然没人接单，企业的资金成本大幅上升。“更长期的成本压力是工资上涨，每年15%—20%的涨幅让企业很难消化。”黄勤说。现在除对工艺要求较高的产品由公司在江苏昆山的工厂做，其他都外包出去。由于工资提高，合作伙伴也从江浙地区转向广西、安徽、重庆等劳动力成本相对较低的地区。近年来外贸形势严峻而复杂，部分客户已经转向巴基斯坦、越南等周边国家。

昆山：昆山沪士电子公司主要生产印刷电路板，是思科、诺基亚、华为等公司的上游供货商，今年全年销售预计达到29亿元，比去年同期增加25%—30%，但毛利率下降不少。副总经理李明贵表示，印刷电路板的原料主要是沪铜基板、铜箔、铜球等，还用到少量黄金。今年国际金价突破1400美元/盎司，使得平均原材料成本上升20%。工人整体加薪15%，而且刚刚接到通知，明年开始社保基金缴纳水平要提高30%。

冶金工业规划院院长李新创表示,近年来铁矿石进口价格大涨,行业利润率仅2%多一点,不仅远低于贷款成本,甚至还不如存款利率,企业称是给铁矿石供应商和银行"打工"的。

资料来源:经济参考报,2010年11月24日。

【关联理论】

消费物价指数(CPI)是普通消费者所购买的物品和服务的总费用的衡量标准。为何会出现一些人的感受与所公布的CPI变动情况不一致的问题,主要是因为在少数商品或服务项目价格与"一篮子"商品或服务项目的综合平均价格、地区之间和地区与全国平均水平之间、对比基期、个人承受力等四个方面存在差异。

【案例解剖】

通过以上案例可以发现,多个城市居民和企业对物价感受的"现实之痛",远远高于CPI的"数据增长",社会各界对于CPI构成是否科学的讨论也不断升温。当官方公布的统计数据与主观感受不一致时,社会就会产生CPI被人为调低的结论。CPI数据如果有偏差,而中国人民银行又依据CPI决定是否加息,可能会导致决策偏差。长期的低利率,容易造成资产泡沫,若等CPI数据显示出"通胀"时再加息可能起不到应有的效果。对CPI数据的普遍猜疑,将放大社会对通胀的恐慌,反而加剧了通胀上升的心理预期,从而加大管理通胀预期的难度。

消费物价指数的作用体现在衡量生活费用的变动上。为何会出现一些人的感受与所公布的CPI变动情况不一致的问题?主要有以下四个原因:

其一是少数商品或服务项目价格与"一篮子"商品或服务项目的综合平均价格的差异。一般说来,消费者往往喜欢用较小范围的商品及服务项目价格来与统计局公布的价格指数比较,这样很可能出现差异。

其二是地区之间和地区与全国平均水平之间的差异。全国价格指数是反映全国各地区价格总水平的综合平均变化情况,而对于一般消费者来说,对其居住的市、县,特别是居住地附近的商场、农贸市场的商品价格变动情况了解多一些,感受也深一些。

其三是对比基期的差异。目前统计局公布的价格指数有环比指数和同比指数,它们对比的基期是上月和上年同月。一般来说,消费者比较的价格往往是近期的价格,因而会出现消费者的感受与官方公布数据不一致的情况。

其四是个人承受力的差异。一般来说,收入和消费水平越高,消费面越宽,对价格上涨的承受力越大。反之,收入和消费水平低,消费面窄,对价格上涨的承受力也就弱些。因此针对不同收入群体,个体感受与所公布的CPI变动情况也可能会不一致。

(三)案例研究C

CPI与PPI剪刀差扩大　企业利润空间堪忧

从去年开始持续上涨的物价,教会了大家一个经济学术语——居民消费物价指数(CPI),最近连续四个月来,CPI涨幅持续出现回落,大家松了一口气,这个时候,另一个统计概念,PPI,也就是工业品出厂价格指数,冒了出来,这两个月来,俨然取代CPI成了大家关注的新话题。8月宏观经济数据公布,CPI回到"4时代",令大盘连日来紧绷的神经有所放松,收出难得的小阳。市场人士认为,CPI持续回落是对通胀压力减轻的进一步确认,有助于稳定市场信心,但PPI仍居高位,上市公司成本压力依然存在,政策预期明朗前,大盘难以走强,近期仍将以震荡为主。

国家统计局数据显示,8月份CPI同比上涨4.9%,环比下降0.1%。其中,食品价格上涨10.3%,非食品价格上涨2.1%;消费品价格上涨6.0%,服务项目价格上涨1.4%。这是14个月以来CPI涨幅首次降到5%以下。

而与此同时,PPI仍维持两位数增长,8月10.1%的增速环比加快0.1%。就在一个月前,国家统计局曾宣布7月份PPI同比上涨10%,这已经是我国PPI自1996年以来的最高涨幅,数据公布当天,股市遭到重创,沪深股市分别暴跌5.21%和5.64%,上证综指更是一度失守2500点,如今,8月份PPI涨幅再次刷新了这一纪录。

分析人士认为,CPI持续减速表明物价控制取得了较好效果,使得采取其他保经济增长政策的空间增大了,这对市场企稳有利,有助于反弹的形成。"8月CPI明显低于预期,部分缓解了投资者对通胀的顾虑,也缓解了投资者对紧缩政策的担心。"国都证券策略分析师张翔表示。

但由于PPI仍旧维持两位数增长,其与CPI"剪刀差"的持续倒挂,也让市场感到担忧。张翔认为,PPI与CPI较高的差距显示企业处于不利境况,预计上市公司第三季度业绩将继续受困于成本上升与需求放缓。国金证券分析师也表示,PPI与CPI的差距将增加企业成本,尤其会使中下游企业利润率受到负面影响。

资料来源:中国宏观经济信息网,2012年8月29日。

【关联理论】

消费物价指数(CPI)是普通消费者所购买的物品和服务的总费用的衡量标准,而生产物价指数(PPI)与CPI不同,主要的目的是衡量企业购买的一篮子物品和服务的总费用。由于企业最终要把它们的费用以更高的消费价格的形式转移给消费者,因此,通常认为生产物价指数的变动对预测消费物价指数的变动有重要价值。一般而言,由于PPI反映生产环节的价格水平,CPI反映消费环节的价格水平,根据价格传导规律,PPI与CPI会同向变化。PPI与CPI之间出现"剪刀差"是多种因素综合作用的结果。

【案例解剖】

作为分别反映生产环节价格水平和消费环节价格水平的PPI和CPI,两者之间存在着密切的联系,根据价格传导规律,整个价格水平的波动一般首先出现在生产领域,然后通过产业链向下游产业扩散,最后波及消费品。正常来讲,PPI往往被看作CPI的先行指标,制造厂商的成本压力会很快传递到产业链的终端,导致产品价格和服务价格提升,从而推动CPI的上涨。但是在我国,从2012年5月起,PPI和CPI之间却出现了"剪刀差"现象,以2012年8月份为例,10.1%的PPI涨幅和4.9%的CPI涨幅之间,存在着高达5.2%的落差,CPI被PPI远远地抛在了身后,这种现象在世界上并不多见。从调查看,PPI和CPI之间应该是水涨船高的关系,但在中国,PPI和CPI的这种传导效应却好像被明显削弱了,在2012年CPI和PPI的变动中,我们可以看出,在2012年5月份之前,CPI涨幅一直都高于PPI涨幅;可是从5月份开始,CPI涨幅在一步步下降,PPI涨幅却越来越大;到了8月份,CPI涨幅为4.9%,而PPI涨幅已经达到10.1%,差距扩大到了5.2个百分点。如果将两个指数同时标在一个时间轴上,你会发现两条趋势线刚好形成一个"剪刀"的形状。为什么CPI和PPI涨幅出现了这种倒挂?

PPI和CPI之间出现"剪刀差"的原因,主要在于PPI和CPI二者构成的结构不同。CPI的结构是消费品为主,而消费品又以食品为主;而PPI的结构是以资本品为主,其成本包括原材料成本、工资、利息、地租等。原材料、能源、人力成本等因素的上涨成为推动 PPI 持续走高的主动力，特别是国内能源动力型工业原材料和老动力价格的增长，以石油、钢材、煤炭为首，导致工业产品成本上升，从而推动 PPI 指数快速增长。而与此同时，由于国内工业原材料市场与国际市场没有直接挂钩，国内由于价格控制的关系并没有跟着国际市场浮动。归根结底，PPI 增长而 CPI 下降的“剪刀差”现象，应该说是国内市场还不完全自由、价格传导不通畅的一种体现。当然，也可能部分由于前期的过快扩张，使得有些行业产能出现过剩现象，再加上出口受阻，产品销路出现问题，从而导致 CPI 不升反降。

CPI 和 PPI 的倒挂，预示着未来企业利润还要进一步下降。这一方面不利于企业生产积极性的调动，有可能会导致产品供应短缺；同时价格管制也不利于促使企业实现产业结构的转型，不利于消费者节约能源，对中国经济的可持续发展也会造成不利影响。这样的倒挂局面不可能长期持续，PPI 升高迟早要到传导到 CPI，到时候很有可能会造成报复性反弹。从这个角度来看，政府调控政策应该及时作出调整。CPI 和 PPI 都只是数字而已，数字只是一种参照，本身并没有多大的意义。中国经济不可能依靠数字发展，需要的是实实在在的举措，在 PPI 不断压缩中小企业利润的时候，政府部门必须改善中小企业的生存环境，提供更多政策扶持，让大部分企业在 PPI 的高压下能够正常运转，同时对国际经济形势做出正确判断。适时调整价格体制，中国经济才能从容面对 CPI 和 PPI“剪刀差”带来的压力。

四、课外习题

（一）术语解释

1. 消费物价指数（CPI）
2. 通货膨胀率
3. 生产物价指数
4. 指数化
5. 真实利率

（二）单项选择

1. 消费物价指数是普通（　　）所购买的物品和服务的（　　）的衡量指标。
   A. 生产者　总费用　B. 生产者　总价格　C. 消费者　总费用　D. 消费者　总数量
2. 以下关于消费物价指数的作用的说法，正确的是（　　）。
   A. 衡量普通消费者的生活成本
   B. 监测生活费用随着时间的推移而发生的变动
   C. 在许多合同与社会保障中作为生活费用调整的依据
   D. 以上都正确
3. 一旦选择了某年作为基年，则该年的消费物价指数为（　　）。
   A. 100　　B. 200　　C. 1　　D. 不确定
4. GDP 平减指数用来衡量（　　）。
   A. 一段时间内，收入在贫富之间分配的程度
   B. 相对于基年物价水平的当年物价水平的物价指数

C. 由于更高的物价导致消费模式随时间而改变的程度

D. 消费品价格相对于工资增长的程度

5. 在中国,(　　)价格上升 5% 对 CPI 的影响最大。

A. 住房　　B. 交通通信

C. 医疗　　D. 家庭设备及维修服务

6. 在 2013 年,CPI 是 125,2014 年是 130,那么 2014 年的通货膨胀率是(　　)。

A. 4%　　B. 5%　　C. 6%　　D. 8%

下表给出某国牛奶和蛋糕的消费价格和数量。假定 2012 年是基年,且将 2012 年购买的牛奶和蛋糕的数量作为典型的 CPI 篮子,请回答第 7—11 题。

年份	牛奶		蛋糕	
	价格(元)	数量(包)	价格(元)	数量(个)
2012	2.00	1000	1.00	1000
2013	2.50	900	0.90	1200
2014	2.75	1050	1.00	1300

7. 2012 年(基年)这一篮子物品与服务的费用是(　　)。

A. 3330 美元　　B. 3000 美元　　C. 4592.5 美元　　D. 以上都不对

8. 表中 2012 年、2013 年、2014 年的 CPI 值依次是(　　)。

A. 100　109.2　139.6　　B. 100　113.3　125

C. 83.5　94.2　125　　D. 以上都不对

9. 2013 年的通货膨胀率是(　　)。

A. 0　　B. 11%　　C. 13.3%　　D. 9.2%

10. 2014 年的通货膨胀率是(　　)。

A. 0　　B. 11%　　C. 10.3%　　D. 13.3%

11. 该表说明 2013 年的通货膨胀率被高估,原因是(　　)。

A. 替代偏差　　B. 由于无法衡量的质量变动引起的偏差

C. 由于新物品引进引起的偏差　　D. 以上都不对

12. 由于 VCR 的大量引进,人们去电影院购票看电影的数量大大减少,那么 CPI 将受什么不利影响?(　　)。

A. 替代偏差　　B. 由于新物品引进引起的偏差

C. 由于无法衡量的质量变动引起的偏差　　D. 基年偏差

13. 以下关于 GDP 平减指数和 CPI 的说法中,错误的是(　　)。

A. GDP 平减指数用名义 GDP 与真实 GDP 的比率乘以 100 来计算,而 CPI 用当年一篮子物品和服务与基年一篮子物品和服务价格的比率乘以 100 来计算

B. GDP 平减指数反映国内生产的所有物品与服务的价格,而 CPI 反映消费者购买的所有物品与服务的价格

C. CPI 用固定的篮子,这一篮子只有在物价统计部门重新选择时才会变动;而 GDP 平减指数是使用现期生产的物品和服务量,因此“一篮子”自动地随着时间的推移而变动

D. 尽管 CPI 和 GDP 平减指数密切相关,但 CPI 由于固有的替代偏向及新物品引进

相关的偏差,可能下降得略快

14. 如果工人和企业根据对通货膨胀的预期就工资增长达成一致,结果现实中通货膨胀高于预期,那么(　　)。

A. 企业获益　　B. 工人获益　　C. 双方都不获益　　D. 双方都获益

15. 如果名义利率是10%,通货膨胀率为3%,那么真实利率为(　　);如果通货膨胀率是10%,真实利率是5%,那么名义利率是(　　)。

A. 13%　5%　　B. -7%　15%　　C. 13%　-5%　　D. 7%　15%

(三) 判断正误

1. 消费物价指数是衡量生活费用的一个完美指标。(　　)

2. GDP平减指数是名义GDP与真实GDP的比率。(　　)

3. 真实利率等于名义利率加通货膨胀率。(　　)

4. GDP平减指数包括进口彩电价格上升,但CPI不包括。(　　)

5. 由于香蕉价格上升、苹果价格下跌引起消费者更多地购买苹果,因此CPI往往高估了生活费用。(　　)

6. 生产物价指数是为了衡量企业所购买的一篮子物品与服务的费用,该指数的变动有助于预测消费物价指数的变动。(　　)

7. 资本商品不包含在CPI内,但包含在GDP平减指数内(如果是在国内生产)。(　　)

8. 存在两个重要的差别使GDP平减指数和CPI两个数字不一致,分别是一篮子物品不同和篮子固定与否不同。(　　)

9. 如果名义利率是10%,真实利率是5%,那么通货膨胀率是15%。(　　)

10. 如果你的工资从5 000元上升到5 500元,而CPI从110上升到160,那么你会感到你的生活水平下降了。(　　)

(四) 简答题

1. 王大爷在1965年买一包烟是0.45元,1995年烟涨到了2元一包,王大爷说香烟价格涨得太离谱了,现在吸烟的成本高太多了,无法接受现在的支出是过去的4倍多。

(1) 假设1965年的CPI是31.5,1995年的CPI是152.4,王大爷的说法错在哪里?

(2) 用1995年的价格衡量,1965年一包香烟的价格相当于多少?用1965年的价格衡量,1995年一包香烟的价格相当于多少?

2. 当一个人决定把收入的一部分用于退休储蓄时,他应当考虑真实利率还是名义利率?为什么?

3. 在长期中,鸡肉的价格从10元上升到30元。在同一时期中,消费物价指数从150上升到300,根据整体通货膨胀校正后,鸡肉的价格变动了多少?

4. GDP平减指数与CPI的两个重要差别是什么?

5. 为什么消费物价指数不是生活费用衡量的完美指标?请描述用CPI衡量生活费用变动时存在的三个问题。

(五) 应用题

1. 假如某国居民将其全部收入用于购买香蕉、苹果和梨。在2014年,他们用200元买了

100 斤香蕉,75 元买了 50 斤苹果以及 50 元买了 500 斤梨。在 2015 年,他们用 225 元买了 75 斤香蕉,120 元买了 80 斤苹果以及 100 元买了 500 斤梨。

(1) 计算每年每种水果的价格。

(2) 把 2014 年作为基年,计算每年的 CPI。

(3) 2015 年的通货膨胀率是多少?

2. 假设王某以 9% 的名义利率借给张某 100 元一年。达成贷款协议时,双方预期该年通货膨胀率是 5%。请回答以下三个问题:

(1) 在年底时,张某应支付王某多少利息? 双方预期这笔贷款的真实利率是多少?

(2) 假定年底时,这一年的实际通货膨胀率是 8%,则这笔贷款的实际真实利率发生了什么变动? 在以上描述的情况下,实际通货膨胀率高于预期,王某与张某谁有未预期到的利益与损失?

(3) 若实际通膨率是 11%,真实利率是多少? 请给出真实利率小于零的含义的解释。

3. 物价统计部门选用 A、B、C 三种商品来计算 CPI,所获数据如下表所示:

品种	数量	基期价格(元)	现期价格(元)
A	2 000	1.00	1.50
B	1 000	3.00	4.00
C	3 000	2.00	4.00

请计算 CPI 和通货膨胀率各为多少。

(六) 拓展思考题

1. 当伊利提高了早餐奶的价格,那么对 CPI 和 GDP 平减指数有什么影响? 当中国东方红一拖集团有限公司提高了它生产的工业拖拉机的价格,对 CPI 和 GDP 平减指数的影响又是怎样的?

2. 假设贷款人和银行一致同意按名义利率支付贷款,结果通货膨胀高于他们双方的预期。

(1) 这笔贷款的真实利率与预期的水平是怎样的关系?

(2) 银行从这种高通货膨胀中获益还是亏损,贷款人是获益还是亏损?

(3) 如果 20 世纪 90 年代的通货膨胀比这十年开始时大多数人预期的要高得多。这将如何影响那些在 80 年代按固定利率进行住房抵押贷款的房主? 又如何影响发放此贷款的银行?

五、习题答案

(一) 术语解释

1. 消费物价指数(CPI):普通消费者所购买的物品与服务的总费用的衡量指标。
2. 通货膨胀率:从前一个时期以来物价指数变动的百分比。
3. 生产物价指数:企业所购买的一篮子物品与服务的费用的衡量指标。
4. 指数化:根据法律或合同按照通货膨胀的影响对货币数量的自动调整。

5. 真实利率:根据通货膨胀的影响校正过的利率。

(二) 单项选择

1. C 2. D 3. A 4. B 5. A 6. A 7. B 8. B 9. C 10. C 11. A 12. B 13. D 14. A 15. D

(三) 判断正误

1. × 2. × 3. × 4. × 5. √ 6. √ 7. √ 8. √ 9. × 10. √

(四) 简答题

1.【考查要点】 通货膨胀与根据通货膨胀的影响校正经济变量。

【参考答案】 (1) 王大爷的说法错在他只看到了未根据通货膨胀校正的香烟的费用,而实际可能的情况是,真实的费用并没有看上去上涨得那么多,甚至有可能下降。

(2) $0.45\times(152.4/31.5)=2.18>2$,所以 1965 年一包香烟的费用相当于 1995 年的 2.18 元;$2\times(31.5/152.4)=0.41<0.45$,所以 1995 年一包香烟的费用相当于 1965 年的 0.41 元。

2.【考查要点】 真实利率与名义利率。

【参考答案】 应当考虑真实利率。因为只有真实利率才衡量了银行中存款的实际购买力的变动情况。

3.【考查要点】 根据通货膨胀的影响校正经济变量。

【参考答案】 根据整体通货膨胀进行校正后,鸡肉的价格变动了 10 元。

4.【考查要点】 GDP 平减指数与 CPI 的两个重要差别。

【参考答案】 (1) 第一个差别是"一篮子物品不同":GDP 平减指数反映国内生产的所有物品与服务的价格,而 CPI 反映消费者购买的所有物品与服务的价格。

(2) 第二个差别是"篮子固定与否不同":CPI 用固定的篮子,这一篮子只有在物价统计部门重新选择时才会变动;而 GDP 平减指数是使用现期生产的物品和服务量,因此"一篮子"自动地随着时间的推移而变动。

5.【考查要点】 CPI 不完美的三个原因。

【参考答案】 有三个原因使得这个指数并不是生活费用的一个完美衡量指标。第一,它没有考虑到消费者的替代偏向。第二,它没有考虑到新物品的引进使每单位货币都变得更有价值。第三,这个指数无法衡量质量的变动。

(五) 应用题

1.【考查要点】 CPI 和通货膨胀率的计算。

【参考答案】 (1) 每年每种蔬菜的价格如下表所示:

年份	香蕉(元/斤)	苹果(元/斤)	梨(元/斤)
2014	2	1.5	0.1
2015	3	1.5	0.2

(2) 把 2014 年作为基年,用来计算 CPI 一篮子物品包括 100 斤香蕉,50 斤苹果,500 斤梨。各年这一篮子物品的费用为:

2014 年:$100 \times 2 + 50 \times 1.5 + 500 \times 0.1 = 325$(美元)

2015 年:$100 \times 3 + 50 \times 1.5 + 500 \times 0.2 = 475$(美元)

以 2014 年作为基年,每年的 CPI 则为:

2014 年:$325/325 \times 100 = 100$

2015 年:$475/325 \times 100 = 146$

(3) 2015 年的通货膨胀率为:$(146 - 100)/100 \times 100\% = 46\%$

2.【考查要点】 名义利率与真实利率。

【参考答案】 (1) 张某应支付给王某的利息为:$100 \times 9\% = 9$ 元;预期该笔借款的真实利率为 $9\% - 5\% = 4\%$。

(2) 该笔借款实际真实利率为 $9\% - 8\% = 1\%$;此时,张某获益,王某受损,因为张某偿还的钱的价值也即实际购买力比预期小。

(3) 真实利率为 $9\% - 11\% = -2\%$;真实利率小于 0 表明:由于通货膨胀,支付的利息不足以使债权人收支相抵,即与借款的时候相比购买力下降。

3.【考查要点】 CPI 与通货膨胀率。

【参考答案】 根据公式:$\text{消费物价指数} = \frac{\text{当年一篮子物品与服务的价格}}{\text{基年一篮子物品与服务的价格}} \times 100$

所以,$CPI = (1.50 \times 2 + 4.00 \times 1 + 4.00 \times 3)/(1.00 \times 2 + 3.00 \times 1 + 2.00 \times 3) \times 100 = 173$

$$\text{通货膨胀率} = (173 - 100)/100 = 73\%$$

(六) 拓展思考题

1.【考查要点】 CPI 与 GDP 平减指数之间的两个重要差别。

【参考答案】 (1) 当伊利提高了早餐奶的价格,CPI 和 GDP 平减指数均上升。

(2) 当中国东方红一拖集团有限公司提高了它生产的工业拖拉机的价格,GDP 平减指数上升,但 CPI 不变。

2.【考查要点】 真实利率与名义利率。

【参考答案】 (1) 这笔贷款的真实利率低于预期的水平。

(2) 银行从这种未预期到的高通货膨胀中受损,贷款人从这种未预期到的高通货膨胀中获益。

(3) 因为 90 年代的通货膨胀比这十年开始时大多数人预期的要高得多,那些在 80 年代期间按固定利率贷款的房主实际偿还金额则下降了,所以他们从高通货膨胀中获益,而发放这种贷款的银行则由于收回贷款的本利金额的实际购买力下降而受损。

第 25 章
生产与增长

一、学习精要

（一）教学目标

1. 了解世界各国经济增长的差异。
2. 理解生产率的作用，并掌握一国生产率的四个决定因素。
3. 领会政府政策对生产率和生活水平的影响。
4. 掌握资本的收益递减现象和贫穷国家追赶效应。
5. 理解人口增长对经济增长的多种影响。

（二）内容提要

本章介绍了世界各国的生活水平（用人均真实 GDP 来衡量）差别很大，生活水平提高的速度（用人均真实 GDP 的增长率来衡量）也各不相同，并指出一个国家的生活水平取决于该国生产物品和服务的能力，即生产率。同时进一步分析了一个国家生产率的四个决定因素，包括工人所得到的物质资本、人力资本、自然资源和技术知识等。在此基础之上，研究政府政策对生产率和生活水平的影响，所涉及的政策包括鼓励储蓄和投资、鼓励来自国外的投资、促进教育、改善健康与营养、维护产权与政治稳定、允许自由贸易以及促进新技术的研究和开发等。本章最后还讨论了人口增长对经济增长的多种影响。

1. 世界各国的经济增长

（1）从世界各国的经济增长水平来看，人均真实 GDP 的数据差异表明国家之间生活水平差别很大。人均真实 GDP 相对较高的国家，居民的生活水平也相对较高。

（2）从世界各国的经济增长历程来看，每个国家的人均真实 GDP 的增长率也各不相同，增长率相对较快的国家，居民的生活水平提高速度也相对较快。

2. 生产率：作用及决定因素

（1）一国生活水平的高低是由生产率决定的，一国生活水平提高的快慢是由生产率的增长速度决定的。生产率就是一国生产物品和服务的能力，即每单位劳动投入所生产的物品和服务数量。

（2）决定一国生产率高低的因素包括人均物质资本、人均人力资本、人均自然资源和技术知识等。工人所拥有的物质资本、人力资本、自然资源和技术知识等相对较多的国家，该国的生产率也相对较高。

（3）物质资本是指用于生产物品与服务的设备和建筑物存量；人力资本是工人通过教

育、培训和经验而获得的知识和技能;自然资源是由自然界提供的用于生产物品与服务的投入;技术知识是社会对生产物品与服务的最好方法的了解。

3. 经济增长和公共政策

(1) 从生产率的四个决定因素出发,政府可以制定相应的政策来提高生产率,从而提高居民的生活水平。

(2) 政府可以通过鼓励储蓄,增加投资,提高一国的人均物质资本,从而促进经济增长和在长期中提高生活水平。由于受资本收益递减的制约,开始时贫穷的国家倾向于比开始时富裕的国家增长更快,这种现象叫做追赶效应。

(3) 除此之外,鼓励外来的投资、发展教育、改善健康与营养、保持产权和政治稳定、进行自由贸易、激励研究与开发等政策也能提高生产率,促进经济增长和生活水平的提高。

(4) 人口增长会导致自然资源紧张、稀释资本存量,但也促进了技术进步。

4. 结论:长期增长的重要性

本章解释了经济学十大原理之一:一国的生活水平取决于它生产物品和服务的能力。生产物品和服务的能力,或生产率是由人均物质资本、人均人力资本、人均自然资源和技术知识决定的。因此,政府可以通过相关的政策来提高生产率,促进一国的经济增长和在长期中提高居民的生活水平。

(三) 关键概念

1. 生产率:每单位劳动投入所生产的物品和服务的数量。
2. 物质资本:用于生产物品与服务的设备和建筑物存量。
3. 人力资本:工人通过教育、培训和经验而获得的知识与技能。
4. 自然资源:由自然界提供的用于生产物品与服务的投入。
5. 技术知识:社会对生产物品与服务的最好方法的了解。
6. 收益递减:随着投入量的增加,每一单位额外投入得到的收益减少的特性。
7. 追赶效应:开始时贫穷的国家倾向于比开始时富裕的国家增长更快的特征。

(四) 拓展提示

1. 技术知识和人力资本不同。技术知识是社会对世界如何运行的理解,人力资本是指把这种理解传递给劳动力的资源消耗。一个人需要投入时间、精力、金钱等资源,才能获得一定的技术知识。一般来说,如果一个人的人力资本越高,即花费更多的资源用于获取技术知识,那么这个人拥有的技术知识就越多。现有技术知识存量及其先进性水平,以及人力资本的多少都会影响生产率。

2. 一个人付出相应的时间、精力和金钱去接受高等教育就是增加个人的人力资本,目的是掌握相关专业的技术知识,从而在以后的工作中具有更高的生产率。而生产率高的人由于产出较多,收入、生活水平也将较高。从这个意义上说,通过接受高等教育来增加人力资本是非常有价值的。

3. 人口增长对经济增长的影响虽然具有两面性,但对不同类型国家的影响是不一样的。对于部分发达国家来说,由于老龄化问题较为严重或者人口自然增长率太低甚至负增长,适当加快人口增长是有利的;而对一些发展中国家的人口大国来说,降低人口自然增长率、控制人口增长变得更加重要。

4. 经济增长通常是指在一个较长的时间跨度上，一个国家人均产出(或人均收入)水平的持续增加。经济增长率的高低体现了一个国家或地区在一定时期内经济总量的增长速度，也是衡量一个国家或地区总体经济实力增长速度的标志。而经济增长方式是指一个国家(或地区)经济增长的实现模式，它可分为两种形式：粗放型和集约型。如果要素投入量增加引起的经济增长比重大，则为粗放型增长方式；如果要素生产率提高引起的经济增长比重大，则为集约型增长方式。

二、新闻透视

(一) 新闻透视 A

中央财政下达 2015 年义务教育补助经费预算 697.2 亿元

据财政部网站消息，为保证城乡义务教育阶段学校春季开学后正常运转和"两免一补"政策落实到位，中央财政近日提前下达 2015 年城乡义务教育补助经费部分预算 697.2 亿元。其中，农村义务教育经费保障机制资金 605.9 亿元，城市义务教育补助经费 91.3 亿元。

同时，中央财政要求各省做好 2015 年预算指标分解下达和指导地方预算编制等相关工作，并及时足额落实应承担的资金。待 2015 年中央转移支付预算确定后，中央财政将再次核定各省 2015 年中央财政应承担的城乡义务教育补助经费预算，并按多退少补的原则据实调整经费预算。

据介绍，从 2006 年起，国家逐步将农村义务教育全面纳入公共财政保障范围，建立起中央和地方分项目、按比例分担的农村义务教育经费保障机制。近年来，各级财政不断加大投入力度，农村义务经费保障水平逐年提高。2014 年，全国约 1.1 亿名农村义务教育阶段学生全部享受免杂费和免费教科书政策，向小学一年级新生免费提供正版学生字典；中西部地区约 1 240 万名家庭经济困难寄宿生继续享受生活费补助政策，年补助标准达到小学 1 000 元、初中 1 250 元。

农村中小学普通学生年生均公用经费基准定额达到中西部小学 600 元、初中 800 元，东部小学 650 元、初中 850 元；在此基础上，进一步提高了农村寄宿制学校公用经费，切实解决寄宿制学校运转困难，并继续落实北方地区取暖费补助和不足 100 人学校按 100 人核定公用经费等政策。从 2014 年起，单独核定农村义务教育阶段特殊教育学校和随班就读的残疾学生公用经费补助资金预算，并大幅度提高生均公用经费补助标准，达到年生均 4 000 元。

同时，农村中小学校舍安全长效保障机制逐步健全，中小学教师到乡村学校和教学点任教工作正稳步推进。2006—2014 年，中央财政共安排农村义务教育经费保障机制资金约 5 929 亿元。2008 年，国家又启动实施免除城市义务教育阶段学生学杂费政策，并切实保障进城务工农民工随迁子女接受义务教育的权利。2008—2014 年，中央财政共安排城市义务教育补助资金约 567 亿元。

资料来源：中国新闻网，2014 年 11 月 20 日。

【关联理论】

人力资本指工人通过教育、培训和经验而获得的知识与技能，它是一种生产出来的生产要素。人均人力资本是生产率的一个决定因素。发展教育可以提高人均人力资本，对一个国家的长期经济繁荣和居民生活水平提高具有非常重要的影响。

【新闻评析】

教育事业是一个国家最根本的事业。人类历史发展表明,国家的强弱、综合国力的竞争,最根本的要取决于国民素质的高低。国民素质高低的关键在于教育的普及程度和质量水平。义务教育是国民素质提高的起点、人力资源强国的基点、中国教育跨越发展的接点、国家富强和民族振兴的基石,是实现中华民族伟大复兴的奠基工程。没有义务教育的强大,就不可能有国家的真正强大。因此,在整个国家教育体系和教育战略布局中,必须始终把义务教育放在优先发展的"重中之重"地位。义务教育,是根据宪法规定,适龄儿童和青少年都必须接受,国家、社会、家庭必须予以保证的国民教育。其实质是国家依照法律的规定对适龄儿童和青少年实施的一定年限的强迫教育的制度。义务教育又称强迫教育和免费义务教育。义务教育具有强制性、公益性、普及性的基本特点。我国《义务教育法》规定的义务教育年限为九年(小学六年,初中三年),这一规定是符合我国的基本国情的。

国家和地方财政对义务教育阶段投入大量经费,促进基础教育的发展,从长远来看是非常有必要的。我国人口数量众多,但人口质素还不高,如果不改变这种现状,将会成为制约经济增长的一个因素。从当前来看,在广大农村地区,尤其是中西部的农村地区,由于经济条件较差、基础教育薄弱,许多孩子没有受到很好的教育。国家和地方政府对农村地区的中小学教育投入更多的财政资金,减免学杂费、教科书费,给予困难学生生活费补助等政策措施,可以有效地提高适龄儿童的入学率,使更多的孩子能顺利完成九年制义务教育。该政策提高了我国总体人口素质和人均人力资本,从长期看必将促进我国经济增长和居民生活水平的提高。

(二) 新闻透视 B

中国商务部:中国吸引外资放缓"不是趋势"

中国商务部16日公布1—8月商务运行情况。其中,中国8月实际使用外资金额72亿美元,同比下降14%;非金融类对外直接投资126.2亿美元,同比增长112.1%。法新社16日评论称,这两个数据形成鲜明对比,中国8月对外投资额远超利用外资额。

商务部新闻发言人沈丹阳称,今年1—8月,外商投资新设立企业同比增长5%;实际使用外资金额783.4亿美元,同比下降1.8%。8月,外商投资新设立企业同比增长5.2%;实际使用外资金额72亿美元,同比下降14%,比7月的降幅略有减小。在对外直接投资方面,今年1—8月,中国境内投资者共对全球累计实现非金融类对外直接投资651.7亿美元,同比增长15.3%,其中8月,非金融类对外直接投资126.2亿美元,同比增长112.1%。

路透社16日援引澳新银行经济学家的话称:"利用外资下降反映了(中国)制造业的下行压力。制造业表现不佳,投资因此减少是符合逻辑的。"

对于中国今年特别是七八月,实际利用外资金额下降,沈丹阳16日下午在一个关于外资的发布会上表示,主要有四个原因。第一,全球经济处于弱势复苏阶段,而且有数据显示,国际资本现在更多流入发达国家。第二,汇率因素导致境外投资者不好把握人民币汇率走势,出资安排后推。第三,今年3月开始,中国取消企业最低注册资本要求和首期出资比例等约束,客观上使得短期内实际使用外资流入延后。第四,国内土地供应紧张,用工等运营成本提高,以及外部需求疲弱,对出口导向型制造企业投资产生比较大的影响。

沈丹阳表示,中国吸收外资和对外投资都有一些放缓,个别月份负增长,但这不是一个逆转态势,也不是一种趋势,而是短期阶段性调整。尽管对中国投资环境有抱怨,但这些更多是个别企业的感情因素和媒体的夸张。如果全球跨国直接投资趋势不出现大的逆转,预计今年中国吸收外资可能达1 200亿美元。明年,中国对外投资规模很可能超过利用外资规模。

交通银行首席经济学家连平16日对《环球时报》表示,两个月的数据总量有限,短期数据是多种因素综合作用的结果,但这种波动能否发展为一种趋势,还需要进一步观察。

资料来源:记者张旺、褚大业,环球时报,2014年9月17日。

【关联理论】

人均物质资本是影响生产率的一个决定因素。投资提高一国的物质资本存量,从而增加人均物质资本。更多的人均物质资本可以提高工人的劳动生产率,从长期来看可促进一国经济增长和居民生活水平的提高。当国内用于投资的资金不足时,可以吸引外国的投资进行补充,这对于缺乏资金的发展中国家尤为重要。

【新闻评析】

提高一国储蓄率的政策可以增加投资,进而提高长期的经济增长率。但国内居民的储蓄并不是一国投资于新资本的唯一方法,另一种方法是外国人的投资。即使来自国外的投资的一部分收益会流回到外国所有者手中,但这种投资也增加了一国的资本存量,导致该国更高的生产率和更高的工资。除此之外,来自国外的投资也是穷国学习富国开发并利用先进技术的一种方式。

在中国,利用外资一般指各级政府、部门、企业和其他经济组织通过对外借款、吸收外商直接投资以及用其他方式筹措境外现汇、设备、技术等。世界近代史证明,当今世界上没有哪一个国家能够拥有发展本国经济所需要的全部资金、技术和资源。任何国家为了加速本国经济的发展,都必须与他国互通有无,利用国外资金和技术,中国也不例外。在不断提高经济效益的前提下,合理地、有效地利用外资,一般可以发挥以下作用:其一是补充国内建设资金的不足,加速国民经济的发展;其二是引进国外先进的技术装备、生产技术、管理知识和经验,培养国内科技人才,提高生产技术水平和经营管理水平;其三是加速能源、交通、原材料等基础工业的建设和落后地区、部门的开发,克服国民经济的薄弱环节;其四是促进新兴工业部门的建立与发展和产业结构的改善;其五是促进进出口商品结构的变化和出口贸易的增长;其六是扩大劳动就业,增加国民收入。

改革开放以来,我国各级政府一直重视利用外资来发展经济,制定了许多吸引外资的优惠政策,培育了一大批"三资"企业,为我国的经济增长和居民生活水平的提高起到了积极作用。吸引国外的投资不仅可以弥补我国经济建设所需资金不足的问题,同时国外投资者还会带来先进的技术、设备和现代管理经验,促进了我国企业的技术水平和管理水平的提高。由于外资对于促进国内经济增长的重要性,使得吸引外资的数量变化受到多方关注,尤其是吸引外资的数量下降时,更会引起政府部门和经济学家们的注意。

(三) 新闻透视 C

新常态的实质是经济增长质量的提高

增长趋势放缓将是我国经济的新常态，增长动力机制发生改变，将引发经济结构调整和经济发展方式转变。如何看待以速度下滑为外在特征的新常态？如何转换思路，在新常态下寻求新动力？

以速度下滑为主要外在特征的新常态是合乎规律的。在 11 月 26 日举办的“《财经》年会 2015：预测与战略”上，中国社会科学院副院长李扬如此表示。

他认为，经济速度下滑带动其他宏观指标进入一个新的状态，是实体经济的变化使然。资源配置的效率在下降，创新能力不足，环境约束在增强，使得我们进入了一个以较低增长率为主要特征的新常态。

新常态通常被等同于经济下滑，甚至硬着陆。但李扬认为，新常态意味着经济增长进入了一个新阶段，有些外在指标的变化蕴含着一些内在质量的提高。

从一些指标的变化来看，李扬把这几年经济增长速度下滑主要归因于投资增长速度的下滑。“过去连续 34 年，我们的投资增长率是平均 24.6%，前年降到了 20%，去年为 18%，今年为 16%，大家都普遍预计到‘十三五’的时候，平均可能在 10%。”

由于投资增长速度下降，解决经济结构中一个非常大的问题——产能过剩，就有了一个入手处。“因为过剩产能归根溯源是投资造成的。”他说。

李扬以生态环境改善举例：传统的经济不可持续，生态环境遭破坏，因为大家追求速度、加大投资。怎么解决生态环境问题？“这次 APEC 会议期间，我们看到了久违的蓝天，但以周围六个省污染企业关门为前提。所以，环境改善蕴含着投资增长速度的下降，蕴含着经济增长速度下降。”

李扬认为，在新常态下，在速度适当的情况下，才有可能从容地解决经济发展中存在的如收入分配不公等潜在问题。“新常态意味着经济增长质量的提高、国民经济的新飞跃，是从粗放经济走向更加精致的现代经济的一个必不可少的阶段。”他说。

国家发展和改革委员会副秘书长王一鸣也表示，以前总是要谈调结构、转方式，但离预期目标总是很远，就是因为原来速度高、盈利空间大、要素成本低，改革的压力远远不如今天大。

他认为，现在这个阶段已经到来了，结构正在发生深刻的变化，增长动力也在重塑，过去高速增长时期积累的矛盾正在进行消化，包括压产能、去杠杆、挤泡沫。

“在这个阶段，我们对速度不要预期过高，可以把速度的底线适度地下调，给结构调整和改革更大的空间。经过三到五年，中国经济的质量一定会有根本的改变，以前一直期盼的转方式也会有实质性的进展。”王一鸣如是说。

资料来源：单文苑，中国经济新闻网，2014 年 11 月 28 日。

【关联理论】

投资增加人均物质资本，从而提高劳动生产率，对一国经济增长有重要影响，是拉动经济增长的“三驾马车”之一。同时，资本要受到收益递减规律的影响，随着投资带来的资本存量增加，资本的边际收益将越来越小。

【新闻评析】

“新常态”是“习式热词”之一。“新”就是“有异于旧质”；“常态”就是时常发生的状态。

新常态就是不同以往的、相对稳定的状态。这是一种趋势性、不可逆的发展状态,意味着中国经济已进入一个与过去三十多年高速增长期不同的新阶段。中国 GDP 增速从 2012 年起开始回落,2012 年、2013 年、2014 年上半年增速分别为 7.7%、7.7%、7.4%,是经济增长阶段的根本性转换。中国告别了过去三十多年平均 10% 左右的高速增长。

一方面,固定资产投资规模和增长对我国经济增长起到非常重要的作用,尤其是当出口受挫、国内消费低迷的时候,投资对经济增长起到了关键作用,如果投资下降,经济增长速度也将放缓。始于 2008 年的全球"金融海啸",造成我国出口额明显下降,为了保增长,中央政府推出了 4 万亿元人民币的财政刺激政策,使各类固定资产投资额迅速增加,有效地抵御了经济下滑的风险。虽然有些经济学家认为这项政策在未来很可能会造成许多负面的影响,但是就通过增加投资来拉动经济增长角度来看,这项政策是成功的。

另一方面,我国过去几十年大规模投资形成了庞大的固定资产存量,现在许多行业出现了产能过剩,通过投资扩大生产规模的方式对经济增长的作用将越来越弱。当前我国经济增长方式亟须从粗放型向集约型转变,建设资源节约型、环境友好型社会,实现可持续发展。

三、案例研究

(一) 案例研究 A

意大利经济迫近发展中国家水平

拥有丰富文化遗产的意大利是当今世界第七大经济体,但该国最新公布的经济数据却显示出其更接近于发展中国家的水平,从妇女权利到年轻人就业等各项"成绩",意大利在几乎所有的评估指标中都"不及格"。

青年失业率达 20 年来最高水平

意大利国家统计局(ISTAT)年度报告显示,经过季节性调整之后,意大利 2012 年 11 月的失业率为 11.1%,继续持稳于 10 月所创下的失业率超过 11% 的历史高位。与此同时,针对年龄在 15—24 岁之间的青年失业率连续第三个月持续上升,经过季节性调整,2012 年 11 月的青年失业率高达 37.1%,达到了自 1992 年有相关记录以来的最高水平。

令人惊讶的是,上过大学的人比那些没读完大学或者根本没能上大学的人更易失业,其主要原因是,没上大学的人更愿意在没有合同担保的条件下成为非熟练劳动力。女性的就业状况比男性更糟糕:她们不仅平均收入比男性低 15%,而且更糟的是找不到工作——这种现象在意大利南部很普遍,大约 60% 的女性都没有工作,她们中的许多人甚至生活在连生命都受到威胁的危险环境中。在 2012 年一年中,超过 120 名意大利妇女在国内的暴力袭击事件中死亡,平均每三天就有 1 名妇女死于暴力。情况如此恶劣,以至于美国人权委员会去年秋天曾向意大利发出警告,要求其将国内暴力问题提升到该国待处理事项的日程表上。但是,意大利在宣传男女平等、呼吁民众关注妇女问题以及发展妇女安全保障社会事业等方面出台的政策还远远不够。

近五成大学生半途辍学

意大利固然受经济衰退所累,但这也不能把一切的错都归咎于"钱"。事实上,在技术专家型总理马里奥·蒙蒂的领导下,意大利不良的经济状况已得到逐步改善,但该国近期仍然频频遭受全球性非议。

除了经济数据不尽如人意,意大利人基本的生活条件也仍有待提升,如今,72.4%的意大利家庭拥有其居住的住房,但只有56%的家庭有电脑,45.3%的家庭有洗碗机,33.4%的家庭有空调,即使意大利在欧洲是夏季最热的国家之一。更令人担忧的是,意大利未来的前景也不甚光明。2011年至2012年,意大利大学及高中招生人数呈下降态势,高中辍学率高达18.8%,高居欧洲第四位,那些能上大学的通常也都没能把大学读完。意大利国家统计局数据显示,只有56%的大学生完成了学业。

选民期待新大选有成效

正在支持改变意大利运动的意大利企业家罗索认为:"要改善意大利目前的状况并非易事:政治上多极势力博弈,每股势力都能阻碍变革。如今,意大利的基础设施落后,腐败问题也很普遍。"

改变会发生的,但没有人能够做出担保,发生改变就一定会变得更好。自从2011年11月贝卢斯科尼辞职,意大利尚未正式通过选举产生新的政府领导人——蒙蒂当时是总统授命而非通过选举接替了贝卢斯科尼。如今,意大利选民们正翘首企盼将于2013年2月举行的大选能选出一位新政府的领导人,但即使能选出新一届政府领导人,也并不意味着届时上述统计数据中反映的意大利人生活水平等问题就能够得到解决。毕竟欧债难题由来已久,受困的意大利也很难一招转运。

资料来源:王可,北京商报,2013年1月10日。

【关联理论】

一国生活水平的高低取决于生产物品和服务的能力,即生产率。人均物质资本、人均人力资本、人均自然资源和技术知识是影响生产率高低的决定性因素。政府可以制定相关政策来提高生产率,从而促进经济增长和长期生活水平的提高。

【案例解剖】

2011年夏季欧债危机蔓延至意大利后,在欧盟压力下该国被迫实施一系列紧缩措施,当年第三季度经济开始走下坡路。经济连续下滑导致失业率不断攀升。2012年意平均失业率高达10.7%,2013年11月失业率进一步攀升至12.7%。当前,意大利经济增长面临一系列顽疾:工会势力强大,劳动力市场僵化,劳动生产率低,青年失业问题严重;税收负担重,能源价格高,企业不堪重负;法律体系冗繁复杂,司法及政府机构效率低,专业服务市场缺乏竞争,影响企业投资信心。

意大利的基础设施落后,表明该国物质资本投资严重不足;政府更替及普遍的腐败问题也阻碍了社会投资的增长,同时也不利于吸引外国的投资;社会不稳定、高失业率和大学生高辍学率等问题也制约了经济的增长。所有这些问题,造成了意大利的低经济增长速度,居民的生活水平也得不到提高。

针对意大利经济增长的现状,政府当局需要出台促进经济增长的政策措施以扭转经济下滑和居民生活水平出现恶化的趋势。根据本章的理论知识,政府可以采取的政策包括:努力维护政府稳定,严厉惩治腐败;鼓励社会投资,对企业增加的投资给予税收减免激励;制定吸引外来投资的优惠政策,扩大利用外资的规模,以缓解国内投资不足的问题;鼓励居民储蓄、严格控制政府行政开支,把更多资金用于基础设施建设;出台相关奖学金、助学金制度,减少大学生的辍学率;注重科技研发、促进国际贸易等。

(二) 案例研究 B

二战之后阿根廷经济发展历程

20 世纪初,阿根廷经济发展水平曾处于世界前列,居第八位,现在也是南美第三大经济体。但是第二次世界大战之后,阿根廷接连不断地发生政治和经济危机,期间虽然经历了 20 世纪 90 年代的繁荣,但从整个世界经济的角度来看,阿根廷经济相对“衰落”了。

80 年代之前的阿根廷经济

从第二次世界大战到 80 年代初,阿根廷政府一直处于文人政府与军政府的交替执政之中。在这一时期,和其他拉美国家一样,阿根廷采取了保护国内市场、积极扶持幼稚工业、建立国有企业、完善基础设施、利用外国资本和开展区域经济一体化等为主要内容的进口替代政策。

为了保护国内市场,除了实行大量的非关税壁垒以外,阿根廷对进口产品征收高额关税,有的高达 90%。针对国内储蓄不足、国内资金匮乏的局面,阿根廷先后出台了吸引外资的投资法规和政策,如弗朗迪西时期的《14780 号外国投资法》、庇隆政府的《外资投资法》。而且,阿根廷大力实施国有化,将央行、铁路、电信等收归国有。

进口替代工业化发展模式是阿根廷改变过去完全依赖初级产品出口状况、争取民族独立、发展民族经济的必然趋势,该模式也使阿根廷的经济在战后至 80 年代初的三十多年间取得了令人瞩目的成就。据统计,阿根廷 1945—1980 年的 GDP 年均增长率达到 3.1%。

但是,这种发展模式也有不可克服的许多弊病。一是劳动生产率低,在 50 年代中期至 60 年代中期,阿根廷的劳动生产率几乎没有增长。二是限制了国内市场的扩大,之所以如此,是过度保护造成的,阿根廷对电器行业的有效保护率为 195%。三是没有规模效益,在 1965 年,阿根廷全国共有 13 家汽车生产厂,最大的一家年产量也不足 6 万辆,因此,生产成本很高。四是国际收支状况没有得到改善,进口替代并没有减少对进口的依赖程度,如阿根廷在整个进口替代时期进口占 GDP 的比重是不断增长的,1958 年为 6%,1988 年为 17%。

失去的十年

由于进口替代策略并没有使阿根廷的民族经济真正建立起来,相反,这种模式给阿根廷却带来了许多严重问题。尤其是阿根廷的赤字财政政策,使财政赤字占 GDP 的比重在不断提高。如 1975 年,赤字占 GDP 的比重超过 12%。在当时国际市场利率低下、国内外汇收入减少的情形下,阿根廷的外债负担也越来越重。这样,阿根廷几乎整个 80 年代都处于一种危机之中。据有关资料,在 80 年代,阿根廷 GDP 年均增长率仅为 -1.5%。

在这期间,虽然阿根廷政府实行了各种经济调整政策,如削减公共开支,减少货币发行量,调高关税,加快国有企业转为私有的过程,遏制通货膨胀和减少财政赤字等,但是这些措施并没有产生预期的效果,80 年代末,通货膨胀率更增加到每年 200%,商店里的商品价格一天内要变好几次。

梅内姆实行大胆经济改革

80 年代的这次在 30 年代以来最长的经济萧条就好像在盼望着能人的出现。于是,1989 年 7 月 8 日,阿方辛提前交权,梅内姆总统继任,阿根廷一个新的时期到来了。而随着卡瓦略担任经济部长,阿根廷实行了大幅的经济改革。

首先就是实行兑换计划和美元与比索的 1:1 固定汇率制。该计划规定,中央银行以其

100%的黄金和外汇储备支持基本货币,并只有在为了购进美元时才能增发货币。这就杜绝了过去政府增发钞票弥补赤字的弊病,从而使通货膨胀这一顽疾得以根治。1991年以来,阿根廷通胀水平一直呈下降趋势,1999年甚至为负值。

另一项重大改革措施就是私有化,方式包括出售股权、债务资本化等多种方式。而且阿根廷允许所有部门私有化。当时有人形象地比喻说,阿根廷整个国家都在出售。私有化为国家带来了大笔的收入。1999年,私有化收入高达25.8亿美元。

此外,阿根廷还实行贸易自由化,降低关税和非关税壁垒,放宽外资限制,进行税法改革等。

这些改革措施有力地促进了经济的发展。在90年代,阿根廷的财政收支基本保持平衡,吸引外资数量不断增长。1998年,共吸引外资188亿美元,为90年代最高水平。国际收支状况得到大幅改善。

资料来源:慧丰,凤凰网,2001年12月31日。

【关联理论】

经济增长理论、公共政策与经济增长等相关理论告诉我们,经济增长和居民生活水平的提高与劳动生产率有关,而影响劳动生产率高低的关键因素分别是人均物质资本、人均人力资本、人均自然资源和技术知识等。政府可以制定和实施提高本国生产率的政策来促进经济增长和居民生活水平的提高。

【案例解剖】

20世纪之初,阿根廷是世界上最富有的国家之一,它有着得天独厚的自然资源和受教育水平较高的民众,而如今阿根廷却变成了经济失策和政治危机的代名词。从本案例我们可以发现,经济增长速度的快慢决定了一国在全球经济排名中的相对位置。阿根廷的经济发展历程——从曾经的富裕国家到现在的经济相对"衰落",是由于经济增长相对较慢造成的。

从案例中,我们还可以发现造成阿根廷经济增长缓慢的一些原因。第一,文人政府与军政府的交替执政,影响了政策的持续性和稳定性,不利于本国企业发展和吸引外来投资,从而影响了固定资产投资的规模,使得人均物质资本增长较慢;第二,保护国内市场、积极扶持幼稚工业、实行大量的关税和非关税壁垒等政策抑制了自由竞争和自由贸易,在一定程度上制约了生产率的提高;第三,大力实施国有化,容易造成国有资本产权不明等问题,从而造成一些企业生产经营效率低下。

针对经济增长中的问题,阿根廷在20世纪80年代末进行了经济改革,包括维持对美元的汇率稳定、私有化、贸易自由化、降低关税和非关税壁垒、放宽外资限制、进行税法改革等。事实证明,这些改革措施有力地促进了经济增长。

(三)案例研究C

影响二战后日本经济发展的因素

在第二次世界大战后不同时期,日本经济发展有着不同的业绩和表现,但从总体上看,其发展速度一直遥遥领先于其他发达资本主义国家,其宏观及微观经济效益也令其他发达资本主义国家望尘莫及。日本之所以能够从战败的废墟上迅速站立起来,随之又实现了经济的长期高度发展,这中间既有历史方面的原因,也得益于战后政治、经济等多方面有助于经济发展的条件,还受益于战后相对有利的国际环境。

扬长避短,充分利用历史条件。历史赋予战后日本的条件是双重的:既有不利的一面,也有有利的一面。而日本政府和社会各界却在充分认识客观条件的基础之上,有效地利用了其有利的一面,最大限度地改变了其不利的一面,从而实现了经济的长期迅速发展。

经济发展有利的条件包括:第一,尚有相当的物质技术基础;第二,重化工业发展有较长历史,也较为先进,尽管已转化成了军工产业,但恢复民用并不难;第三,劳动力质量高,这是自明治维新以来重视教育的结果;第四,国民长期接受岛国意识熏陶,受儒家思想影响,又吸收了西方的市场经济观念,危机感和竞争意识强,工作勤奋,集体感强,能够联合对外;第五,拥有大量高级技术管理人才,随着战后对日官僚财阀的整肃,他们脱颖而出,走上社会经济、政治主导岗位;第六,国家干预经济有经验,效果突出;第七,有美国的保护,军费支出少;第八,国际上资本主义国家之间贸易自由化进步显著;第九,世界科学技术迅猛发展,尤其是大战中的军工技术大量转向和平经济,新的科学技术在和平环境中发展更快;第十,作为东亚经济强国,日本在东亚乃至整个世界,均有着广泛的经贸关系,有利于拓展市场。

鉴于上述情况,日本采取了一整套扬长避短、促进经济发展的政策措施,其中主要是:第一,在恢复市场经济的过程中,确立了政府、金融机构、社会经济团体、企业以及从业人员、消费者等相互协调的经济体制,利用协调的力量充分发挥社会各方面的经济优势,克服社会竞争不足和竞争过度两方面的不利影响;第二,用联合的力量对外,吸收海外的技术、资源、管理,同时,为防御海外资本的侵入,组成各种贸易组合等;第三,建设加工贸易型经济,一方面进口海外廉价资源,引进海外先进技术,另一方面将加工的产品出口到海外;第四,加强质量管理,创造出一整套全面质量管理体系,以优质、低价、服务周到的产品占领海外市场;第五,建立强有力的金融组织体系和相应的金融制度,解决企业资金不足问题等。

1973 年石油危机前后,日本认识到自身在资源、能源供应方面极度依赖国外的严重性,决定实施“科学技术立国”新战略。出于这种认识,日本大力开发自动化产品,建立新的资源开发和供应相结合的体制,倡导开展全民节约资源、能源活动,调整产业结构,拓展国内市场。由此,很快就克服了石油危机的影响,并把资源、能源供应紧张的国际环境,作为其经济技术再次超越欧美国家的绝好时机加以利用。

总的来看,日本在经济发展的各个重要时期,都能较深刻、较实际、较长远地认识自身及国际上的条件,进而采取卓有成效的对策,做到变不利因素为有利因素,促进经济的高速增长。

资料来源:赵东明,日本战后经济迅速发展的原因(有删减),百度文库。

【关联理论】

影响生产率的决定性因素包括人均物质资本、人均人力资本、人均自然资源和技术知识等。虽然自然资源很重要,但是它们并不是一个经济在生产物品与服务方面具有高生产率的必要条件,其中日本就是一个典型的例子。政府可以通过制定科学合理的政策提高生产率,从而促进经济增长。

【案例解剖】

第二次世界大战后,日本经济的快速增长一方面是由于发展的内外部环境较好,另一方面是日本政府的政策起到了重要的推动作用。战后初期日本实行的民主改革,推动其社会经济结构发生较大的变化,也对社会生产关系作了局部调整,建立起适应当代经济发展的资产阶级民主制度及有利于运用现代化管理手段的企业组织形式和管理体制,从而将国民中蕴藏的劳动智慧和创造力激发释放出来,成为推动社会经济高速发展的基础动力。

从案例中可以发现日本良好的内外部环境包括物质资本存量较大、人力资本较高;技术较为先进;贸易自由化发展和与他国存在广泛的经贸关系。这些内外部环境为日本战后经济的迅速崛起创造了有利的条件。此外,国民具有危机感和竞争意识、世界科学技术迅猛发展、受美国保护军费支出少等也为日本的经济增长提供了有利条件。

在充分发挥上述有利条件之外,日本政府还制定了相应的政策来促进经济增长,相关的政策包括政府协调经济发展,调动各方力量;引进海外的技术、资源和先进管理;建设加工贸易型经济;加强质量管理;建立金融体系和制度,解决企业资金不足问题。毫无疑问,这些政策提高了日本的生产率,从而实现了经济的快速增长和居民生活水平的提高。

四、课外习题

(一) 术语解释

1. 生产率
2. 物质资本
3. 人力资本
4. 技术知识
5. 追赶效应

(二) 单项选择

1. 衡量一国居民生活水平高低的经济指标是(　　)。
   A. 真实 GDP　　B. 真实 GDP 的增长速度
   C. 人均真实 GDP　　D. 人均真实 GDP 的增长速度
2. 衡量一国经济增长速度的经济指标是(　　)。
   A. 真实 GDP　　B. 名义 GDP
   C. 人均真实 GDP　　D. 真实 GDP 的增长速度
3. 不同国家生活水平存在巨大差别,造成这种现象可以用(　　)来解释。
   A. 物质资本　　B. 人力资本　　C. 技术知识　　D. 人均真实 GDP
4. 国与国之间的经济增长率差别很大,造成这种现象的原因可以用(　　)来解释。
   A. 生产率的增长　　B. 物质资源　　C. 人口数量　　D. 自然资源
5. 以下最能体现生产率的决定因素是(　　)。
   A. 一国的物质资本总量　　B. 一国的人力资本总量
   C. 一国的自然资源总量　　D. 一国的技术知识总量
6. 个人通过接受高等教育,获得知识和技能,是属于(　　)。
   A. 物质资本　　B. 人力资本　　C. 技术进步　　D. 技术知识
7. (　　)并不是一个经济在生产物品与服务方面具有高生产率的必要条件。
   A. 物质资本　　B. 人力资本　　C. 自然资源　　D. 技术知识

8. 一国生产物品和服务的能力可以用(　　)来衡量。

A. 生产率　　B. 真实 GDP　　C. 真实 GDP 的增长　　D. 生产工具

9. 随着资本存量的增加,由增加的一单位资本生产的额外产量减少,称为(　　)。

A. 追赶效应　　B. 收益递减　　C. 边际收益　　D. 规模效益

10. 从 1960 年到 1990 年,美国和韩国用于投资的 GDP 份额相似,但在这期间美国只有 2% 左右的适度增长,而韩国却以超过 6% 的惊人速度增长,这一现象可以用(　　)来解释。

A. 追赶效应　　B. 收益递减　　C. 边际收益　　D. 规模效益

11. 一国在吸引国外的投资过程中,由外国实体拥有并经营的资本投资称为(　　)。

A. 外国有价证券投资　　B. 无形资产投资

C. 外国直接投资　　D. 合资

12. 一些穷国面临的一个问题是(　　),即许多受过高等教育的居民移民到富国,他们在富国可以享有更高的生活水平。

A. 健康与营养　　B. 人力资本　　C. 外部性　　D. 人才外流

13. 今天大多数经济学家相信,穷国实施(　　)的政策会使其状况变好。

A. 内向型　　B. 外向型　　C. 限制贸易　　D. 进口替代

14. 不属于人口增长导致的问题是(　　)。

A. 导致自然资源紧张　　B. 提高了人口的素质

C. 稀释了资本存量　　D. 促进了技术进步

15. (　　)政策不能促进经济增长。

A. 鼓励国内企业的投资　　B. 促进自由贸易

C. 限制来自国外的投资　　D. 减少人才流失

(三) 判断正误

1. 一国经历了每年 7% 的经济增长,按这个速度,经济总量每 15 年就能翻一番。(　　)

2. 不同国家真实 GDP 总量的巨大差异可以用来说明各国生活水平差别很大。(　　)

3. 过去一百年里,日本经济的人均年增长率高于阿根廷,导致日本生活水平提高的速度快于阿根廷。(　　)

4. 生产率可以用来解释不同国家收入的差别。(　　)

5. 资本的重要特点是,它是一种生产出来的生产要素。(　　)

6. 自然资源很重要,它们是一个经济具有高生产率的必要条件。(　　)

7. 人力资本是指社会对世界如何运行的理解。(　　)

8. 发达国家一般人均资本存量较大,由此可以导致比人均资本存量较少的发展中国家更快的增长速度。(　　)

9. 在其他条件相同的情况下,如果一国开始时较穷,它就更易实现经济的高增长。(　　)

10. 价格机制发生作用的一个重要前提是经济中广泛尊重产权。(　　)

(四) 简答题

1. 什么是生产率?它是如何决定的?

2. 什么是技术知识与人力资本的区别和联系？

3. 用收益递减现象来解释贫穷国家的追赶效应。

4. 哪些政府政策可以提高生产率，从而促进经济增长和生活水平的提高？

5. 分析人口增长对经济增长的影响。

（五）应用题

1. 阅读下表中的信息，回答以下问题：

国家	当期人均真实 GDP(美元)	当期增长率(%)
A	15 468	1.98
B	13 690	2.03
C	6 343	3.12
D	1 098	0.61

（1）哪个国家最富有？你是怎么知道的？

（2）哪个国家经济增长最快？

（3）哪个国家的资本投资增加有最大收益？为什么？这个国家能从资本投资增加中持续得到同样的利益吗？

（4）哪个国家有潜力增长最快？

2. 穷国必定永远相对贫穷，而富国必定永远相对富裕吗？为什么？

3. 一些经济学家支持延长专利保护时限，而另一些经济学家支持缩短专利保护时限。你认为不同经济学家持有不同观点的理由分别是什么呢？

（六）拓展思考题

1. 自第二次世界大战以来，日本显著的增长率被称为“日本奇迹”，你知道“日本奇迹”背后的原因是什么吗？

2. 在20世纪下半叶，亚洲的韩国、新加坡、中国台湾、中国香港等地由于经济迅速崛起被称为“亚洲四小龙”，请思考这些亚洲国家与地区经济的高增长率都是有代价的吗？

五、习题答案

（一）术语解释

1. 生产率：每单位劳动投入所生产的物品和服务的数量。

2. 物质资本：用于生产物品与服务的设备和建筑物存量。

3. 人力资本：工人通过教育、培训和经验而获得的知识与技能。

4. 技术知识：社会对生产物品与服务的最好方法的了解。

5. 追赶效应：开始时贫穷的国家倾向于比开始时富裕的国家增长更快的特征。

（二）单项选择

1. C　2. D　3. D　4. A　5. D　6. B　7. C　8. A　9. B　10. A　11. C　12. D

13. B 14. B 15. C

(三) 判断正误

1. × 2. × 3. √ 4. √ 5. √ 6. × 7. × 8. × 9. √ 10. √

(四) 简答题

1.【考查要点】 生产率的概念与生产率的决定因素。

【参考答案】 (1) 生产率是指每单位劳动投入所生产的物品和服务的数量。

(2) 人均物质资本、人均人力资本、人均自然资源和技术知识是生产率的决定因素。

2.【考查要点】 技术知识与人力资本的概念。

【参考答案】 (1) 技术知识是指社会对世界如何运行的理解。人力资本是指把这种理解传递给劳动力的资源消耗。

(2) 用一个相关的比喻来说,知识是社会教科书的质量,而人力资本是人们用于阅读这本教科书的时间量。工人的生产率既取决于人们可以得到的教科书的质量,又取决于他们用来阅读教科书的时间。

3.【考查要点】 收益递减和追赶效应。

【参考答案】 (1) 收益递减是指随着投入量的增加,每一单位额外投入得到的收益减少的特征。追赶效应是指开始贫穷的国家倾向于比开始富裕的国家增长更快的特征。

(2) 在贫穷国家中,工人甚至缺乏最原始的工具,因此生产率极低。少量的资本投资会大大提高这些工人的生产率。与此相反,富国的工人用大量资本工作,这部分解释了他们的高生产率。但由于人均资本量已经如此之高,因此增加的资本投资对生产率只有较小的影响。

4.【考查要点】 政府政策与经济增长的关系。

【参考答案】 (1) 政府可以制定和实施相应的政策来提高劳动生产率,从而促进经济增长和生活水平的提高。

(2) 政府可以通过鼓励储蓄,增加投资,提高一国的人均物质资本,从而促进经济增长和在长期中提高生活水平。

(3) 除此之外,鼓励外来的投资、发展教育、改善健康与营养、保持产权和政治稳定、进行自由贸易、促进研究与开发等政策也能提高生产率,促进经济增长和生活水平的提高。

5.【考查要点】 人口增长与经济增长的关系。

【参考答案】 (1) 人口增长导致自然资源的紧张,减少了人均自然资源,因此不利于经济增长。

(2) 人口增长稀释了资本存量,减少了人均物质资本,影响了生产率的提高,因此不利于经济增长。

(3) 人口增长促进了技术进步,因为如果有更多的人,那么就会有更多对技术进步做出贡献的科学家、发明家和工程师,每一个人都将因此受益,从而提高了生产率,促进了经济增长。

(五) 应用题

1.【考查要点】 经济增长水平和经济增长速度的衡量;收益递减和追赶效应。

【参考答案】 (1) A,因为拥有最高的人均真实GDP。(2) C。(3) D,因为人均真实GDP最小,可能也是资本最少的,由于资本收益递减,当资本较为缺乏时,它的生产率是最高的。不能,因为资本收益递减,随着资本增加,增加的资本所引起的经济增长率下降。(4) D。

2.【考查要点】 经济增长水平、经济增长速度与生活水平。

【参考答案】 不对。由于各国增长率差别很大,富国如果经济增长率一直较低,那么长期来看就会变得相对贫穷,而穷国如果经济持续保持高增长,那么在将来也可以变得相对富裕。

3.【考查要点】 专利制度对研究与开发的激励;专利制度不利于新技术的传播和使用。

【参考答案】 支持延长专利保护时限的经济学家的理由是,专利给予想法以产权,使人们愿意投资于研究和开发,因为较长的产权使得进行研发活动更有利;支持缩短专利保护时限的经济学家的理由是,通过缩短专利保护时限可以使信息扩散,使更多人受益。

(六) 拓展思考题

1.【考查要点】 投资与生产率、经济增长的关系。

【参考答案】 "日本奇迹"背后是有规律可循的。所有高增长的亚洲国家与地区的投资在GDP中所占的比重都极高。日本由于国内的高储蓄率,为国内投资带来了大量低息的资金,从而促进了固定资产的投资和研发活动,当物质资本和技术水平迅速提高时,生产率也会迅速提高。

2.【考查要点】 机会成本;储蓄与投资;当期消费与未来消费。

【参考答案】 亚洲这些国家和地区经济的高增长率主要是由投资推动的,而投资的机会成本是某人必须为了储蓄和投资而放弃当期消费所牺牲的代价。

第 26 章
储蓄、投资和金融体系

一、学习精要

（一）教学目标

1. 了解经济中组成金融体系的各种机构。

2. 领会国民收入账户中一些关键宏观经济变量之间的关系，尤其是储蓄与投资的关系。

3. 掌握可贷资金市场供求模型，理解可贷资金市场的运行过程。

4. 运用可贷资金市场供求模型分析和评估各种政府政策对储蓄和投资的影响，特别是要把握储蓄激励、投资激励、政府预算赤字和盈余对资源配置的影响。

（二）内容提要

认识金融体系是理解整个经济发展的关键，本章从总体上考察了金融体系的运行问题。金融体系由各种金融机构构成，这些机构的作用是协调储蓄与投资的关系，政府可通过各种政策影响利率，促进储蓄与投资关系的协调。

1. 美国经济中的金融机构

金融机构可分为金融市场和金融中介机构两种类型。其中，金融市场是储蓄者可以借以直接向借款者提供资金的金融机构，金融中介机构是储蓄者可以借以间接向借款者提供资金的金融机构。

（1）金融市场有两种主要类型，一是债券市场，二是股票市场。

在债券市场，交易的是债券。债券是规定借款人对债券持有人负有债务责任的证明，它规定了贷款偿还的时间，以及在贷款到期之前定期支付的利息的比率。各种债券的差别主要体现在三个方面：第一，债券的期限，即债券到期之前的时间长度；第二，债券的信用风险，即借款人不能支付某些利息或本金的可能性；第三，债券的税收待遇，即税法对待债券所赚到的利息的方式。

在股票市场，交易的是股票。股票代表企业的所有权，也代表对企业所获得利润的索取权。股票的交易价格是由股票的供给与需求状况决定的，其中，股票的需求（及其价格）反映了人们对公司未来盈利性的预期。股票市场整体的价格水平可用股票指数来衡量，股票指数是计算出来的一组股票价格的平均数。

出售股票来筹资称为权益融资，出售债券筹资称为债务融资。一个公司既可以采用权益融资，也可以采用债务融资。股票的所有者是公司的（部分）所有者，债券的所有者是公司的债权人。股票持有者能分享公司的利润，债券的持有者只能得到债券的利息；如果公司陷入财务困境,股票持有者在得到补偿之前,先要支付债券持有者应得的部分。因此,与债券相比,股票给持有者既提供了高风险,也提供了潜在的高收益。

(2) 金融中介机构也有两种主要类型,一是银行,二是共同基金。

银行的一个重要作用是从想储蓄的人那里吸收存款,并用这些存款向想借款的人发放贷款。银行对存款人的存款支付利息,并对借款人的贷款收取略高一点的利息,这两种利率的差额弥补了银行的成本,并给银行所有者带来一些利润。银行的另外一个重要作用是通过允许人们根据自己的存款开支票以及使用借记卡使物品与服务的购买变得便利。也就是说,银行帮助创造出一种人们可借以作为交换媒介的特殊资产。

共同基金是向公众出售股份,并用收入来购买股票与债券资产组合的机构。共同基金有两个优点,一是可以使钱并不多的人进行多元化投资,从而降低风险;二是使普通人获得专业资金管理者的技能。对于共同基金的第二个优点,金融经济学家往往持怀疑态度,原因是一家公司的股票通常很好地反映了该公司的真实价值,想通过购买好股票并出售坏股票来做到"胜过市场"是很困难的;另外,指数基金由于很少买卖并且不向专业资金管理者支付薪水而使成本低廉,其业绩平均而言要好于共同基金。

2. 国民收入账户中的储蓄与投资

国民收入账户记录了收入、储蓄、消费、投资、税收、支出等变量。国民收入账户的规则包括几个重要的恒等式,这些恒等式表明了不同变量之间的关系。

(1) 几个重要的恒等式。我们用 Y 表示 GDP, C 表示消费, S 表示储蓄, I 表示投资, G 表示政府购买, T 表示税收, NX 表示净出口。

恒等式1: $Y = C + I + G + NX$。恒等式1表明了 GDP 作为一个经济的总收入,也是用于经济中物品与服务产出的总支出,具体表现为消费、投资、政府购买和净出口四个方面。

恒等式2: $Y = C + I + G$。在一个封闭经济中,由于其不与其他经济相互交易,因此不存在净出口,这样 GDP 具体表现为消费、投资、政府购买三个方面。

恒等式3: $Y - C - G = I$。对恒等式2进行恒等变换可得。

恒等式4: $S = I$。恒等式3左边是一个经济中用于消费和政府购买后剩下的总收入,这个量称为国民储蓄,简称储蓄,根据恒等式3可得此式。恒等式4说明,储蓄等于投资。

注意:由于恒等式3左边也可以表示为 $(Y - C - T) + (T - G)$,即 $S = (Y - C - T) + (T - G)$,其中,$(Y - C - T)$ 为私人储蓄,是家庭在支付了税收和消费之后剩下来的收入;$(T - G)$ 为公共储蓄,是政府在支付其支出后剩下的税收收入。因此,储蓄可分为私人储蓄和公共储蓄两个部分。就公共储蓄而言,如果政府由于得到收入大于支出而有预算盈余,那么公共储蓄为正;如果政府由于得到收入小于支出而有预算赤字,那么公共储蓄为负。

(2) 储蓄与投资的含义。国民收入账户中的储蓄是指国民收入减去消费和政府购买后的余额,投资是指设备或建筑物这类新资本的购买。一个人把未支出的收入存在银行,或用于购买股票或债券,对个人来说是"投资",但在宏观经济学家看来,这并不是投资。

3. 可贷资金市场

可贷资金市场是想储蓄的人借以提供资金,想借钱投资的人借以借贷资金的市场。研究可贷资金市场的供求规律,有助于我们理解金融市场是如何协调储蓄与投资的,也有助于我们分析政府的各种政策工具如何影响储蓄和投资,实现对资源配置的安排。

(1) 可贷资金的供给和需求。可贷资金是指人们选择储蓄并贷出而不是用于自己消费的所有收入,以及投资者选择为新投资项目筹集资金要借的数量。可贷资金的供给来自那些有额外收入并想储蓄和贷出的人，储蓄是可贷资金供给的来源。可贷资金的需求来自希望借款进行投资的家庭和企业，投资是可贷资金需求的来源。

在可贷资金市场上，存在一种利率，这个利率是指真实利率，它既是储蓄的收益，又是借款的成本。随着利率的升高，储蓄变得更有吸引力，可贷资金供给量增加，与此同时，借款变得更为昂贵，可贷资金需求量减少。利率调整使可贷资金供给与需求达到均衡水平。当利率调整使可贷资金市场供求平衡时，它就协调了想储蓄的人（可贷资金供给者）的行为与想投资的人（可贷资金需求者）的行为。

（2）影响储蓄与投资的政府政策。分析可贷资金市场上政府政策的影响，可分为三个步骤：第一，确定政策是使供给曲线移动，还是使需求曲线移动；第二，确定曲线移动的方向；第三，用供求图说明均衡如何变动。

政策 1：储蓄激励。储蓄利息税收减免政策，在既定利率下，将激励家庭储蓄，使可贷资金供给曲线向右移动，均衡利率会下降，储蓄和投资的可贷资金均衡数量会增加。

政策 2：投资激励。投资赋税减免政策，在既定利率下，将激励企业投资，使可贷资金需求曲线向右移动，均衡利率会上升，储蓄和投资的可贷资金均衡数量会增加。

政策 3：政府预算赤字与盈余。政府预算赤字减少了国民储蓄，使可贷资金供给曲线左移，均衡利率上升，储蓄和投资的可贷资金均衡数量会减少。政府预算赤字，会出现政府借款，这样就会挤出那些想为投资筹资的私人借款者，因此，所谓挤出，也就是由于政府借款所引起的投资减少。预算盈余的影响与预算赤字的影响相反，预算盈余增加了可贷资金的供给，降低了利率，并刺激了投资。

4. 结论

金融体系有助于协调所有借款与贷款活动。在许多方面，金融市场和经济中的其他市场一样，可贷资金的价格——利率——由供求的力量决定。当金融市场使可贷资金的供求平衡时，就会使经济中的稀缺资源得到最有效的配置。

（三）关键概念

1. 金融体系：经济中促使一个人的储蓄与另一个人的投资相匹配的一组机构。
2. 金融市场：储蓄者可以借以直接向借款者提供资金的金融机构。
3. 债券：规定借款人对债券持有人负有债务责任的证明。
4. 股票：企业部分所有权的索取权。
5. 金融中介机构：储蓄者可以借以间接向借款者提供资金的金融机构。
6. 共同基金：向公众出售股份，并用收入来购买股票与债券资产组合的机构。
7. 国民储蓄（储蓄）：在用于消费和政府购买后剩下的一个经济中的总收入。
8. 私人储蓄：家庭在支付了税收和消费之后剩下来的收入。
9. 公共储蓄：政府在支付其支出后剩下的税收收入。
10. 预算盈余：税收收入大于政府支出的余额。
11. 预算赤字：政府支出引起的税收收入短缺。
12. 可贷资金市场：想储蓄的人借以提供资金、想借钱投资的人借以借贷资金的市场。
13. 挤出：政府借款所引起的投资减少。

(四) 拓展提示

1. 区分金融市场和金融中介机构的关键是看可贷资金的供需双方是否直接交易。如果可贷资金的供需双方是直接交易的,那么相应的金融机构属于金融市场;如果可贷资金的供需双方是经过中介交易的,那么相应的金融机构属于金融中介机构。

2. 可贷资金的需求来自投资,这种投资是指私人投资,因此,政府财政出现赤字不能理解为可贷资金需求的增加,只能理解为政府需要为赤字筹款,从而减少国民储蓄,并挤出那些想为投资筹资的私人借款者。

3. 在可贷资金市场上,投资是指设备或建筑物这类新资本的购买。一个人把未支出的收入存在银行,或用于购买股票或债券,是不能理解为可贷资金市场上的投资的。

4. 在国民收入账户中,储蓄一定等于投资。但在实际宏观经济运行过程中,储蓄并不一定等于投资,也就是说,在某个时候,金融机构可能并未把可贷资金市场上的储蓄全部转化为投资。可贷资金市场供需双方力量的此消彼长,以及政府政策的有效配合,可以使金融机构中的储蓄全部转化为投资。

二、新闻透视

(一) 新闻透视 A

影子银行负面影响有限　中国金融体系风险可控

2015 年 2 月 3 日,全球管理咨询公司 OliverWyman(奥纬咨询公司)发布了“中国影子银行分析报告”,认为影子银行并非像某些观点认为的那样规模庞大、危机四伏。奥纬认为,影子银行从规模及不良贷款角度看对金融体系的负面影响有限,中国金融体系整体风险可控,产生大规模信贷危机的概率不大。但是不容忽视的是,影子银行中的不良贷款具有传染蔓延效应,因此监管层应该防范不良贷款出现升级扩大。

报告认为,影子银行的规模及不良贷款率,实际经过测算后,较市场普遍认为的数字低,对金融体系的总体负面影响有限。

奥纬对影子银行的定义是:商业银行体系外的信用中介业务。同时在估算规模的方法上排除了重复统计部分。奥纬合伙人、大中华区业务负责人盛海诺表示:“据估算 2013 年中国影子银行的规模大约在 31 万亿人民币,低于目前普遍认为的 40 万亿至 60 万亿规模。”不良贷款率据估算在 10.0%(中性情景)至 23.9%(“灾难性”情景)。其中仅 22% 至 44% 的影子银行不良贷款会“转移”到商业银行体系,进而导致银行不良贷款率最多提高约 1.8%(中性情景)至 4.3%(“灾难性”情景)。

当然随着经济放缓,如何避免影子银行负面影响的传导是一个亟须监管层注意的核心问题。奥纬合伙人、公司和机构银行业务及财富和资产管理业务全球负责人艾宏德认为:“当下中国经济增长趋缓与影子银行规模膨胀问题相互叠加,这一现实挑战为决策者应对中国经济结构性失衡及确保金融体系的全局性解决方案带来了机遇。”

报告里也向中国金融监管层建议,应该在监管层面上做出更多的努力,以规避影子银行的风险。比如通过重新设计监管框架来消除监管套利活动;在商业银行和非银行的影子银行活动间建立信贷“防火墙”;明确银行信贷债务以避免无合同限制引起的风险通过“刚性兑付”向银行蔓延;增加非银行借贷的透明度等。

目前国际上对中国金融体系存在一些悲观的看法,比如经济下行情况下高负债及信贷泡沫将导致危机,并可能冲击全球金融体系。对此,奥纬的看法有所不同。报告分析认为,在国家层面,相比美国,中国金融体系总体稳固。即使计入了全部毛负债,不论从中央还是地方政府层面,净资产都是正值。其中,中国的国家主权资产负债表中,净资产达87万亿元人民币,相当于GDP的184%。在企业层面,一些机构或专家担心中国快速增长的企业负债率,同时却忽略了企业的高存款率。在个人层面,中国家庭负债率低,不易产生美国那样的次贷危机。同时对于全球其他各国而言,中国是净债权国,因此中国境内潜在债务问题对全球金融体系造成直接系统性影响的可能性很小。

奥纬同时认为,中国金融体系高度依赖银行贷款的局面正在改变。未来影子银行的发展将主要向互联网金融、新型银行和资本市场创新转变。其中中国互联网金融是全球最有活力的市场,这对于中国本土及国际金融企业都是一个值得重点关注及发展的领域。

资料来源:财经网,http://finance.caijing.com.cn/20150204/3814840.shtml,2015年2月4日。

【关联理论】

金融中介机构是金融体系中的一种重要的组织类型,主要在储蓄者和投资者之间发挥中介作用,它通过吸收储蓄者的存款,然后向投资者发放贷款,来协调可贷资金供求关系,并从中获取利润。在我国经济中,存在众多的金融中介机构,除了银行和共同基金外,影子银行也是其中之一。不同的金融中介机构对宏观经济的作用是有差别的。

【新闻评析】

影子银行是我国市场经济发展过程中逐渐形成和扩张的一种金融中介组织,可能并不具有独立的机构实体,但提供着与传统商业银行类似的金融服务,它实际上是一种业务操作方式。传统的商业银行业务要受到中央银行、银监会等机构的监督,但如果存贷款业务以影子银行的方式进行运作,那么就可规避监管。或许,影子银行是金融创新的一个出发点,但由于缺乏监管,更多地会使整个金融体系风险不断积聚,形成对宏观经济的不良冲击。

从奥纬咨询公司发布的报告看,我国的影子银行风险可控。这其中的原因在于:一是我国影子银行的资金流向实体经济的较多,起到了帮助企业尤其是中小微企业融资的作用,对经济增长具有某种正面的意义。二是我国对影子银行的监管在加强,使得影子银行无论在业务种类还是融资规模上,都受到了较为严格的制约。三是中国经济在国家、企业和个人三个层面的独特表现,增强了抗影子银行风险的能力。

但是,对影子银行风险的管控还是要引起高度重视。要抓住中国经济转型的有利时机,进一步加强制度建设,尽可能消除影子银行的套利行为,控制影子银行对经济的风险传导,密切关注影子银行的发展动向,特别是要高度重视互联网金融等新型业态,提前采取措施,及时预警,切实避免影子银行对中国经济发展的负面影响。

(二)新闻透视B

居民储蓄仍占资产六成　理财投资仍太“胆小”

中国人民银行重庆营管部近日发布了一份调查报告,对重庆居民的投资理财消费做了个

"摸底"。调查结果显示,2014年第四季度,重庆居民认为的最合算的投资中,基金、理财产品居首位,占据45%左右。其次是人寿保险、实业投资、股票、债券、房地产等,约占7%—15%。不过在实际的金融资产分布中,情况则"大相径庭",银行储蓄却牢牢占据了头把交椅,占比达64.75%,而银行理财产品则占据30%多的水平。

对此,嘉丰瑞德理财师分析认为,该报告有一定的代表性,但同时也反映出一些问题。首先,重庆是国内比较"接地气"的城市,其消费偏好其实在某种程度上也反映了国内居民的很多真实想法和做法。其次,国内居民的投资理财观念仍需进一步加强和改善。

对于银行储蓄,其实只是一种稳定但收益最低的投资方式。目前,银行活期存款仅有0.35%的利息收益,一年期定期存款也仅有2.75%的利息收益,两年期的定期存款是3.35%,三年期的定期存款是4%。大部分家庭应该都是选择活期或者一年的定期。因此,每年的收益其实是非常少的。

而对于沿海城市的居民来说,理财的理念无疑则更为多元化和开放。如嘉丰瑞德所在地的上海,炒股的比例在居民中极高,其他金融产品的配置比例也更多。当然也不一定说炒股就好,但至少也是一种具体的投资"动作"。而不仅是放置在银行"吃利息",那样,利息终究是赶不上物价的涨幅的,资产迟早会相对"缩水"。

从上述数据可以看出,居民在"认为"的投资方式与具体的行动之间还存在较大的区别,原因恐怕是多方面的,其中理财的理念问题、害怕投资失败、投资习惯可能是占据得比较多的因素。

有没有一些投资较为稳定、收益也较高的方式?的确是有的。比如,最简单的即是余额宝,每年可享受4%左右的年化收益,至少比银行活期要高出几倍。这实际对居民来说就是最简单的投资之一了。

当然也有一些更高收益的投资方式,比如股票、ETF交易型开放式指数基金、固定收益类的理财产品等。其中股票风险比较大,可谨慎选择;此外,ETF基金风险稍小,但对资金量有一定要求;剩下的固定收益类的理财产品则可能是对工薪阶层、中产家庭来说比较适合的,像宜盛财富宜盛宝只需要10万元即可配置,12个月投资期限的收益率是10%起,一年投资10万,拿11万收益,至少从账面来看还是相当划算的。

综合来看,嘉丰瑞德理财师认为对于任何投资理财来说,假如不去行动,实际是等于让财富"坐以待毙"。另外这还有一个机会成本的问题,即不去投资,等于损失了做投资拿到的那部分钱的收益。从这方面来看,国内居民实际储蓄率过高的理财投资方式仍需更多地加以改变才行。

资料来源:嘉丰瑞德,搜狐网,http://business.sohu.com/20150204/n408511837.shtml,2015年2月4日。

【关联理论】

私人储蓄是家庭在支付了税收和消费之后剩下来的收入量,当这个收入量用来购买设备或建筑物这类新资本的时候,就转化为了投资。如果这个收入量存于银行,或购买某种股票、债券,则在宏观经济学理论中,仍属于储蓄,并未转化为投资。

【新闻评析】

本新闻中所说的储蓄和投资并不等同于宏观经济学理论中的储蓄和投资。在本新闻中,储蓄是指把钱存入银行;投资是指购买基金、理财产品、人寿保险、股票、债券等,还包括实业投资、购买房地产。新闻中储蓄和投资的概念是从个人或家庭的角度来定义的,并未从国民经济账户的角度来定义。事实上,新闻中购买基金、理财产品、人寿保险、股票、债券等所谓的投资仅仅是一种个人理财,并不属于宏观经济学中所说的投资,仍然停留在储蓄的状态。

银行存款、基金、理财产品、人寿保险、股票、债券都是宏观经济学中所说的储蓄的形式,储蓄形式的多样化反映了金融体系协调储蓄与投资关系的能力较强,是促进投资的表现之一。改革开放以来,我国金融行业不断发展,居民理财品种日益丰富,金融对实体经济的影响力越来越强,这是好的方面;但另一方面,正如新闻中提到的,由于理财的理念问题、害怕投资失败、投资习惯等原因,我国居民在理财产品的运用水平上还有待提高,大多数居民仍然把存入银行作为首选,这制约了储蓄向投资转化的进程,也说明我国金融业在协调储蓄与投资方面还有很多的工作要做。

应该说,本新闻中提到的居民实业投资和房地产投资与宏观经济学中的投资是相一致的,其他投资实际上就是宏观经济学中的储蓄,这种新闻语言和经济学术语之间的差别在我们学习经济理论过程中要注意分辨。

(三)新闻透视 C

利率市场化单边提速　贷款利率下限全线放开

中国利率市场化改革推进的速度比预想的要快。

7 月 19 日,中国人民银行公告,经国务院批准,自 2013 年 7 月 20 日起全面放开金融机构贷款利率管制。

具体如下,一是取消金融机构贷款利率 0.7 倍的下限,由金融机构根据商业原则自主确定贷款利率水平;二是取消票据贴现利率管制,改变贴现利率在再贴现利率基础上加点确定的方式,由金融机构自主确定;三是对农村信用社贷款利率不再设立上限。

值得关注的是,在利率市场化的最关键环节——存款利率放开方面,央行并没有迈出步伐。7 月 19 日,人民银行有关负责人表示,此次改革没有进一步扩大金融机构存款利率浮动区间,主要考虑是存款利率市场化改革的影响更为深远,所要求的条件也相对较高。

在央行看来,存款保险制度、金融市场退出等配套机制尚在逐步建立过程中,金融机构治理改革尚未完全到位,这些因素都制约着存款利率市场化的进一步推进。

央行表示,人民银行将会同有关部门进一步完善存款利率市场化所需要的各项基础条件,稳妥有序地推进存款利率市场化。

至此,中国利率市场化路线图已经清晰。

从 1996 年建立全国统一的拆借网络,市场化同业拆借利率形成开始,中国利率市场化改革进程进行了 17 年,简要概括这一改革轨迹,便是“放开银行同业和国债利率→放开贷款利率→放开存款利率”。

早在 2011 年一份监管报告就认为,中国应该分阶段有序稳步实施利率市场化改革,力争十年左右基本取消本币贷款利率下限和存款利率上限。

第一阶段在 2011—2014 年:扩大贷款利率下浮幅度,允许大额长期存款利率上浮,重启大额可转让存单发行与流通;第二阶段是 2015—2019 年:进一步扩大贷款利率下浮幅度,允许活期存款以外的存款利率分步上浮;第三阶段在 2020 年以后,完成利率市场化改革。

央行此次彻底松绑贷款利率管制,有利于谈判力量强的主体。贷款利率下限取消,将会对商业银行净息差产生怎样的影响?

“从发达国家和发展中国家的实践来看,利率市场化确实带来了商业银行净息差的收窄,但却出现存款利率和贷款利率同时提升的局面,贷款利率不降反升。”中信银行副行长曹彤说。曹彤以世界各国利率市场化实践为例,比如,美国1980年正式启动利率市场化改革,存贷利率在1981年分别达到15.91%和18.87%的高点。

资料来源:史进峰、黄齐,21世纪经济报道,2013年7月22日。

【关联理论】

可贷资金市场与其他市场一样,是由可贷资金的供给和需求支配的。在可贷资金市场上,利率是一个十分重要的价格类参数,它既是储蓄的收益,也是借款的成本。如果储蓄是由银行中介转化为投资的,那么还存在存贷款的利率之差,以此作为银行的利润。在自由的可贷资金市场上,利率是由市场本身的力量决定的。

【新闻评析】

我国市场化取向的改革,在金融领域的表现之一,就是利率市场化,也即可贷资金市场的利率由市场供求本身的力量来确定,并以此利率来进一步调节市场供求状况,最终实现市场均衡。

我国在很长一段时间内,利率这一可贷资金市场的价格参数是由中央银行管制的,这意味着我国可贷资金市场并非是一个自由市场,这影响了市场均衡的形成。由于利率的外生性,利率调节可贷资金市场供求的能力减弱,从而会造成储蓄转化为投资的困难。从这个角度看,我国的利率市场化改革有着重要的意义。

由于我国的金融体系中银行占据主体地位,储蓄很大部分是通过银行转化为投资,因此利率的市场化在此种情况下就表现为存贷款利率的市场化。存贷款利率的市场化在影响储蓄转化为投资的有效性的同时,也影响银行的存贷款利差,从而影响银行的利润。

我国的利率市场化改革从1996年市场化同业拆借利率形成开始,分阶段有序稳步推进,随着各项基础条件的完善,作为利率市场化的关键环节——存款利率市场化也将最终完成。美国1980年正式启动利率市场化改革,与美国这样金融高度发达的国家相比,我国的利率市场化改革可圈可点,可以预见,利率市场化将极大地激发微观市场主体的活力,储蓄转化为投资的灵活性和便捷性将会显著提升,当然,对可贷资金市场的监管要求也将进一步提高,有效监管也变得越来越重要。

三、案例研究

(一)案例研究A

中国金融体系将发生深刻变化

金融与实体经济的关系,在金融危机前是一个问题。在金融危机之后问题似乎更大了。“金融必须服务实体经济”是危机之后,中国一再强调的金融业发展原则。另一方面,我们又深刻意识到“金融是现代经济的核心”。十八届三中全会最终确定了“使市场在经济资源配置中起决定性作用”的主导思想。

对现代金融的认知，国人有较深的偏见。这或源于传统的商业不创造价值（重农抑商）观点。国人普遍的认知是，金融市场只是交易甚或投机的场所，它本身不创造价值与财富。事实上，现代金融市场不仅是现代经济的核心，而且是经济的中枢。它表现在金融市场不仅配置资源、创造价值，并且主导社会财富的分配。华尔街就是全球经济的中枢并在全球配置金融资源，最核心的是它主导了全球财富的分配。

金融市场在现代经济中承担着经济金融化的重任。中国前期的经济货币化已经超额完成了。接下来，将展开经济的金融化阶段。

或许需要普及金融常识的是，金融市场还是一个将实体经济的风险分散化的市场。特别要强调的是，金融市场就是一个风险市场。也即它是实体经济风险的防火墙。更准确地说，它是一个用交易风险来交换未来收益的市场。在总结和反思1997年亚洲金融危机的过程中，一个基本共识是亚洲各经济体存在结构性缺陷：第一，企业融资仍然高度依赖银行。第二，亚洲地区金融业有货币和期限的多重错配，尤其是银行业。先审视一下中国的金融结构：2013年年末，GDP产出56.8万亿元；银行业资产151万亿元、银行总贷款71.9万亿元、A股总市值23万亿元、债券市场27万亿元。银行资产是GDP的2.6倍、股市的6.5倍、债市的5.5倍。

中国金融体系是以银行业为主。这至少存在三大风险隐患：

第一，风险过度集中于银行。经济中潜藏的大多风险主要由银行承担。因为经济中的资金供应主要由银行信贷承担。对中国经济的风险描述，国内多强调房地产风险；而国外更多指出面临一场信贷危机。两者的差异是，后者涵盖前者；前者仅是后者其中之一。

第二，企业融资渠道与方式相对单一。过去经济增长资金供应几乎由银行一家承担。近几年来，这一比例已降至70%上下。银行信贷的特征是以抵押为主的融资模式。它不能支持新经济并提供融资，包括创业、科技创新以及崛起中的互联网经济。

第三，银行信贷间接融资模式危害的另一面，还不被更多人所认识，也即银行业是顺周期的行业。当经济处于增长周期时，银行信贷会放大经济增长；当经济下行时，银行也会放大收缩态势。这种危害在房市下行趋势下，会使经济中的主要抵押品（房地产）大幅度缩水，将迫使银行紧缩信用。这恰是以银行为主导的金融体系的国家经济的硬伤。

在总结和反思东亚金融危机后的另一个基本共识，是亚洲的金融市场不发达。这表明亚洲国家在全球金融市场的变化中是脆弱的，且其充足的储蓄以及外汇储备都不能有效发挥作用。

IMF两位经济学家，统计了2007年之前50年间，全球17个经济体、84次经济金融危机后经济复苏的情况。结果发现，资本市场主导的4个国家，美、加、英、澳，在危机后经济反弹的速度最快；而银行主导的南欧6个国家，西、奥、葡、比、德、意，经济复苏的速度最慢。

至少可从三个方面认定中国将从以银行为主导的金融体系转向以金融市场为主导的金融体系：

首先，政策面主导推动。2014年，已确定为中国金融改革的元年。已启动的利率与汇率市场化奠定了基础。而新“国九条”出台及还将出台的存款保险制度等，完全可以确定金融体系将会发生显著的历史性变化。

其次，市场面倒逼。最重要的变化在房地产市场的拐点出现，前面已叙述这将使银行信贷坏账更多暴露出来。这虽不会引发系统性危机，因为中国银行业有超高坏账拨备与外汇储备双重保险，但银行业必然会遭受有史以来最严重的重创。而这显然是金融体系与金融结构之弊,也是间接融资模式之弊。

最后,未来经济增长的资金供应问题——也即当银行不能更多提供未来经济增长资金供应时,金融市场将顺理成章承担这个责任。实际表明金融体系将以金融市场为主导的直接融资模式,逐渐取代以银行信贷为主导的间接融资模式。

金融市场不仅可以化解中国经济的两个"堰塞湖"——对接过剩储蓄与IPO数年的等待,还将承担中国经济转型的重任。

资料来源:曲子,每日经济新闻,2014年6月3日。

【关联理论】

金融体系是由促使一个人的储蓄与另一个人的投资相匹配的机构组成,它主要可分为金融市场和金融中介机构两种类型。金融市场使储蓄与投资直接接触,通过金融市场,储蓄者可以直接向投资者提供资金;金融中介机构把储蓄与投资连接起来,从储蓄者那里获得可贷资金,并把它提供给投资者。各国在不同经济发展阶段,金融体系的内部类型结构是不同的。

【案例解剖】

金融体系具有连接现在和未来、协调借款和贷款活动的作用,有着配置资源的功能,金融体系中不同类型的金融机构,它们的作用和功能发挥与其所处的经济环境和条件紧密相关。一个国家在经济发展过程中,随着经济环境和条件的改变,金融体系中不同类型的金融机构的发展规模和地位是有差别的。

我国的金融体系是以银行业为主,银行作为一种金融中介机构,一端连接储蓄,另一端连接投资,有利于对储蓄活动和投资活动的监控,从一定意义上说,有利于风险监控;但从另外的角度看,正如案例材料中所说的那样,我国以银行业为主的金融体系存在其他的风险隐患,表现在风险过于集中、融资渠道单一、有顺周期风险。

发展金融市场,可以分散我国金融体系的风险,随着我国经济规模的不断扩大,分散金融体系的内在风险显得越来越重要,因此,发展金融市场也就日益迫切。从各国的经验教训看,我国需要改变以银行业为主的金融体系结构。目前,政策面的推动、市场的倒逼、未来资金供求问题的有效解决,都指向我国金融市场发展的良好前景,可以预见,中国的股票市场、债券市场等金融市场会得到进一步的发展,以金融市场为主导的直接融资模式将逐渐取代以银行信贷为主导的间接融资模式。随着我国金融市场的进一步发展,我国的金融体系也将更加健全,金融对经济的积极作用将得到充分发挥。

(二) 案例研究 B

拿什么来稳增长:投资、改革!

不能忽视经济增长和投资

2010年以来,中国经济除了4万亿政策后出现短暂的快速回升外,经济整体呈现向下趋势。经济增长速度从2010年的10.4%一路下行,降至现在逼近7%的保底红线。目前,经济走势整体仍呈较大的下行压力。中国经济增速从高速增长回落至中高速,这一过程中应该避免经济出现过快下滑,所以要保证经济平稳换挡,2015年的经济增速不应该低于7%。

中国经济学界关于过去30年的高增长主要依托于高投资,有这样一种认识:依托高投资的增长是不可持续的,主张扩大消费驱动增长;同时这种高增长带来了高污染,主张速度慢下来,保护好环境。这些看法目前已很大程度上影响到中国的经济政策和经济发展。

影响经济增长的因素有很多,主要因素有劳动力、资本、技术、制度,其中最核心的因素就是资本即投资。要重视稳投资的重要性,充分认识投资在"稳增长"中的关键作用。没有稳定的投资就无法保证经济平稳运行。目前有一种普遍的观点认为,高储蓄、高投资以及由此产生的高增长是中国的问题。其实,我们应该看到高储蓄、高投资、高增长是经济和社会发展过程中难得的优势,

当然我们也要看到"三高优势"正在逐渐减弱:一是高储蓄优势正在减弱,随着经济社会的发展和人口结构的变化,中国的国民储蓄率在2008年见顶(53.02%),此后逐渐下降;二是高投资下降,2010年至2013年从24.5%降到19.6%,2014年前三季度更进一步降至16.1%;三是高经济增速不断下滑。

但中国经济增长的优势并未消失,中国经济仍有较快增长的潜力。一是体制红利仍有潜力可挖掘,二是人口红利仍有从总量转向结构和质量的空间,三是中国经济的市场潜力巨大,四是目前还有相当部分的储蓄资源在闲置或低效使用的状态。

把高储蓄转化为有效投资

直到20世纪90年代之前,中国经济总体上还是处于消费率太高、储蓄不足、储蓄满足不了投资需要的状态。改革开放之后,伴随国民收入快速增长和居民消费的大幅提高,储蓄率也呈现出上升趋势。

具体看有两个主要因素:第一个是改革开放释放的巨大制度红利。十一届三中全会确立以经济建设为中心,实行改革开放。随着家庭联产承包责任制、国有企业改革、金融体制改革、财税体制改革、加入世贸组织等制度红利不断释放,制约生产力发展的瓶颈被一个个打破,居民储蓄率随着收入增加和边际消费率的下降而呈上升趋势,企业和政府储蓄也快速增长。第二个是中国独有的人口红利。改革开放刚好遇上了中国人口红利的集中释放期和计划生育改革实施后人口抚养比的快速下降期。根据生命周期理论,人的一生可以分为净消费期和净储蓄期。在劳动年龄阶段为净储蓄期,在幼年和老年时期一般为净消费期。因此随着一国人口结构中劳动年龄人口比重的上升,往往会出现储蓄率上升、消费率下降的现象。

中国的高投资源于中国高储蓄的有力支撑,它既是中国经济加快发展的有利条件,也是实现宏观经济平衡的内在要求和客观需要。但储蓄率与投资率缺口扩大是近几年来中国宏观经济面临的一个主要问题。

2001年中国的投资率为36.5%,储蓄率为38.6%,投资率与储蓄率的缺口为2.1%,但到了2007年,投资率达到41.2%,储蓄率上升至51%,投资率与储蓄率的缺口扩大至9.8%。正是由于国内投资率与储蓄率缺口的扩大,中国经济走上了外贸依赖型道路,导致了外贸顺差过大和外汇储备过多。外部失衡进一步导致了内部失衡,流动性过剩和通货膨胀等问题都因此而来。要使这些问题得到有效解决,就必须将社会的储蓄资源充分有效地转化为国内的投资,从而达到宏观经济的内部和外部平衡。

把高储蓄资源充分有效地用于国内投资是十分必要的,近年来,随着住房公积金制度、医疗、失业、养老等各项社会保障制度的建立,以各种基金、保险形态存在和累积起来的储蓄资源非常丰富。这些丰富的储蓄是人口红利的表现,如果不能充分有效地转化为投资形成资本存量,对未来形成有效的物质保障,经济和社会将会陷入人口老龄化的诸多问题和跨代失衡。

中国还存在一个从人口红利与人口负债平衡的角度看待扩大投资重要性的问题。由于中国目前的高储蓄优势源自人口红利,这种红利相对人口老龄化的未来,是一种负债。如何

实现这种人口红利与负债的平衡，一般来说有三种方式：第一种是养儿养老的传统平衡方式；第二种是把人口红利储蓄借给外国，形成外汇储备和国外投资；第三种是将国内储蓄转化为国内投资，最大限度地促进储蓄充分有效地向投资转化，即通过投资形成资本存量，增加未来的供给，为人口老龄化做准备。从中国的情况来看，第三种方式是最符合国情的，是实现我国人口红利与负债平衡的最好方式。

资料来源：杜涛、徐诺金，经济观察报，2014年12月15日。

【关联理论】

金融关乎现在与未来，那些提供可贷资金的人之所以储蓄，是想把一些现期收入转变为未来的购买力；那些需要可贷资金的人之所以投资，是想通过现在的投资，获得未来生产物品与服务的额外资本。因此，现在的储蓄表现为未来物品和服务的需求，现在的投资表现为未来物品和服务的供给。由此可见，加强金融行业建设，促进储蓄与投资的协调至关重要。

【案例解剖】

经济增长表现为物品与服务生产能力的提高，投资作为提高物品与服务生产能力的一种方式，是促进经济增长的主要因素之一，显然，投资越大，经济增长就越强劲。投资规模的大小与储蓄规模的大小是相匹配的，高投资必然有高储蓄相配套，相应地带来较高的经济增长。

我国改革开放初期，资金短缺，对投资构成制约。之后，随着制度红利和人口红利得到极大的释放，居民储蓄不断增加，为投资的扩大提供了充足的资金供给，有力地促进了经济的高速增长。进入21世纪以来，我国储蓄率与投资率缺口扩大，表现为储蓄率高于投资率，储蓄资源不能有效地转化为投资，对经济增长的制约作用在加大，经济增长速度的下降压力就增大。

要稳定经济增长，一方面应通过扩大现有消费，减轻储蓄资源转化为投资的压力，另一方面更要提高储蓄资源转化为投资的能力，从我国的实际情况看，后一方面显得尤为迫切。随着住房公积金制度和各项社会保障制度的建立，以各种形态存在和累积起来的储蓄资源相当丰富，这部分储蓄资源要求未来有相应的物品和服务的供给；与此同时，随着我国人口老龄化的出现，需要有相应的投资，以应对未来对物品和服务的需求，这样，把储蓄资源有效地转化为投资，并形成资本存量，对稳定经济增长和未来形成有效的物质保障就显得重要了。

（三）案例研究C

融资难根在利率双轨制

中小民营企业融资难是一个世界性的难题，因为资本是一种稀缺资源。融资过程中的最大困难是信息不对称，中小企业信息不对称的问题则尤其突出，因为这些企业通常历史比较短，资料不完整，而且还往往缺少可抵押的资产。但中国融资难的问题这么严重，比较难理解的地方是起码看起来钱并不少。改革开放以来，中国货币供给量和信贷总规模增长一直很快。全球金融危机以来，伴随着4万亿刺激政策的实施，流动性再度大幅增加。比如，广义货币（M2）与国内生产总值（GDP）之比已经从2008年的151%提高到2014年的193%，同期企业债务与GDP之比也从88%上升到135%。钱不少，融资却很难，这是什么道理？

造成中国融资难问题的根源在于信贷市场的利率双轨制，第一轨是受央行管制的商业银行的存贷款利率，第二轨是几乎完全由供求决定的地下钱庄和民间借贷等利率。商业银行的利率和信贷配给受到监管当局的控制或影响,有限的信贷资源主要满足了大企业的融资需求。与此同时,因为中小民营企业很难从商业银行获得贷款,地下钱庄等非正规信贷市场便应运而生。

值得说明的是,过去三十几年来央行一直在努力提高商业银行存贷款利率的灵活性。2013年,人民银行进一步取消了贷款利率的下限。从理论上讲,自此以后,银行贷款利率已经完全实现了市场化,商业银行可以自主定价。但从银行的数据看,实际的贷款利率偏离基准利率的程度一直很小,这也许说明虽然直接的浮动区间取消了,监管当局对贷款利率的隐形管制并未真正消失。

正规市场与非正规市场之间的利率水平差距非常大,比如在2013年到2014年间,人民银行定的商业银行一年期的基准贷款利率为6%,而温州民间借贷平均利率水平则在20%左右。

但是正规市场和非正规市场之间的差距如此之大,根源还在于利率双轨制本身。如果看大数,商业银行信贷余额大约相当于GDP的150%,民间借贷加上影子银行业务则相当于GDP的80%。利率双轨的起点是央行的利率管制政策,人为地压低了商业银行的基准利率,这样就造成了对银行信贷的过度需求,因此央行不得不再实施信贷配给。也就是说,在实施了利率管制之后,数量管制或者信贷配给就成为必不可少的手段。而信贷配给势必会将大量的过剩需求逼到非正规市场,从而进一步推高非正规市场的利率。换句话说,非正规市场融资贵和融资难,恰恰就是因为正规市场融资太便宜。

资料来源:黄益平,财新网,http://opinion.caixin.com/2015-02-02/100780709.html,2015年2月2日。

【关联理论】

在可贷资金市场,利率的高低由市场可贷资金的供给和需求状况决定,如果可贷资金的供给大于需求,则利率下降;反之,如果可贷资金的供给小于需求,则利率上升。而利率也会调整可贷资金的供求状况,若利率上升,则可贷资金的供给会增加,需求会减少;反之,若利率下降,则可贷资金的供给会减少,需求会增加。

【案例解剖】

利率的市场化改革不是一朝一夕就能完成的。在利率市场化的过程中,利率双轨制在所难免,从某种意义上说,利率双轨制是实现利率市场化的一个必经阶段。我国在市场化改革过程中,出现利率双轨制既有历史的原因,又有客观的必然性,但这并不能以此认定利率双轨制可以任其存在,因为利率双轨制有着严重的弊端,制约了可贷资金的有效配置。

在正规市场,利率受到管制,因此利率对资金供求的调整功能受到限制,由于管制利率较低,因此存在资金短缺。在非正规市场,利率水平由资金供给状况决定,由于正规市场存在大量未满足的需求,这些未满足的需求会转移到非正规市场寻求满足,这样造成非正规市场需求增加,从而利率上升。

利率的双轨制直接影响了企业的融资,对大企业来说,其融资在正规市场,相应地利率较低,融资成本不高;对中小企业来说,其融资在非正规市场,相应地利率较高,融资成本就高。由于融资成本不同,大企业和中小企业所受到的生产经营激励不同,大企业会多用资金,而中小企业则会少用资金,从而生产规模不能有效扩大,影响了社会的生产效率。

因此,要改变我国现阶段储蓄率高于投资率,而中小企业的融资需求又得不到满足的状况,出路是要推进利率市场化进程,适时放开利率管制,加快改变利率双轨制局面,使利率真正反映市场供求状况,并针对市场供求状况作出有效的调整。

四、课外习题

(一) 术语解释

1. 金融体系
2. 共同基金
3. 公共储蓄
4. 可贷资金市场
5. 挤出

(二) 单项选择

1. 以下哪一个属于金融中介机构?(　　)。
   A. 债券市场　B. 股票市场　C. 共同基金　D. 证券公司
2. 对企业所获得利润有剩余索取权的是(　　)。
   A. 债券　B. 股票　C. 银行存单　D. 销售发票
3. 以下哪项表述是不正确的?(　　)。
   A. 出售股票来筹资称为权益融资
   B. 出售债券来筹资称为债务融资
   C. 若公司陷入财务困境,债券持有者要先于股票持有者得到补偿
   D. 与债券相比,股票具有更高的风险,因此股票的潜在收益也低
4. 小微企业最有可能通过(　　)来为自己扩大经营筹资。
   A. 银行贷款　B. 共同基金　C. 发行股票　D. 发行债券
5. 公共储蓄是(　　)。
   A. 投资与消费支出之和　B. 投资与消费支出之差
   C. 国民储蓄与私人储蓄之和　D. 国民储蓄与私人储蓄之差
6. 以下哪项属于国民收入账户中的投资?(　　)。
   A. 把未支出的收入存在银行　B. 购买股票
   C. 购买债券　D. 购买设备和建筑物
7. 税收收入大于政府支出的余额,称为(　　)。
   A. 预算盈余　B. 预算赤字　C. 储蓄盈余　D. 储蓄赤字
8. (　　)是可贷资金供给的来源。
   A. 储蓄　B. 投资　C. 股市　D. 政府
9. (　　)是可贷资金需求的来源。
   A. 储蓄　B. 投资　C. 股市　D. 政府
10. 如果存款利息税下降10%,那么可贷资金市场上(　　)。
    A. 供给曲线会右移　B. 供给曲线会左移
    C. 需求曲线会右移　D. 需求曲线会左移

11. 政府增加投资税赋，会使可贷资金市场(   )。

A. 均衡利率和均衡数量上升　　B. 均衡利率和均衡数量下降

C. 均衡利率上升，均衡数量下降　　D. 均衡利率下降，均衡数量上升

12. 预算盈余使可贷资金市场(   )。

A. 利率提高　　B. 投资减少　　C. 储蓄减少　　D. 供给增加

13. 预算赤字使可贷资金市场(   )。

A. 供给曲线右移　　B. 供给曲线左移

C. 需求曲线右移　　D. 需求曲线左移

14. 以下哪项会引起可贷资金市场需求曲线右移？(   )。

A. 政府减少存款税赋　　B. 政府减少投资税赋

C. 政府预算盈余　　D. 政府预算赤字

15. 可贷资金市场上的挤出源于(   )。

A. 公共储蓄增加　　B. 国民储蓄增加

C. 政府预算盈余　　D. 政府预算赤字

(三) 判断正误

1. 股票的需求反映了人们对公司未来盈利性的预期。(   )
2. 共同基金的主要优点是使钱并不多的人进行多元化投资。(   )
3. 恒等式 $S = I$ 表示对每个家庭和企业而言，储蓄与投资相等。(   )
4. 如果 NX = 0，那么经济处于封闭状态。(   )
5. 可贷资金的供求取决于名义利率。(   )
6. 恒等式 $S = I$ 背后的机制是金融体系。(   )
7. 利率调整使可贷资金供给与需求达到均衡水平。(   )
8. 如果税法改革抑制了投资，则利率上升且储蓄增加。(   )
9. 预算赤字使可贷资金市场需求曲线右移。(   )
10. 预算盈余增加了可贷资金的供给，降低了利率，并刺激了投资。(   )

(四) 简答题

1. 各种债券的差别主要体现在哪些方面？
2. 共同基金的主要优点是什么？
3. 什么机制使得经济中储蓄等于投资？
4. 利率调整如何使可贷资金供给与需求达到均衡水平？
5. 为什么预算赤字影响可贷资金供给而不影响可贷资金需求？

(五) 应用题

1. 在宏观经济学家看来，下列哪一项是储蓄？哪一项是投资？请作出解释。

(1) 葛小天花 80 万元购买了一套 90 平方米的新房。

(2) 葛小天用 3 万元购买了上海股票交易市场的古越龙山股票。

(3) 葛小天把 2 000 元工资收入存入中国银行。

(4) 葛小天购买了 5 万元国债。

2. 假设以下数据来自一个封闭经济的国民收入账户(单位:10万元)。$Y = 20\,000$; $C = 15\,000$; $T = 3\,000$; $G = 4\,000$。

同时假定投资函数为:$I = 1\,020 - 400r$。

其中,Y为GDP,C为消费,T为税收,G为政府购买,I为投资,r为利率。

问:(1) 这个经济的储蓄和投资是多少?

(2) 私人储蓄是多少?

(3) 公共储蓄是多少?

(4) 均衡利率是多少?

3. 假如政府今年预算平衡,明年财政预算收入为16亿元,预算财政支出为15.6亿元。

问:(1) 今年的预算政策会影响可贷资金市场供求模型中的哪条曲线?

(2) 该曲线会向哪个方向移动?

(3) 均衡利率和均衡数量会怎样变动?

(六) 拓展思考题

1. 有位人大代表指出,要促进经济增长,必须加大政府支出,因为GDP的一个组成部分是政府购买,政府支出越多,也就意味着政府购买越多,这样,政府支出越多,GDP也就越多。对此,你有何看法?

2. 在国民收入账户中,储蓄必定等于投资;在可贷资金市场模型中,可贷资金供给的来源是储蓄,可贷资金需求的来源是投资,可贷资金供求可能均衡,也可能不一致。如果可贷资金供求不一致,也就是说,储蓄和投资并不相等。对于国民收入账户和可贷资金市场模型中储蓄与投资之间关系的差别,你做何解释?

五、习题答案

(一) 术语解释

1. 金融体系:经济中促使一个人的储蓄与另一个人的投资相匹配的一组机构。
2. 共同基金:向公众出售股份,并用收入来购买股票与债券资产组合的机构。
3. 公共储蓄:政府在支付其支出后剩下的税收收入。
4. 可贷资金市场:想储蓄的人借以提供资金、想借钱投资的人借以借贷资金的市场。
5. 挤出:政府借款所引起的投资减少。

(二) 单项选择

1. C 2. B 3. D 4. A 5. D 6. D 7. A 8. A 9. B 10. A 11. B 12. D 13. B 14. B 15. D

(三) 判断正误

1. √ 2. √ 3. × 4. × 5. × 6. √ 7. √ 8. × 9. × 10. √

(四) 简答题

1.【考查要点】 债券的特点。

【参考答案】 各种债券的差别主要体现在三个方面:第一,债券的期限;第二,债券的信用风险;第三,债券的税收待遇。

2.【考查要点】 共同基金的优点。

【参考答案】 共同基金有两个优点,一是可以使钱并不多的人进行多元化投资,从而降低风险;二是使普通人获得专业资金管理者的技能。

3.【考查要点】 恒等式 $S=I$ 背后的机制。

【参考答案】 金融体系在储蓄者和投资者之间进行协调,在 $S=I$ 这个等式两边之间的是债券市场、股票市场、银行、共同基金,以及其他金融市场和金融中介机构,它们吸收国民储蓄,并将之用于一国的投资,使得储蓄与投资相等。

4.【考查要点】 可贷资金市场上的利率调整。

【参考答案】 如果利率低于均衡水平,则可贷资金的供给量小于需求量,可贷资金的短缺将鼓励贷款者提高他们所收取的利率。高利率将鼓励储蓄,从而增加可贷资金供应量,同时,高利率将抑制为投资而进行的借款,从而减少可贷资金需求量。这样,最终使可贷资金供求达到均衡。相反,如果利率高于均衡水平,那么可贷资金的剩余将迫使贷款者降低他们所收取的利率,利率趋向于使可贷资金供求达到均衡。

5.【考查要点】 可贷资金需求的含义。

【参考答案】 可贷资金的需求定义为私人用于购买设备和建筑物而借款的需求。预算赤字使政府首先要通过出售债券来筹资,从而向私人部门借款,减少了国民储蓄,从而减少了可贷资金的供给。

(五) 应用题

1.【考查要点】 储蓄与投资的含义。

【参考答案】 (1) 属于投资,因为投资是指设备或建筑物这类新资本的购买,购买新房是家庭投资支出,而不是消费支出的一种形式。(2)、(3)、(4) 属于储蓄,因为对整个经济而言,它们不是消费,也不是投资,而是储蓄的不同形式。

2.【考查要点】 国民经济账户恒等式。

【参考答案】 (1) $I=S=Y-C-G=20\,000-15\,000-4\,000=1\,000$,因此这个经济的储蓄和投资为 1 000。(2) $Y-C-T=20\,000-15\,000-3\,000=2\,000$,因此私人储蓄为 2 000。(3) $T-G=3\,000-4\,000=-1\,000$,因此公共储蓄为 $-1\,000$。(4) 将 $I=1\,000$ 代入 $I=1\,020-400r$ 可得 $r=5\%$,因此均衡利率为 5%。

3.【考查要点】 可贷资金市场供求模型。

【参考答案】 (1) 今年的预算政策会影响可贷资金市场供求模型中的供给曲线。(2) 该曲线会右移。(3) 均衡利率下降,储蓄和投资的均衡数量会增加。

(六) 拓展思考题

1.【考查要点】 挤出效应。

【参考答案】 政府支出越多,反映了 GDP 的构成中,政府支出的比重会增加。政府支出增加,会造成财政赤字,从而需向私人借款,挤出私人投资,私人投资的减少不利于经济增长。

2.【考查要点】 储蓄与投资关系的恒等式及协调。

【参考答案】 国民收入账户中,储蓄必定等于投资,这反映了储蓄转化为投资的重要性,因为投资是 GDP 的一个构成部分,而投资是由等量储蓄转化而来的。在可贷资金市场模型中,储蓄可能等于投资,也可能不等于投资,这反映了在实际经济运行中,协调储蓄与投资关系的重要性,协调得好,储蓄等于投资,协调得不好,储蓄就不等于投资。在可贷资金市场,金融体系越完善、利率调整越有效,储蓄与投资的关系就会协调得越好。

第 27 章
金融学的基本工具

一、学习精要

(一) 教学目标

1. 理解并能比较不同时点的货币量,掌握现值与终值之间的联系。
2. 掌握储蓄的内涵,理解复利的影响过程以及复合增长的概念。
3. 熟悉保险、多元化等风险管理渠道,理解在投资组合中面临的风险与收益的权衡。
4. 掌握资产价格的决定因素,如股票、基金等,理解基本面分析的内涵。
5. 理解有效市场假说和市场非理性两种截然相反的观点。

(二) 内容提要

本章主要介绍人们在参与金融市场时所运用的基本工具,如储蓄、保险、股票、基金等,并告诉我们如何比较不同时点上的不同货币量,如何管理风险,以及如何把这些概念结合起来以帮助决定诸如股票这类金融资产的价值。

1. 现值:衡量货币的时间价值

(1) 任何未来一定量货币的现值是在现期利率下产生这一未来货币量所需要的现在货币量。而任何现在一定量货币的终值是在现行利率为既定时现在的货币量将带来的未来货币量。确定未来货币量的现值的过程叫贴现。假设 PV 是现值,FV 是终值,r 是利率,n 是到期的年数,并假设以复利即利滚利的方式支付利息,则有以下换算公式:

$$PV(1+r)^n = FV$$

$$FV/(1+r)^n = PV$$

(2) 一般来说,人们对现在得到一定量货币的偏好大于未来得到同样货币量,利率越高,结论越明显。而为了在现在某一货币量与未来某个时期的更大货币量之间做出选择,就要对未来这一更大的的货币量进行贴现,并将其与现在的某一货币量进行比较,或者计算出现在某一货币量的终值,并与未来某个时期的更大货币量进行比较。

(3) 在考虑投资决策时,如果未来收益的现值大于成本,企业就可以进行投资项目。如果利率越高,则该项目带来未来收益的现值就越小,因此进行项目投资的可能性也就越小。这就有助于解释为什么投资水平会随着利率的上升而下降。

(4) "70 规则"说明,如果某个变量每年以 $x\%$ 的比率增长,它的值在近 $70/x$ 年终会翻一番。因此,增长率的微小差别在许多年后会引起一国收入的巨大差别,这个结论不仅可以用于国家经济增长和个人收入增长等领域,对复利方式的储蓄额增长也是适用的。

2. 风险管理

(1) 由于财富的边际效用递减,相对于相当的收益而言,大多数人更加厌恶损失,这可以归结于人倾向于具有风险厌恶的特质。因此,人们会通过购买保险或者多样化等方法来减少或降低风险。

(2) 保险可以更有效地分散风险,能使风险厌恶的人变得更好。但保险市场上存在两个问题,即逆向选择和道德风险。逆向选择的发生是因为高风险的人比低风险的人更愿意购买保险;道德风险的发生是因为人们在购买保险之后,谨慎行事的激励变小。

(3) 通过用大量无关的小风险代替某一种风险,即"不把所有鸡蛋放在同一个篮子里",多元化可以降低人们所面临的风险。由于多元化可以消除企业特有风险(与某个公司相关的不确定性),但不能消除市场风险(与整个经济相关的不确定性),因此尽管有价证券组合的风险随着股票数量的增加而大大降低,但通过多元化来消除所有风险是不可能的。

(4) 可以用收益的标准差来衡量股票投资组合的风险,资产收益标准差越大,该资产的风险越大。人们在投资组合中始终会面临风险和收益的权衡取舍,高收益以高风险为代价。

3. 资产评估

(1) 当你考虑是否要购买某家公司的股票时,你要比较购买的企业股份的价值与股份出售时的价格:如果价格 > 价值,则股票被高估;如果价格 < 价值,则股票被低估;如果价格 = 价值,则股票被公正地评估。

(2) 因为股票的价值取决于未来红利流量和最终销售价格的现值,而红利和最终销售价格取决于公司未来的盈利状况,因而股票的价值是不确定的。因此需要作基本面分析,即为决定一家公司的价值而对其会计报表和未来前景进行的详细研究。

股票的价值 = 股票所有未来红利的现值 + 未来出售股票的价格的现值

(3) 有效市场假说(EMH)认为资产价格反映了关于一种资产价值的所有公开的、可获得的信息。根据这种理论,股票的价格是由供求决定的,所有股票总是被公正地估价。股票市场是信息有效的,股票价格应该遵从随机游走,即无法根据所获得信息预测其发展趋势。因而系统性地胜过市场是不可能的,不会出现购买某种股票比其他任何一种都好的情况,最好购买一个多元化的组合。

(4) 市场非理性的观点正好与有效市场假说相反。有效市场假说假设,买卖股票的人总是理性地处理他们拥有的关于股票的基本价值的信息。而市场非理性的观点认为,股票价格波动部分是心理倾向驱动的。当投机者以高估的价格购买资产,并预期它的价格不断上升时,投机泡沫就会出现。当然,经济学家对背离理性定价的频繁性和重要性仍存在许多争论。

4. 结论

现值可以帮助我们比较不同时点的货币量,为决策提供依据;风险管理告诉我们,风险厌恶者可以用保险、多元化等多种方法管理他们所面临的风险;资产评估反映了企业未来的盈利性。虽然大多数金融学工具已经创建完善,但对于有效市场假说的正确性及实践中股票价格是不是公司真正价值的理性估算仍存在争论。

(三) 关键概念

1. 现值:用现行利率产生一定量未来货币所需要的现在货币量。
2. 终值:在现行利率既定时,现在货币量将带来的未来货币量。
3. 复利:货币量积累的一种方式,用以前得到的利息留在账户上以赚取未来更多的利息。

4. 风险厌恶：一个人在承受风险情况下其偏好的特征，显示出对不确定性的厌恶。

5. 多元化：通过用大量不相关的小风险代替一种风险来降低风险。

6. 企业特有风险：只影响一家公司的风险。

7. 市场风险：影响股市上所有公司的风险。

8. 基本面分析：为决定一家公司的价值而对其会计报表和未来前景进行的详细研究。

9. 有效市场假说：认为资产价格反映有关这种资产价值的所有公开的、可获得的信息的理论。

10. 信息有效：以理性方式反映所有可获得的信息的有关资产价格的描述。

11. 随机游走：一种不可预期的变量变动的路径。

（四）拓展提示

1. 一个被称为“70 规则”的古老经验规则有助于理解增长率和复利计算的结果。根据 70 规则，如果某个变量每年按 $x\%$ 增长，那么大约在 $70/x$ 年以后，该变量会翻一番。根据 70 规则，一个按照 2% 增长的经济，其规模在 35 年后翻一番；而一个按照 7% 增长的经济，其规模在 10 年后翻一番。70 规则不仅适用于增长的经济，而且适用于增长的储蓄账户。

2. 经济学家用效用的概念建立风险厌恶模型。由于财富的边际效用递减，随着财富的增加，效用函数变得越来越平坦。一个人拥有的财富越多，从额外一单位财富的增加中得到的边际效用就会越少。以风险厌恶为出发点考虑风险管理的途径，有保险、多元化以及风险—收益权衡取舍等。

3. 从整个经济的角度来看，保险允许风险分摊，能使风险厌恶的人更好。但保险市场受到制约其分摊风险能力的两类问题的困扰：其一是逆向选择，即高风险的人比低风险的人更可能申请保险，因为高风险的人从保险的保护中获益更大；其二是道德风险，即人们在购买保险之后，对他们谨慎行事以避免风险的激励小了，因为保险公司将会补偿大部分损失。这样就会导致两个后果：一方面，保险公司无法充分保护自己免受损失，它们会收取一个较高的保费；另一方面，低风险的人有时不会购买保险，从而失去了风险分摊的利益。

4. 基本面分析是以证券的内在价值为依据，着重于对影响证券价格及其走势的各项因素的分析，以此决定投资购买何种证券及何时购买。在宏观层面上，研究一个国家的财政政策、货币政策，通过科学的分析方法找出市场的内在价值，并与市场实际价值作比较，从而挑选出最具投资价值的股票；在微观层面上，研究上市公司经济行为和相应的经济变量，为买卖股票提供参考依据。一般来说，基本面分析包括宏观经济环境分析、行业景气度分析、公司基本面分析三部分内容。

5. 有效市场假说是一种关于金融市场如何运行的理论。这一理论也许并不完全正确，因为总有理由怀疑股东总是理性的以及股票价格在每一个时点都是信息有效的。但是，有效市场假说作为一种对世界的描述，比你认为的要好得多。有许多证据表明，即使股票价格不完全是随机游走的，也非常接近于它。支持有效市场假说的最有力证据来自指数基金的业绩，在这一点上，积极管理的共同基金在实践中并不占优势。

二、新闻透视

(一)新闻透视 A

新闻片段 1:丝路基金实质是外储投资多元化

“两会”开幕前夕,全国政协委员、国务院发展研究中心对外经济研究部研究员张小济接受了《证券时报》记者的采访。他表示,外汇储备如何管理与投资,一直以来都是市场关注和争议的话题。丝路基金等举措的推出,表明我国巨大的外汇储备已开始转向多元化途径,将资金以信贷的形式借给企业的丝路基金,就是一个例子。

张小济建议,可以将我国 3.8 万亿美元外汇储备中的十分之一,逐步转变为为企业创新发展提供更直接的资金支持。这些资金的投放,与此前 4 万亿元截然不同。

2014 年 11 月 8 日,国家主席习近平宣布成立丝路基金,支持“一带一路”建设。据介绍,该基金的发起人来源于外汇储备、财政部和中国进出口银行等相关机构,基金主要由中国的政策性银行负责管理。中国出资 400 亿美元,其中外汇储备的占比在 65% 以上。

按照张小济的建议,类似于丝路基金的基金总量未来应达到 4 000 亿美元左右。这既有利于外汇储备投资的多元化,又可以为国内相关企业提供更多的发展机会。

作为国务院发展研究中心对外经济研究部的研究员,张小济曾多次前往亚非拉等地区实地调研。他对记者说,在实地考察的过程中他发现,这些国家和地区在基础建设、资源能源开发等领域,都非常“渴求”中国的资金、人员、技术及管理支持。这与我国当初改革开放初期对“外面世界”的向往非常相似。外汇储备管理与投资的多元化,将有利于反哺我国国内经济的发展。

张小济强调,对于新常态下中国经济未来的发展,我们要依赖中央各项改革举措的大力推进。落实到具体层面,还应该重点解决行业产能过剩、国企效率低下等问题。

资料来源:证券时报网,http://epaper.stcn.com/paper/zqsb/html/2015-03/02/content_660771.htm,2015 年 3 月 2 日。

新闻片段 2:周小川:丝路基金已起步运作　可看作投资期更长的 PE

中国央行行长周小川表示,丝路基金近日已正式开张运作,其是外汇为主的对外投资基金,比一般 PE(私募基金)投资期限更长,项目中长期要体现合理回报。未来可基于行业和地域设立子基金,国内外投资者可通过市场化方式加入。

他在专访中称,丝路基金不谋求成为多边开发机构,也不是中国版的“马歇尔计划”,区别于主权财富基金,类似于私募基金,目前搭建综合团队需要各方面的人才,其将与中投、进出口银行、国开行形成协同关系。

周小川指出,去年 12 月 29 日丝路基金正式注册,今年 1 月 6 日召开了第一次董事会会议,这样就已开张运作。他称,中国可以做些中长期的、以股权为主的基金。期限可以再长一些,瞄准一些有战略意义的中长期项目。同时股权投资基金也可以和别的融资模式相配合,需要将一些可以做出中长期承诺的资金,用于“一带一路”有关的项目和能力建设,包括相关产业行业的发展,也包括通信、道路等基础设施建设。

周小川认为,丝路基金的发展将是动态的。如果供求双方有好项目,又有资金来源,就可以持续做下去。丝路基金的特点是投资期限比较长,是需要有回报的,其做的项目也要有效益。只不过是从中长期的角度来看效益和回报,它目前不含有外援性或捐赠性的资金来源。

丝路基金回报期限比较长,从回报率来讲,要求不一定高,但是由于期限长,可以拿到长期的回报。一般而言,一些期限比较长的项目,初期可能拿不到回报,最初几年是宽限期,但到了后期,回报可能会比较稳定。

并且周小川认为,“一带一路”跨境基础设施建设的需求较大,产业合作和发展的空间很大,也有创造就业的大量需求。丝路基金在外还是应大致上看作 PE,是回收期限更长的 PE,可能会更注重合作项目。

未来丝路基金管理层在选择项目的时候,显然也会建立在互利共赢的理念之上。“一带一路”已逐步在若干国家领导层面上形成战略共识,而对丝路基金来讲,这是投融资的机会。战略是更高层面上制定并推行的,丝路基金则是抓住机会,提供金融支持和服务。对于丝路基金运用外储走出去,未来有没有一些机制和安排可以让人民币和外储结合走出去的问题,周小川谈到,人民币国际化势头开始,这中间会有一部分人民币对外汇的替代,但目前总体主线还是从储蓄偏多到国际收支顺差,然后到外汇积累(包括民间和官方),然后是外汇走出去投资的扩大。

资料来源:周小川,凤凰财经网,http://finance.ifeng.com/a/20150216/13506898_0.shtml,2015 年 2 月 16 日。

【关联理论】

投资多元化,通过用大量彼此无关的选择来代替一种单一选择,从而用大量无关的小风险代替一种风险,可以减少人们所面临的风险。所谓“不要把所有的鸡蛋放在同一个篮子里”,多元化可以消除特有风险,即与某个个体相关的不确定性,这一点针对身处风云变幻的世界市场的国家一样如此。

【新闻评析】

我国外汇储备规模庞大,但是投资单一,保值压力大。中国的外贸多以美元结算,因此外汇储备也自然同美元密不可分,汇率问题上,西方常常给人民币施压,力推人民币升值,这就意味着美元贬值,其带来的负面作用除导致中国出口受阻、企业倒闭、工人失业外,最直接的恶果是使得我国购买的美债贬值,这岂能让我们容忍。根据中国国家外汇管理局统计数据,我国 2014 年的外汇储备规模为 38 430.18 亿美元。我国的外汇储备多元化投资已经走过了较长的路程,目前外汇储备已经分散到 30 多种货币,70 多个国家和地区,投资主要以购买其他国家的国债为主要投资形式。国务院总理李克强在 2014 年 12 月 24 日的国务院常务会议上表示:“我们的外汇储备量太大,如果光买其他国家的国债,年底只能赚少许利息,还不如配合运用,支持中国装备‘走出去’,推动产业转型升级,更好改善民生。”可见,原有的外汇储备管理方式并不能兼具盈利性、流动性和安全性等满足外汇储备管理的需要。

丝路基金是外汇储备多元化的一个大胆尝试。丝路基金主要资金源于外汇储备,主要投资于多个造福民生的产业,如交通、通信等,有别于以往的国债,不再只盯着他国国债,进而希望进一步降低外汇储备的风险。说到底,建立丝路基金的目的之一是把中国巨额的外汇储备通过亚投行投资到其他国家去。400 亿美元的中国出资款项中,外汇储备的占比在 65% 以上。丝路基金主要用于“一带一路”战略,它贯穿欧亚大陆,与沿线国家的经济发展、民生改善等共同利益息息相关。丝路基金将是外汇储备多元化投资的试验。周小川认为丝路基金可以看成长期的PE,因为它将基金用于交通、通信等多个领域,并且这些领域多造福民生。如此一来,丝路基金投资的多元化,既是外汇储备多元化的选择之一,本身资金的多元化带来的货币、资产、工具、策略等的分散化,可以在一定的风险承受度下,获得更高收益,也可以在一定的收益期望值下,把风险降到最低。

(二)新闻透视B

中国存款保险破题 政府不再隐性担保

历经21年,我国的存款保险制度终于破题。

2014年11月31日,《存款保险条例(征求意见稿)》(简称"征求意见稿")正式向社会公开征求意见。这一制度将为后续金融机构退出机制、存款利率上限放开在内的改革措施铺平道路,推动金融改革走向纵深。而从更高层面来看,这一制度将与央行最后贷款人职能、审慎监管一道,构成我国金融安全网的三大支柱。

构建中国金融安全网

"表面看,我国存款保险制度是从无到有,但实质上却是从隐性到显性,是从人民银行最后贷款人式的隐性保险走向显性保险。"央行行长周小川曾如此表示。

长期以来,我国一直实行"隐性的存款保险制度",无论是剥离商业银行不良贷款还是向银行注资,金融机构出了风险,最终都由政府来"买单",中央政府和地方政府承担退出机构的债务清偿。1998年关闭海南发展银行时,对于自然人的存款采取全额兑付的解决方案。存款保险制度的建立,将改变这种局面。根据征求意见稿,存款保险制度将覆盖所有存款类金融机构,包括在我国境内依法设立的具有法人资格的商业银行(含外资法人银行)、农村合作银行、农村信用社等,符合条件的所有存款类金融机构都应参加存款保险。存款保险覆盖存款类金融机构吸收的人民币和外币存款。

征求意见稿规定,存款保险实行限额偿付,最高偿付限额为人民币50万元。央行还特别强调,即使个别小存款银行发生了被接管、被撤销或者破产的情况,一般也是先动用存款保险基金,支持其他合格的金融机构对出现问题的存款银行进行"接盘",收购或者承担其业务、资产、负债。

事实上,存款保险是市场经济条件下,各国普遍实施的、基础性的金融制度,其与中央银行最后贷款人职能、审慎监管一起作为金融安全网的三大支柱。现今,该项制度的落地,将使得中国金融安全网的三大支柱得以完全确立。

利率市场化空间打开

不仅如此,存款保险制度的推出也为利率市场化进一步夯实了制度基础。

世界上第一个存款保险制度诞生于1933年的美国,鉴于其在增加金融体系信心与稳定性等方面功不可没,越来越多的国家在利率市场化前后建立存款保险制度。目前,世界上已有113个国家建立了存款保险制度。

目前,我国利率市场化推进步伐正逐步加快。11月21日晚间,央行宣布存款利率上限扩大至基准的1.2倍,这是自2012年6月存款利率上限扩大到基准利率的1.1倍后,我国存款利率市场化改革的又一重要举措。

央行也明确,下一步将密切监测、跟踪评估各项利率市场化改革措施的实施效果,并综合考虑国内外经济金融发展形势和改革所需基础条件的成熟程度，适时通过推进面向企业和个人发行大额存单等方式。

民营银行设立将提速

存款保险制度推出的另一个深远影响在于将使得民营银行设立加速。

从各国经验来看，建立存款保险制度是发展民营银行、中小银行的重要前提和条件。美国社区银行的健康发展，在很大程度上得益于美国存款保险制度的建立和完善，使小银行具备与大银行平等竞争的制度基础，维持了整个金融体系的多样性，改善和加强了对小企业、社区和农民的金融服务。

近期召开的国务院常务会议也明确提出要加快发展民营银行等中小金融机构，支持银行通过社区、小微支行和手机银行等提供多层次金融服务，鼓励互联网金融等更好地向小微、“三农”提供规范服务。

“我国的存款保险制度建立后，民营银行的设立会提速，有利于建立多层次的银行体系，提高中小和小微企业、‘三农’、社区等金融服务的满足率。”民生银行首席研究员温彬认为。目前，我国已有五家由民间资本发起设立的民营银行获得了监管部门的批准。

保费水平远低于国际标准

根据征求意见稿，存款保险制度推出后，存款人不需要交保费，资金来源主要是金融机构按规定缴纳的保费，且覆盖境内所有存款类金融机构。

截至10月末，金融机构人民币存款余额112.47万亿元，其中个人储蓄存款接近50万亿元，潜在保单巨大。该制度一旦落地，将导致银行增加一定经营成本，不过目前普遍认为增加的成本有限。

目前征求意见稿仍未明确具体费率，仅明确了采取基准费率和风险差别费率相结合的原则。温彬认为，鉴于大型银行和中小银行在经营管理状况和风险状况等方面存在差异，差别费率有利于促进公平竞争，形成正向激励，促使银行审慎经营和健康发展，预计总费率不会太高。而央行在相关说明中也提到，存款保险制度建立后，只是小比例地向金融机构收取保费，费率水平远低于绝大多数国家存款保险制度起步时的水平和现行水平，对金融机构的财务影响很小。

资料来源：高翔、周鹏峰，上海证券报，http://news.cnstock.com/news/sns_yw/201412/3260782.htm，2014年12月1日。

【关联理论】

由于财富的边际效用递减，大多数人是厌恶风险的，金融工具之一的保险并不能消除风险，但人们可以通过购买保险从而有效地与他人分摊风险。保险是多数人来分摊少数人面临风险损失的有效途径。存款保险，即是由各家存款性金融机构缴纳保费，一旦投保机构（银行）面临破产，由保险机构向存款人支付一定限额存款的制度。

【新闻评析】

存款是金融投资的方式之一，在很长的时间里，中国国内都维持着较高的存款利率水平，且鲜有银行破产的案例，这在国际上是非常罕见的。在国外，银行也像普通企业一样面临着市场竞争，经营不善也很可能倒闭，所以即使存款也是有风险的。随着中国金融市场化的进一步深入，中国的商业银行同样存在着金融风险，广大储户的利益是面临风险的。存款保险制度的出台，正是存款风险管理的较好途径之一，它将有利于存款的风险厌恶者（特别是民营银行的客户),大大降低存款的风险,也利于金融业适度竞争,从而推进我国金融改革的进程。

进一步来看存款保险制度的作用,主要有两个方面:

一方面,在中国,几乎没有储户挤兑导致银行倒闭事件发生(1998 年曾发生过海南发展银行的挤兑事件),政府的隐性担保是关键原因。但政府兜底行为会向银行传递错误信号,导致银行风险管理意识淡薄,造成市场的扭曲和风险的向上集聚。改变当前银行体系由国家信用背书的局面迫在眉睫,区分金融个体风险与系统性风险显得十分重要。

另一方面,存款保险制度的建立有助于提高民营银行的抗风险能力,加速民间资本进入银行业的步伐。在原先模式下,银行主动提升风险定价能力的意愿不强,不重视资金的有效优化配置和提高资金的使用效率。要解决这一"惰性"现象,必须引入竞争。但是民营银行的抗风险能力比较薄弱,而建立存款保险制度后,存款赔付责任将由存款保险机构承担,存款保险制度可以帮助其增强信用等级,提升市场竞争力,为大、中、小银行创造一个公平竞争的环境,这有利于提高民间资本投资银行业的积极性,将为加快发展民营银行等中小金融机构创造更好的条件,推动各类银行业金融机构同等竞争和均衡发展。随着民营银行的进入,我国银行体系将进一步丰富,能更好地满足多层次的市场需求。但根据国际经验,我们在制定相应政策时,要考虑道德风险和逆向选择,防止引发行业内危机。

(三) 新闻透视 C

利用互联网金融大数据构建选股模型,正成为 A 股市场的一股新潮流

10 月 20 日,广发基金与百度公司合作开发的广发中证百度百发策略 100 指数基金将启动发行,这是业内首只跟踪具有互联网基因指数的指数型基金产品。计划推出互联网基因指数产品的还有南方基金管理有限公司。"跟踪大数据指数的基金产品方案将于近期正式申报监管机构,预计年内发行跟踪 i100 指数的基金产品。"南方基金产品开发部副总监鲁力透露。据《21 世纪经济报道》记者采访了解,除广发、南方基金外,业内还有基金公司的量化投资部和专户部在研究"大数据"的量化策略。此外,券商研究所的金融工程团队同样在挖掘"大数据"的投资机会。其中业内的代表为长江证券金融工程团队,他们早在年初即根据新浪财经新闻数据构建新闻选股模型。

大数据的魅力

利用互联网大数据挖掘股市的超额收益机会正成为近期基金业的一股新潮流。而动作较快的当属广发基金和南方基金这两家基金公司。其中,广发基金联合百度公司、中证指数公司开发百发 100 指数,南方基金则携手新浪财经、深证信息公司推出了 i100 指数和 i300 指数。基金公司竞相开发大数据指数的动力在于,基于大数据筛选出来的组合,大幅跑赢现有的指数基金。中证指数公司提供的数据显示,自 2009 年至 2014 年 6 月 30 日,百发 100 指数的累计收益率达到 545%。同期,中证 500、中证全指、沪深 300 指数的收益率分别为 102%、56%、19%。

引入互联网基因

无论是长江证券、招商证券构建的选股模型,还是广发基金、南方基金推出的大数据指数,其共同点在于引入网民对个股的搜索大数据作为选股因子。

"百发 100 指数的原理是在传统指数模型的基础上,增加百度大数据的搜索因子,相当于将投资者即将发生的行为提前纳入指数指标中。"广发基金数量投资部总经理陆志明如是表示。百发100指数的参与开发者、广发基金数量投资部研究员季峰介绍，百发100的模型也叫投资者综合情绪模型，它相当于一个超大的数据熔炉，将财务因子、动量因子、搜索因子等几类数据做多维度分析，使其在高维空间发生化学反应。用百度平台数据，对样本空间的股票分别计算最近一个月的搜索总量和搜索增量，分别计为总量因子和增量因子。季峰介绍，百度金融大数据，从某种意义上说是度量投资者情绪的量化方法之一，可用以反映投资者的投资意愿或预期。

"百发100指数的创新之处在于，网络搜索量成为选择成分股的影响因素，指数的构建利用了百度在搜索领域的强势资源，具有显著的互联网基因。"众禄基金研究中心研究员廖帅说。

颠覆选股逻辑

当基金公司和券商研究将互联网金融的大数据作为选股因子引入模型，代表着资产管理机构在指数投资上重构选股逻辑。"传统指数编制依赖的是市值规模、成交金额、财务及估值等传统因子。它最大的缺点是采用过去3个月或6个月的数据去预测未来一期的收益，参数对历史数据有严重的依赖。"陆志明指出，利用百度数据融入了投资者在投资决策前的行为规律，对未来的市场投资规律有一定的预测作用，其预测效果好于传统的来源于历史数据的因子数据。

而与传统指数不同的是，百发100指数的编制思路是跳出行业、板块的限制，从全市场中寻找超额收益的机会。"我们希望通过财务数据、动量数据和百度大数据，试图去发现市场未来一个月轮动的热点。"季峰认为，百发100指数选股模型的特点是，它所挑的股票是契合未来市场或行业轮动热点，且基本面良好，未来有一定成长空间的价值型股票。

南方基金和新浪合作推出的大数据指数也是采用相同的思路。"利用大数据投资向市场广度要超额收益。"南方基金权益投资部总监史博根据Wind数据统计发现，自2005年至2014年，即便全市场平均收益率为负数，依然能找出超越市场30%的股票。

以2014年年初至8月22日为例，Wind全A的收益率是14.12%，超越市场30%的股票个数达到535只，占全市场股票数量的比例是22%。其中，这批股票的平均收益率达到74.63%。在业内看来，基金公司量化投资部引入互联网大数据，目的是将这类超越市场平均收益的标的挖掘出来。基于此，与传统指数半年调一次样本股不同的是，百发100指数和i100、i300指数其样本股的调仓频率均设置为每个月一次。

"百发100指数和i系数指数的构建在考量个股价值的同时，也积极地把握市场的关注热点和舆情，这样的出发点对争取良好表现是有益的。"廖帅认为，利用互联网基因构建的数量模型是否足够合理，还有待时间给出答案。

资料来源：量化投资互联网掘金大数据，21世纪经济报道，http://jigou.21cbh.com/2014/jigouqita_1010/1316540.html，2014年10月10日。

【关联理论】

股票的价格由供求决定，当价格高于价值，那么股票被高估了，价格低于价值，那么股票被低估了，人们会购买此类被低估的股票。价值的评估，通常需要基本面分析，即对其会计报表和未来前景进行研究。这类分析通常依赖公开可获得的信息，比较依赖历史数据。信息有效指资产价格以理性方式反映出所有可获得的信息。随着时间的推移，资产评估方式也在不断地完善和创新，比如与互联网和大数据的融合。

【新闻评析】

互联网大数据选股是资产评估的一次新尝试。互联网大数据与股票选股的融合,将互联网数据作为选股因子引入,例如加入了投资者投资前的行为数据,从某种意义上说是量化投资者情绪,更精细地反映投资者的投资意愿或预期。

举例来说,很多人认为,股价是投资者对上市公司未来盈利增长的预期,也就是说,是投资者对上市公司前景的情绪反映。民众既可以被媒体引导,也可以通过媒体反应自己的情绪,比如关注度或是兴趣。如果读者对股市关注程度大幅提高,则一定是股市出现异常变化,通常是明显上涨;如果读者对某一上市公司关注度明显提高,而该公司又没有什么利空消息的话,则说明投资者对该公司兴趣提高,对其盈利增长前景看好。这种观点逻辑上虽然说得通,但还需要统计数据来证明。随着计算机技术的提高,海量的统计可以迅速完成,在欧美等证券市场发达的国家,对媒体进行统计分析来寻找投资信息的研究早已开展,并取得了一定成果。这样,加入这一"关注度"因子后的预测,其预测价值效果很大可能优于传统的基本面分析。

广发证券、百度等的合作正是传统金融机构和互联网大数据平台联手,在原有基本面分析的基础上,注重海量统计,量化投资者行为,并将关注度等互联网可测得的大数据加入选股的逻辑当中,并且统计发现,这种资产评估挑选的股票和资产往往超越市场。当然,它仍然需要市场和时间的检验。

三、案例研究

(一) 案例研究 A

时间沙漏下的复利魔力

一叶落而知天下秋。大自然用自己的语言讲述四季更替的故事,人们也从冷暖交替中体悟到时间的前行。相传在古老的黄帝时期,聪明的人类就已发明了沙漏来记录时间,使时间的流逝得以具象化。

数千年后的今天,人们对时间的认识更加深刻,时间被赋予了更多含义,最常见的就是"时间"和"金钱"之间被画上等号,也就是通常所说的"复利"。那么,这个被爱因斯坦称为"世界第八大奇迹"的复利究竟是什么?通俗而言,复利就是连本带利的利滚利,也就是说,如果每年都能保持一定水平的收益率,若干年后就能获得非常可观的财富增长。以下两个案例,能进一步帮助我们理解时间是一种财富。

案例一:A 每年投资 1 000 元,坚持 10 年,假设年收益 5%,10 年后连本带息可获 13 206.79 元。若不考虑复利因素,则仅有 12 750 元,两者的差额 456.79 元就是复利带来的额外收益。

案例二:B 每年投资 500 元,坚持 20 年,假设年化收益率仍是 5%,20 年后连本带息可获 17 359.63 元。

A 在 10 年里和 B 在 20 年里投入的本金总和都是 10 000 元,最大差异是投资期限不同,A 投资 10 年,而 B 投资 20 年,最后结果是 B 远远胜出,收益比 A 多 4 152.84 元。这就是时间的威力。

然而,复利也藏有"陷阱"。上述两个案例看上去很好,实际上基于的前提是每年都有一定的正收益,“雪球”才能越滚越大。但现实中,长期投资每年都能保证获得稳定的正收益,是不太切合实际的幻想,即便是存银行、买国债这种看似正收益的无风险投资,如果将通胀因素考虑在内,也有可能是负收益,更不用说投资基金、股票等风险资产了。所以,更普遍的情况是,很多时候我们不得不面对投资收益的归零,甚至是投资本金的损失。再来看两个案例,能进一步帮助我们理解这种复利的“陷阱”。

案例三:C投入本金10000元,投资10年,每年稳定获取10%的收益,10年后连本带利可获25937.42元。

案例四:D投入本金10000元,同样投资10年,前9年每年获取15%的收益,但最后一年因投资失误损失30%,10年后连本带利共获得24625.13元。

我们看到,尽管D在前9年里,每年都比C多获取5%的收益,但最后一年的损失却使最终收益比C落后1312.29元。由此可见,投资损失对于复利的影响是巨大的,稍不慎就有可能“辛辛苦苦数十年,一夜回到解放前”。

所以,复利具有魔力,如果忽视它,它就会如同沙漏中的沙子一般默然逝去。但复利的魔力必须基于良好的风险把控,也许时间可以如同沙漏一般恒定地流逝,但“恒定”两个字绝对不属于投资市场,当你期待获得如同过山车上升般的收益时,也要做好准备承受有可能骤降所带来的损失,一旦发生,复利的威力也将荡然无存。

资料来源:赵志敏,上海金融新闻网,http://www.shfinancialnews.com/xww/2009jrb/node5019/node5051/node5065/userobject1ai73939.html,2011年3月18日。

【关联理论】

如果今天把1元钱存入账户,N年后这1元钱价值多少?如果我们用r来表示利率,每年会产生利息,并且利息仍然能继续生息,这种所谓“钱生钱”的过程,即为复利。利息从其形态上看,是货币所有者因为发出货币资金而从借款者手中获得的报酬。复利通常指的是正利息赚取利益的积累,当投资收益为负时,它的损失对复利的影响通常也是巨大的。

【案例解剖】

以上案例提醒我们:时间会产生货币价值,让货币量增加;若不控制风险,也可能会有反面的严重影响,造成较大损失,具体来看:

通过对案例一和案例二的对比,可见时间会产生深远的价值。比较案例一和案例二,投入本金相同,收益率相同,唯一不同的是投资期限,案例一是10年,案例二是20年。投资结果显示,案例二(投资时间较长的一方)获得更多的报酬,这就是时间的价值。时间会让钱生出钱来,巴菲特曾说过,复利有点像从山上滚雪球,最开始时雪球很小,但是当往下滚的时间足够长,而且雪球黏得适当紧,最后雪球会很大很大。巴菲特的投资最大的特点是利用“时间复利”。1989年,巴菲特认为可口可乐公司的股票价格被低估,因此他将伯克希尔公司25%的资金投入可口可乐股票中并从那时起一直持有至今,该项投资从最初的10亿美元已经飙升到现今的80亿美元。1965—2006年的42年间,巴菲特旗下的伯克希尔公司年均增长率为21.4%,累计增长361156%,同期标准普尔500指数成分股公司的年均增长率仅有10.4%,累计增幅为6479%。仅此一项,举世罕敌。

通过对案例三和案例四的对比,可见投资损失对复利结果影响大。比较案例三和案例四,投资本金相同,投资期限相同,案例四D收益率(15%)高于案例三C收益率(10%),但案例三C恒定正收益,而案例四在第十年损失30%,使得最后收益不如一直恒定收益的案例三

C。所以,案例三和案例四指出,收益率可能是正数,也可能是负数,投资损失对于复利结果影响较大。

(二) 案例研究 B

最小金融监管背后的有效市场假说

监管之争由来已久,其实不仅仅是经济学家的事儿,法学家在中间起着更为直接和现实的作用,但经济学家通常都比较会说,电视里说,媒体上说,于是大家都以为监管唯经济学家才最有发言权,殊不知法学家埋头干活,早在经济学家夸夸其谈之前,就把法律给设计出来了,就把监管理念的框架给整理出来了,经济学家所做的,不过是事后补充说明而已。

想想看,经济学家是不是悲催了点?就拿证券监管来说,肯塔基州的《蓝天法》1911 年就已经设计出来,那个时候美国经济学还是蛮荒之地;1933 年的《证券法》和 1934 年的《证券交易法》出台时,也不关经济学家什么事。

美国证券监管制度的设计思想直到尤金·法玛系统阐述有效市场假说之后,才和经济学家密切联系起来。当然,在此之前,早有经济学家给出了某种理论上的证明;而斯蒂格勒等人也一度怀疑证券监管存在的必要性。无论如何,有无监管在芝加哥大学的经济学家族群中成为一个重大问题,以至于法玛做了一个聪明且非常实用的处理,从早期理论中拎出有效市场的内核,然后使之随现实的市场妥协,从而形成了一个看似坚不可摧的有效市场假说,奠定了整个金融市场理论的新古典基石。

如果你不相信,翻看任一流行的金融学教科书,有效市场假说是必备的理论基础之一。有效市场假说是法玛获得诺贝尔奖的重要依据之一。但法玛其实不是从理论上建构这个理论的,而是从现实的市场出发,构造了一条可以对市场有效性进行证伪的可行路径。

法玛的思路是这样的:首先,把公司的存续划分为三个时期,即过去、现在和未来,每一时期都有相应的信息需要披露;其次,针对每个时期的信息披露程度来推断市场的有效性。假如一个市场能够披露有关公司的过去、现在和未来的全部信息,那么这个市场就是强有效的;假如一个市场能够披露有关公司的过去和现在的全部信息,但无法披露未来信息,那么这个市场是半强有效的;假如一个市场能够披露有关公司过去的信息,但无法披露现在和未来的信息,那么这个市场就是弱有效的。

注意,这个地方所讲的信息披露正是《证券法》中所要求的信息披露,《证券法》要求公司应该完整、准确和及时披露所有相关信息,这些信息应该有助于投资者作出公平和准确的证券估价。从这个角度看,法玛显然是服从于已有的《证券法》框架的。

那么,如何理解法律上的设计和法玛的有效市场假说之间的内在关联性?

先看弱有效市场。在这个市场上,证券价格可以不准确反映公司的现在和未来,但必须反映过去。假如一个市场连弱有效也达不到,就意味着上市公司连自己的历史都没交代清楚,这意味着什么呢?轻者信息虚假或不实陈述,重者为欺诈上市。

再看半强有效。在这个市场上,证券价格可以不准确反映公司的未来,但必须准确反映公司的过去和现在。给定公司已经完整、准确、及时披露了历史,但没有完整、准确和及时披露现在,就意味着可能违背半强有效。此时,对投资者来说,可能对公司现在的信息获取和价值判断是不对等的,有些人获取得多点,有些人获取得少些,从而导致证券交易中的不公平,严重时就会出现内幕交易。

因此,对有效市场来说,从《证券法》的视角看,就是抓住两个关键环节:一是发行环节的信息披露完整、准确和及时,也就是不能出现欺诈上市;二是交易环节的信息披露完整、准确和及时,即不能出现内幕交易。而这两个恰恰是美国《证券法》的核心理念。

当然,如果一个市场上偶尔出现某个欺诈上市的公司,或者偶发性的内幕交易存在,不能由此断言市场无效。除非一个市场上存在普遍性的欺诈上市和内幕交易,才可断言该市场无效。

故此,我们不能从个案来推断总体。从这个角度看,我们A股市场过去审批制下因为特定的制度背景,导致了市场缺乏效率;而采取核准制后,市场效率的确在慢慢改进。不过,满足法玛的有效市场假说的现实市场是不是仅仅需要最小监管?这还真未必。

可别小看信息披露这一条,如果以为简单地呈现相关的信息就可以了,那的确监管成了非常简单的程序性事务,问题在于,如何才能判定信息披露做到了完整、及时和准确?这里面学问大着呢。

资料来源:周业安,中国经营报网,http://news.cb.com.cn/html/money_10_17430_1.html,2014年4月14日。

【关联理论】

有效市场假说有三种形式:强式有效市场假说,表明市场价格已反映出所有可获得的信息;半强式有效市场假说,表明市场价格已充分反映出所有已公开的证券价格信息;弱式有效市场假说,表明市场价格已充分反映出所有过去历史的证券价格信息。

【案例解剖】

证券市场的监管,与信息披露有极大的关联,有效市场假说的三种形式,恰恰给市场监管提供了一个最低的参考标准,披露的信息有助于投资者作出公正准确的证券估价,有效市场假说对证券市场监管十分有意义。

强有效市场,披露有关公司的过去、现在和未来的全部信息;半强有效市场,披露有关公司的过去、现在的全部信息;弱有效市场,披露有关公司的过去的全部信息。对于信息披露者而言,如果无法满足信息弱有效,则表明相关公司信息虚假或不实陈述,重者则为欺诈上市;如果无法满足信息半强有效,披露了历史,但未能完整、准确、及时披露现在,则会导致交易不公平,严重时就会出现内幕交易。对于证券而言,发行环节不能欺诈上市,交易环节不能有内幕交易,两者是美国《证券法》的核心。

2015年,中国资本市场改革的头等大事,便是推行股票发行注册制改革。与现行的核准审核制不同,注册制的核心在于信息披露,在于公开透明。经过两年来的改革,目前发行审核的流程已经全部公开,信息披露制度环境已基本能适应注册制的到来。注册制,即是指证券发行申请人依法将与证券发行有关的一切信息和资料公开,制成法律文件,送交主管机构审查,主管机构只负责审查发行申请人提供的信息和资料是否履行了信息披露义务的一种制度。实行注册制之后,注册审查是以信息披露为中心。如果申报文件的披露信息存在虚假陈述,相关当事人应当承担欺诈发行的法律责任。简单地说,证监会的原则非常明确,就是监管部门和所有投资者知道的东西一样多。

四、课外习题

(一) 术语解释

1. 现值
2. 终值
3. 风险厌恶
4. 多元化
5. 有效市场假说

(二) 单项选择

1. 在利息不断资本化的条件下,资金时间价值的计算基础应采用(　　)。
A. 单利　B. 复利　C. 年金　D. 普通年金
2. 6 年分期付款购物,每年年初付 200 元,假设银行利率为 10%,该项分期付款相当于一次现金支付的购价是(　　)。
A. 958.20 元　B. 758.20 元　C. 1 200 元　D. 354.32 元
3. 某人希望在 5 年后取得本利和 1 000 元,用于支付一笔款项。若按单利计算,利率为 5%,那么,他现在应存入(　　)元。
A. 800　B. 900　C. 950　D. 780
4. 在利息率和现值相同的情况下,若计息期为一期,则复利终值和单利终值(　　)。
A. 前者大于后者　B. 不相等
C. 后者大于前者　D. 相等
5. 以下哪项不是减少投资组合风险?(　　)。
A. 在投资组合中,把股票的数量从 1 增加到 10
B. 在投资组合中,把股票的数量从 10 增加到 20
C. 在投资组合中,把股票的数量从 10 减少到 1
D. 以上都不是
6. (　　)指通过大量不相关的小风险来代替一种风险而实现风险降低。
A. 多元化　B. 基本面分析　C. 分散化　D. 以上都不是
7. (　　)显示出对不确定性的厌恶。
A. 风险厌恶者　B. 风险爱好者　C. 风险中性者　D. 以上都不是
8. 如果有效市场假说是正确的,那么以下哪项是恰当的?(　　)。
A. 股票通常被高估
B. 股票市场是信息有效的,因此,股票价格将遵循随机游走
C. 基本面分析对增加一种股票的收益来说是一种有价值的工具
D. 指数基金是种非常好的投资
9. 通过风险管理来降低风险的方法有(　　)。
A. 购买保险　B. 多元化
C. 投资低收益率产品　D. 以上都是

10. 以下哪种情况属于道德风险？(   )

A. 心脏病患者购买大病保险

B. 抽雪茄的人为雪茄购买火灾保险

C. 赛车手购买车辆保险后，参加极速竞赛

D. 以上都是

11. 现行利率下调(   )。

A. 减少了投资者未来收益的现值，并且减少了投资

B. 减少了投资者未来收益的现值，并且增加了投资

C. 增加了投资者未来收益的现值，并且减少了投资

D. 增加了投资者未来收益的现值，并且增加了投资

12. 运用“70 规则”，如果你的收入每年增长 20%，则你的收入翻一番的时间是(   )。

A. 35 年　　B. 3.5 年　　C. 7 年　　D. 70 年

13. 在股票市场上，若信息是有效的，这意味着股市价格反映了所有以(   )的方式获得的信息。

A. 非理性　　B. 理性　　C. 随机　　D. 非随机

14. 在以下什么情况下股票市场上会发生投机性泡沫？(   )。

A. 股票被公正地估价时

B. 只有当人们无理性时

C. 他们认为现在购入股票以后能高价卖给别人

D. 有许多股票被低估时

15. 基本面分析的主要目的是(   )。

A. 选择被低估的股票　　B. 选择被高估的股票

C. 选择可以买卖的股票　　D. 以上都不是

(三) 判断正误

1. 资金时间价值，根源于其在再生产过程中的运动，是资金在周转使用中产生的。(   )

2. 根据风险与收益对等的原理，高风险的投资项目必然会获得高收益。(   )

3. 从财务角度来讲，风险主要是指达到预期报酬的可能性。(   )

4. 一般来说，当未来市场利率趋于下降时，应选择发行期限较长的债券。(   )

5. 我国的公司债券是指公司依照法定程序发行、约定在 3 年以上期限内还本付息的有价证券。(   )

6. 如果某个人的效用函数表现为边际递减，那么这个人是一个风险厌恶者。(   )

7. 当信息反映完整的过去、现在和未来时，我们通常称之为强有效信息。(   )

8. 同时影响所有公司风险的是企业特有风险。(   )

9. 股票价格不取决于供求。(   )

10. 有效市场假说认为，资产价格反映了有关这种资产价值的所有公开的、可获得的信息。(   )

(四) 简答题

1. 假设年利率是 5%，你喜欢现在的 100 元，还是一年后的 105 元？
2. 人们在投资时，通常会面临哪两种风险，其中哪一种通过多元化方式可以降低？
3. 根据投资者对风险厌恶的程度，可以将投资者作怎样的划分？
4. 根据信息披露的完整程度，可将有效市场分为哪几类？它们又分别反映怎样的信息？
5. 为什么风险厌恶者的边际效用递减？请解释。

(五) 应用题

1. 甲公司 2003 年至 2006 年年初对乙设备投资均为 60 000 元，该项目 2007 年年初完工投产；2007 年至 2020 年年末预期每年收益为 50 000 元；于 2020 年将项目处理，收入预计为 5 000 元，假定银行存款复利利率为 8%。要求：以 2007 年年初为计算点，判定该项目是否可行。

2. 某公司 2007 年 1 月 1 日存入银行 100 万元，假定年利率是 8%。

（1）如果每年复利一次，到 2010 年 1 月 1 日该公司可以提取多少现金？

（2）如果每半年复利一次，到 2010 年 1 月 1 日该公司可以提取多少现金？其实际年利率是多少？

3. 李雷会挑食，有一天他独自一个人去吃自助餐，请分析如下情况：

（1）李雷吃他爱吃的食物得到的快乐和吃他不喜欢吃的食物失去的快乐一样多吗？为什么？

（2）李雷吃自助餐可帮助李雷减少他的风险，为什么？

(六) 拓展思考题

1. 澳大利亚贸易委员会（澳洲贸委会）与中国贸促会深圳分会于 2014 年 11 月 6 日在深圳举行中澳贸易投资信息交流会，中国企业对澳大利亚矿产资源和能源行业的投资兴趣强烈，然而，中国投资者的目光已不仅仅局限于资源行业，而是更多元化，开始进入金融、农业经营、旅游基础设施和服务等其他众多领域。上述案例显示出风险管理的哪个策略，除此之外还有哪几种风险管理手段？请挑选其一，举例说明。

2. 马年春节温州天气异常温暖舒适，但温州经济能否如马年暖冬那样持续上升依然充满悬念。虽然 2013 年温州经济转型步伐在加快，工业生产出现回升，但与全省相比，发展步伐明显滞后。回顾过去几年温州经济由盛转衰，经济转型迟迟未能有实质进展是主因。而过去几年温州房价的非理性上涨营造出经济运行表面上的繁荣，实际上是极大地延误了经济转型的最佳时机。作为三线城市的温州，房价曾一度与北京、上海比肩，甚至有过之而无不及，与此相伴随的是温州制造业利润空间进一步挤压，创新动力不足。试问，当投资炒房利润远远超过经营实体的微薄盈利，谁还会真正去经营企业？而金融杠杆的推波助澜，则进一步吹大了温州楼市的泡沫。请谈谈楼市是否非理性繁荣，以及楼市价格泡沫对经济的影响。

五、习题答案

（一）术语解释

1. 现值:用现行利率产生一定量未来货币所需要的现在货币量。

2. 终值:在现行利率既定时,现在货币量将带来的未来货币量。

3. 风险厌恶:一个人在承受风险情况下其偏好的特征,显示出对不确定性的厌恶。

4. 多元化:通过用大量不相关的小风险代替一种风险来降低风险。

5. 有效市场假说:认为资产价格反映有关这种资产价值的所有公开的、可获得的信息的理论。

（二）单项选择

1. B 2. A 3. A 4. D 5. C 6. A 7. A 8. B 9. D 10. C 11. D 12. B 13. B 14. C 15. A

（三）判断正误

1. √ 2. × 3. × 4. × 5. × 6. √ 7. √ 8. × 9. × 10. √

（四）简答题

1.【考查要点】 复利的公式。

【参考答案】 都一样,现在的 100 元一年后即为 $100\times(1+5\%)=105$ 元。

2.【考查要点】 风险管理中的两种风险。

【参考答案】 企业特有风险和市场风险,企业特有风险可以通过多元化降低。

3.【考查要点】 根据风险喜好程度,对于投资者的分类。

【参考答案】 风险厌恶者、风险爱好者、风险中性者。

4.【考查要点】 信息有效。

【参考答案】 强式有效市场(反映历史、现在和未来的信息)、半强式有效市场(反映历史和现在的信息)、弱式有效市场(反映历史或过去的信息)。

5.【考查要点】 风险厌恶与效用函数。

【参考答案】 效用是一个人对福利或满足的主观衡量,经济学家用效用的概念建立了风险厌恶模型。对于风险厌恶者而言,失去 1 000 美元损失的效用大于赢得 1 000 美元获得的效用。随着财富的增加,效用函数变得平坦,这反映了边际效用递减的性质,即一个人拥有的财富越多,他从增加的 1 美元中得到的效用越少。

（五）应用题

1.【考查要点】 现值、终值的计算

【参考答案】 各年年初投资在 2007 年年初终值为:

$$60\,000(1+8\%)^4+60\,000(1+8\%)^3+60\,000(1+8\%)^2+60\,000(1+8\%)=291\,996(\text{元})$$

各年末预期收益在2007年年初的现值为：

$$\frac{50\,000}{(1+8\%)}+\frac{50\,000}{(1+8\%)^2}+\frac{50\,000}{(1+8\%)^3}+\cdots+\frac{50\,000}{(1+8\%)^{14}}+\frac{50\,000}{(1+8\%)}=413\,914(\text{元})$$

由于413 914元大于291 996元，所以该项目可行。

2.【考查要点】 复利、现值、终值的计算

【参考答案】 (1) $100\times(1+8\%)^3=100\times1.2597=125.97$(万元)

(2) $100\times(1+4\%)^6=100\times1.2653=126.53$(万元)

实际年利率 $=(1+8\%/2)^3-1=8.16\%$

3.【考查要点】 效用函数和风险厌恶。

【参考答案】 (1) 不一样多，因为效用递减，所以吃他不喜欢的食物失去的快乐比吃他喜欢的食物得到的快乐要多；

(2) 自助餐有了选择的权利，他可以尽量不去选那些他不喜欢的菜肴，而选择那些使他愉快的食物。

(六) 拓展思考题

1.【考查要点】 风险管理手段。

【参考答案】 中国投资者投资于资源行业，并开始进入金融、农业经营、旅游基础设施和服务等其他众多领域，体现了多元化投资的战略，它是风险管理、资产管理的手段之一。除此之外还有购买保险，以及投资收益较低的产品进行风险与收益权衡等。例如购买保险，利率市场化以后，银行也有可能在竞争中被淘汰而出现破产等状况，将资产存入银行已不再是万无一失的，储户很可能将面临无法取现的风险。金融机构购买存款保险，可以将此类风险事件产生的损失大大降低，风险得到有效控制。

2.【考查要点】 非理性繁荣。

【参考答案】 温州楼市属于非理性繁荣。只要资产的价格高于其基本价值，我们就说它存在泡沫，非理性繁荣是偏离理性、带着泡沫而发展的一种现象，显然温州楼市有明显非理性繁荣的印记。其他部分城市楼市的非理性繁荣，实际上是扭曲了经济运行的内在机制。在纷繁复杂的经济活动中，财务预算是经济行为的最主要约束，也是市场经济规律发挥重要作用的基础。而社会经济活动持续不断开展，主要是经济行为人在自身的财务约束下自主行为选择的结果。可见，财务预算约束是市场经济运行的内在基础。楼市也同样面临财务预算的约束。事实上，楼市的非理性繁荣，是对社会购买能力的过度透支，违背了财务预算约束的铁律。

而房价过快上涨引发的财富转移，进一步加重了中等以下收入人群的经济负担，并导致社会消费扩张乏力，对服务业扩张形成较大抑制。楼市对国民经济的绑架，使得经济转型的成本非常高昂。如果任由房价非理性上涨，还会积聚更大的经济金融风险，而这必然是国民经济所不能承受的。因此，在未来楼市的调整中，不能因为房价出现下跌就盲目救市，正如不能因为房价出现些许上涨就进行打压。

第 28 章
失业

一、学习精要

(一) 教学目标

1. 领会就业者、失业者、劳动力以及非劳动力的概念,学会劳动力参工率、失业率等衡量失业情况数据的计算。

2. 理解失业率指标本身存在的问题,以及短期失业的社会问题比长期失业少的解释。

3. 掌握自然失业率与周期性失业率之间的联系,理解实际劳动市场背离充分就业理想状态的两大原因,即摩擦性失业和结构性失业。

4. 理解摩擦性失业为什么不可避免,掌握减缓摩擦性失业的政府政策。

5. 理解结构性失业的内涵,掌握最低工资法、工会和集体谈判、效率工资三个导致结构性失业的原因。

(二) 内容提要

决定一国生活水平和经济增长的因素包括储蓄和投资等,除此之外衡量一国生活水平更明显的决定因素为失业量。但是,失业量在不同国家及不同时期中差别是不同的。因此衡量失业量是分析劳动市场的关键。本章重点介绍劳动市场,说明失业统计数字衡量劳动市场的状况,并论述失业的类型、根源及政府减少失业的政策。

1. 失业的确认

(1) 衡量经济中的失业时,根据美国劳工统计局(BLS)的调查数据,可对成年人(16 岁及 16 岁以上)划分为就业者、失业者及非劳动力。在此基础上计算劳动力、失业率及劳动力参工率。

$$\text{成年人口} = \text{劳动力} + \text{非劳动力} = (\text{就业者} + \text{失业者}) + \text{非劳动力}$$

$$\text{劳动力} = \text{就业者人数} + \text{失业者人数}$$

$$\text{失业率} = \frac{\text{失业者人数}}{\text{劳动力}} \times 100\%$$

$$\text{劳动力参工率} = \frac{\text{劳动力}}{\text{成年人口}} \times 100\%$$

(2) 失业率并不是衡量失业或劳动力市场健康状况的完美指标,因为它将丧失信心的工人排除在外,没有区分全职工作和兼职工作,并且一些人可能不会如实报告自己的工作状况。但失业率仍然是劳动力市场和宏观经济的一个非常有用的晴雨表。

(3) 大多数失业的持续时间很短,然而任何一个既定时间段所观察到的大多数失业却是长期的。知道这个微妙的事实能帮助政策制定者制定更好的帮助失业者的政策。

（4）即使在经济运行良好的情况下，失业率也绝不会下降到零。实际劳动市场背离充分就业理想状态的两个原因分别是摩擦性失业和结构性失业。摩擦性失业是使工人与工作相匹配的过程所引起的失业，一般持续时间较短；结构性失业是指劳动市场上可提供的工作岗位数量不能满足所有失业者的需求，而产生的工资却高于供求均衡水平而引起的失业，一般持续时间较长。而工资水平高于均衡工资的原因，又可以归结于最低工资法、工会及效率工资。

2. 寻找工作

（1）寻找工作是使工人与适当工作相匹配的过程。由于工人有不同的嗜好与技能，不同的工作有不同的要求，而且等候工作者和职位空缺的信息在经济的许多企业和家庭中扩散得很缓慢。

（2）由于经济一直在变动，摩擦性失业是不可避免的。摩擦性失业是不同企业间劳动需求变动的结果。同样由于一国的不同地区生产不同的物品，因此当一个地区的就业增加时，另一个地区的就业可能减少。各行业或各地区之间的需求构成变动称为部门转移，由于工人在新部门找到工作需要时间，因此部门转移引起暂时的摩擦性失业。

（3）公共政策和寻找工作。虽然在变动的经济中摩擦性失业是不可避免的，但是可采用各种方法减少摩擦性失业，如使用互联网帮助寻找工作。此外，政府也可以通过管理的就业机构发布有关职位空缺的信息，加快工人与工作的匹配，以及实施公共培训计划使处于衰落行业的工人学到转移到增长行业所需的技能，收缩部门解雇工人。批评者认为私人市场要比政府能更有效地匹配工人与工作。实际上我们经济中的大部分寻找工作的活动都是在没有政府干预的情况下进行的。

（4）失业保险。失业保险是当工人失业时为他们提供部分收入保障。虽然失业保险减轻了失业的痛苦，但是增加了摩擦性失业量。因为人们会对激励做出反应，当工人找到一份新工作时失业补助才停止发放，所以失业者不会努力地找工作，而更可能拒绝缺乏吸引力的工作。不过，失业保险虽然降低了失业者找工作的努力程度，但同时也降低了工人面临的收入不确定性，并提高了一个经济使每个工人与其适合的工作相匹配的能力，进而提高了生产率。

3. 最低工资法

（1）产生结构性失业的第一个原因是最低工资法。最低工资法迫使工资高于供求均衡水平，从而增加了劳动供给量并减少了劳动需求量，导致存在过剩劳动。由于愿意工作的工人数量多于工作岗位的数量，因此一些工人成为失业者。

（2）对低技能或缺乏经验的工人而言，最低工资超过均衡工资，这会导致结构性失业。但这部分工人只是劳动力的一小部分，最低工资法并不影响每一个人，大多数工人的工资远远高于法定最低工资。因此最低工资不能解释大部分的失业。

4. 工会和集体谈判

（1）产生结构性失业的第二个原因是工会和集体谈判。工会是就工资、津贴和工作条件与雇主进行集体谈判的工人协会，可以把工会看成是一种卡特尔。与任何卡特尔一样，工会是卖者共同行动以希望发挥其共同市场势力的一个集团（垄断组织形式之一）。大多数卡特尔都是违法的，但工会不受反托拉斯法（禁止垄断）的限制。因此，工会可以用其市场势力来为工人争取更高的工资和福利。

(2) 当工会把工资提高到均衡水平以上时,就增加了劳动供给量而减少了劳动需求量,从而引起结构性失业。那些在较高工资时仍然就业的“局内人”状况变好了,而那些以前有工作而现在失业的“局外人”状况变坏了。并且这些局外人会去没有工会的劳动市场,增加那些市场的劳动供给,并降低其均衡工资。

(3) 经济学家对工会作用于经济的好坏的看法没有达成共识。批评者认为:工会是一种卡特尔,它们把工资提高到均衡水平以上,引起失业并降低了其他没有工会的劳动市场的工资,是无效率又不公平的。而支持者认为:工会与大企业的市场势力相抗衡,并使企业对工人的要求更积极地做出回应,是有效率的。

5. 效率工资理论

(1) 产生结构性失业的第三个原因是效率工资。效率工资是企业为了提高工人的生产率,而自愿地支付给工人高于均衡水平的工资。因此类似于最低工资法和工会,也会导致结构性失业。

(2) 企业自愿地支付给工人高于均衡水平的工资,其原因主要在于工人的健康会由于支付高工资而得到改善,工人的流动率会由于支付高工资而减少,工人的素质会由于支付高工资而提高,工人的努力程度会由于支付高工资而上升。

6. 结论

即使经济运行良好,失业也会一直存在,自然失业率可以用摩擦性失业和结构性失业来解释。要注意的是,自然失业率是长期存在的,但并不是不变的,许多事件和政策都会改变经济正常运行时所存在的自然失业率。

(三) 关键概念

1. 劳动力:既包括就业者又包括失业者的工人总数。
2. 失业率:劳动力中失业者所占的百分比。
3. 劳动力参工率:劳动力占成年人口的百分比。
4. 自然失业率:失业率围绕它而波动的正常失业率。
5. 周期性失业:失业率对自然失业率的背离。
6. 摩擦性失业:由于工人寻找最适合自己嗜好和技能的工作需要时间而引起的失业。
7. 结构性失业:由于某些劳动市场上可提供的工作岗位数量不足以为每个想工作的人提供工作而引起的失业。
8. 寻找工作:在工人的嗜好与技能既定时工人寻找适当工作的过程。
9. 工会:与雇主就工资、津贴和工作条件进行谈判的工人协会。
10. 效率工资:企业为了提高工人的生产率而支付的高于均衡水平的工资。

(四) 拓展提示

1. 衡量和解释失业是比较难的,原因在于人们频繁地进入和退出劳动力队伍。例如在固定的时间内,有新进入劳动力队伍的年轻人以及重新返回工作岗位的人和失业退出劳动力队伍的人等。此外还有两种失业者:一是为了得到政府的经济帮助而自己不去找工作的人和为了避税暗中得到了报酬的非劳动力也被视为失业者,使失业统计数字偏高;二是非劳动力中的人们有的想工作,也有因找不到工作而放弃努力找工作的人(即丧失信心的工人),这些人在失业统计中没有出现,使失业统计数字有所降低。

2. 即使工资定在均衡工资时,也会出现失业,这种失业为摩擦性失业,原因在于不论工资如何,寻找工作者与用人单位之间的匹配必定需要一定的时间。例如,人们搬到一个新城市后需要寻找工作;一个人由于某种职业不够理想而想寻找其他职业所引起的暂时性失业;大学毕业生寻找一个工作时需要花费一段时间,从而导致暂时性失业;妇女产后可能需要重新寻找工作;等等。这些在劳动力流动过程中造成的失业,以及意向新加入劳动力队伍或重新加入劳动力队伍过程中的失业均属于摩擦性失业。因此,可以认为由于工资高于均衡工资而引起的结构性失业是在摩擦性失业之上增加的失业。

3. 为了给这些低技能工人提供基本的生活保障,政府可能会制定最低工资法,以高于均衡工资的工资水平来确保其收入的稳定。另外在职的工人可能会通过工会力求高于均衡的工资,从而获取高收入。还有用人单位为了提高效率,以高于均衡工资的形式与效率挂钩起来,以力求生产经营的高效率。这些高于均衡工资的现象会引起劳动供给过剩而导致结构性失业现象。

4. 由于经济社会一直在发展,政府政策、制度和行为也一直在发生变动,自然失业率不可能一成不变。随着经济变动和部门转移,随着信息革命引起的寻找工作过程的变动,随着最低工资法的调整,随着工会组织及其相关成员的变动,以及随着企业改变对效率工资的依赖,自然失业率也会发生变化。

二、新闻透视

(一) 新闻透视 A

为什么要有最低工资标准?

最近,国内不少省市再次上提职工最低工资标准。这本不是什么新鲜事。一者,近五年来,全国31个省区市最低工资标准一直在上提,年均上提幅度达到12.6%;二来,根据国家制定的规划要求,到“十二五”末期,绝大多数地区最低工资标准必须达到当地从业人员平均工资水平40%以上。

然而,每当政府上提最低工资标准,总有一些经济学家出来反对。反对者所持有的逻辑符合西方经济学一度流行的新古典工资理论。先说最低工资标准与经济效率的关系。诺贝尔经济学奖得主、前世界银行副行长斯蒂格利茨的一个重要研究成果是“效率工资理论”。剥去其意识形态及学术外表,这一理论实际上说的是:劳动力工资水平不是由市场决定的。企业主给劳动者的工资水平,一般高于市场决定的水平。正因如此,在岗劳动力的努力水平也会提高,企业微观效率随之提高。

更重要的是宏观效率。按斯蒂格利茨等人的看法,给予在岗劳动者以更高工资,会提高全社会购买力水平,从而增加社会总消费。这样,提高工资水平不仅不会提高失业率,反而会使经济步入依赖消费推动增长的良性轨道。

今年2月份,斯蒂格利茨联合76位著名经济学家,其中包括7位诺贝尔经济学奖得主,联名上书美国总统,建议美国政府在2016年之前将7.25美元/小时的最低工资,提高到10.1美元/小时。根据这些经济学家的概算,这样做将有2 500万人受益,这部分人群每年将有超过1 000亿美元的额外工资收入,转化为消费后,将有助于经济增长并带动新的就业尤其是服务业岗位增加。这一意见最终被政府所采纳。奥巴马甚至绕过国会直接签署了提高最低工资标准法令。这已是1938年以来美国政府第24次上调最低工资。

资料来源:改编自 卢周来,北京青年报,2014年4月12日。

【关联理论】

最低工资法迫使工资高于供求平衡的水平,从而增加了劳动供给量而减少了劳动需求量,因而会产生劳动力过剩,即产生结构性失业问题。效率工资是指企业为了提高工人的生产率而自愿支付的高于均衡水平的工资,与最低工资法相似,这会引起工资高于使劳动供给量与劳动需求量相等的水平,因而也会引起结构性失业。

【新闻评析】

针对最低工资标准,按某些反对者的说法,工资水平应该由市场决定。政府确定最低工资标准,是对劳动力市场的粗暴干预。因为政府定的标准线高于市场均衡水平,要求企业强制执行,这会增加企业劳动力成本。企业将被迫裁减员工,或将投资转向低工资地区,结果是造成社会失业水平提高。而这部分失去工作的人,原本又是社会最底层的弱势人群。因此,在他们看来,制定并提高最低工资标准线,既降低经济效率,又损坏社会公平。但反观斯蒂格利茨的"效率工资理论",企业给予工人高出市场均衡的工资水平,不仅能有效促进生产企业的微观效率,也会提高经济整体的宏观效率。在微观上,由于企业主给劳动者的工资水平一般高于市场决定的水平,因而劳动力市场始终存在失业者。这部分失业者一方面充当了蓄水池作用,另一方面对在岗劳动者形成了一种心理压力——好好工作,否则门外等着找工作的就是你。这样,企业微观效率自然会提高。在宏观上,企业给予劳动者更高的工资水平,会提高全社会购买力水平。随着社会总消费的增加,区域经济会更加繁荣,企业总产量也会随之增加,从而雇用更多劳动力,整个社会就业水平就会上升。

一些反对者认为,针对整个社会来说,劳动力中最不熟练的工人和经验最少的工人,从公平角度看,也是需要政府考虑的一个群体。并且由于大多数工人的工资都远远高于法定最低工资,因而尽管最低工资法是引起中国经济中存在失业的原因之一,但绝不是主要原因。以斯蒂格利茨的"效率工资理论"来说,政府提高最低工资标准,只不过是政府强制企业做了一件企业所不愿意做的事而已,其对微观经济和宏观经济的影响其实别无二致。但需要注意的是,针对企业主体来说,强迫和自愿终究还是有些差别,因为效率工资体现了企业管理在效率实现考虑上所达到的一种高度,而政府实行最低工资并让企业被动接受,这一无奈之举则可能会引起雇主对低技能工人之后工作态度的非良性变化。

(二)新闻透视B

温州市总工会与工资专项集体合同

温州市饭店与餐饮行业的13家饭店企业在市总工会集体签订了工资专项集体合同,集体约定该行业的职工工资待遇。这是温州市诞生的首份市级行业工资专项集体合同。

在签字仪式上,市区13家饭店餐饮企业的职工代表审议并通过了本行业工资专项集体合同。这份合同明确了行业内职工的工资分配制度、工资支付办法、最低工资标准、加班工资、工资调整幅度、职工保险、工作时间和休息休假、职工福利等重点内容,对温州市中心城区的饭店和餐饮行业企业和从业职工都具有法律约束力。

合同约定,温州市中心城区(鹿城区、瓯海区、龙湾区、经济技术开发区)的饭店餐饮行业内的最低工资标准为1 660元/月,并明确不同岗位不同的工资标准,其中工资最高的为厨师长岗位,最低工资标准为6 000元/月,其次为餐厅部经理、客服部经理,工资最低的为客房服务员。此外,合同约定2015年度职工工资增长幅度不低于5%,加班报酬不低于工资的150%到300%,每月扣除的部分不得超过劳动者当月工资的20%。同时,合同还明确了对于女职工的特殊保护,以及其他职工福利和保险。

据温州市总工会相关负责人介绍,工资专项集体合同,不仅能为化解企业的劳资矛盾提供制度化的平台,也有利于进一步规范行业的用工秩序,对各行业具有示范导向作用和借鉴意义。

资料来源:项琦宜,温州商报,2014年11月12日。

【关联理论】

工会是就工资、津贴和工作条件与雇主进行集体谈判的工人协会,可以用其市场势力来为工人争取更高的工资和福利。但当工会把工资提高到均衡水平以上时,就增加了劳动供给量而减少了劳动需求量,从而引起结构性失业。在较高工资时仍然就业的"局内人"状况变好,是以以前有工作而现在失业的"局外人"状况变坏为代价的,经济学家对工会作用于经济的好坏的看法没有达成共识。

【新闻评析】

工会,或称劳工总会、工人联合会,原意是指基于共同利益而自发组织的社会团体。这个共同利益团体包括为同一雇主工作的员工,在某一产业领域的个人。工会组织的产生源于西方的工业革命,当时越来越多的农民离开赖以为生的农业涌入城市,为城市的工厂雇主打工,但工资低廉且工作环境极为恶劣,在这种环境下,单个的被雇用者无力对付强有力的雇主,从而诱发工潮的产生,导致工会组织的诞生。工会在很多国家,相当长的一段时间内属于非法组织,当局对成立非法组织工会处以酷刑,甚至有的处以死刑。尽管如此,还是存在各种工会,并逐步获得政治权利,从而导致工会组织的合法化,也催生了各国劳工法或工会法的诞生。因此,工会组织成立的主要意图是,可以与雇主谈判工资薪水、工作时限和工作条件等。

在上述案例中,温州市饭店与餐饮行业13家饭店企业集体签订工资专项集体合同,集体约定该行业的职工工资待遇,其中就体现出温州市总工会在维护饭店餐饮行业从业人员待遇和权益方面所发挥的重要作用。饭店餐饮行业是第三产业中传统服务业的重要组成部分,也是关系民生的重要行业。由于该行业市场化程度高、用工量大、用工方式灵活,又是劳资关系矛盾多发的行业,工资专项集体合同不仅有利于调动职工的劳动积极性,也有利于促进企业的持续发展。我们也必须注意到,工资专项集体合同中就包含最低工资标准等核心内容。如果工会把工资提高到均衡水平以上,就增加了劳动供给量而减少了劳动需求量,从而可能引起结构性失业。尽管工会在使工资高于均衡水平和引起失业上有不利影响,但是它们在帮助企业保有一支乐观而富有生产效率的劳动力队伍方面确实是有益的。

三、案例研究

(一) 案例研究 A

失业保险制度中的道德风险

道德风险最早是保险学中的一个概念,指投保人投保后,对其保险标的的注意程度会降低,从而增大了保险标的的风险程度。经济学家对这个概念一般化后,主要指委托人和代理人之间信息不对称导致代理人为追求自身利益最大化,损害委托人的利益而不必为其承担责任的行为。这种情况下,道德风险常常被称为“道德败坏”。它包括事前道德风险(即逆向选择)和事后道德风险,前者被称为隐藏信息的道德风险,后者被称为隐藏行动的道德风险。

失业保险产生道德风险问题,最初是由20世纪70年代的劳动经济学家们提出的。他们从微观经济学的视角来研究失业保险制度对劳动力供给行为产生的影响,特别是工作搜寻理论的出现,为经济学研究失业者的理性行为提供了重要的分析工具。具体来说,失业保险中的道德风险主要是指在失业保险制度下,保险方(失业保险机构)和被保险方(参保人、失业者)两方当事人存在着信息强弱不对等关系,保险双方的其中一方失业保险机构不能观测到另外一方参保人的失业的真正原因、失业期间有无求职要求、是否积极努力地寻找工作等情况,因此处于信息的相对劣势方,而参保人在失业后成为受益方,他(或她)对自身失业原因、生活状况、工作环境以及工作搜寻努力程度等都有全面的把握,因此被保险人处于信息的优势方。这样,典型的道德风险问题便在失业保险领域产生了。

在失业保险领域,道德风险的表现形式有以下几个方面:

(1) 自愿失业问题。失业保险道德风险中的自愿失业是指参保人因主观原因而导致失业,其目的在于获得一定数额失业保险金的行为。在失业保险制度中,失业保险机构在认定参保人失业事实时,很难准确把握失业人员是否因主观原因而导致失业的发生。部分参保人利用自身的信息优势,主动自愿失业,冒充失业人员领取失业保险金。虽然失业保险金的数额有限,不可能完全满足失业人员的现实需要,但失业保险金是在参保人不参加任何工作的情况下发放的,因此失业保险金对于自愿失业者来说还是具有一定的吸引力的。

(2) 隐性就业问题。隐性就业是指已在下岗再就业服务中心或失业保险主管部门登记为下岗或失业人员,并按期领取失业保险待遇或最低生活保障金,但在实现再就业后未向行政主管部门及时申报就业状况及劳动收入的情况。隐性就业的大量存在不仅会造成巨额失业保险基金的流失,同时也会造成失业保险制度的低效运行。

(3) 延缓就业问题。延缓就业是指失业人员在失业后由于可以领取失业保险待遇,很可能会为了享受闲暇,而降低自己搜寻工作的努力程度,使自己处于失业状态,直到失业保险金领取到期为止。延缓就业问题在西方高福利国家表现得尤为突出,因为在这些国家,政府所支付给失业人员的失业保险金数额是较高的,一般是按照失业人员在失业前的工资的40%—75%来支付,有的国家甚至是按照工资标准等额支付。按照这个标准,失业人员所领取的失业保险金完全可以维持其在失业期间的基本生活。这使得西方高福利国家的失业人员宁愿为了享受闲暇领取失业保险金而不去寻找工作,由此造成了延缓就业问题。即使在低失业保险金的发展中国家,尽管失业保险金维持在一个较低水平,但失业保险金的获得并不需要失业人员付出劳动，失业人员仍然可以依靠失业保险金维持基本生活，因而较低的失业保险金也会促使失业人员故意延缓就业。在中国失业保险领域，主要的道德风险是由自愿失业和隐性就业导致的，而延缓就业是高福利国家失业保险领域道德风险的主要表现。

资料来源：任伟，失业保险中的道德风险及其规避研究，2013 年河北大学硕士学位论文。

【关联理论】

失业保险是当工人失业时为他们提供部分收入保障。虽然失业保险减轻了失业的痛苦，但是增加了摩擦性失业量。因为人们会对激励做出反应，当工人找到一份新工作时失业补助才停止发放，所以失业者不会努力地找工作，而更可能拒绝缺乏吸引力的工作。在失业保险领域存在的道德风险即为以上观点的有力支撑。尽管失业保险降低了失业者找工作的努力程度，但是却降低了工人面临的收入不确定性，以及提高了一个经济使每个工人与其适合的工作相匹配的能力，进而提高了生产率。

【案例解剖】

失业保险作为中国社会保障体系的重要组成部分，在保障失业者基本生活、促进劳动者就业和维护社会稳定等方面发挥着重要作用。但是必须正视的是，失业保险也增加了摩擦性失业人数，因为这一制度设计影响了失业者寻找工作的努力程度。随着中国失业保险制度的不断发展，自愿失业、延缓就业和隐性就业等道德风险问题在失业保险领域愈发突出，一定程度上阻碍了中国失业保险制度的有效运行，为今后失业保险的健康发展埋下了隐患。因此，如何有效规避失业保险中的道德风险就成了中国政府不得不关注的一个问题。中国是一个发展中国家，其经济发展水平远远落后于发达国家，再加上中国政府把经济建设放在首要的战略地位，因此，在中国失业保险制度的实施过程中，制度本身暴露出诸多问题，严重地影响了失业保险领域对道德风险的规避。

首先，失业保险替代率过低，平滑消费功能不足，隐性就业问题严重。失业保险替代率的高低关系到失业保险政策再分配功能和平滑消费功能的大小，失业保险金水平越高，越能平滑劳动者失业后的消费，以至于他们不会因失去工作而陷入极度贫困。在中国低工资的现实情况下，现有的失业保险金水平不能较好地保障失业者本人和家庭成员的生活需求，平滑消费的功能也极小。过低的失业保险替代率导致大量的隐性就业人员存在。据劳动保障部门统计，在全部城镇登记失业人员中大约有 50%—90% 的下岗失业人员实现了隐性就业。

其次，失业保险基金再就业服务功能薄弱。中国失业保险基金不仅为失业者提供失业期间的基本生活保障，而且还为他们提供职业介绍、职业培训等促进其尽快实现再就业的服务。然而在有限的失业保险基金支出中，用于再就业的资金微乎其微，如 2007 年失业保险基金中用于再就业服务的资金仅占失业保险支出总额的 10.8%，分摊到当年每个领取失业保险金的失业人员身上只有 45 元/月，这对提高失业人员的技能是远远不够的，长期以来致使失业人员认为就业服务项目对其找工作没有明显帮助，不愿意参加此类活动，造成失业者采取不正当行为躲避就业服务项目的行为发生，进一步滋生道德风险行为。2010 年之后，我国失业保险事业取得快速发展，无论参保人数还是覆盖率均取得较快增长，发挥了失业保险的基本职能，失业保险基金中用于再就业服务的资金占失业保险支出总额的比例有所提升。但由于我国长年存在比较严重的失业保险基金收大于支的现象，导致大量失业保险基金滚存结余。据财政部公布的《关于 2012 年全国社会保险基金决算的说明》，2012 年失业保险收入 1 139 亿元，完成预算的 124%。2012 年失业保险支出 450 亿元，完成预算的 91%。基金累计结余过多,支出渠道过窄,惠及参保人群人数过少,失业保险基金的使用效率过低,严重降低了失业保险制度再就业服务功能的发挥。

最后,失业保险的监督机制不完善。中国失业保险制度实行的是以政府为主导的管理体制,由于监督和惩罚不严,道德风险行为得不到有效的遏制。在失业保险制度设计中,申请失业保险的资格条件和取消领取失业保险金的情况都有明确的规定,但享受资格条件对"非自愿失业"和"正在积极寻找工作"缺乏足够的、有效的监督手段和可操作的措施,致使失业保险机构无法甄别出失业者失业的真正原因,对导致道德风险的隐性就业无法及时发现。由于监督机制的缺位,停领失业保险金的限制条件"无正当理由拒绝合适工作"这一条款,很难真正实施。正是由于缺乏有效的审核、监督和惩罚,损害了失业保险的公平性,降低了人们对失业保险的信任度。

正是由于失业保险制度设计中存在的一系列问题,导致了失业保险制度中道德风险难以规避,失业保险制度不能真正发挥其保生活、促就业、防失业的三大基本功能。为此,针对我国失业保险制度存在的问题,可提出以下针对道德风险的防范措施:增加决定失业保险金水平的参数,适当提高失业保险金替代率;适当缩短我国的失业保险金的领取期限,缓解我国失业保险领域内普遍存在的隐性就业问题;建立失业保险个人账户,并与其养老保险个人账户相关联,在劳动者退休之后将失业保险账户中的余额转移到养老保险账户中,在一定程度上激励失业者再就业;加强失业保险制度的监督与惩罚措施,并且健全失业保险管理信息系统,从而为失业保险的长期稳定发展奠定坚实的基础。

(二)案例研究 B

中国的失业率长期被低估吗

近年来中国的失业率统计数据受到多方质疑,有不少的专家学者认为官方公布的失业率数据不能真实地反映中国劳动力市场的状况,中国的失业率长期以来被低估,甚至是被严重低估。究其原因,主要是中国失业率统计方法上存在的一些问题,如城镇登记失业率以及调查失业率等两种失业率指标的统计方法。

国际劳工组织提供了四种方式来统计失业率:劳动保障部门的登记失业率统计;调查失业率统计;官方估算失业率;通过社会保险统计数值计算的失业率。其中,登记失业率统计是目前中国官方的失业率统计方法,而调查失业率统计是目前国际上最受欢迎的失业率统计方法。

城镇登记失业率中所统计的失业人员是指有非农业户口,在一定的劳动年龄内,有劳动能力,无业而要求就业,并在当地就业服务机构进行求职登记的人员。城镇登记失业率存在着一些问题,使得以此方法统计得出的失业率数据可能会过多地偏离真实值。具体表现的问题为:

(1) 失业人员的年龄范围设置不合理。失业年龄范围为16岁以上及男50岁以下、女45岁以下。这与中国劳动制度所规定的劳动年龄不符(16岁才能就业,男职工60岁、女职工55岁退休)。因此,按这样的口径统计出的城镇登记失业率就把无业而要求就业的51岁至60岁的男性和46岁至55岁的女性劳动力完全排除在失业人员之外,从而低估了失业率。

(2) 只有登记的失业人员才被算作失业人口。没有进行登记的人群未被算作失业人口,从而造成中国城镇登记失业率比真实值偏低。

(3) 农村人口未纳入统计范围。随着城市化进程的不断加快,农民的农业土地被转化为非农业用地,耕地面积减少,失地农民开始涌现,农村的剩余劳动力剧增。其实,与城镇居民一样,这些农村剩余劳动力也与生产资料相分离,需要另谋职业的这部分人员也称作失业人员,但是未被登记,从而造成失业率数据的严重低估。

(4) 不能体现出隐形失业。与此相比较,中国非官方采用的城镇调查失业率统计中,对失业人员的界定采用了国际通行的对失业的定义,其具体表述为:16 岁以上,有劳动能力,调查周内未从事有收入的劳动,当前有就业的可能,并正以某种方式在寻找工作的人员。在这个定义中还有一些更为具体的规定:①“调查周内未从事有收入的劳动”,具体是指在调查周内进行有报酬的劳动时间不到一个小时;②“当前有就业的可能”,具体是指调查时点后,如有工作机会提供,失业者在两周内即可以到岗;③“正以某种方式在寻找工作”,具体是指在调查周之前三个月内,有去职介所进行登记、委托朋友亲戚找工作、去人才交流市场进行工作面试、通过新闻媒介找工作、自己刊登应聘广告或者自筹资金准备从事经营活动等行为。

城镇调查失业率之所以可以成为国际上比较认可的失业率指标,是因为城镇调查失业率中对失业者的定义以及所用的统计方法和计算方式相对于登记失业率统计而言可以更加准确地反映失业状况。具体表现在:① 以抽样调查的方式进行失业统计更科学;② 统计的口径有所扩大;③ 城镇调查失业率统计的口径更符合国际劳工组织对失业的定义,便于国际比较。

资料来源:改编自 韦淼、李艳,失业率统计的重要性,成都大学学报(社科版),2012 年第 1 期。

【关联理论】

从广义上来说,失业率可以表达为一定时期满足全部就业条件的就业人口中仍未有工作的劳动力数字或比率,旨在衡量闲置中的劳动产能,是反映一个国家或地区失业状况的主要指标。因此,不少国家将失业率定义为:失业率 = 失业人数/(在业人数 + 失业人数) × 100%,但衡量经济中的失业量看似容易,实际上并非如此。一旦采用的统计方法不同,最后得出的统计结果就可能不同,或者部分结果可能出现失真。比较各种统计方法的优劣有利于对一个国家或地区的失业情况进行公正评估。

【案例解剖】

一直以来,失业率数字被视为一个反映整体经济状况的指标,被称为所有经济指标的“皇冠上的明珠”,它是市场上最为敏感的月度经济指标。世界上大多数国家都采用两种失业统计方法。一种是行政登记失业率,另一种是劳动力抽样调查失业率。两种失业率都是政府决策的重要依据。登记失业率统计的是到公共就业服务机构进行失业登记、享受失业保险待遇并求职的失业人员数量。由于各国公共就业服务和社会保险发展水平不一,登记失业率在国与国之间不能比较。而抽样调查失业率基本依据的是国际化的失业定义,可以进行国际比较。

在中国,凡届满一定下限年龄、具有劳动能力、要求有报酬的工作而尚未获得工作职位的人口,称为失业人口。不愿工作而赋闲的人,或虽有工作愿望而尚未达到规定下限年龄的人,均不得算作失业人口,而称为待业人口,即国外所说的非劳动人口。截止到 2015 年,城镇登记失业率一直是中国官方正式公布的唯一失业率指标,是劳动和社会保障部门通过各级失业登记系统的行政记录进行汇总统计的。在中国,所谓城镇登记失业率是城镇失业人数在总劳动力人数中所占的比重,在这个比值中,分子是登记的城镇失业人数,分母是城镇从业的人数与登记失业人数之和。中国公布的城镇失业率,是登记失业率,它是劳动保障部门就业服务机构对失业人员登记统计汇总的结果。应该说,城镇登记失业率,是政府制定就业政策的主要参考依据。由于中国就业服务体系和社会保障体系还不完善,到劳动保障部门就业服务机构登记求职的失业人员数量不够全面,再加上就业和失业登记办法还不健全和规范,因此,存在着实际失业率高于登记失业率的现象。

2013 年 9 月 9 日,中国首次向外公开了调查失业率的有关数据。国务院总理李克强在英国《金融时报》发表署名文章"中国将给世界传递持续发展的讯息"透露:"今年以来,中国经济运行稳中有进,上半年 GDP 同比增长 7.6%;5% 的调查失业率和 2.4% 的通胀率,均处于合理、可控范围。"李克强总理在上述署名文章中所说的 5% 调查失业率,可谓官方首次公开调查失业率水平。由于未来十多年,中国将有上亿人口融入城市,因此 5% 的调查失业率比例并不算高。城镇调查失业率是国际上大多数国家进行失业统计时使用的指标。城镇调查失业率是通过城镇劳动力情况随机抽样调查所取得的城镇就业与失业汇总数据进行计算的,是城镇调查失业人数占城镇调查失业人数和城镇调查就业人数之和的比重。相比较而言,在对失业者的定义以及所用的统计方法采用方面,城镇调查失业率相对于登记失业率统计可以更加准确地反映失业状况。调查失业率,作为涉及劳动就业政策和社会稳定的民生问题,始终备受人们的关注。从"内部使用"到"局部披露",调查失业率的数据,面向公众视野已向前一步。然而,距离公众期待的"例行公布",还差关键一步。2015 年 7 月,国家统计局已经开始进行劳动力试调查,调查范围将扩大至全国所有地级城市,调查频率为月度。专家对此解读称,月度劳动力调查制度试行,或许意味着调查失业率将公开发布。

登记失业率不等于实际失业率。到 2012 年,中国还没有开展劳动力抽样调查,所以没有抽样调查失业率。但采用抽样调查方法确定失业率后,城镇登记失业率还要继续使用。目前国际上包括德国、英国、俄罗斯、瑞士、荷兰、丹麦、爱尔兰在内的 32 个国家同时采用调查和登记两种失业率统计方法。这种混合型的方法值得中国在失业统计制度的改革上加以借鉴,让两种失业率统计方法并存。使用两种方法时需要完善与改进,在城镇登记失业率方法中尽可能缩短失业登记有效期,使登记失业率能更准确地体现出切实需要帮助的人员。当然,保持低失业率对于国家经济正常运行固然重要,但是降低失业率、实现充分就业这一目标又与宏观调控的其他目标,如维持物价稳定存在一定的矛盾。因此,政府在制定某一时期的宏观经济政策时,要根据当前宏观经济形势,进行权衡取舍。

四、课外习题

(一) 术语解释

1. 失业率
2. 劳动力参工率
3. 自然失业率
4. 摩擦性失业
5. 效率工资

(二) 单项选择

1. 经济中正常存在的失业率为(　　)。

A. 效率工资失业　B. 摩擦性失业　C. 周期性失业　D. 自然失业率

2. 在家中照顾老人的妇女是(　　)。

A. 失业者　B. 就业者

C. 非劳动者　D. 丧失信心的工人

3. 总人口(195.4) = 成年人口(139.7) + 失业人口(5.7) + 就业人口(92.3)。其中,劳动力、失业率、劳动力参工率分别等于(　　)。

A. 92.3　3.2%　47.1%　B. 98.0　5.8%　70.2%

C. 134.0　5.7%　50.2%　D. 139.7　6.2%　65.9%

4. 充分就业的含义是(　　)。

A. 人人都有工作,没有失业者　B. 消灭了周期性失业的就业状态

C. 消灭了自然失业时的就业状态　D. 失业率为自然失业率的状态

5. 由于寻找工作需要时间的失业属于(　　)。

A. 摩擦性失业　B. 结构性失业　C. 周期性失业　D. 永久性失业

6. 最低工资会造成(　　)失业。

A. 劳动技能最好的人　B. 劳动技能最差的人

C. 劳动技能一般的人　D. 没有劳动技能的人

7. 工资高于竞争的均衡工资会引起(　　)。

A. 结构性失业　B. 周期性失业　C. 摩擦性失业　D. 部门性失业

8. 如果工资由于任何一种原因高于均衡水平,(　　)。

A. 工会很可能组织罢工,而且工资下降到均衡水平

B. 求职者的素质会下降

C. 劳动的供给量将大于劳动的需求量,并存在失业

D. 劳动的需求量将大于劳动的供给量,并存在劳动短缺

9. 部门转移会提高哪一种类型的失业?(　　)。

A. 摩擦性失业　B. 结构性失业

C. 工会引起的失业　D. 效率工资引起的失业

10. 以下哪一项政府政策不能降低失业率?(　　)。

A. 减少失业补助　B. 建立就业服务机构

C. 建立工人培训计划　D. 提高组第工资

11. 因为(　　),摩擦性失业是不可避免的。

A. 效率工资高于均衡工资　B. 最低工资法

C. 不同企业之间劳动需求的变动　D. 工会

12. 以下哪一项关于效率工资理论的表述是正确的?(　　)。

A. 企业并不能选择它们是否支付效率工资,因为这些工资是由法律决定的

B. 支付最低的可能工资总是最有效率的

C. 支付高于竞争的均衡工资的工资会使工人不负责任

D. 支付高于竞争的均衡工资的工资会改善工人的健康状况,减少工人流动率,提高

工人的素质,并提高工人的努力程度

13. 工会会如何扩大“局内人”与“局外人”工资的差别?(　　)。

A. 提高有工会部门的工资,这会引起非工会部门的工人供给增加

B. 提高有工会部门的工资,这会引起非工会部门的工人供给减少

C. 减少非工会部门的工人需求

D. 增加非工会部门的工人需求

14. 即使工资处于竞争均衡水平而仍存在的是(　　)。

A. 由最低工资法引起的失业　　B. 由工会引起的失业

C. 由效率工资引起的失业　　D. 摩擦性失业

15. 如果支付给被解雇工人正常工资95%的失业保险,那么(　　)。

A. 官方失业率也许会低估真正失业　　B. 官方失业率也许会高估真正失业

C. 对官方失业率没有影响　　D. 摩擦性失业会下降

(三) 判断正误

1. 如果工资总是处于竞争的均衡水平,就绝对没有失业。(　　)

2. 失业是社会需要就业的人数大于企业等用工单位需要的人数。(　　)

3. 失业保险的存在会降低失业率,因为失业补助的领取者不属于劳动力。(　　)

4. 企业会自愿地支付高于使工人供求平衡的水平的工资,是因为企业相信高工资提高了求职者的平均素质。(　　)

5. 失业分为自愿和被迫失业等不同情况。(　　)

6. 自然失业率是即使在长期中也不能消除的失业量。(　　)

7. 男性、女性、青少年、成年人等不同群体的失业率几乎都是相同的。(　　)

8. 最低工资对熟练工人市场的影响可能小于对非熟练工人市场的影响。(　　)

9. 工会的存在往往会提高“局外人”的工资,并降低“局内人”的工资。(　　)

10. 支付效率工资往往会增加工人的流动率,因为如果工人“跳槽”,他们可以一直得到高工资。(　　)

(四) 简答题

1. 1997年到1998年美国的总就业人数增加了210万,但在同一时期,失业工人只减少了50万。如何使这两个数字相互一致呢?为什么可以认为被计算在失业者人数减少中的小于就业人数的增加呢?

2. 考虑有两个劳动市场,每个市场都是没有工会的经济。现在假设在一个劳动市场上建立了工会。说明工会对有工会的市场的影响。在什么意义上说这个市场上就业的劳动量是无效率的量?

3. 最低工资法能更好地解释青少年的失业,还是大学毕业生的失业?为什么?

4. 即使工资处于竞争的均衡水平,哪一种类型的失业仍会出现?为什么?失业保险如何增加了此种失业呢?

5. 引起结构性失业的原因有几种?其中,最低工资法在会计师市场上引起的失业多吗?为什么?

（五）应用题

1. 为什么摩擦性失业是不可避免的？政府如何降低摩擦性失业？

2. 用劳动市场图说明最低工资提高对工人所得到的工资、工人供给量、工人需求量和失业量的影响。

3. 以下工人更可能经历短期失业还是长期失业？请解释。

（1）由于坏天气被解雇的建筑工人。

（2）在一个偏僻地区的工厂中失去工作的制造业工人。

（3）由于铁路竞争而被解雇的驿站业工人。

（4）当一家新餐馆在马路对面开业时，失去工作的快餐厨师。

（5）当公司安装了自动焊接机时，失去工作的受正规教育很少的专业焊接工。

（六）拓展思考题

1. 解释企业通过提高它所支付的工资来增加利润的四种方式。

2. 阅读以下关于农民工失业问题凸显的报道，并对中国农村存在的隐性失业问题进行评论。

中国城镇失业率攀升至9.4%　农民工失业问题凸显

在全球金融危机重压下，2009年中国已有67万家小企业被迫关门，约有670万的“就业岗位蒸发”，使失业人数远高于官方统计的830万。随之农民工就业就是个“大难题”了。据有关资料显示，目前中国约有2.3亿农民工，其中外出人员约有1.3亿。这支“生力军”在推动中国现代化进程中发挥了巨大作用，已成为中国产业工人的重要组成部分。

然而，在此次国际金融危机中，受影响最大的劳动密集型企业也是农民工比较集中的地方。不久前，国家统计局对四川、河南、安徽、湖北、湖南五个劳动力大省进行了快速调查，得出的数据是提前回流的农民工占整个外出农民工总量的5%—7%。农业部根据固定观察点最近对10个省市的数据调查，得出农民工提前回流量占农民工总量的6.5%。因此，如以6%的回流量估计，全国1.3亿外出农民工中已有780万人提前返乡。这一数字到2009年春节还会迅速扩大。当城市无法再为农民工们提供足够的工作机会，他们中的很多人就将不得不选择留在农村。

资料来源：改编自 王红茹，中国经济周刊，2009年1月5日。

五、习题答案

（一）术语解释

1. 失业率：劳动力中失业者所占的百分比。

2. 劳动力参工率：劳动力占成年人口的百分比。

3. 自然失业率：失业率围绕它而波动的正常失业率。

4. 摩擦性失业：由于工人寻找最适合自己嗜好和技能的工作需要时间而引起的失业。

5. 效率工资：企业为了提高工人的生产率而支付的高于均衡水平的工资。

(二) 单项选择

1. D 2. C 3. B 4. D 5. A 6. D 7. A 8. C 9. A 10. D 11. C 12. D 13. A 14. D 15. B

(三) 判断正误

1. × 2. √ 3. × 4. √ 5. √ 6. √ 7. × 8. √ 9. × 10. ×

(四) 简答题

1.【考查要点】 就业者、失业者和非劳动力的区分。

【参考答案】 美国劳工统计局把美国人划入三类:就业者、失业者和非劳动力人口。当1997年到1998年美国的总就业增加了210万人时,其中既包括原来失业的人现在重新找到了工作,变成了就业者,另外也包括原来属于非劳动力人口的人现在加入就业者队伍,增加了社会的就业总规模。如果总就业增加了210万人,失业工人只减少了50万人,那么就有160万非劳动力人口成为就业者。

2.【考查要点】 工会对劳动市场的影响。

【参考答案】 在有工会的劳动市场上,工会与企业就就业条件进行集体谈判,当工会与企业进行谈判时,它提出的工资、津贴和工作条件会比没有工会时企业提出的高,如果工会没有与企业达成协议,工会就会组织工会罢工进行威胁。面临罢工威胁的企业可能同意支付比没有工会时更高的工资,但是企业会减少劳动需求量,从而引起失业。那些仍然就业的工人状况变好了,但那些以前有工作而在较高工资时失业的工人状况变坏了。因此,在这个意义上,有工会的劳动市场上就业的劳动量是无效率的量。

3.【考查要点】 最低工资法。

【参考答案】 最低工资法能更好地解释青少年的失业。由于绝大多数大学毕业生的工资高于最低工资水平,因而最低工资法并不是大学毕业生失业的主要原因。最低工资法通常主要是限制了劳动力中最不熟练工人和经验最少的工人,如青少年,因为青少年的均衡工资通常低于最低工资。结果雇主就会减少对青少年劳动力的需求,青少年失业增加。

4.【考查要点】 摩擦性失业与失业保险。

【参考答案】 摩擦性失业,因为即使工资处于竞争均衡水平,工作匹配也需要时间。此外,不停的部门转移与新进入工作市场者也使一些摩擦性失业不可避免。失业工人用于找工作的努力小了,会放弃缺乏吸引力的工作,并且不太担心工作保障。

5.【考查要点】 结构性失业。

【参考答案】 引起结构性失业的原因有三个:一是最低工资法;二是工会和集体谈判;三是效率工资理论。最低工资法在会计师市场上引起的失业不多,因为会计师竞争的均衡工资高于最低工资,从而最低工资法对会计师没有约束性限制。

(五) 应用题

1.【考查要点】 摩擦性失业的应用。

【参考答案】 摩擦性失业是由使工人与工作相匹配的过程所引起的失业。这种失业通常是不同企业间劳动需求变动的结果。摩擦性失业不可避免是因为经济总是在变动,这种变动使得一些企业创造出了岗位,而另一些企业中的工作岗位被消除了,伴随着这一过程,衰落行业的工人发现他们失去了工作,并要寻找新工作。政府可以通过各种方式帮助失业者寻找工作从而降低摩擦性失业的数量。一种方法是通过政府管理的就业机构,随时发布有关工作空位的信息。另一种方法是通过公共培训计划,目的是使衰落行业的工人易于转移到增长行业中,并帮助处于不利地位的群体脱贫。

2.【考查要点】 最低工资法。

【参考答案】 当最低工资法迫使工资高于使供求平衡的水平时,与均衡水平相比,它就增加了劳动供给量而减少了劳动需求量。因而存在过剩的劳动供给,由于愿意工作的工人多于工作岗位,有一些工人成为失业者。如下图所示:

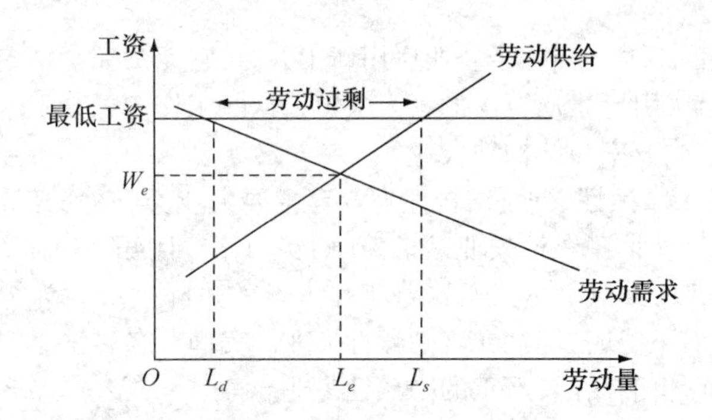

3.【考查要点】 短期失业与长期失业的区分。

【参考答案】 (1) 由于坏天气被解雇的建筑工人所经历的失业更可能是短期失业。因为一旦坏天气转为好天气,这些建筑工人又可以重新就业。

(2) 在一个偏僻地区的工厂中失去工作的制造业工人经历的更可能是长期失业。由于信息闭塞,这些制造业工人很难获得有关工作空位的信息,这就会加长他们寻找工作的时间。

(3) 由于铁路竞争而被解雇的驿站业工人经历的更可能是长期失业。因为被解雇的驿站业工人面临的是行业性的裁员,并且他们的工种技术程度低、适应面窄,所以驿站业工人失业后重新就业的机会比较小,如果他们要再就业就必须接受职业再培训,结果他们很可能面临长期失业。

(4) 当一家新餐馆在马路对面开业时,失去工作的快餐厨师经历的更可能是短期失业。失业的快餐厨师可以去其他的餐馆应聘。

(5) 当公司安装了自动焊接机时,失去工作的受正规教育很少的专业焊接工经历的更可能是长期失业。因为他们从事的工作是一个正在被淘汰的岗位,如果他们要再就业就必须接受职业培训,以适应技术的发展。

(六) 拓展思考题

1.【考查要点】 效率工资理论。

【参考答案】 企业通过提高它所支付的工资可以在以下四个方面提高生产率:

(1) 增加工人的健康。工资高的工人可以吃营养更丰富的饮食,而吃更好饮食的工人更健康,也有更高生产率。这种效率工资理论,并不适用于美国这类富裕国家的企业,因为在这些国家,大多数工人的均衡工资都远远大于饮食充分所要求的水平。这种效率工资理论较适用于发展中国家的企业。

（2）降低工人的流动率。工人会由于许多原因而离职——接受其他企业的工作，移居到本国其他地方，离开劳动力队伍等。工人离职的频率取决于他们面临的一整套激励，包括离去的利益和留下来的利益。企业向工人支付的工资越多，通常选择离去的工人就越少。因此，企业可以通过支付高工资来减少其工人的流动率。因为流动率高的企业往往生产成本也高，流动率的下降可以增加企业的利润。

（3）提高工人的努力程度。在许多工作中，工人对工作努力的程度可以有某种相机抉择权。因此，企业要监视工人的努力程度，那些对其职责偷懒的工人被抓住就要解雇。但是，并不能直接抓住所有偷懒者，因为对工人的监视成本高昂而又不完全。企业对这个问题的反应可以是支付高于均衡水平的工资。高工资使工人更渴望保住自己的工作，从而就激励工人尽自己最大的努力。

（4）吸引高素质的工人。当一个企业雇用新工人时，它无法完全断定申请者的素质。通过支付高工资，企业就吸引了素质更高的工人来申请这些工作。

2.【考查要点】 失业率与结构性失业。

【参考答案】 除了摩擦性失业、结构性失业等主要失业类型外，经济学中常说的失业类型还包括隐藏性失业。所谓隐藏性失业是指表面上有工作，但实际上对产出并没有作出贡献的人，即有“职”无“工”的人，也就是说，这些工作人员的边际生产力为零。当经济中减少就业人员而产出水平没有下降时，即存在着隐藏性失业。美国著名经济学家阿瑟·刘易斯曾指出，发展中国家的农业部门存在着严重的隐藏性失业。

在中国农村，就存在一定的隐性失业现象。按照2009年的统计数据，广大的中国农村有5亿农村劳动人口，除去进城打工的部分外，还有3.2亿。而按照一个劳力种植10亩地的标准算，中国18亿亩耕地，只需要1.8亿劳动力，另外的1.4亿无地可种者也属于无业者。由于在我国的官方统计中，农村人口被认为是充分就业的，是不包括在失业统计中的，因此就出现了一个奇怪的现象：大量的失业农民工回到农村，本来统计失业率应该是上升的，结果统计数字反而出现了下降，掩盖了失业问题的真实情况。近年来，随着城市化的不断推进，农业用地被转化为非农业用地的进程也不断加快，进而导致耕地面积减少，失地农民开始涌现，农村的剩余劳动力剧增。与城镇居民一样，这些农村剩余劳动力也与生产资料相分离，需要另谋职业的这部分人员理所当然应该称为失业人员，但是未被登记，从而造成中国整体失业率数据的低估。这一现象值得政府部门高度重视。

第29章
货币制度

一、学习精要

(一) 教学目标

1. 了解什么是货币,区分和了解货币的各种职能和形式。

2. 领会私人银行体系及美联储对货币供给的影响。

3. 掌握部分准备金银行体系中的货币创造及政府如何控制流通中的货币量。

4. 理解美联储如何通过影响存款准备金的数量和存款准备金率来间接控制货币供给量。

(二) 内容提要

本章主要介绍货币的含义及主要职能,中央银行以及美联储的主要工作,货币乘数及银行创造货币的过程,以及美联储控制货币的工具,即如何影响准备金量和影响准备金率从而影响货币乘数,进而间接控制货币供给量。

1. 货币的含义

(1) 货币是一组经常用于购买物品和服务的资产。货币作为交换媒介,是因为货币是买者向卖者购买物品与服务时最为广泛接受的资产。货币是人们用来表示价格和记录债务的标准,具备计价单位的职能。人们还可以用货币把现在的购买力转变为未来的购买力,这样货币的价值储藏手段的目的就实现了。

(2) 货币的基本类型包括商品货币和法定货币。商品货币是指本身含有内在价值的货币,例如黄金、白银,这种货币的价值不取决于货币的使用价值。当一个国家把黄金作为货币时,它就是在金本位下运行。目前,经济中使用的货币是法定货币,本身没有价值,是由政府法令规定的具有购买力和偿付债务能力的一种货币。

(3) 经济中流通的货币量称为货币存量,首先应包括通货和活期存款,前者指公众手中的纸币和铸币,后者指储户可以通过开支票或在商店中刷借记卡而随时支取的银行账户余额。此外,还包括支票存款、储蓄存款、小额定期存款、货币市场共同基金及其他非重要项目。

(4) 美国经济中货币存量的两种衡量指标是 M_1 和 M_2。其中 M_1 包括通货、活期存款、旅行支票和其他支票存款,M_2 包括 M_1、储蓄存款、小额定期存款、货币市场共同基金及其他非重要项目。就本课程的目的而言,我们在讨论货币供给时,M_1 与 M_2之间的区别并不重要。

$$M_1 = 现金 + 活期存款 + 旅行支票 + 其他支票存款$$

$$M_2 = M_1 + 储蓄存款 + 小额定期存款 + 货币市场共同基金$$

(5) 借记卡的账户余额应该包括在货币存量中,因为借记卡不允许使用者为购买而延期支付,只允许使用者立即从银行账户中提取存款。相反,信用卡不计入货币存量,因为它并不是一种支付方法,只是一种延期支付方式。但由于信用卡持有人可以在月底一次付清所有账单,而不用在购买时随时支付,因此提高信用卡的普及程度可以减少人们选择持有的货币量。

2. 联邦储备体系

(1) 中央银行是为监管国家银行体系和调节经济中的货币量而存在的,联邦储备体系(以下简称“美联储”)就是美国的中央银行。美联储由位于华盛顿特区的联邦储备理事会(含7位由总统任命并经参议院批准的理事)和12家地区联邦储备银行组成。

(2) 美联储有两个重要职责。职责之一是监管银行并确保银行体系正常运行,充当银行的最后贷款者,主要由地区联邦储备银行负责。另一项主要职责则是控制经济中的货币量,并制定货币政策,主要由联邦公开市场委员会(FOMC)负责。

(3) 美联储主要用公开市场操作改变货币供给,即在公开的债券市场上买卖政府债券,通过创造美元并用它们购买政府债券就能增加货币供给,通过向公众出售政府债券就能减少货币供给。改变货币供给,在长期中会改变通货膨胀水平,在短期中会改变就业和产量。

3. 银行与货币供给

(1) 银行的存在使美联储控制货币供给的任务变得复杂化。如果没有银行,这时候的通货就是唯一的货币。假设有百分之百准备金银行,银行是储藏货币的安全地方,但银行不能对外贷款,职能是以准备金形式持有所有货币,这时候银行对货币供给没有影响。假设有部分准备金银行,银行可以把公众存款中的一部分贷出去,只把剩下的作为准备金,这时候银行就创造了货币。

(2) 银行体系用每美元准备金创造的货币量称为货币乘数,货币乘数是准备金率的倒数。如果 R 是准备金率,则货币乘数即为 $1/R$。假若准备金率越小,同样准备金量时的贷款量就会越大,从而货币乘数也就越大;相反,准备金率越大,货币乘数越小。部分准备金银行并没有创造财富,因为当一个银行贷出准备金时,它创造了货币资产的同时,也创造了等值的债务合同。

(3) 更现实的情况是,一家银行不仅从接受存款中得到金融资源,还可以从发行股票和债券中得到金融资源。银行向其所有者发行股票得到的金融资源称为银行资本。银行通常会运用杠杆,即将借到的货币追加到用于投资的现有资金上。杠杆率等于银行总资产与银行资本的比率,杠杆会放大银行资产变化对银行资本的影响,即银行资产增加一个很小的比率就会引起银行资本很大比例的上升,而银行资产减少一个很小的比率就会引起银行资本很大比例的下降。一旦银行资产低于负债,则银行将面临破产。为了防止出现信用危机,银行监管者有必要对银行实施资本需要量的限制。

4. 美联储控制货币的工具

(1) 美联储改变货币供给的第一种方法是改变准备金量,这种方法既可以通过公开市场操作,也可以通过对银行发放贷款,或者两者结合进行。

首先是公开市场操作。公开市场操作很容易被用于或大或小的货币供给改变,是美联储最常用的货币政策工具。当需要增加货币供给时,美联储买进公众手中的债券;当需要减少货币供给时,美联储向公众出售政府债券。

其次是美联储向银行发放贷款。传统上,美联储通过改变贴现率进而影响银行通过贴现窗口向它的借款量,即当需要增加货币供给时,美联储降低贴现率,从而银行从美联储借入更多的准备金;当需要减少货币供给时,美联储提高贴现率,从而银行会减少从美联储借入准备金。近年来,联邦储备建立了银行从美联储借款的新机制,诸如短期拍卖工具、定期资金招标工具等,从而改变了银行从美联储获取的贷款量和准备金量,并且美联储可以在金融机构遇到问题或遭遇金融危机时帮助它们得到资金。

(2) 美联储改变货币供给的第二种方法是通过影响准备金率,从而影响货币乘数来改变货币供给。这种方法既可以通过控制银行必须持有的准备金量,也可以通过控制美联储支付给银行准备金的利息来实现。

首先是通过改变法定准备金。法定准备金量是规定的银行必须根据其存款持有的最低准备金量。法定准备金增加就提高了准备金率,降低了货币乘数,并减少了货币供给;相反,法定准备金减少就降低了准备金率,提高了货币乘数,并增加了货币供给。但美联储很少采用使用改变法定准备金的方法,因为这会干扰银行的经营。

其次是通过改变支付给准备金的利息。当需要减少货币供给时,美联储可以提高支付给银行在美联储的存款准备金的利率,从而银行持有更多的准备,这将提高存款准备金率,并降低货币乘数。由于美联储自 2008 年 10 月才开始支付准备金利息,因此这种新工具在运用货币政策中的重要程度还不明显。

(3) 尽管美联储的各种政策工具,包括公开市场操作、向银行发放贷款、法定准备金、支付准备金利息等,对货币供给都有着重要的影响,但美联储的货币供给控制并不精确。这一方面是因为美联储无法控制人们选择是把货币作为存款持有还是作为通货持有;另一方面,美联储无法控制银行贷出的准备金量。然而,美联储可以掌握家庭或银行行为的变动,并对这些变动做出反应,以此来控制货币供给,以使货币供给接近于它选择的水平。

(4) 联邦基金利率是银行间相互提供短期贷款时所收取的利率。当美联储想降低该利率时,它就会在公开市场操作中买入政府债券,就可提供更多的银行准备金,增加货币供给;当美联储提高联邦基金利率时,货币供给就会减少。

(三) 关键概念

1. 货币:经济中人们经常用于向其他人购买物品或服务的一组资产。
2. 交换媒介:当用于购买物品与服务时的货币的职能。
3. 计价单位:当用于表示价格和记录债务的标准时的货币的职能。
4. 价值储藏手段:当用于把现在的购买力转变为未来的购买力时的货币的职能。
5. 流动性:一种资产兑换为经济中交换媒介的容易程度。
6. 商品货币:以有内在价值的商品为形式的货币。
7. 法定货币:没有内在价值、由政府法令确定作为通货使用的货币。
8. 通货:公众手中持有的纸币和铸币。
9. 货币供给:经济中可得到的货币量。
10. 货币政策:中央银行关于货币供给的制度安排。
11. 准备金:银行得到但没有贷出去的存款。
12. 部分准备金银行:只把部分存款作为准备金的银行制度。
13. 准备金率:银行作为准备金持有的存款比例。
14. 货币乘数:银行体系用 1 美元准备金所创造的货币量。

15. 银行资本:银行的所有者通过购买股票等形式投入机构的资源。
16. 公开市场操作:央行通过买卖政府债券以控制货币供给量的做法。
17. 贴现率:央行向银行发放贷款的利率。
18. 法定准备金:银行必须根据其存款持有的最低准备金量。
19. 联邦基金利率:银行向另一家银行进行隔夜贷款时的利率。

(四)拓展提示

1. 通常情况下,每个国家都只使用唯一的一种货币,并由中央银行发行和控制。不过也存在例外,亦即多个国家可以使用同一种货币,例如在欧盟国家通用的欧元,在西非经济共同体中使用的法郎,以及在19世纪的拉丁货币同盟,名称不同但能在联盟内部自由流通的等值货币。一个国家可以选择别国的货币作为法定流通货币,比如,巴拿马选择美元作为法定货币。不同国家的货币还可能使用相同的名字,比如,在法国和比利时使用欧元之前,它们和瑞士的货币都叫法郎。

2. 中央银行是国家最高的货币金融管理机构,在各国金融体系中居于主导地位。国家赋予其制定和执行货币政策、对国民经济进行宏观调控、对其他金融机构乃至金融业进行监督管理的权限,地位非常特殊。中央银行的职能一般可以理解为包括以下四个方面:其一是发行银行,即发行信用货币;其二是政府的银行,即执行金融政策且代理国家财政;其三是银行的银行,即集中存款储备金且充当最终贷款人;其四是管理金融活动的银行,即制定、执行货币政策并对金融机构活动进行领导、管理和监督。

3. 货币供给是一个国家在某一特定时点上由家庭和厂商持有的政府和银行系统以外的货币总和。在现代市场经济中,货币流通的范围和形式不断扩大,现金和活期存款普遍被认为是货币,定期存款和某些可以随时转化为现金的信用工具(如公债、人寿保险单、信用卡)也被广泛认为具有货币性质。而货币创造是指银行主体通过其货币经营活动而创造出货币的过程,它包括中央银行通过调节基础货币量和商业银行通过派生存款机制供给货币而影响货币供给的过程。决定货币供给的因素包括中央银行增加货币发行、中央银行调节商业银行的可运用资金量、商业银行派生资金的能力以及经济发展状况、企业和居民的货币需求状况等因素。

4. 所谓存款准备金,是指金融机构为保证客户提取存款和资金结算需要而准备的在中央银行的存款。在现代金融制度下,金融机构的准备金分为两部分,一部分以现金的形式保存在自己的业务库,另一部分则以存款形式存储于央行,后者即为存款准备金。而存款准备金又可以分为法定准备金和超额准备金两部分。央行在国家法律授权中规定金融机构须将自己吸收的存款按照一定比率交存央行,这个比率就是法定存款准备金率,按这个比率交存央行的存款为法定准备金存款。而金融机构在央行存款超过法定准备金存款的部分为超额准备金存款,超额准备金存款与金融机构自身保有的库存现金构成超额准备金(习惯上称为备付金)。超额准备金与存款总额的比例是超额准备金率(即备付率)。金融机构缴存的法定准备金,一般情况下是不准动用的。而超额准备金,金融机构可以自主动用,其保有金额也由金融机构自主决定。

二、新闻透视

(一) 新闻透视 A

新闻片段 1:新常态下的货币政策

伴随中国经济“新常态”,作为货币创造主渠道的情况也会发生改变,基础货币投放渠道开始变得更加多元化,央行不断创新货币政策工具,重新定义货币政策新框架。

我国已经告别以高增长、高投资、高出口、高污染与高能耗为特征的“旧常态”,而“三期叠加”也成为新常态的关键特征。

国务院总理李克强表示:“中国去年以来一直实施的是稳健的货币政策,我们没有依靠强刺激来推动经济发展,而是依靠强改革来激发市场活力。因为池子里货币已经很多了,我们不可能再依靠增发货币来刺激经济增长。”

近一年来,央行陆续出台新的融资工具,并撬动资金存量,同时为短期和中期利率形成“利率锚”。前一时期,央行推出 PSL(抵押补充贷款),作为基础货币投放的重要渠道。

其他各种窗口和工具的运用越发重要,一些是针对经济中存在的结构性问题,但不管是哪种定向性的工具,最终都会对整个市场的利率水平产生影响。

央行在政策实施中积极发挥货币政策在结构调整中的重要作用。传统做法是货币政策一般只是关注总量问题,不考虑结构问题,但目前世界经济也出现了新的趋势,如欧洲也出现了结构性的货币政策。

资料来源:改编自 第一财经日报,2014 年 9 月 24 日。

新闻片段 2:经济新常态与货币政策“新手段”

新常态下的“新手段”:法定存款准备金

首先,在适度地利用定向降准的同时,依环境变化谨慎有序地将法定存款准备金比率降到合理的水平。新常态下为配合“用好增量”和“结构优化”的货币政策思路,定向“降”准是一个突出的特点。2014 年央行已两次定向降准,以支持“三农”和小微企业贷款。央行定向降准反映了它更加重视发挥存款准备金政策在总量均衡与结构调整、经济增长与金融稳定之间的平衡作用。这两次“定向”降准,是央行早已采取的差别存款准备金动态调整政策的一部分,它是在宏观和市场流动性总体平稳的情况下而采取的结构调整政策。至此,中国存款准备金政策不仅仅是传统总需求管理政策,也成了结构调整和供给管理的工具。

在旧常态下,法定存款准备金政策被用作冲销外汇占款和深度冻结流动性的重要工具。由于外汇占款持续增加导致国内货币供给迅速扩张,为了保持币值稳定,央行被迫不断大幅提高法定存款准备金比率,乃至中国法定存款准备金比率在 2011 年被提高到 21.5% 的奇高水平。新常态下,继续实施高法定存款准备金比率的政策环境已得到极大地弱化。

新常态下的“新手段”:中央银行贷款

央行贷款是货币政策的重要工具之一。现在,在那些高度市场化的国家,由于取消了法定存款准备金制度或者法定存款准备金比率处于极低水平,央行贷款(或再贴现)与公开市场操作便成为其货币政策的主要工具。各国央行贷款的具体名称可能有所不同,具体执行方式也因央行而异。就中国而言，现有央行贷款主要包括：再贴现、再贷款、常备贷款、抵押补充贷款。

再贴现与再贷款，都可以调节货币与信用总量和结构。但应用这两种政策工具时，央行具有一定的被动性，当央行的再贷款和再贴现余额较低时，就不能用它们来实施紧缩性货币政策。但在新常态下，对冲销外汇占款和深度冻结流动性的货币政策操作需求下降，为央行资产方的操作提供了必要的空间。因此，再贴现与再贷款将改变其在旧常态中那种“绣花瓶”的形象，真正发挥其调节货币信贷总量及结构的政策功效。

抵押补充贷款是非信用贷款，相对于常备贷款，其贷款的期限更长，它的应用可以让央行引导中期利率走势。这样，通过公开市场操作中的短期流动性调节工具、央行贷款中期限较短的常备贷款和期限较长的抵押补充贷款，形成了多样化的引导利率期限结构的“利率走廊”机制。

新常态下的“新手段”：公开市场操作

公开市场操作是货币政策的微调工具，具有法定存款准备金政策无可比拟的灵活性。旧常态下的公开市场操作主要以发行央行票据和债券回购或逆回购操作为主。在新常态下，公开市场操作仍将是货币政策微调的基本工具，但央行票据余额将进一步下降，公开市场操作的对象可能转向国债或金融机构债券。这意味着国债期限结构将会更加多样化，尤其是短期国债的经常性发行，不仅将完善政府债券市场结构，也会为公开市场操作提供更多的工具。

新常态下的“新手段”：利率与汇率政策

新常态下，政府更加重视破解“融资难、融资贵”的困局。央行在实际货币政策操作中，通过降低支农再贷款利率，以引导农村金融机构涉农贷款利率。旧常态下的人民币汇率被动地持续上升。2014 年以来的人民币汇率动态表明了双向波动的新常态，旧常态那种单边升值的态势一去不复返了。

资料来源：改编自 彭兴韵，上海证券报，2014 年 9 月 19 日。

【关联理论】

货币工具在货币供给的过程中起着重要作用。美联储的货币工具箱中有各种工具，政府可以通过这些货币政策工具控制流通中的货币；我国主要是由央行负责通过各种货币政策工具控制经济中的货币供给。但在不同经济环境下，央行的货币政策工具箱里储备了哪些政策工具，又运用这些工具做什么事情，希望达到什么效果，这应该是有区别的。

【新闻评析】

存款准备金政策、贴现政策和公开市场操作是我国的三种主要货币工具，政府通过这三种工具达到调控流通中货币量的作用，即通过影响准备金量和准备金率从而影响货币乘数，进而调节货币总量。存款准备金政策是指中央银行对商业银行等存款货币机构的存款规定存款准备金率，强制性地要求商业银行等存款货币机构按规定比例上缴存款准备金；它是中央银行通过调整法定存款准备金以增加或减少商业银行的超额准备，从而影响货币供给量的一种政策措施。再贴现政策是中央银行通过提高或降低再贴现率来影响商业银行的信贷规模和市场利率，以实现货币政策目标的一种手段。公开市场操作也即公开市场业务，是指中央银行在金融市场上公开买卖有价证券，以改变商业银行等存款货币机构的准备金，进而影响货币供给量和利率，实现货币政策目标的一种货币政策手段。

伴随中国经济新常态，作为货币创造主渠道的情况也会发生改变，基础货币投放渠道开始变得更加多元化,重新定义货币政策新框架。经济新常态下,央行不断创新和充实货币政策工具箱,增加政策工具的储备,而且也在调整、扩充原有货币政策工具的职能和使用范围。在大的结构调整时期,尤其是金融危机后,结构调整任务繁重,仅靠财税政策不够,应充分运用货币政策的结构性调节作用来加以支持。对我国而言,发挥货币政策的结构性调节作用具有比较优势,但仍需探索、创新。新常态下,货币政策与金融改革关系更加紧密。政府也可以积极探索货币政策对经济结构调整发挥作用,通过信贷政策的引导和支持,把资金引向更为关键的薄弱环节,如"三农"、小微企业、棚户区改造和企业技术改造等领域,直接支持结构优化调整。特殊时期的货币政策操作不仅让政府有形的手很好地发挥了作用,还对十八届三中全会提出的"发挥市场的决定性作用"进行了很好的诠释。

(二)新闻透视 B

中美公开市场操作及比较

在公开市场操作方面,中国和美国具有一定的相似性。两国都把公开市场操作作为货币政策的重要工具之一,并且,在金融市场日益复杂、国际化程度日益加深的情况下,公开市场操作的重要性也不断增加。

美国公开市场操作

美联储通过公开市场操作来调节准备金余额的供给,将联邦基金利率维持在目标利率附近。美国的公开市场操作分为两类:一类是永久性的,一类是暂时性的。永久性的公开市场操作主要用于调节影响美联储资产负债表的长期因素,包括通过系统公开市场账户直接买卖证券。暂时性的公开市场操作通常用于应对短期变化带来的准备金需求,通过回购协议或者逆回购协议的形式进行。

美国和英国是最早采用公开市场操作的国家。美国联邦储备系统建立于1913年,承担中央银行职能。美国公开市场操作的决策机构是联邦公开市场委员会(FOMC),美联储通过从商业银行买卖债券,调节商业银行的准备金,改变市场的基础货币供给量。20世纪80年代以来,金融市场波动加剧,欧美各国的政策制定者越来越多地使用公开市场手段,调节短期利率水平和准备金比率,公开市场操作逐渐发展,操作方式和手段也日益丰富。

美联储三大货币政策工具分别是公开市场操作、贴现率和存款准备金比率,通过这三种工具来影响存款机构对联储银行的资金供求,从而改变联邦基金利率。

FOMC由12名成员组成,其中7名来自联邦储备委员会,纽约联储银行的主席占1个名额,余下4位从其余11个联储银行的主席中选出。美国公开市场操作在纽约联储银行的交易专柜完成。美联储有货币政策控制权,因此其公开市场操作弹性大,可量化,且操作灵活,可以及时修正,执行的效率也比较高。

美联储目前有21家一级交易商,这些一级交易商是美国国债拍卖的承销商,也是实行公开市场操作等货币政策时的交易对手。一级交易商的职责包括:参与公开市场操作,促进货币政策执行符合FOMC的既定方向;为纽约联储银行的公开市场交易专柜提供市场信息和分析。

中国公开市场操作

在中国,公开市场操作也是货币政策工具之一,是中国央行用来吞吐基础货币、调节市场流动性的。央行与指定的交易商进行证券和外汇交易。央行既是货币政策的制定机构,也是货币政策的执行机构。央行下设货币政策委员会。具体操作由公开市场业务操作室实施。

中国公开市场操作的类型包括正回购、逆回购、发行央行票据、国库现金定存。2013年，央行还推出一种公开市场短期流动性调节工具(SLO)，作为对常规操作的补充。正回购是央行将手中持有的债券抵押给金融机构，融入资金，承诺到期再买回债券，并支付一定利息。逆回购则相反。发行央票可以收回商业银行流动性，减少市场上的可贷资金量，丰富公开市场操作的工具和手段。所谓国库现金定存，就是把国库现金的一部分存放在经过招标产生的商业银行。SLO指的是，参与银行间市场交易的12家主要机构，可以在流动性短缺或盈余时，主动与央行进行回购或者逆回购操作。

中国公开市场操作具有阶段性特征。比如，2012年下半年，央行的操作以逆回购为主，向市场持续释放流动性。这一进程持续到2013年2月上旬。2月份过后，央行公开市场操作转向持续的正回购，并辅以央票发行，这一阶段总的政策方向是收紧流动性。

总的来说，公开市场操作受市场关注的程度低一些，市场的焦点仍然集中在利率和存款准备金率的调节上。另外，中国公开市场业务操作的透明度有待加强，需要与市场更多沟通来传递政策意图。

中美公开市场操作的比较

在公开市场操作方面，中国和美国具有一定的相似性。两国都把公开市场操作作为货币政策的重要工具之一，并且，在金融市场日益复杂、国际化程度日益加深的情况下，公开市场操作的重要性也不断增加。随着金融市场的完善和债券市场规模的扩大，公开市场操作可应用的工具和手段也在不断丰富。

不过，中国和美国相比，还存在一定的差异。美国公开市场操作的频率更高，更加灵活，更贴近市场，透明度也更高。从市场反响来看，美联储每次会议及发言都对金融市场产生较大影响，另外，FOMC还会发布绿皮书、蓝皮书和棕皮书，传递经济金融情况的信息。相比较来说，中国货币政策委员会直接向公众传达的信息偏少。可见，美国债券市场更加发达。债券市场(特别是国债市场)的发展和完善是公开市场业务开展的基础。国债市场越发达，公开市场操作的效率越高。仅从国债规模来看，美国国债的规模约16万亿美元，占GDP的比重超过了100%。中国国债的规模约7万亿元人民币，占GDP的比重不到20%。

资料来源：改编自 期货日报，2013年7月29日。

【关联理论】

公开市场操作是中央银行吞吐基础货币、调节市场流动性的主要货币政策工具，通过中央银行与指定交易商进行有价证券和外汇交易，实现货币政策调控目标。美联储三大货币政策工具分别是公开市场操作、贴现率和存款准备金率，其中公开市场操作最常用。近年来，公开市场操作逐渐成为中国人民银行最重要的货币政策工具之一。

【新闻评析】

20世纪80年代以前，只有在美国和英国公开市场操作才是货币政策实施的主要工具，在其他国家则主要依靠一些非市场、非价格的手段。20世纪80年代以来的金融自由化浪潮改变了这种状态，促使各国纷纷转而积极利用公开市场操作来影响商业银行的准备金规模和短期利率水平，即使在美国和英国，银行间短期货币市场的作用也大大增强了，与此同时，各国都大力开发新的工具以应对新的金融环境。但是，公开市场操作的有效性是建立在一定条件上的：第一，中央银行必须有强大的、足以干预和控制整个金融市场的金融实力；第二，要有一套发达的、完善的金融市场并且市场必须是全国性的,证券种类必须齐全并到达一定规模;第三,必须有其他的政策工具配合,例如,如果没有存款准备金制度这一工具,就不能通过改变商业银行的超额准备金来影响货币供给量。

在后金融危机时期,不论是西方发达国家还是新兴市场国家的货币政策都出现了若干重大调整。第一个调整是世界各国不约而同地加大了公开市场操作货币政策的实施力度。这是因为现代经济金融形势的迅猛发展,向传统货币政策的实施有效性提出了挑战。一方面,金融危机的爆发、经济萧条与金融体系的紊乱导致了极低的市场利率,使得货币政策的利率传导渠道出现了断裂;另一方面,由于宏观当局追求的多元化,根据丁伯根原则,要使货币政策实现多个目标就必须同时使用多个政策工具,这迫使各国央行不得不在传统的以利率为核心的货币政策之外(中国以往常用的货币政策是存款准备金政策),寻求更多有效的货币政策工具。在此背景下,相比于以往,各国越来越频繁地使用公开市场操作来调控宏观经济的发展。第二个调整是公开市场操作的运用手法日趋多样化,出现了一些较为新颖的变化形式,例如,源自日本,后被美国、英国和欧盟广泛采用的量化宽松政策;美联储针对长短期国债进行的扭曲操作政策;欧洲央行推出的完全货币交易政策;中国人民银行针对央票进行的大规模频繁交易等。

新兴市场国家由于金融市场不发达、市场化程度相对较低、市场传导机制不通畅,因此较多使用数量型而不是价格型的货币政策工具。以中国为例,近年来频繁使用存款准备金率调整作为常规的货币政策工具。从 2003 年至 2013 年,与宏观调控相适应,中国人民银行调整存款准备金率共 39 次。但是,以数量型为主的货币政策调整存在较大的局限性。尤其是在中国这样的国家,储蓄率居高不下,银行体系流动性过剩,超额准备金比率很高,即便是中央银行制定了较为严厉的准备金比例要求,可能也难以达到预期的政策设计初衷。因此,近年来,公开市场操作逐渐成为中国人民银行最重要的货币政策工具之一。不仅如此,中国一直在努力地探索与调整常规的货币政策实施手段以适应迅速变化的经济金融环境,譬如央票操作,即中央银行为调节超额准备金而向商业银行发行的一种短期债务凭证。相应地,其他国家也出现了一些较为新颖的形式,如量化宽松、扭曲操作、完全货币交易政策等。

三、案例研究

(一) 案例研究 A

战俘营里的货币

第二次世界大战期间,在纳粹的战俘集中营中流通着一种特殊的商品货币——香烟。当时的红十字会设法向战俘营提供了各种人道主义物品,如食物、衣服、香烟等。由于数量有限,这些物品只能根据某种平均主义的原则在战俘之间进行分配,而无法顾及每个战俘的特定偏好。但是人与人之间的偏好显然是会有所不同的,有人喜欢巧克力,有人喜欢奶酪,还有人则可能更想得到一包香烟。因此这种分配显然是缺乏效率的,战俘们有进行交换的需要。但是即便在战俘营这样一个狭小的范围内,物物交换也显得非常不方便,因为它要求交易双方恰巧都想要对方的东西,也就是所谓的需求的双重巧合。为了使交换能够更加顺利地进行,需要有一种充当交易媒介的商品,即货币。那么,在战俘营中,究竟哪一种物品适合做交易媒介呢？许多战俘营都不约而同地选择香烟来扮演这一角色。战俘们用香烟来进行计价和交易，如一根香肠值10根香烟，一件衬衣值80根香烟，替别人洗一件衣服则可以换得2根香烟。有了这样一种记账单位和交易媒介之后，战俘之间的交换就方便多了。

资料来源：摘自西南财经大学货币金融学相关案例。

【关联理论】

货币是经济中人们经常用于相互购买物品与服务的一组资产。货币在经济中有三种职能：交换媒介、计价单位和价值储藏手段。当经济体中没有这种在交换物品与服务时被广泛接受的媒介时，人们就必须依靠物物交换。货币可分为商品货币和法定货币。

【案例解剖】

货币的三种职能是把货币与其他资产区分开来的重要标准。作为货币的理想材料应具有如下特性：第一，容易标准化；第二，做货币的材料必须是可分的；第三，做货币的材料应携带方便；第四，做货币的材料必须稳定，不容易变质。由于金银等贵金属基本能满足以上要求，因此世界各国不约而同地选择金银作为货币的材料。

香烟之所以会成为战俘营中流行的“货币”，是和它自身的特点分不开的。它容易标准化，而且具有可分性，同时也不易变质。这些正是和作为“货币”的要求相一致的。当然，并不是所有的战俘都吸烟，但是，只要香烟成了一种通用的交易媒介，用它可以换到自己想要的东西，自己吸烟与不吸烟又有什么关系呢？而战俘营里的战俘需要美元的替代品，因为他们不允许有现金，而他们选择香烟是因为他们确信在监狱中其他人都将接受这些香烟，而事实也正是如此，在当时的监狱，香烟是犯人们普遍接受的交换媒介，所以香烟能成为美元的替代品。正如我们现在愿意接受别人付给我们的钞票，也并不是因为我们对这些钞票本身有什么偏好，而仅仅是因为我们相信，当我们用它来买东西时，别人也愿意接受，也就是说，它能起到一个交换媒介的作用，这是货币在经济中的三种职能中的一种基本职能。

（二）案例研究B

商业银行如何创造货币

过去我们抨击资本主义“金钱至上”，说他们“银行比米店多”。而如今我们的大街小巷中的银行也比米店多，因为我们生活的方方面面都离不开银行。在现代社会，货币的供给是由银行创造的。这一点大家很难理解，我们一般认为，手中的货币是由印钞厂印刷出来的。人们不理解银行为什么能创造货币，现在就让我们来看看银行是怎样创造货币供给的。

我们把钱存入银行，银行不能把这些钱全部贷出去，因为我们随时有可能再到银行取自己的存款，银行留的这部分货币叫准备金。现在我们来看银行是怎样把钱创造出来的。假设我国的法定准备金率是10%，一个储户有1000元存入中国工商银行，工商银行必须把100元留下交给中央银行——中国人民银行，它只能贷出900元。有一个人正好去工商银行借900元买一个录音机，到了商场他把900元交给柜台，这个商场又把这900元存入它的开户银行——中国农业银行，当农业银行收到这笔钱时，它不能把这900元全都贷出去，必须把其中的90元上交人民银行，只能贷出810元。这时正好有一个人想买一个复读机，去农业银行借钱，当他借到810元后，去商场买到了复读机，这家商场又把这810元送到它的开户银行——中国建设银行。建设银行接到这笔钱后还要把法定准备金10%（81元）交给人民银行，只能贷出 729 元。如此下去,储户的 1 000 元存款通过银行系统不断的存贷过程,最后变成多少钱呢?银行新增存款是 10 000 元。

通过这个例子你就可以知道钱是怎样从银行创造出来的。中国人民银行并没有多印钞票,而是通过信用活动创造出钱。所以,商业银行具有创造货币的功能。我们经济生活中的货币供给,是在银行循环往复的存贷过程中创造出来的。现代社会经济是一环一环扣在银行身上而加速运行的。当有一天大家都不到银行存钱,或把钱从银行取出来放到自己床下藏起来,整个经济的链条就断掉了。

【关联理论】

银行在货币制度中起了重要作用,因为公众持有的货币量包括通货和活期存款,而活期存款在银行,所以银行的行为就会影响经济中的活期存款量,从而影响货币供给。在百分之百准备金银行中,银行将不影响货币供给;在部分准备金银行中,当银行只把部分存款作为准备金时,银行就创造了货币,而银行创造多少货币量取决于准备金率。准备金率越高,每个存款银行贷出的款越少,货币乘数越小。

【案例解剖】

法定准备金率是中央银行规定的银行所保持的最低准备金与存款的比率。在部分准备金银行中,当银行只把部分存款作为准备金时,银行创造了货币。为什么经过上述案例中的过程银行就能创造出货币?简单地说,在每一个环节上都有新的财富创造出来。到银行存款的人,他为什么有这笔钱呢?因为他销售了产品或为别人提供了服务,获得了劳动报酬,而那些从银行借钱去经营的人,他最终也要通过劳动获得报酬,才能再把这笔钱还给银行。所以,这里每一个环节都在创造财富。那么银行通过信用机制创造货币的供给,也是实实在在的。

银行能创造货币关键在于现代银行的部分准备金制度,即只把一部分存款作为准备金的制度。这就是说,银行不用把所吸收的存款都作为准备金留在金库中或存入中央银行,只要按中央银行规定的法定准备金率留够准备金就可以,其他存款则可以作为贷款发放出去。这个过程可以不断继续下去,货币每存入一次,银行就进行一次贷款,更多的货币就被创造出来。但是这个过程并不是创造出无限的货币量,银行体系用 1 元准备金所产生的货币量称为货币乘数,这个过程创造的货币乘数是准备金率的倒数。如果 R 是银行的准备金率,则每 1 元钱能产生 $1/R$ 元货币,上述案例中法定准备金率是 10%,所以货币乘数是 10,也就是说,一家银行持有 1 000 元,最后创造了 10 000 元。

(三)案例研究 C

钱从这里滚出去

中央银行用什么办法把钱投放到市场上,又是用什么办法把钱抽走?在美联储前主席格林斯潘的办公桌上放着这样一块牌子,上面写着“钱从这里滚出去”。它非常形象地说明中央银行控制着货币的供给。中央银行主要用以下“三大法宝”控制货币的多少。

公开市场业务就是中央银行在金融市场上买进或卖出有价证券以调节货币供给量。比如,有些企业手中有一笔闲钱,既不想投资;也不想扩大再生产,更不想进股市,担心风险太大,于是他们决定买债券,因为债券利息高于银行利息,风险又小于股票。又如,中央银行发现经济过冷,就买进有价证券,实际上就是发行货币,从而增加货币供给量,鼓励人们去消费、去投资，刺激经济的回升；中央银行发现经济过热，就卖出有价证券，实际上就是回笼货币，减少市场货币流通量，人们消费和投资的钱就少，经济就会适度降温。公开市场业务能够灵活而有效地调节货币量，针对市场资金多余和短缺的具体时间和领域进行操作。

贴现是商业银行向中央银行贷款的方式。比如说，一个人手中有一张10 000元的国债，还没到期，但他现在急需要一笔钱，于是他把这10 000元的国债拿到银行去换成现金。这时银行收取一些手续费。这就是贴现，贴现的期限一般较短，为一天到两周。商业银行收下10 000元的国债，暂时还不需要钱时，他就可以放在手里，等到期时兑现，赚取利息。如果商业银行也急需现金它就可以到中央银行去贴现贷款。中央银行收下10 000元的国债后，按照中央银行规定的贴现率给该商业银行现金。这个贴现率在我国叫再贴现率。中央银行降低贴现率或放松贴现条件，这样商业银行可以得到更多的资金，就可以增加它对客户的放款，放款的增加又可以通过银行创造货币的机制增加流通中的货币供给量，降低利率。相反，中央银行提高贴现率或严格贴现条件，使商业银行资金短缺，它们就不得不减少对客户的放款或收回贷款，贷款的减少又可以通过银行创造货币的机制减少流通中的货币供给量。

准备金率是商业银行吸收的存款中用做准备金的比率，准备金包括库存现金和在中央银行的存款。通俗地说，当人们把1 000元钱存进银行，银行就必须把一笔钱放在中央银行。假如准备金率是10%，商业银行只能往外贷款900元。中央银行变动准备金率则可以通过影响准备金来调节货币供给量。假定商业银行的准备金率正好达到了法定要求，这时，中央银行降低准备金率就会使商业银行产生超额准备金，这部分超额准备金可以作为贷款放出，从而又通过银行创造货币的机制增加货币供给量，降低利率。相反，中央银行提高准备金率就会使商业银行原有的准备金低于法定要求，于是商业银行不得不收回贷款，从而又通过银行创造货币的机制减少货币供给量，提高利率。

资料来源：经济学与生活案例库，百度文库。

【关联理论】

所谓货币政策指的是中央银行关于货币供给的决策。中央银行在货币供给中起着重要的作用。美联储控制货币供给的货币工具箱中主要有两种工具：第一种是改变准备金量，这种方法既可以通过公开市场操作，也可以通过对银行发放贷款，或者两者结合进行。第二种是通过影响准备金率，从而影响货币乘数来改变货币供给，这种方法既可以通过控制银行必须持有的准备金量，也可以通过控制美联储支付给银行准备金的利息来进行。

【案例解剖】

货币供给的过程可以分为两个环节：一是由中央银行提供的基础货币，二是商业银行创造的存款货币。在这两个环节中，银行存款是货币供给量中最大的组成部分，但商业银行创造存款货币的基础是中央银行提供的基础货币，并且在创造过程中始终受制于中央银行，因此，中央银行在整个货币供给过程中始终居于核心地位。中央银行是如何影响货币供给的呢？答案就是通过一系列的货币政策。货币政策就是中央银行通过改变货币供给量以影响国民收入和利息的政策。

中国人民银行实施货币政策的主要工具有公开市场操作、贴现政策以及准备金率政策。这三大政策也被称为中国人民银行的“三大法宝”。中国人民银行最经常使用的工具就是公开市场操作，即央行在金融市场上买进或卖出有价证券以调节货币供给量，其中主要是国债。因此，公开市场操作是央行最重要的货币政策工具。贴现是商业银行向中央银行贷款的方式。当商业银行资金不足时,可以用客户借款时提供的票据到中央银行要求再贴现,或者以政府债务或中央银行同意接受的其他“合格的证券”作为担保来贷款。贴现率作为官方利率,它的变动也会影响到一般利率水平,使一般利率与之同方向变动。它也是一个比较强硬的手段,所以中央银行不能经常调整贴现率。准备金率是商业银行吸收的存款中用做准备金的比率,准备金包括库存现金和在中央银行的存款。提高准备金率这个手段中央银行一般不经常用,它是非常强烈的手段,只有在迫不得已的情况下才使用。

其他的货币政策还有:道义上的劝告,即中央银行对商业银行的贷款、投资业务进行指导,要求商业银行采取与其一致的做法,这种劝告没有法律上的约束力,但也有作用;垫头规定,即规定购买有价证券必须付出的现金比例;利率上限,即规定商业银行和其他储蓄机构对定期存款和储蓄存款的利率上限;控制分期付款与抵押贷款条件等。货币政策在宏观经济政策中的作用是不断加强的。凯恩斯认为,由于人们心理上对货币的偏好,利率的下降是有一定限度的,依靠降低利率来刺激私人投资的货币政策的效果是有限的。

四、课外习题

(一) 术语解释

1. 货币
2. 货币供给
3. 货币乘数
4. 公开市场操作
5. 法定准备金

(二) 单项选择

1. 在我国,(　　)是 M2 的一部分,但不是 M1 的一部分。
   A. 现金　　B. 储蓄存款
   C. 企事业单位活期存款　　D. 其他支票存款
2. 当你去超市购买商品时,你将货币作为(　　)使用。
   A. 交换媒介　　B. 计量单位
   C. 价值储藏　　D. 物物交换的工具
3. 通货是指(　　)。
   A. 纸币和商业银行的活期存款　　B. 纸币和商业银行的储蓄存款
   C. 纸币和铸币　　D. 所有的银行储蓄存款
4. 中央银行最常用的货币政策工具是(　　)。
   A. 法定存款准备金率　　B. 公开市场操作
   C. 再贴现率　　D. 道义劝告
5. 在一个准备金率为 100% 的银行系统里,如果某商业银行接到 500 亿英镑的新存款,则(　　)。
   A. 银行资产增加 500 亿英镑　　B. 银行负债增加 500 亿英镑
   C. 银行使货币供给增加了 500 亿英镑　　D. 银行不影响货币供给

6. 下列选项中,(　　)属于法定货币。

A. 人民币　　B. 黄金　　C. 战俘营的香烟　　D. 银行存款

7. 当(　　)时,货币供给将增加。

A. 政府购买增加

B. 中国人民银行从公众手中购买国库券

C. 一个投资者购买中国电力投资集团公司发行的债券

D. 商业银行向公众发售股票,然后将资金用于分行办公楼的建设

8. 以下哪一个不是货币的职能?(　　)。

A. 交换媒介　　B. 计价单位

C. 价值储藏手段　　D. 防止通货膨胀

9. 商品货币(　　)。

A. 没有内在价值　　B. 有内在价值

C. 只能在美国使用　　D. 作为支持法定货币的准备金

10. 银行的法定准备金是(　　)的一个固定百分比。

A. 存款　　B. 贷款　　C. 政府债券　　D. 资产

11. 如果法定准备金率是40%,货币乘数是(　　)。

A. 0.4　　B. 40　　C. 2.5　　D. 60%

12. 假设甲将在X银行的1 000元活期存款转到Y银行。在法定准备金率是10%的情况下,甲的行为将会使活期存款的潜在变动为(　　)。

A. 1 000元　　B. 9 000元　　C. 10 000元　　D. 0元

13. 假设中央银行购买了你的1 000元政府债券,如果你把这笔收入全部存入银行,当法定准备金率是20%时,那么银行的行为会引起货币供给总量变动(　　)。

A. 1 000元　　B. 4 000元　　C. 5 000元　　D. 0元

14. 假设所有银行都是百分之百准备金银行,则一个人把10 000元通货存入银行的后果是(　　)。

A. 货币供给不受影响　　B. 货币供给增加小于10 000元

C. 货币供给增加大于10 000元　　D. 货币供给减少小于10 000元

15. 货币政策的三种主要工具是(　　)。

A. 法定货币、商品货币以及存款货币

B. 公开市场操作、法定准备金以及贴现率

C. 政府支出、赋税以及法定准备金

D. 铸币、通货以及活期存款

(三) 判断正误

1. 货币和存款是一回事。(　　)

2. 货币乘数指的是银行体系用1元准备金所产生的货币量。如果准备金率越高,每个存款银行贷出的款越多,货币乘数越大。(　　)

3. 如果商业银行都是百分之百准备金银行,那么货币供给就不受公众现金—存款比例的影响。(　　)

4. 法定准备金率的提高,增加了货币供给。(　　)

5. 如果中国人民银行试图紧缩货币供给，可以通过出售政府债券、提高法定准备金率或者降低贴现率来实现。（　　）

6. 美国金融体系中的 M1 是指现金和铸币。（　　）

7. 信用卡是货币供给 M2 的一部分，并按照持卡人的信用额度来计入。（　　）

8. 如果银行选择持有超额准备金，则贷款减少，货币供给减少。（　　）

9. 货币供给 M1 包括通货、活期存款、旅行支票以及其他支票存款。（　　）

10. 货币有三种职能：交换媒介、计价单位以及价值储藏手段。（　　）

（四）简答题

1. 假如中国人民银行购买办公设备，支出 600 万元人民币。请问经济中的货币增加了吗？会有货币创造乘数吗？

2. 货币的主要职能有哪些？

3. 美联储主要采取哪些货币工具来控制货币供给？

4. 什么是法定货币？什么是商品货币？

5. 为什么央行不能非常精确地控制货币供给？

（五）应用题

1. 中国人民银行在公开市场上向社会买进 100 亿元人民币的国债。如果法定准备金率是 20%，那么这样引起的最大可能货币供给是多少？最小可能的货币供给是多少？请解释。

2. 假设某经济中流言四起，公众认为银行的不良贷款对储蓄的安全构成了威胁，个人在银行的资产不能保全。请预期储户将会怎样？其行为对货币供给又有怎样的影响？

3. 假设中国农业银行（ABC）有 2.5 亿元存款，并保持 10% 的准备金率。

（1）列出 ABC 的 T 账户。

（2）现在假设 ABC 最大的储户从其账户上提取了 1 000 万元现金。如果 ABC 决定通过减少其未清偿贷款量来恢复其准备金率，说明它的新 T 账户。

（3）解释 ABC 的行动对其他银行有什么影响。

（4）为什么 ABC 要采取（2）中描述的行动是困难的？讨论 ABC 恢复其原来准备金率的另一种方法。

（六）拓展思考题

1. 假设某个新兴经济体中有 1 000 万元的钞票。

（1）如果人们没有把钱存入银行，而是把这所有的 1 000 万元作为通货持有，那么货币供给有多少？请解释。

（2）如果人们把 1 000 万元钞票全部存入银行，银行体系为百分之百法定准备金，那么货币供给有多少？请解释。

（3）如果人们把 1 000 万元钞票全部存入要求 20% 法定准备金的银行，那么货币供给有多少？请解释。

（4）在（3）中，由银行创造出的货币供给的比例是多少？（提示：已经存在 1 000 万元钞票。）

（5）如果人们把 1 000 万元钞票全部存入要求 10% 法定准备金的银行，那么货币供给会如何变化？

(6) 比较你对(3)和(5)的答案,解释为什么它们会不同。

(7) 如果人们把1 000万元钞票存入要求10%法定准备金的银行,但是银行选择另外持有10%的超额准备金,那么货币供给会变成多少?

(8) 比较(3)和(7)的答案,为什么会有这样的结果?

2. 阅读以下关于中国货币政策的资料,并结合本章相关理论进行评论。

具有中国特色的稳健的货币政策

具有中国特色的稳健的货币政策是1998年以后逐渐形成的。所谓稳健的货币政策,其含义是指:以币值稳定为目标,正确处理防范金融风险与支持经济增长的关系,在提高贷款质量的前提下,保持货币供给量适度增长,支持国民经济持续快速健康发展。稳健的货币政策是具有中国特色的一种提法,它讲的是制定货币政策的指导思想和方针,它不同于经济学教科书关于货币政策操作层面的提法(如"宽松的"、"中性的"或"紧缩的"货币政策)。稳健的货币政策与稳定币值目标相联系,它包含既防止通货紧缩又防止通货膨胀两方面的要求,它不妨碍根据经济形势需要对货币政策实行或扩张、或紧缩的操作。

1998年以来实行稳健的货币政策取得了巨大的成功。主要表现在四个方面:一是货币信贷总量平稳增长。1998—2001年,广义货币供给量增幅基本控制在14%—15%之间,与过去一些年代货币和信贷大起大落相比,近几年我们终于把货币信贷的增长调控得比较平稳。二是信贷结构有了大幅度的调整。在一系列信贷政策的推动下,个人住房贷款、基础设施贷款和农业贷款比重大幅度上升,在当年贷款新增额中上述三项贷款大体占七成,信贷结构的这种调整有力地促进了国民经济结构的调整。三是保持了国内金融稳定和人民币汇率的稳定。1997年部分中小金融机构开始出现支付问题,近几年利用通货紧缩时机增加再贷款,帮助地方政府关闭了部分中小金融机构,保持了金融稳定和社会稳定。人民币汇率稳定不仅对亚洲经济和世界经济作出了贡献,也符合我国国家利益,这几年国际收支平衡,国家外汇储备持续增加。四是基本实现了货币政策由直接调控向间接调控的转变。1998年1月1日取消贷款限额控制后的这几年,公开市场操作实际成为货币政策日常操作的主要工具。

资料来源:戴根有,中国稳健货币政策的基本经验和面临的挑战,中国金融,2002年第8期。

五、习题答案

(一) 术语解释

1. 货币:经济中人们经常用于向其他人购买物品或服务的一组资产。
2. 货币供给:经济中可得到的货币量。
3. 货币乘数:银行体系用1美元准备金所创造的货币量。
4. 公开市场操作:央行通过买卖政府债券以控制货币供给量的做法。
5. 法定准备金:银行必须根据其存款持有的最低准备金量。

(二) 单项选择

1. B 2. A 3. C 4. B 5. D 6. A 7. B 8. D 9. B 10. A 11. C 12. D

13. C 14. A 15. B

(三) 判断正误

1. × 2. × 3. √ 4. × 5. × 6. × 7. × 8. √ 9. √ 10. √

(四) 简答题

1.【考查要点】 货币乘数。

【参考答案】 是的,作为商业银行的银行,它购买和支出任何货币,它用人民币支付,就是一种向金融市场投放的基础货币。

2.【考查要点】 货币职能。

【参考答案】 货币有三种职能:交换媒介、计价单位以及价值储藏手段。作为一种交换媒介,货币是我们用以购买商品与服务的东西;作为一种计价单位,货币提供了可以表示价格和记录债务的单位;作为一种价值储藏手段,货币是一种把现在的购买力变成未来的购买力的方式。

3.【考查要点】 货币供给与货币工具。

【参考答案】 在许多国家,由中央银行控制货币的供给。美联储改变货币供给的第一种方法是改变准备金量,这种方法既可以通过公开市场操作,也可以通过对银行发放贷款,或者两者结合进行。美联储改变货币供给的第二种方法是通过影响准备金率,从而影响货币乘数来改变货币供给。这种方法既可以通过控制银行必须持有的准备金量,也可以通过控制美联储支付给银行准备金的利息来进行。

4.【考查要点】 货币类型。

【参考答案】 商品货币和法定货币是货币的两种类型。商品货币是基于某种商品有内在价值的货币,例如金子,当将之用于货币时,它就是商品货币。法定货币是由政府规定或法令确定的没有内在价值的货币,例如人民币和英镑。

5.【考查要点】 央行确定货币供给时存在的问题。

【参考答案】 央行的货币供给控制并不精确。这一方面是因为央行无法控制人们选择是把货币作为存款持有还是作为通货持有;另一方面,央行无法控制银行贷出的准备金量。

(五) 应用题

1.【考查要点】 货币政策和货币乘数。

【参考答案】 央行买进国债,货币供给增加。最大的货币供给量是100亿元乘以货币乘数。而货币乘数的最大值是1/20% =5,最小是1,即100%的准备金(20%法定之外,还有80%的超额准备金)或者100亿元根本没有流入银行体系。

2.【考查要点】 银行挤兑。

【参考答案】 所谓银行挤兑,是在信用危机的影响下,储户争相去银行提取现金的一种经济现象。一旦有部分储户参与挤兑,会导致其他储户也争先恐后去提现。银行必须准备超额准备金,以备支取,要么银行需要去央行贷款或者让未到期贷款户提前还款,这样导致货币供给出现萎缩。总之,银行挤兑是部分准备金银行制度产生的一个问题。

3.【考查要点】 准备金率和货币乘数。

【参考答案】 (1) T 账户左方(资产)是准备金 0.25 亿元,贷款 2.25 亿元;右方(负债)是 2.5 亿元存款。

(2) 新的 T 账户左方是准备金 0.24 亿元,贷款 2.16 亿元;右方是 2.4 亿元存款。

(3) 引起整个银行体系存款减少 $0.09 \times 10 = 0.9$ 亿美元,其中 $0.09 = 2.25 - 2.16$。

(4) 因为如果采取(2)中的行动让那些未到期贷款提前清偿,各相关银行催讨困难。另一种方式是请央行提供贷款给 ABC。这样 T 账户左方资产是准备金 0.24 亿元,贷款 2.25 亿元,账户右方负债是存款 2.4 亿元,央行借款 0.09 亿元。

(六) 拓展思考题

1.【考查要点】 准备金率和货币创造。

【参考答案】 (1) 1 000 万元,因为有 1 000 万元通货和零存款。

(2) 1 000 万元,因为现在有零通货和 1 000 万元存款。

(3) 1 000 万元 $\times \frac{1}{0.2} = 5\,000$ 万元,因为 1 000 万元新准备金可以支撑价值 5 000 万元的存款。

(4) 总的潜在增加量是 5 000 万元,但 1 000 万元是体系中已有的通货。因此,银行创造出来增加的货币是 4 000 万元。

(5) 1 000 万元 $\times \frac{1}{0.1} = 10\,000$ 万元,货币供给增加到 10 000 万元。

(6) 当法定准备金率下降时,银行可以用等量的新准备金创造出更多货币,因为它们可以把每笔新存款中更大的部分贷出去。

(7) 1 000 万元 $\times \frac{1}{0.1 + 0.1} = 5\,000$ 万元。

(8) 在(3)和(7)中二者答案是相同的。就存款创造而言,银行持有准备金的原因无关紧要,它持有准备金的量至关重要。

2.【考查要点】 货币工具与货币政策。

【参考答案】 货币政策是指政府或中央银行为影响经济活动所采取的措施,尤指控制货币供给以及调控利率的各项措施。稳健的货币政策是指根据经济变化的征兆来调整政策取向,当经济出现衰退迹象时,货币政策偏向扩张;当经济出现过热时,货币政策偏向紧缩。最终反映到物价上,就是保持物价的基本稳定。随着我国经济市场化程度的提高,传统的货币政策三大工具都得到了较好应用。由于金融市场不发达及市场传导机制不通畅等原因,较多使用数量型而不是价格型的货币政策工具。2000 年之后,中国频繁使用存款准备金率调整作为常规的货币政策工具。从 2003 年至 2013 年,与宏观调控相适应,中国人民银行调整存款准备金率共 39 次,相应地产生了一定的市场影响。相比之下,20 世纪 90 年代央行也曾多次调整准备金率,且调整幅度较高,但市场几乎没有反应,这说明我国经济市场化的程度已经有了明显的改善。但以数量型为主的货币政策调整存在较大的局限性。尤其是在中国这样的国家,银行体系流动性过剩,超额准备金比率很高,可能也难以达到预期的政策设计初衷。近年来,公开市场操作逐渐成为中国人民银行最重要的货币政策工具之一。央行在市场上通过公开买卖国债,向商业银行体系放松或收缩银根,从而起到调控货币供给量的作用,使稳健货币政策的执行得以保证。央行还通过票据再贴现政策、窗口指导以及发布对某些风险的提示来实施宏观调控。可以看到,央行不再依赖单一的政策,而是比较熟练地运用一系列微调手段,前瞻性地出台一系列措施,以达到综合的政策效果。这种组合拳式的调控方式,将是今后的主要调控手段。不仅如此,中国一直在努力地探索与调整常规的货币政策实施手段以适应迅速变化的经济金融环境,譬如央票操作,即中央银行为调节超额准备金而向商业银行发行的一种短期债务凭证。

第 30 章
货币增长与通货膨胀

一、学习精要

(一) 教学目标

1. 理解通货膨胀与通货紧缩的基本概念及其表现形式。

2. 掌握古典通货膨胀理论,学会从货币市场供需均衡分析和货币数量方程式两个角度来理解货币增长与通货膨胀之间的关系。

3. 领会超速通货膨胀的含义及其产生的原因,掌握通货膨胀税的内涵。

4. 领会古典二分法和货币中性的含义,学会用费雪效应来考察名义利率如何对通货膨胀率做出反应。

5. 理解通货膨胀对社会和经济运行带来的各种成本。

(二) 内容提要

本章主要讨论造成通货膨胀的原因以及通货膨胀会带来哪些成本。在长期中,货币增长与通货膨胀之间存在着强烈的关系。通货膨胀的成本大多较为隐秘并难以计算其大小,而且随着通货膨胀程度的不同,成本的大小也会发生质的变化。另外,虽然通货膨胀会带来很多不利的影响,但是通货紧缩的弊端可能更大。

1. *古典通货膨胀理论*

(1) 通货膨胀是指一个社会的物价总水平在一段时间内的持续上涨。通货膨胀是一种广泛的经济现象,它涉及的首要且最重要的是经济中交换媒介的价值。假设物价总水平为 P,它说明了用货币表示的商品和服务的价值,则 $1/P$ 代表了用商品和服务表示的货币的价值。当物价总水平上升时,货币的价值下降,反之也成立。

(2) 货币的供给和需求决定了货币的价值。一方面,货币需求反映了人们想以流动性形式持有的财富量,而物价水平是货币需求的最重要影响因素。在其他条件不变的情况下,货币需求量与货币的价值负相关,与物价水平正相关,因此货币需求曲线向右下方倾斜。另一方面,我们忽略银行体系和消费者所起的作用,可以假设现实中的货币供给量是中央银行决定的一个政策变量,因此货币供给曲线是一条垂线。在长期中,物价总水平会调整到使货币需求量等于货币供给量。

(3) 根据货币数量论,经济中的货币量决定物价水平(以及货币的价值),货币供给增长是引起通货膨胀的主要原因。假设央行增加货币供给,则货币供给曲线 MS 向右移动。在最初的物价水平,货币供给增加导致超额的货币供给。人们用这些超额货币购买物品与服务,或者向其他人发放贷款(购买债券),这些贷款又使其他人可以购买物品与服务。无论哪一种方法,货币注入的结果都会增加对物品和服务的需求。由于经济生产物品和服务的能力没有改变,对物品和服务需求的增加必然导致物价上涨。

(4) 古典二分法将经济变量分为两个类型,即名义变量和真实变量。名义变量是按货币单位衡量的变量,而真实变量是按实物单位衡量的变量。经济中的大多数价格常用货币来衡量,均为名义变量;而相对价格用实物单位衡量,是真实变量。在长期,货币供给变动仅仅影响名义变量,并不影响真实变量,这个观点被称为货币中性。

(5) 可以用数量方程式来证明古典二分法和货币中性。根据货币流通速度公式($V=(P\times Y)/M$)整理可得货币数量方程式:

$$M\times V=P\times Y$$

其中,V 是货币流通速度;Y 是真实产量($P\times Y$ 即为名义 GDP);M 是货币量。

根据数量方程式,由于长期中 V 较为稳定,因此货币量 M 的变动必然引起名义产出 $P\times Y$ 的同比例变动。由于真实产量 Y 在长期由生产率和要素供给决定且不受 M 变动的影响,因此可分为两种情况:如果真实产出 Y 不变,则通货膨胀率 = 货币增长率;如果真实产出 Y 增加,则通货膨胀率 < 货币增长率。因此通货膨胀产生于货币供给的迅速增长。

(6) 当政府税收收入不足以支付其支出,而借款能力又有限时,政府就可能通过印发货币来筹集收入,几乎所有的超速通货膨胀都是这样开始的。政府通过创造货币而筹集收入就是实行通货膨胀税,当政府发行货币且物价上升时,人们持有的货币的价值下降。通货膨胀税是向所有持有货币的人征收的税。

(7) 在长期中,货币变动只影响名义变量,而不影响真实变量。根据货币中性原理,当货币增长率上升导致通货膨胀率上升时,真实利率是不变的,因而名义利率对通货膨胀率一对一调整,这种现象称为费雪效应。因为名义利率在第一次发放贷款时就已经确定,因此确切地说,费雪效应表明的是名义利率是根据预期的通货膨胀进行一对一调整的。

名义利率 = 真实利率 + 通货膨胀率

2. 通货膨胀的成本

(1) 许多人认为,通货膨胀直接降低了他们的生活水平,其实这种观点是一种谬误。在发生通货膨胀时,收入的膨胀与物价的膨胀同步。因此,通货膨胀本身并没有降低人们的实际购买力。人们相信这个通货膨胀的谬误,是因为他们并没有认识到货币中性的原理。

(2) 但是,通货膨胀确实会产生许多更为微妙的成本。这些成本包括与减少货币持有量相关的皮鞋成本,与频繁调整价格相关的菜单成本,相对价格变动与资源配置不当带来的低效率、混乱与不方便以及未预期到的通货膨胀的特殊成本——任意的财富再分配。

(3) 通货膨胀的成本往往隐秘而复杂,所以衡量、比较每种成本的大小非常困难。在超速通货膨胀时各种成本都很巨大,但在温和通胀下,大小并不清楚。弗里德曼则认为,与实际利率相等的可预测的轻度通货紧缩可能是合意的。但通货紧缩通常也是更多其他经济问题的信号。

(三) 关键概念

1. 通货膨胀:物价总水平在某一时期内持续上涨。
2. 通货紧缩:物价总水平在某一时期内持续下跌。
3. 货币数量论:一种认为可得到的货币量决定物价水平,可得到的货币量的增长率决定通货膨胀率的理论。

4. 名义变量：用货币单位衡量的变量。

5. 真实变量：用实物单位衡量的变量。

6. 古典二分法：名义变量和真实变量的理论区分。

7. 货币中性：认为货币供给变动并不影响真实变量的观点。

8. 货币流通速度：货币易手的速度。

9. 数量方程式：把货币量、货币流通速度与经济中的物价、真实产出相联系的方程式。

10. 通货膨胀税：政府通过创造货币而筹集的收入。

11. 费雪效应：名义利率对通货膨胀率所进行的一对一的调整。

12. 皮鞋成本：当通货膨胀鼓励人们减少货币持有量时所浪费的资源。

13. 菜单成本：通货膨胀引起的与改变价格相关的成本。

（四）拓展提示

1. 现代货币数量论认为，货币数量论不是关于产量、货币收入或价格水平的理论，而首先是一种货币需求理论。其主要代表人物是美国的 M. 弗里德曼。1956 年，他在《货币数量论——一种重新表述》中提出的货币需求函数，后来他又将它扩展。在弗里德曼看来，由于货币需求函数是极为稳定的，因而物价的变动决定于货币的供给。从货币供给的变动去研究对物价的影响是货币数量论的特点。不仅如此，货币供给的变动还影响产量和名义收入，但货币量的增长对名义收入的增长的影响有一个时间间隔，因为名义收入是个综合性指标，它包括价格和产量。货币供给量的增长先影响产量后影响价格。这一点又区别于早期的货币数量论，早期的货币数量论假定充分就业，即假定产量不变。

2. 为什么要把变量分成两类呢？古典二分法是很有用的，因为影响真实变量和名义变量的因素不同。根据古典分析，名义变量受到经济中货币供给的影响，而货币对解释真实变量基本是无关的，这种思想隐含在我们关于长期真实经济的讨论中。如果中央银行使货币供给翻一番，休谟和古典经济学家认为：在长期，所有名义变量（包括价格）会翻一番；所有真实变量（含相对价格）保持不变。在研究经济的长期变动时，货币中性对世界如何运行提供了一个很好的描述。但需要注意的是，大多数经济学家相信，货币中性在短期中是不适用的。也就是说，在一至两年内，货币供给变动对真实变量是有影响的。在现在看来，古典二分法太简单了，也许它反映了金本位货币制和经济尚不像现在这样如此复杂的经济中的规律，但已经不适用于变化的经济世界。即使继承了货币数量论或货币中性论观点的经济学家，理论也大大改变了。现代经济学家用不同的理论解释货币在经济全球化条件下对国内和国际经济的复杂影响。这些理论是 20 世纪 30 年代以后经济学的重要发展，也是各国不同货币政策的理论基础。

3. 以引发通货膨胀的原因不同，可以把通货膨胀分为四类：其一是需求拉动型通货膨胀，即因社会总需求过度增长，超过了社会总供给的增长幅度，导致商品和服务供给不足、物价持续上涨的通货膨胀类型，具有自发性、诱发性、支持性等特点。其二是成本推动型通货膨胀，又称成本通货膨胀或供给通货膨胀，即在没有超额需求的情况下由于供给方面成本的提高所引起的一般价格水平持续和显著的上涨。其三是输入型通货膨胀，即由于国外商品或生产要素价格的上涨，引起国内物价的持续上涨现象（汇率所致）。其四是结构型通货膨胀，指物价上涨是在总需求并不过多的情况下，而对某些部门的产品需求过多造成部分产品的价格上涨现象。

4. 通货膨胀可以造成财富的再分配。例如,在债务人与债权人之间,贷款利率是根据签约时的通货膨胀率确定名义利率的,当发生未预期到的通胀,由于契约无法更改,使得实际利率下降,债务人需要偿还的钱的价值实际降低了,相当于债务人剥削了债权人的部分财富。又如,未预期的通胀发生时,工资往往不能迅速调整,但商品的售价却更容易变动。在名义销售收入增加而实际工资下降的情况下,企业的利润就增加了。通胀使工人的财富转移到了企业主手中。一般而言,通胀使固定收入的人财富受损,而使浮动收入的人财富受益。通胀有利于政府,相当于政府征收通货膨胀税,不利于普通民众。

5. 预期对通货膨胀也有重要的影响。即使最初引起通胀的原因消除了,因为预期的存在,通胀也往往会持续甚至加剧。因为人们总是根据过去的通胀率来预期未来的通胀率并以此指导未来的经济行为。例如,上一年的通货膨胀率是5%,人们会预期下一年的通胀率也不会低于5%,因此下一年,工人要求的工资增长至少是5%,商品的价格也至少调整5%。这样,由于预期,即使引起上一年通胀的原因消失了,下一年的通胀也至少会是5%。

二、新闻透视

(一) 新闻透视 A

"蒜你狠"等网络热词迭出 折射百姓遭遇物价上涨压力

从"蒜你狠"到"豆你玩"再到"棉花掌",从去年年底至今,由中国网民创造用以调侃物价上涨的网络新词层出不穷,折射出百姓遭遇的物价上涨压力。

这些令人哭笑不得的词汇因谐音异字,便于记忆,随着物价的不断上涨,被网络广泛转载引用。其中,"蒜你狠"首开网友以此类词汇调侃物价的先河。今年3月,大蒜价格疯涨数十倍,网友们借用流行歌曲《算你狠》的歌名,创造出风行网络的"蒜你狠"一词。

"价格最贵的时候,蒜可以卖到每头1.5元,饺子店里的服务员甚至不愿意多赠送几瓣蒜给顾客。"中国大蒜主产区山东金乡县居民冯立刚认为,"蒜你狠"一词贴切地表达出了蒜价上涨的"狠劲"。

紧随大蒜,绿豆成为另一被热议的商品。已故相声大师马三立最著名段子中的经典台词"逗你玩"被网友演绎成"豆你玩",以表达对从今年初开始,绿豆从每公斤两三元涨到目前十多元的无奈。

自"蒜你狠"、"豆你玩"诞生后,中国网友调侃物价上涨的兴趣似乎与商品价格走势一样,持续高涨。随着生姜、食用油、白糖、苹果、棉花、中药、煤炭等商品价格涨势接连启动,相应的三字新词随即出现,"姜你军"、"油你涨"、"糖高宗"、"苹什么"、"棉花掌"、"药你苦"、"煤超疯"等"侃市场"词汇无不彰显网民的智慧。

资料来源:刘宝森、席敏,新华网,http://news.xinhuanet.com/fortune/2010-11/11/c_12763588.htm,2010年11月11日。

【关联理论】

通货膨胀是指物价水平的普遍上涨,而且这种上涨不是一时的上涨而是持续一定时期的上涨,上涨也不是同一幅度的上涨而是不同商品不同程度的上涨。其实质是过多的货币追逐相对较少的商品形成的,通货膨胀更多的是关于货币价值,而不是物品价值。

【新闻评析】

通货膨胀是近年来我们经常听到的一个词,其意思是指在一段时期内,社会生活、生产中的大部分商品的价格都出现不同程度的上涨。本质上来说,通货膨胀是一种货币现象,在社会中的商品产量一定的情况下,如果货币当局发行的货币超过了经济中所需要的数量,通货膨胀就出现了。

以上新闻就很好地说明了这点:2010 年,大蒜、绿豆、辣椒、玉米等农产品价格大幅上涨,于是,网友们借鉴歌曲《算你狠》和相声段子《逗你玩》催生了"蒜你狠"、"豆你玩"等网络热词,表达自己无奈愤懑的心情。在这些带着灰色幽默词汇的背后是中国正经历着明显的通货膨胀:中国政府官方公布的数据显示 2007 年 CPI 涨幅为 4.8%,2008 年为 5.9%,2009 年为 -0.7%,2010 年为 3.3%,2011 年为 5.4%。菜价、油价、房价先后一涨再涨,即使国家出台多种政策组合也无法完全压制上涨趋势。为什么国家无法抑制这种趋势呢?我们可以考察这段时期政府发行货币的数量:2003 年年末中国 M2 总量为 21.92 万亿元,2013 年年末则达到 110.65 万亿元,10 年间增长近 5 倍,平均年化复合增长率高达 17.6%,远远超出同期 GDP 的增长速度(平均约 9%)。正是因为现实中的货币量超过了实际经济体中的需求量,从而推高了价格,导致了通货膨胀的爆发。

大蒜、生姜、绿豆都不是主粮,也不是生活必需品,在历来的市场中都是可以忽略的东西,然而为什么这次会价格飙升,异军突起呢?首先,近几年中国流动性泛滥,加上为应对 2008 年金融危机,全球普遍实行量化宽松的货币政策,社会上的闲散资金众多,巨额游资急需出处。大蒜、绿豆等很多农产品容易囤积,资本炒家先从这些产地集中的小品种炒起,面对产量有限的这些商品,巨大的游资将价格拉升 5—10 倍非常轻松。其次,中国农产品价格已经成为价格洼地,很多农产品有补涨的客观要求。最近 25 年,一般公务员工资上涨了 60 倍左右,农资的价格涨了 20 倍左右,而农产品价格只上涨了 6 倍左右。相对于其他商品的上涨,大蒜、绿豆即使价格飙升到现在的水平也不足为奇。

(二) 新闻透视 B

余额宝一周年:超 5400 亿规模"草根金融"逼乱银行阵脚

2014 年 6 月 13 日,余额宝迎来上线后的首个生日,一年走来,余额宝曾独领风骚,使其对接的天弘基金呈现爆发式增长;也开创了在线理财的先河,引出无数"宝宝"竞相模仿;也曾"野蛮生长",使传统银行对其"恨"得咬牙切齿。可以说,余额宝在取得辉煌战绩的同时,这一年中走得并非一帆风顺,即便目前,它也饱受质疑。传统银行受鲶鱼效应影响,陷入改革反思之中,余额宝等"宝宝"们活得也不轻松,在收益每况愈下、监管日益严格、竞争日趋激烈的情况下,如何持续发展下去的问题,摆在了余额宝等"宝宝"类产品的面前。

余额宝自 2013 年 6 月 13 日诞生以来,一年时间,目前用户已经过亿;截至 2014 年 3 月底,市场规模达到 5412 亿元,可谓成绩斐然。

对此,热衷于网购的张女士深有体会,她对中新网 IT 频道表示:"为方便淘宝购物,原来支付宝里面就有沉淀资金,现在充进余额宝,既能随时使用,还能得到收益,既方便,又实惠。"还有用户表示:"小额闲置资金在银行存定期灵活性较差,存活期收益又低,存进余额宝起码比存银行活期强。"

余额宝的成功，引发了互联网企业竞相模仿，百度百发、京东小金库等“宝宝”层出不穷，甚至非互联网企业、与金融业务无关的电信企业也纷纷涉足其中，想分一杯羹。另外，余额宝还对传统银行产生了鲶鱼效应，促使工行、交行等传统银行纷纷推出自己的类“宝宝”理财产品，以顺应潮流，吸收更多的存款。

但余额宝也面临持续发展难题，和其他“宝宝”一样，其年化收益率并没有一直稳定在高位，自达到6.763%的年化收益率后持续下滑。虽然天弘基金总经理周晓明表示，余额宝还有很大的发展空间，但是目前市场普遍观点认为，余额宝高年化收益率难再现。《华西都市报》9日援引一位基金人士观点称，去年的“钱荒”现象今年重现的概率低，加之央行推出定向降准、银行表外业务的监管加强，余额宝等“宝宝”类产品收益率反弹的可能性很小。

另外，在余额宝等收益持续下滑的同时，银行理财产品收益却有上升迹象。据多家媒体走访发现，部分有更好投资渠道的用户已开始抽出余额宝资金追求更高收益。广发银行理财分析师张毅告诉记者，今年各银行基本采用了“长期限+高受益”的投资策略锁定了客户。有分析指出，目前余额宝同这些银行基金相比的优势在于其“高流动性”。

不过，随着互联网金融的监管日趋严格，余额宝等“宝宝”类产品作为互联网金融的一种业态形式，自然也在监管范围内。近日，一则“央行是否应该对余额宝征缴存款准备金”的消息就引起争议，有评论指出，一旦央行对余额宝等征收存款准备金，这将对以“高流动性”为卖点的理财类产品造成严重打击。

资料来源：吴涛，中国新闻网，http://finance.chinanews.com/it/2014/06-13/6275443.shtml，2014年6月13日。

【关联理论】

真实利率=名义利率-通货膨胀率。在长期中货币是中性的，因此通货膨胀只影响名义利率而非实际利率，真实利率取决于资金市场的供需状况。当通货膨胀率上升，名义利率一对一地上升，而真实利率不变。但在短期，当名义利率不变时，通货膨胀率的变化会影响实际利率的高低。

【新闻评析】

资金是逐利的，哪里利率高，资金就会涌向哪里。现实生活中，人们常常根据人民银行公布的存贷款利率来调整自己的投资理财行为。但是，银行公布的利率其实是名义利率，而真实利率是由资金市场的供给和需求的均衡决定的。但真实利率和名义利率往往不相等，真实利率和名义利率之间还受当时的社会通货膨胀率的影响。不过，这种影响只在短期内起作用。短期内，由于名义利率不变，通货膨胀率的变化就会影响真实利率的高低，而长期，所有经济变量都是可以调整的，因此通货膨胀率的变化只会影响名义利率而不影响真实利率。不过，经济学中的长期往往是十几年到几十年，所以“真实利率=名义利率-通货膨胀率”这一公式还是指导着大家的短期经济行为。上述新闻就很好地展示了短期中，名义利率和通货膨胀率是如何影响人们理财行为的。

近年来中国正经历着明显的通货膨胀，官方数据显示2007—2011年CPI一直在5%的警戒线徘徊，2012年后虽然回落，但居民对物价上涨的感觉依旧明显。民间大多人认为中国实际的通货膨胀率要远高于官方公布的数据，许多学者粗略估计在5%—6%。为应对通胀，央行也不断提高定期存款利率，从2.75%上升到最高的3.5%。即便如此，将钱存进银行还是会面临贬值。因为根据真实利率=名义利率-通货膨胀率，此时实际利率为负：3.5%-5%

= -1.5%。把钱存进银行就意味着每天都在亏钱,把资金投资到高于通胀率的地方越来越成为普通居民的需求。

余额宝推出之际,收益率高达6%,一度还攀升到7%,这样的收益率完全能抵挡通胀的影响,使得真实利率为正:6% -5% =1%,即把钱从银行转到余额宝就能从每年亏损1.5%变成盈利1%。加上余额宝能像活期存款一样随时变现,所以余额宝一经推出便迅猛发展,并带动了货币基金的热销,已成为货币市场基金规模发展的重要推动力量。数据显示,截至2014年1月末,货币市场基金规模由半年前不到5000亿元增至9500亿元,单月增量达到2053亿元。与货币基金市场规模大增形成鲜明对比的是2014年1月份银行存款大幅减少9402亿元。新增居民存款规模大幅减少表明了高收益的理财产品,特别是近期互联网货币市场基金快速发展,对实际利率为负的居民存款分流明显。

三、案例研究

(一)案例研究A

老人25年前买养老保险　如今月领1.8元

10月28日,在成都市梁家巷,记者见到了董维亮。董维亮现年已经71岁,1989年购买保险时,"刚过完46岁生日"。

董维亮原本是成都某厂职工,1984年因为身体原因提前退休,1987年在荷花池办起金牛区第一个自行车租赁及修理行。"自己当时原本并没有购买保险的打算,也根本不懂什么是保险,收益率多少、每月领取金额都没有概念。"但董维亮最终还是爽快地参了保。

"推销保险的人员是当时我所在的街道办个体协会的工作人员,他们介绍,只要买了这份保险,60岁就能领养老金。我想着老了有保障,而且有街道办人员出面担保。"董维亮回忆,"但当时保险公司并没有出具任何凭证,也没有告知未来收益。"一直到1992年,董维亮再次找到该街道办个体协会负责人,对方"这时才出具了一张收据,但上面依然没有今后收益的任何说明"。

2003年,董维亮年满60岁,达到领取养老保险金的年龄。2006年3月,拿着协会出具的收据,董维亮来到中国人寿成都分公司,直到这时,保险公司才换发了养老金保险领取证,并告知自己每月可以领取养老金1.8元,"这个数字简直让人哭笑不得"。"当时我就不接受。100元在1989年并不是一笔小数字,相当于我两个月的收入。"董维亮介绍,自己当时租车7天才收2元钱,锅盔仅5分钱一个。

10月28日,记者跟随董维亮一起来到中国人寿股份有限公司成都分公司。这是董维亮第三次来到这里,公司客户服务中心工作人员曾念旭再次接待了他,记者跟随来到客服中心相关技术人员办公室前。技术人员打开电脑,迅速进入公司内部系统,输入保单号后,董维亮的信息很快跳了出来。"董维亮投保类型为商业型储蓄养老保险,险种系数为0.01799。""系数×参保金额就是每月应该领取的保险金,0.01799×100元=1.799元。"技术人员解释,"根据四舍五入我们支付了1.8元,实际上每月还多支付了1厘钱。"

"投保时每月1.8元还可以买30多个锅盔,现在为啥不跟着涨?"董维亮不明白。"商业保险到期后领取的收益金是不与物价指数挂钩的。"曾念旭说,"养老金领取证等同于合同,合同上写的是多少，到时候就只能领多少，不能因为20多年前1.8元可以买几斤肉，现在物价涨了也要求保险公司支付和当时购买力一致的保险金额。”技术人员进一步解释："商业保险和社保不同，社保缴费基数每年都会根据当年的实际情况上下浮动，因此到期后领取的金额会与物价水平挂钩，但商业保险不一样，即使物价暴涨，商业保险公司也没有要求被保险人增加保金，因此保险到期后，要求根据物价水平支付保金是不公平的。”曾念旭说："根据合同，2003年开始，董维亮已经可以领取养老金，每年21.6元，10多年下来，事实上已经回本了；再说，这笔保险金看似少，但是被保人从60岁起，月月都有，一直到被保人'百年'，与投入相比，累计算下来其实也不少。”

资料来源：新华网—四川在线，http://news.xinhuanet.com/gongyi/yanglao/2014-10/29/c_127155055.htm，2014年10月29日。

【关联理论】

通货膨胀是一种广泛的经济现象，它涉及的首要并且最重要的是经济中交换媒介的价值。当我们把物价水平看做货币价值的一种衡量指标时，物价水平的上升意味着货币价值下降，因为你手中的每元钱所能买到的物品与服务量变少了。

【案例解剖】

如果我们将全社会的商品和服务看成是一个综合商品，其价值用 P 表示，那么 P 就代表全社会的物价水平，而 $1/P$ 代表每单位货币的价值。观察公式我们会发现，P 越大，货币的价值越低，即一个社会的通货膨胀越厉害，它的单位货币就越不值钱。一般而言，一个稳定发展的社会，其每年的通货膨胀率都比较低，货币的贬值不容易察觉。但是当我们把考察时间拉长到10年、20年的跨度，通货膨胀对财富的蚕食就非常明显了。上面的案例就给我们展示了在25年的时间跨度下，通货膨胀如何让钱变得不值钱。

根据案例中的数据，100元买的保险，每年可以领21.6元，5年其实已经回本，领到现在(2014年)其收益率已经高达137.6%，为什么董大爷还不高兴？因为董大爷现在领到的钱不如以前值钱了。25年前投保的时候，100元是当时2个月的工资水平，1.8元可以买30多个锅盔(一种面食)或者几斤肉，而现在连一个锅盔都买不到。货币价值缩水了30多倍！在通货膨胀的持续影响下，董大爷的投资其实是亏了。中国改革开放30年来，经济发展迅速，人均收入也快速提高，但是伴随着增加的收入还有上升更快的物价水平，通货膨胀使得人民币的货币价值不断下降，和以往相比，每元钱能买到的物品和服务量不断减少。所以，虽然董大爷投保的名义收益率很高，但是由于商业保险到期后领取的收益金是固定的，不与当时的物价指数挂钩，因此当发生未预期到的通货膨胀时，董大爷的实际收益就会受到损失。

为防范通胀，最有效的一种方式就是在通胀到来之前，将人民币变成具备升值潜力的人民币资产，换句话说，给手上的人民币赋予“涨价”的权利。说到人民币资产，它的分类非常广泛，人们熟知的短期国债、公司债、企业债、货币市场基金、债券型基金、股票型基金、A股和H股股票、银行理财产品、不动产以及期货产品、信托产品、私募产品、古董艺术品都属于人民币资产的范畴。近年来，各种理财产品的火爆就是人们抗击通胀的一个佐证。如果能有效利用资产升值的空间进行投资，那么我们手中的人民币不仅能躲过通货膨胀的阴影，还能赚得超额的利润。

（二）案例研究 B

白领攒钱买房不敢花 月入过万生活不轻松

扩大消费，关键是让老百姓有钱可花，有钱敢花。近年来，中国平均收入水平有了不小的增长，然而收入增长的同时，生活成本也在不断上升，生活压力增大。很多人感叹：月收入过万元生活仍然不轻松。在这种情况下，扩大消费并不容易。

"除了不能推辞的应酬、不得不支出的开支以外，其他的消费都是能省就省。"来自山东省济宁市的小伙付本波2009年从东北大学毕业，随后到北京海淀区一家软件开发公司就职。刚刚上班时工资7000多元，近三年来，工资涨了三次，现在每个月的税前工资达到1.2万元。在很多人眼里看来，这算是高收入了，可他却不轻松。

付本波说，虽然每个月的收入不低，但是支出也不少：房租要3000元，吃饭也要1000多元，交通、通信800元左右，这些支出比较固定，除此以外，还有朋友聚会等一些不太固定的支出，也是笔不小的开支。"比如结婚等喜事的礼金就让我很头疼。"付本波说，目前就职的公司部门人较多，加上大学同学在北京的也不少，而恰恰差不多都在结婚的年龄。这样一来，他甚至每个月都有结婚、生孩子等应酬，而一次花费就要近1000元钱。

同事、朋友闲暇时间聚会花销也不少。每到周末，就会有同事组织活动，集体活动不太方便推辞，几个人到饭馆一坐，饭后再唱唱歌、看看电影，一天下来，就算AA制，每个人也有将近200元钱的花费。"观看一场电影就要七八十元钱，真有点舍不得。"付本波说。

平时，每天40多元的伙食费，虽然只是在路边的快餐店填饱肚子，在付本波看来已经算是"大手大脚"了。"我刚毕业的时候，每天的伙食费只有20多元。"付本波说，现在他每天都想着省钱、攒钱，除了不能推辞的活动以外，他都是能省即省。

小付爱打网球，爱好旅游。"但一张健身卡就要2000多元，出去旅游一趟少则几千元，多则上万元，这些对我来说，只能算是'奢望'了。"付本波说。

"其实也不是负担不起，但想想将来的生活压力，还是省着点花，攒点钱比较好。"付本波说，之所以这么节约，还是想攒钱买房子。在买房这件事上，父母能给他的支持有限，更多需要自己努力。眼下房价仍然居高不下，他想每年能攒六七万元左右的存款，过几年能凑足首付，在郊区买一套房子。"希望房价再多降一些。"

资料来源：王珂，人民网，http://finance.people.com.cn/money/GB/17637752.html，2012年4月12日。

【关联理论】

通货膨胀会引起相对价格的变动。消费者通过比较各种物品与服务的质量和价格决定购买什么。通过这些决策，他们决定稀缺的生产要素如何在个人和企业中配置。当通货膨胀扭曲了相对价格时，消费者的决策也被扭曲了，市场也就不能把资源配置到其最好的用途中，这其实是未预期到的通货膨胀的特殊成本。

【案例解剖】

货币供给超额增加会引发价格上升从而带来通货膨胀，但在通胀的过程中并不是所有的商品价格以同样的百分比上升。新增货币总是流入经济体系的一个具体的点上，第一批得到增发货币的人会将这笔钱花出，从而抬高他们所购买的商品、服务的价格。而后一行业的人收入增加又将钱花出去，对所需的商品和服务价格产生影响。这个过程就像向水中扔一块石头，涟漪从中心向四周扩散。而且越是中心，价格的上涨幅度越大。在这个机制下，社会中的不同商品经历了不同的上涨趋势，由于上涨幅度和上涨时间的不一致，导致商品间的相对价格发生巨大的变化。而这种变化打破了原来的经济平衡，生产者、消费者也根据这些相对变化调整自己的经济行为。

以中国的房价为例：房价在1995—2003年间涨幅不大，2003年后开始提速，年均增幅达到两位数。房地产的繁荣吸引了大量社会资金进入。在通货膨胀严重的情况下，把钱存进银行实际会遭遇“负利率”，为了让财富保值增值，在投资渠道有限的情况下，居民只能炒股、买黄金和买房子，于是出现了全国炒股、全国买房的奇观。而另一方面，由于劳动力成本不断上升，税收、融资成本过高，人民币汇率不断上涨等原因，中国的制造业经营环境急速恶化，利润大幅下降。对于企业家来说，做企业越来越赔本，为了不让自己的财富缩水，他们就会把钱从制造业里撤出来，去炒股、买楼，投资各种证券资产。

2009年为应对国际金融危机，中国政府出台了“四万亿”的刺激政策，虽然当时稳定了经济增长，但也带来了巨大的通货膨胀，房价冲上了新的高度，也使得社会形成了“房价不会跌”的预期。买房不仅是生活投资，更成了抗击通胀的重要手段。因此，在通货膨胀的背景下，房价会继续上涨。因为买房，社会资金大量投入房地产市场，抑制了其他行业的资金流量，影响了其他行业的发展，导致市场资源配置失灵，出现了“中国经济被房地产绑架”这样的困局。

对于普通居民来说，为了买房，只能在既定的收入中不断压缩其他方面的开支。就这样，在通货膨胀的影响下，房价相对于其他商品变得扭曲了，大家的经济行为也就跟着“扭曲”了。

（三）案例研究C

通货膨胀的“财富大挪移”游戏

北京的小赵2000年大学毕业后不久，便在父母的资助下花50万元买了一套房子。其中，按揭部分占房款的60%，每月需要还银行贷款不到2 000元。如今按揭贷款已经提前偿还，这套房子目前的市场价是300万元。

小赵的同学小钱，2000年毕业后一直租房，每月支付的房租从2000年的1 000元涨到了目前的3 500元。十多年来，小钱每月用于房子的支出已经超过了小赵的还贷支出。而且如今拥有一套房产的小赵身家已经达到了300万元，与同学相比，小钱只能捏着瘪瘪的钱包，对着飙升的房价，唉声叹气。

他俩的同班同学小孙在2000年毕业后，把父母给他的一套小房卖掉自己租房住，用卖房的20万元买了一辆小汽车，开到现在。如今新车变成了老爷车，到二手市场一打听，也就值8 000元钱，而当初以20万元市场价卖掉的房子价值已经升到120万元。

另一个同学小李，2000年也把一套价值20万元的房子卖了，拿钱去炒股，由于股艺不精，总是被套。2005年小李割肉从股市套现5万元，然后把钱存了5年定期，到现在连本带息5.5万元。十年后，当初卖掉的房子从20万元升值到100多万元，自己手里剩下的仅仅是不足6万的存款。

为什么赵、钱、孙、李四个起点一样、收入相似的同学，却因为过去十年不同的决策，有人欢喜有人忧呢？

资料来源：滕泰，腾讯网，http://finance.qq.com/a/20120110/002620.html，2012年1月12日。

【关联理论】

如果通货膨胀是未预期到的，它会对社会的财富任意再分配而产生特殊的经济成本。通常来说，通货膨胀有利于浮动收入者，不利于固定收入者；有利于实物财富所有者，不利于货币财富持有者；有利于政府，不利于普通民众。

【案例解剖】

通货膨胀所指的价格上涨并不是同步的，即不会在同一时间上涨，也不会以同一比例上涨。相反，不同商品和服务的价格会陆续上涨，且上涨幅度大不相同。当社会商品的价格结构发生变化，这些商品所代表的行业的收入也会发生变化，于是整个社会的收入分配格局会发生倾斜，其倾斜方向和通胀发展的路径一致：增发货币最早落到的商品和服务所在的行业收入迅速增加，而货币后来才陆续落到的商品和服务所在的行业其收入增加将慢于和低于前者。这就是通货膨胀的收入再分配效应。

通常来说，通货膨胀使得以利息和租金为收入的债权人受到损害，而债务人收益。由于利息和租金这两种收入形式往往在较长期的合同中被确定下来，因而如果在合同有效期内出现通货膨胀，就会使得资本或土地实际表现出来的利息或地租高于合同规定的数额，结果按合同规定的数额取得利息或租金的人受到损害，同时，借贷或租用者就会因此得到好处。小赵通过向银行贷款买房，是债务人，每月2 000元的房贷可以看作固定的租金，其实际货币价值因为通货膨胀而不断下降，他每月还给银行的钱从货币真实价值看其实是不断减少的，所以小赵作为债务人享受到通胀带来的好处。相反，小李将钱存入银行是债权人，他收到的利息是固定的，因为通胀其实际货币价值不断下降，他每月拿到的钱其实在不断减少，他是通胀的受害者。

在通货膨胀过程中，实物的持有者可以根据价格上涨趋势顺势提价，享受到了相应财富的增加，而货币的持有者因为货币本身价值的贬值，财富受到损失。在中国，由于房地产市场的高速发展，拥有房产的人在通货膨胀中获得了超额的回报，比如小赵，所持有的房产由50万元增值到300万元。而小钱、小李则因为将实物财富换成货币财富持有，受到了巨大的损失。

四、课外习题

（一）术语解释

1. 名义变量
2. 货币中性
3. 通货膨胀
4. 菜单成本
5. 通货膨胀税

(二) 单项选择

1. 认为货币供给量变动是通货膨胀主要原因的是(　　)。
   A. 凯恩斯学派　　B. 货币学派　　C. 哈耶克　　D. 古典学派
2. 以下哪一种现象不伴随通货紧缩发生?(　　)。
   A. 有效需求不足　　B. 经济衰退　　C. 失业率下降　　D. 物价上涨
3. 物价指数是衡量通货膨胀程度的最直接指标,以下属于物价指数的是(　　)。
   A. 生活费用指数　　B. GDP 平减指数
   C. 货币购买力指数　　D. 实际工资指数
4. 在通货膨胀不能完全预期的情况下,通货膨胀将有利于(　　)。
   A. 债务人　　B. 债权人　　C. 在职人员　　D. 离退休人员
5. 如果实际通货膨胀率低于预期的水平,则(　　)。
   A. 债务人和债权人都受损　　B. 债务人和债权人都受益
   C. 债务人受损,债权人受益　　D. 债权人受损,债务人受益
6. 通货膨胀是指(　　)。
   A. 货币发行量过多引起价格水平的普遍持续上涨
   B. 货币发行量超过了流通中的货币量
   C. 货币发行量超过了流通中商品的价值量
   D. 以上均不正确
7. 在通货膨胀时期,持有货币的成本等于(　　)。
   A. 名义利率　　B. 事后实际利率
   C. 事前实际利率加上预期的通货膨胀率　　D. A 和 C
8. 如果利息税的税率是 25%,银行规定的 1 年期定期存款的利率是 2%,通货膨胀率是 1%,则该项存款的税前实际利率等于(　　),税后实际利率等于(　　)。
   A. 1%,0.75%　　B. 1%,0.5%　　C. 1.5%,1.5%　　D. 2%,1%
9. 在 2012 年,CPI 是 118.0;在 2013 年,CPI 是 126.5。这一时期的通货膨胀率是(　　)。
   A. 18%　　B. 7.2%　　C. 8.5%　　D. 26.5%
10. 下列关于通货膨胀对经济的影响描述正确的是(　　)。
    A. 通货膨胀有利于债权人而不利于债务人
    B. 通货膨胀有利于工人而不利于雇主
    C. 通货膨胀有利于公众而不利于政府
    D. 适度的通货膨胀对经济增长有利
11. 假设由于通货膨胀,中国的企业必须每月计算、印刷并向其客户邮寄新报价单。这属于通货膨胀引起的哪项成本?(　　)。
    A. 皮鞋成本　　B. 菜单成本
    C. 由于通货膨胀引起税收扭曲的成本　　D. 任意的财富再分配
12. 如果通货膨胀率是 8%,真实利率是 3%,那么名义利率应该是(　　)。
    A. -5%　　B. 5%　　C. 11%　　D. 24%

13. 以下关于货币数量方程式 $M \times V = P \times Y$，说法正确的是（　　）。

A. 货币量 M 的变动必然引起名义产出 $P \times Y$ 的同比例变动

B. 如果真实产出 Y 不变，则通货膨胀率 = 货币增长率

C. 如果真实产出 Y 增加，则通货膨胀率 < 货币增长率

D. 以上说法都正确

14. 以下关于通货膨胀税的说法，不正确的是（　　）。

A. 当税收收入不足以支付其支出，而不能借款时，政府就可能通过印发货币来筹集收入

B. 几乎所有的超速通货膨胀都是从通货膨胀税开始

C. 政府通过创造货币而筹集收入就是通货膨胀税

D. 通货膨胀税对不持有货币的人同样有效

15. 当通货膨胀稳定且可预期时，以下哪一项通货膨胀成本不会发生？（　　）。

A. 菜单成本　　B. 皮鞋成本

C. 任意的财富再分配　　D. 相对价格变动与资源配置不当

（三）判断正误

1. 当物价总水平上升时，货币的价值下降，反之也成立。（　　）

2. 实际利率等于名义利率减去通货膨胀率。（　　）

3. 在长期中，货币变动只影响真实变量，而不影响名义变量。（　　）

4. 根据货币数量论，经济中的货币量决定物价水平，货币增长是引起通货膨胀的主要原因。（　　）

5. 货币中性无论对长期还是短期都是适用的。（　　）

6. 当政府发行货币且物价上升时，人们持有的货币的价值下降。（　　）

7. 通货膨胀会带来很多不利的影响，但是通货紧缩会给经济带来好处。（　　）

8. 确切地说，费雪效应表明名义利率是根据预期的通货膨胀进行一对一的调整。（　　）

9. 通货膨胀本身并没有降低人们的实际购买力。（　　）

10. 菜单成本是当通货膨胀鼓励人们减少货币持有量时所浪费的资源。（　　）

（四）简答题

1. 如何理解物价水平与货币价值之间的关系？

2. 根据货币数量论，货币量增加的影响是什么？通过货币供求均衡分析，简要阐述货币注入的调整过程。

3. 解释名义变量与真实变量的差别。根据货币中性原理，哪一个变量受货币量变动的影响？

4. 根据费雪效应，通货膨胀率的上升如何影响真实利率与名义利率？

5. 通货膨胀的成本有哪些？

（五）应用题

1. 有人说“通货膨胀就是政府拒绝承担债务”，你怎么看待这个问题？

2. 小王向老李借了3万元钱买车，双方约定一年后归还，到期小王向老李支付1 500元作为利息。

（1）这次借款中的名义利率是多少？

（2）如果市场预期的通货膨胀率是3%，那么借款的实际利率是多少？

（3）如果这一年实际的通货膨胀率是4%，双方的利益如何变化？为什么？

3. 假设某国的货币供给量M是5 000亿元，社会实际产量Q是5万个单位，每单位价格P都是1元，请回答以下问题：

（1）货币流通速度V是多少？

（2）如果V不变，M增加到10 000亿元，价格变成了多少？

（3）如果V不变，M每年增加15%，Q每年增加7%，年通货膨胀率多高？

（六）拓展思考题

1. 什么是超速通货膨胀？为什么发生超速通货膨胀的国家，其中央银行往往是不独立于其他政府部门的？

2. 近年来国民感觉物价飞涨得有些快，但中国官方公布的CPI的涨幅看上去却不高，甚至有些年份还下降。试根据货币增长与通货膨胀相关理论，结合实际，对中国CPI指标进行简要评价。

五、习题答案

（一）术语解释

1. 名义变量：用货币单位衡量的变量。

2. 货币中性：认为货币供给变动并不影响真实变量的观点。

3. 通货膨胀：物价总水平在某一时期内持续上涨。

4. 菜单成本：通货膨胀引起的与改变价格相关的成本。

5. 通货膨胀税：政府通过创造货币而筹集的收入。

（二）单项选择

1. B　2. D　3. B　4. A　5. C　6. A　7. D　8. B　9. B　10. D　11. B　12. C
13. D　14. D　15. C

（三）判断正误

1. √　2. √　3. ×　4. √　5. ×　6. √　7. ×　8. √　9. √　10. ×

（四）简答题

1.【考查要点】　物价水平与货币价值。

【参考答案】　设物价总水平为P，它说明了用货币表示的商品和服务的价值，则$1/P$代表了用商品和服务表示的货币的价值。因此，物价水平越高，表示物价的货币的价值就越低，反过来也成立。

2.【考查要点】 货币数量论。

【参考答案】 根据货币数量论,经济中的货币量决定物价水平,货币供给增长将引起通货膨胀。假设央行增加货币供给,则货币供给曲线 MS 向右移动。在最初的物价水平,货币供给增加导致超额的货币供给。人们用这些超额货币购买物品与服务,或者向其他人发放贷款(购买债券),这些贷款又使其他人可以购买物品与服务。无论哪一种方法,货币注入的结果都会增加对物品和服务的需求。由于经济生产物品和服务的能力没有改变,对物品和服务需求的增加必然导致物价上涨。

3.【考查要点】 名义变量和真实变量。

【参考答案】 古典二分法将经济变量分为两个类型,即名义变量和真实变量。名义变量是按货币单位衡量的变量,而真实变量是按实物单位衡量的变量。经济中的大多数价格常用货币来衡量,均为名义变量;而相对价格用实物单位衡量,是真实变量。根据货币中性原理,在长期,货币供给变动仅仅影响名义变量,并不影响真实变量。

4.【考查要点】 费雪效应。

【参考答案】 根据货币中性原理,当货币增长率上升导致通货膨胀率上升时,真实利率是不变的,因而名义利率对通货膨胀率一对一地调整,这种现象称为费雪效应。

5.【考查要点】 通货膨胀的成本。

【参考答案】 通货膨胀确实会产生许多更为微妙的成本。这些成本包括与减少货币持有量相关的皮鞋成本,与频繁调整价格相关的菜单成本,相对价格变动与资源配置不当带来的低效率、混乱与不方便以及未预期到的通货膨胀的特殊成本——任意的财富再分配等。

(五) 应用题

1.【考查要点】 通货膨胀税。

【参考答案】 当政府需要筹集资金时,正常情况下可以通过税收和发行国债来募集,但也可以简单地通过发行货币进行支付。政府通过创造货币而筹集收入就是实行通货膨胀税,当政府发行货币且物价上升时,人们持有的货币的价值下降。通货膨胀税是向所有持有货币的人征收的税。从这个角度说,这句话是对的。

2.【考查要点】 名义利率、实际利率与通货膨胀率。

【参考答案】 (1) 根据计算,名义利率为5%;

(2) 实际利率等于名义利率减去预期通货膨胀率,因此,本题中,实际利率为2%;

(3) 如果实际通货膨胀率为4%,那么实际利率为1%,低于预期水平,对小王来说这意味着在去除价格因素后,他需要支付的利息比他签合同时预期的更少,因此小王受益。而相反,老李得到的利息比他预计的要更少。

3.【考查要点】 货币数量方程。

【参考答案】 (1) 根据 $M \cdot V = P \cdot Q$ 得:$V = 10$;

(2) $P = 2$;

(3) V 不变时,$P = 1.15/1.07 = 1.07$,因此通货膨胀率 $= 1.07 - 1 = 7\%$。

(六) 拓展思考题

1.【考查要点】 超速通货膨胀。

【参考答案】 超速通货膨胀也叫恶性通货膨胀,是一种不能控制的通货膨胀,在物价急速上涨的情况下，就使货币很快失去价值。恶性通货膨胀没有一个普遍公认的标准界定。一般界定为每月通货膨胀 50% 以上或一年通胀率达到 1 000% 以上。

产生超速通货膨胀的主要原因之一是政府通过大量增发货币为财政赤字融资。中央银行和政府的政策偏好是不同的，在中央银行独立的国家，政府难以增发货币获得融资；而不独立的国家，央行往往屈服于政府压力，向社会投放大量货币从而引发超速通胀。

2.【考查要点】 CPI 指标及其评价。

【参考答案】 在中国，CPI 是反映城乡居民家庭购买并用于日常生活消费的一篮子商品和服务项目价格水平随时间而变动的相对数，在一定程度上反映了通货膨胀（或紧缩）的程度。这一篮子商品和服务由政府根据一定的分类权重标准来选择，范围涉及衣食住行等。近二十年来，中国经济结构和消费方式都发生了巨大变化，教育、医疗支出迅速增加，理发、洗浴等社会服务价格也上升很快，其中不少都没有及时充分地反映到 CPI 中，导致可能出现数据失真。因此，CPI 的统计方法、样本选取、权重设置都有待进一步修正。中国之所以对 CPI 数据构成以及通胀控制目标存在争议，归根结底在于没有建立全面系统的通胀指标体系，很多指标设定与美国等发达国家"接轨"，但在具体权重上又有很大差别；在控制目标设定上，国际上之所以将 3% 的通胀率作为警戒线，是因为西方发达国家经济增长率普遍只有 2%—3%，通胀率接近增长率时已相当危险，必须采取紧缩政策。而中国经济增速常年保持在 7%—8% 以上，3% 的通胀警戒线不到经济增速的一半。因此，在科学、准确统计 CPI 数据的基础上，中国也可适当提高"通胀容忍度"。

第31章
开放经济的宏观经济学:基本概念

一、学习精要

(一) 教学目标

1. 掌握净出口、资本净流出、名义汇率和实际汇率等基本概念。
2. 理解物品与资本的国际流动如何联系,考虑为什么资本净流出总是等于净出口。
3. 掌握开放经济中的储蓄与投资恒等式。
4. 掌握名义汇率与真实汇率的含义和它们之间的联系及区别。
5. 掌握第一种汇率决定理论——购买力平价理论。

(二) 内容提要

本章着眼于国与国之间的经济交往,主要介绍开放经济中经常碰到的一些基本概念,如净出口、资本净流出、名义汇率和真实汇率等,并阐释第一种汇率决定理论——购买力平价理论。

1. 物品与资本的国际流动

(1) 物品与服务的流动:出口、进口与净进口。出口是指在国内生产而在国外销售的物品与服务;进口是指在国外生产而在国内销售的物品与服务。净出口是指一国的出口值减去一国的进口值,又称贸易余额。出口大于进口称为贸易盈余,反之则称为贸易赤字,出口等于进口则称为贸易平衡。

影响净出口的变量主要有消费者对国内与国外物品的爱好、国内与国外物品的价格、国内与国外消费者的收入、人们可以用国内通货购买国外通货的汇率、从一国向另一国运送物品的成本以及政府对国际贸易的政策。

(2) 金融资源的流动:资本净流出。资本净流出指本国居民购买的外国资产减去外国人购买的本国资产。国与国之间的资本流动主要有外国直接投资和外国有价证券投资两种形式。外国直接投资是指本国居民购买并控制外国资本;外国有价证券投资是指本国居民购买外国公司股票或债券但并不直接控制该公司。在这两种情况下,本国居民都购买了另一个国家的资产,因而都增加了本国的资本净流出。

资本净流出衡量一个国家资产贸易的不平衡。如果资本净流出大于0即为“资本流出”,本国居民购买的外国资产大于外国人购买的本国资产;如果资本净流出小于0即为“资本流入”,外国人购买的本国资产大于本国居民购买的外国资产。影响资本净流出的变量有外国资产得到的真实利率、本国资产得到的真实利率、持有外国资产可以觉察到的经济与政治风险以及影响外国对本国资产所有权的政府政策。

(3) 净出口与资本净流出相等。一个开放经济以两种方式与世界其他经济相互交易——在世界物品与服务市场上和世界金融市场上。一个重要但又微妙的核算事实表明:对整个经济而言,净出口衡量一国进口与出口的不平衡,资本净流出衡量一国购买与出售资产的不平衡,这两种不平衡相互抵消,即资本净流出(NCO)始终等于净出口(NX):

$$\mathrm{NCO} = \mathrm{NX}$$

这个等式之所以成立,是因为影响净出口的每次交易同样会完全等量地影响资本净流出,反之亦然。当一国有贸易盈余时($\mathrm{NX} > 0$),它出售给外国人的物品与服务多于外国人购买的,因此必然用从国外的物品与服务的净销售中得到的外国通货来购买外国资产,因此资本从国内流出($\mathrm{NCO} > 0$);反之,当一国有贸易赤字时($\mathrm{NX} < 0$),它从国外购买的物品与服务多于向外国人出售的,在世界市场上本国如何为这些物品与服务的净购买筹资呢?它必定在国外出售资产,导致资本流入国内($\mathrm{NCO} < 0$)。

(4) 储蓄、投资及其与国际流动的关系。一国的储蓄和投资是其长期经济增长的关键。在一个封闭经济中,储蓄(S)和投资(I)是相等的。但在一个开放经济中,根据国民收入恒等式($Y = C + I + G + \mathrm{NX}$)推得 $Y - C - G = I + \mathrm{NX}$;而国民储蓄 S 是一国用于消费和政府购买之后剩下的收入,即 $S = Y - C - G$,且又有 $\mathrm{NCO} = \mathrm{NX}$,因此得到开放经济中的储蓄投资恒等式:

$$S = I + \mathrm{NCO}$$

以上恒等式表明开放经济中的国民储蓄等于国内投资加上资本净流出,也说明开放经济中的国民储蓄有两种用途,即国内投资和资本净流出。如果一国储蓄(S)大于国内投资(I),资本净流出是正的,表明一国用它的一部分储蓄购买外国资产;如果一国储蓄(S)小于国内投资(I),资本净流出是负的,表明外国人正购买国内资产为一部分国内投资筹资。

(5) 物品与资本的国际流动:总结。根据国民收入恒等式($Y = C + I + G + \mathrm{NX}$),有以下三种情况:其一,如果一国有贸易盈余,即净出口大于零($\mathrm{NX} > 0$),则国民收入必定大于国内支出($Y > C + I + G$);由于 $S = Y - C - G$,因此国民储蓄必定大于投资($S > I$),因此资本净流出必定大于零($\mathrm{NCO} > 0$)。其二,如果一国有贸易赤字,即净出口小于零($\mathrm{NX} < 0$),则国民收入必定小于国内支出($Y < C + I + G$);由于 $S = Y - C - G$,因此国民储蓄必定小于投资($S < I$),因此资本净流出必定小于零($\mathrm{NCO} < 0$)。其三,如果一国处于贸易平衡,即出口等于进口($\mathrm{NX} = 0$),则国民收入必定等于国内支出($Y = C + I + G$);由于 $S = Y - C - G$,因此国民储蓄必定等于投资($S = I$),因此资本净流出必定等于零($\mathrm{NCO} = 0$)。

2. 国际交易的价格:真实汇率与名义汇率

(1) 名义汇率。名义利率是指一个人可以用一国通货交换另一国通货的比率。汇率的变动使1单位本币买到更多的外国通货,称为升值;汇率的变动使1单位本币买到的外国通货减少,称为贬值。有些国家放弃各国的通货,而使用同一种共同通货,比如欧元。

(2) 真实汇率。真实汇率是一个人可以用一国的物品与服务交换另一国物品与服务的比率。真实汇率取决于名义汇率和用本国通货衡量的两国物品的价格,因此真实汇率是各国物品的真实相对成本。

$$\text{真实汇率} = \frac{\text{名义汇率} \times \text{国内价格}}{\text{国外价格}}$$

当研究整个经济时,宏观经济关注的是物价指数,而不是个别物品的价格。为了衡量真实汇率,宏观经济学家使用物价指数来计算真实汇率:

$$真实汇率 = (e \times P)/P^*$$

式中,e 是名义汇率,P 是国内物价指数,P^* 是国外物价指数。实际上,真实汇率衡量国内得到的一篮子物品与服务相对于国外得到的一篮子物品与服务的价格。

一国的真实汇率是其物品与服务净出口的关键决定因素。如果中国真实汇率下降,意味着相对于外国物品而言,中国物品变得更便宜(从而激励国内和国外消费者更多地购买中国物品,且更少地购买外国物品,因而增加中国的净出口)。如果中国真实汇率上升,意味着相对于外国物品而言,中国物品变得更昂贵(从而激励国内和国外消费者更多地购买外国物品,而更少地购买中国物品,因而减少中国的净出口)

3. 第一种汇率决定理论:购买力平价

在现实经济中,汇率的变动一直很大。经济学家建立了许多模型来解释汇率是如何决定的,这里我们学习一种最简单的汇率理论。这种认为任何一单位通货应该能在所有国家买到等量物品的汇率理论,称为购买力平价理论,它描述了长期中决定汇率的因素。

(1) 购买力平价理论的基本逻辑。购买力平价理论的逻辑基于一价定律,即一种物品在所有地方都应该按同样的价格出售,否则就有未被利用的可以获取利润的机会,这种利用不同市场上同一种物品的价格差的过程称为“套利”。而购买力平价就是在这个基础上得出的,即一国通货必然在所有国家具有相同的购买力,平价意味着平等,购买力意味着购买的物品有相同的货币价值,一单位通货在每个国家应该有相同的真实价值。

(2) 购买力平价理论的含义。假设 P 是国内物价指数,P^* 是国外物价指数,e 是名义汇率。在国内,1 单位本币可以购买的物品数量是 $1/P$;在国外,1 单位本币可以交换 e 单位外国通货,其购买力相应就为 e/P^*。由于 1 单位本币在这两个国家的购买力相同,因此:

$$1/P = e/P^*$$

整理上式,该式可以变为:$eP/P^* = 1$。表明:如果 1 单位本币的国内和国外购买力相同,则真实汇率等于 1,即国内物品与国外物品的相对价格不变。

再整理上式,该式还可以变为:

$$e = P^*/P$$

这就是说,如果购买力平价理论成立,名义汇率就是国外物价水平 P^* 与国内物价水平 P 的比率。这一理论的关键含义是,当物价水平变动导致两个国家有不同的通货膨胀率时,名义汇率也发生变动。当中央银行发行了大量货币时,无论是根据它能买到的物品与服务,还是根据它能买到的其他国家通货,这种货币的价值都减少。这种通货的贬值有对内和对外两个体现,对内贬值体现在发生通货膨胀,对外贬值体现在名义汇率下降。

(3) 购买力平价理论的局限性。购买力平价理论提供了一个有关汇率如何被决定的简单模型,对于理解许多经济现象,这种理论是很有用的,特别是解释货币发展的长期趋势。但即使是在长期,购买力平价理论也并不是完全正确,名义汇率并不总是反映两个国家之间的物价水平。这主要有两个原因:第一,不是所有物品都能进行贸易;第二,即使可贸易的同种物品在不同国家也不总是完全替代品。由于这两个原因,购买力平价不是一种完美的汇率决定理论,真实汇率事实上一直在波动。

4. 结论

通过对开放经济中的基本概念的学习,理解一国贸易余额与资本的国际流动密切相关。开放经济中的国民储蓄可以不等于国内投资,当一国有贸易盈余,它必须将资本输出;当一国有贸易赤字,它必定有资本流入。此外,还应该对名义汇率和真实汇率的含义,以及购买力平价理论的局限性有更深刻的认识。这里定义的宏观经济变量为分析一个开放经济与世界其他经济的相互交易提供了一个出发点。

(三) 关键概念

1. 封闭经济:不与世界上其他经济相互交易的经济。

2. 开放经济:与世界上其他经济自由交易的经济。

3. 出口:在国内生产而在国外销售的物品与服务。

4. 进口:在国外生产而在国内销售的物品与服务。

5. 净出口:一国的出口值减去一国的进口值,又称贸易余额。

6. 贸易盈余:指净出口是正的,即出口大于进口,表明一国向国外出售的物品和服务多于它向国外购买的物品和服务。

7. 贸易赤字:指净出口是负的,即出口小于进口,表明一国向国外出售的物品和服务少于它向国外购买的物品和服务。

8. 贸易平衡:指净出口是零,即出口等于进口的状况。

9. 资本净流出:指本国居民购买的外国资产减去外国人购买的本国资产。

10. 外国直接投资:本国居民购买并主动控制和管理外国资本。

11. 外国有价证券投资:本国居民购买外国公司股票或债券但并不直接控制该公司。

12. 名义利率:一个人可以用一国通货交换另一国通货的比率。

13. 升值:按所能购买到的外国通货衡量的一国通货的价值增加,即汇率的变动使1单位本币买到更多的外国通货。

14. 贬值:按所能购买到的外国通货衡量的一国通货的价值减少,即汇率的变动使1单位本币买到的外国通货减少。

15. 真实汇率:一个人可以用一国的物品与服务交换另一国物品与服务的比率。

16. 一价定律:一种物品在所有地方都应该按同样的价格出售,否则就有未被利用的可以获取利润的机会。

17. 套利:利用不同市场上同一种东西的价格差的过程。

18. 购买力平价:一种认为任何一单位通货应该能在所有国家买到等量物品的汇率理论。

(四) 拓展提示

1. 封闭经济中,国内投资和国民储蓄是相等的,但在开放经济中,并非如此。公式 $S = I + NCO$ 可帮助我们理解储蓄、投资和资本净流出的关系。在开放经济中,资本的流入与流出将对储蓄和投资产生影响,并且不同于封闭经济,储蓄与投资不一定相等。具体来说,高国内投资不一定意味着高国民储蓄,很有可能因为资本净流出为负数,而产生这种现象。

2. 真实汇率与名义汇率是国际交易中最重要的国际价格。我们常常听到某种货币比较"坚挺"或"疲软",是指名义汇率的变动。而真实汇率,我们常常用物价指数来衡量,因为宏观关注的是物价总水平,而不是单个物品的价格。真实汇率上升,意味着相对于外国物品的本国物品变得更贵了,鼓励消费者少购买本国物品,多购买外国物品;反之,真实汇率下降,意味着本国物品相对于外国变得便宜了,鼓励消费者多购买本国物品,少购买外国物品。

3. 当中央银行印发大量货币时,货币的价值减少了,无论是根据它能买到的物品、服务还是通货。通货膨胀、货币政策与购买力息息相关。每一次通货膨胀期间,物价迅速上升,随之而来的便是本币贬值。货币供给稳定以后,物价和汇率也会稳定下来。

4. 购买力平价理论最早是由20世纪初瑞典经济学家古斯塔夫·卡塞尔提出的。简单地说,购买力平价是国家间综合价格之比,即两种或多种货币在不同国家购买相同数量和质量的商品和服务时的价格比率,用来衡量对比国之间价格水平的差异。一个测量购买力平价的简单而幽默的例子就是巨无霸指数。这个指标由于《经济学人》杂志的使用而闻名于世。《经济学人》杂志将麦当劳在各国的分店中卖的巨无霸汉堡包的价格进行了比较。如果一个巨无霸在美国的价格是4美元,而在英国是3英镑,那么美元与英镑的购买力平价汇率就是3英镑=4美元。再比如,购买相同数量和质量的一篮子商品,在中国用了80元人民币,在美国用了20美元,对于这一篮子商品来说,人民币对美元的购买力平价是4:1,也就是说,在这些商品上,4元人民币的购买力相当于1美元。购买力平价实质上是一个特殊的空间价格指数,与比较某一国家两个时期价格水平的居民消费物价指数(CPI)不同,它是比较某一时期内两个国家的综合价格水平。因此,用购买力平价作为货币转换因子,能满足GDP国际比较的基本要求。

5. 购买力平价理论(PPP)的基础是货币数量说:货币供给量决定单位货币的购买力,货币购买力的倒数是物价水平,因此PPP认为,货币数量决定货币购买力和物价水平,从而决定汇率。PPP是从货币层面因素分析汇率问题的代表。购买力平价之所以是最有影响力的汇率理论,是因为:第一,它是从货币的基本功能(具有购买力)角度分析货币的交换问题,符合逻辑,易于理解,表达形式最为简单,对汇率决定这样一个复杂问题给出了最简洁的描述;第二,购买力平价所涉及的一系列问题都是汇率决定中非常基本的问题,处于汇率理论的核心位置;第三,购买力平价被普遍作为汇率的长期均衡标准而被应用于其他汇率理论的分析中。但PPP并不是一个完整的汇率决定理论,并没有阐述清楚汇率和价格水平之间的因果关系,具体体现在以下三点:第一,忽略了国际资本流动对汇率的影响,因为尽管购买力平价理论在揭示汇率长期变动的根本原因和趋势上有其不可替代的优势,但在中短期内,国际资本流动对汇率的影响越来越大;第二,购买力平价忽视了非贸易品因素,也忽视了贸易成本和贸易壁垒对国际商品套购的制约;第三,计算购买力平价的诸多技术性困难使其具体应用受到限制。

二、新闻透视

(一) 新闻透视A

2014年中国全年进出口情况发布会文字实录

2015年1月13日上午10时,国新办就2014年全年进出口情况举行发布会,海关总署新闻发言人、综合统计司司长郑跃声介绍2014年全年进出口情况,并答记者问。

以下为部分文字实录:

女士们、先生们,新年好。欢迎大家出席今天的新闻发布会,也很高兴再次与各位见面。在通报2014年我国外贸进出口的情况之后,我将回答大家感兴趣的问题。

今天我所发布的海关进出口统计数据,除了特别说明的以外,均是以人民币(6.2084,

-0.0006,-0.01%)计价的海关统计数据;同时我们还保留了以美元计价的统计数据。各位可以通过海关总署的网站或者海关统计月刊来进行查阅。

2014年是我国全面深化改革的开局之年,在刚刚过去的一年,世界经济仍处在国际金融危机之后的深度调整时期,国内经济发展进入了新常态,在党中央、国务院的正确领导和统一部署下,外贸领域的各项改革稳步推进,各地区、各部门和广大外贸企业认真贯彻落实促进外贸稳定增长的政策措施。我国的对外贸易继续保持了平稳增长,运行保持在合理区间。同时我国的外贸进出口在提升质量、提高效益、优化结构等方面也取得了积极的进展。

据海关统计,2014年,我国进出口总值26.43万亿元人民币,比2013年增长2.3%。其中,出口14.39万亿元,增长4.9%;进口12.04万亿元,下降0.6%;贸易顺差2.35万亿元,扩大45.9%。按美元计价,2014年,我国进出口、出口和进口分别增长3.4%、6.1%和0.4%。

2014年,我国外贸进出口的主要情况:

(1)进出口增速稳中向好。2014年一季度,我国进出口值为5.9万亿元人民币,下降3.8%;二季度进出口6.5万亿元,增长1.7%;三季度进出口7万亿元,增长7.1%;四季度进出口7万亿元,增长4%。其中,出口方面,一季度下降6.1%,二、三季度分别增长3.4%、12.7%,四季度增长8.7%;进口方面,一季度下降1.3%,二季度基本持平,三季度增长0.8%,四季度下降1.6%。

(2)一般贸易稳定增长,加工贸易增长平稳。2014年,我国一般贸易进出口14.21万亿元,增长4.2%,占同期我国进出口总值的53.8%。同期,加工贸易进出口8.65万亿元,增长2.8%,占32.7%。

(3)对欧盟、美国双边贸易稳定增长,对日本、香港地区贸易下降,对新兴市场贸易表现良好。2014年,欧盟、美国、东盟、香港地区和日本为内地前五大贸易伙伴。其中,对欧盟、美国的双边贸易额分别为3.78万亿元、3.41万亿元,分别增长8.9%、5.4%;对香港地区、日本的双边贸易额分别为2.31万亿元、1.92万亿元,分别下降7.2%、1%。同期,我国对东盟、非洲、俄罗斯、印度等新兴市场双边贸易额分别为2.95万亿元、1.36万亿元、5851.9亿元和4335.5亿元,分别增长7.1%、4.3%、5.6%和6.8%。

(4)民营企业、外商投资企业进出口增长,国有企业进出口微降。2014年,民营企业进出口9.13万亿元,增长6.1%,占同期我国进出口总值的比重为34.5%。同期,外商投资企业进出口12.19万亿元,增长2.4%,占46.1%;国有企业进出口4.59万亿元,下降1.3%,占17.4%。

(5)机电产品、传统劳动密集型产品出口平稳增长。2014年,我国机电产品出口8.05万亿元,增长2.6%,占出口总值的比重为56%。同期,纺织品、服装、箱包、鞋类、玩具、家具、塑料制品等七大类劳动密集型产品出口2.98万亿元,增长4%,占20.7%。

(6)消费品进口加速,主要大宗商品进口量增价跌。2014年,我国消费品进口9362.7亿元,增长14.9%,明显快于同期我国进口的总体增速,占同期我国进口总值的7.8%。同期,主要大宗商品进口量保持增长,其中进口铁矿石9.3亿吨,增长13.8%;原油3.1亿吨,增长9.5%;大豆7 139.9万吨,增长12.7%;钢材1 443.2万吨,增长2.5%;铜482.5万吨,增长7.4%。此外,进口煤炭2.9亿吨,下降10.9%;进口成品油2 999.7万吨,下降24.2%。同期,我国大宗商品进口价格普遍下跌,其中铁矿石进口平均价格下跌23.4%,原油下跌6.1%,煤下跌15.2%,成品油下跌4.6%,大豆下跌6.8%,铜下跌6.1%。

(7)外贸出口先导指数连续第三个月下滑。12月,中国外贸出口先导指数为40.1,较11

月份下滑0.7,连续第三个月下滑,为自2013年12月份以来的最低点,预示2015年一季度我国出口增长仍面临一定压力。

资料来源:中国网,2015年1月13日。

【关联理论】

出口是指在国内生产而在国外销售的物品与服务;进口是指在国外生产而在国内销售的物品与服务。净出口是指一国的出口值减去一国的进口值,又称贸易余额。出口大于进口称为贸易盈余,反之则称为贸易赤字,出口等于进口则称为贸易平衡。经济学上为了方便,净出口常以NX来代替。

【新闻评析】

一国的进出口贸易收支是其国际收支中经常项目的重要组成部分,是影响一个国家国际收支的重要因素。贸易差额又称净出口或贸易余额,是指一国在一定时期内(如一年、半年、一季、一月)出口总值与进口总值之间的差额。当出口大于进口,称为顺差;当出口小于进口,则称为逆差。当出口总值与进口总值相等时,称为"贸易平衡"。实务上,净出口(贸易余额)有时又细分成有形商品和无形服务两个部分。如美国商业部的*Survey of Current Business*报告书中,有"商品贸易余额"(Merchandise Trade Balance)和"服务贸易余额"(Balance on Services)的项目;在英国则使用"有形贸易余额"(Visible Balance)和"无形贸易余额"(Invisible Balance)的称呼。

影响净出口的变量主要有消费者对国内与国外物品的爱好、国内与国外物品的价格、国内与国外消费者的收入、人们可以用国内通货购买国外通货的汇率、从一国向另一国运送物品的成本以及政府对国际贸易的政策。一般来说,在整个景气循环的过程中,即在复苏、繁荣、衰退、不景气等四个不同阶段,贸易差额有着不同的表现。在出口导向型的经济扩张时期,如石化工业和工业化初期国家,贸易差额改善;在内需驱动型的经济扩张时期,如美国和澳大利亚,贸易差额则恶化。此外,GDP成长强势的经济体,如美国、英国、澳大利亚、中国香港地区等,贸易差额呈现赤字,而加拿大、日本、德国等发达国家和中国等发展中国家有着贸易盈余。通常高储蓄率的国家伴随着贸易盈余,而负储蓄率的美国则有着高额的贸易赤字。

从中国2014年全年进出口相关数据可以看出,随着我国经济发展进入新常态,我国的对外贸易也进入了以稳增长、调结构、提质量为特征的新常态。2014年中国贸易顺差为2.35万亿元,与2013年相比扩大了45.9%,其主要原因是全球大宗商品价格大幅下跌,拉低进口值所致。2014年中国贸易顺差创历史新高,但因海外需求低迷,未实现制定的外贸总额增长7.5%的目标。2014年制约中国外贸增长的因素主要包括全球经济复苏缓慢导致需求疲软、国内房地产市场不振、外国对华直接投资减少等。此外,中国外贸进出口当中的低成本比较优势不断削弱,发达国家对中国制造业的投资下降抑制了进出口。尽管当前中国出口竞争优势依然存在,但比较成本优势正在发生变化,包括劳动力、融资等经营成本持续上升,资源环境的约束加大,中国传统的产业竞争优势在削弱,传统劳动密集型产品在发达经济体的国际市场份额出现了下滑。尽管从单纯的数据规模来看,2014年中国的贸易顺差又制造了一个新的高点,但简单的高顺差并不是中国对外贸易所追求的目标,而更应该关注对外贸易的平衡、协调和可持续发展。

(二) 新闻透视 B

中国资本净流出时代将近

据《中国产经新闻报》报道,几乎没有什么悬念,就在这一两年内,中国将进入投资流出时代。2014 年 6 月 24 日,联合国贸易和发展组织发布的 2014 年《世界投资报告》(以下简称《报告》)预测:"中国对外投资已经进入了高速增长阶段,对外投资将很可能在今年超过吸引外资,成为净对外投资国。"

联合国贸易和发展组织发布的这份《报告》显示,2013 年,中国全年吸引外资达 1 239 亿美元,较上年增长 2.3%,居全球第二位,与位居全球第一的美国的距离进一步缩小。同时,中国对外投资达 1 010 亿美元,较上年增长 15%,仅居美、日之后,为全球第三大对外投资国。截至 2013 年年底,中国对外投资存量达 6 136 亿美元,全球排名从 2011 年的第 17 位上升至 2013 年的第 11 位。

联合国贸易和发展会议投资和企业司司长詹晓宁在接受媒体采访时也表示:"2013 年中国吸纳外国直接投资和对外投资实现双增长,未来两年中国对外投资将可能超过吸引外资,成为净对外投资国。"

广东国际战略研究院首席研究员肖鹞飞表示:"对外投资将很可能在今年超过吸引外资。原来 FDI 主要是流出到新兴市场国家,现在发达国家、新兴市场国家以及比较落后的国家都有中国资本流入。"

今后,对外投资将成为中国经济增长新动力。光大证券首席经济学家徐高分析道:"其实把其他的算上,比如说购买美国国债,我们早就是大量对外投资的国家了,只不过主要是通过金融的方式来做投资。"徐高认为,FDI 增长对中国经济发挥了很多积极的作用,一方面获取了很多资源,另一方面通过 FDI 的方式把我们的生产能力输送出去。

资料来源:羊城晚报,2014 年 7 月 1 日。

【关联理论】

对整个经济而言,资本净流出(NCO)始终等于净出口(NX),即 NCO = NX。这个等式之所以成立,是因为影响净出口的每次交易同样会完全等量地影响资本净流出,反之亦然。一国的储蓄和投资是其长期经济增长的关键。开放经济中的储蓄投资恒等式表明,开放经济中的国民储蓄等于国内投资加上资本净流出。

【新闻评析】

一个开放经济以两种方式与世界其他经济相互交易——在世界物品与服务市场上和世界金融市场上。对整个经济而言,始终有 NCO = NX。在物品与服务市场上,2014 年中国进出口总值 26.43 万亿元人民币,其中出口 14.39 万亿元,进口 12.04 万亿元,贸易顺差达 2.35 万亿元。由此,我们可以推断,中国资本净流出也必将达到 2.35 万亿元。当然,这里所说的资本净流出,不仅包括以上新闻中直接投资形式的资本净流出,而且包括购买美国国债等间接投资形式的资本净流出。

据相关统计显示,2014 年我国共实现全行业对外直接投资 1 160 亿美元,同比增长 15.5%,如果加上第三地融资再投资,2014 年我国对外投资规模应该在 1 400 亿美元左右,高于利用外资 200 亿美元。也就是说,2014 年中国已经成为资本净输出国。而李克强总理在会见达沃斯论坛创始人兼主席施瓦布先生时的讲话表明,中国的资本出口已经为全球经济带来了活力,避免更多国家陷入衰退。据业界预测,在未来十年内,中国对外投资的总规模有望达到1.25万亿美元,将为提振全球经济发展不断注入新的生机。

以上新闻充分说明开放经济中的国民储蓄有两种用途,即国内投资和资本净流出。如果一国储蓄(S)大于国内投资(I),资本净流出是正的,表明一国用它的一部分储蓄购买外国资产;如果一国储蓄(S)小于国内投资(I),资本净流出是负的,表明外国人正购买本国资产为一部分国内投资筹资。针对中国而言,由于存在巨大的贸易盈余,资本净流出有一个相当大的正值,因此中国的国民储蓄远远大于中国国内投资。中国内部经济结构在外部的一个反映是,中国国内有过剩的储蓄,也就具有把过剩储蓄借给别国的需求。之前通过购买美国国债,现在通过直接投资,实际上都是把储蓄借给外国人的方法。近年来,中国已经成为名副其实的对外投资大国。改革开放三十多年来,中国经济发展主要依靠出口推动和吸引外资的局面将发生重大转变,对外投资也将成为中国产业升级和经济增长的重要动力。

三、案例研究

(一)案例研究A

中国再度增持美债 仍为美"最大债主"

2015年6月15日,美国财政部发布的国际资本流动报告(TIC)显示,2015年4月中国增持美债24亿美元,持美债规模达12 634亿美元,为美国第一大"债主"。日本减持美债112亿美元。2015年2月,日本曾超越中国成为美国第一大"债主",为金融危机以来首次。

2015年4月,美债前三大持有国分别为中国、日本和加勒比银行中心。其中,中国增持美债24亿美元,持美债规模为12 634亿美元。日本大幅减持美债112亿美元。加勒比银行中心增持美债25亿美元。

这是中国连续第二个月增持美债。而在此之前的六个月,中国连续减持美债。2015年2月,中国持美债量一度跌至第二位,被日本超越,为金融危机以来首次。2015年3月,尽管日本也增持了美债,但由于中国大举增持美债300多亿美元,中国重夺第一大债主"宝座"。

购买美债将推升美元,促使日元贬值,从而增强日本产品在国际市场的竞争力,刺激出口。分析人士认为这是日本此前持续购买美债的原因之一。然而2015年4月数据显示,日本大幅减持美债100多亿美元,这或许与日本政府认为日元已无须再跌有关。

近来,包括日本央行行长黑田东彦在内的日本官员都透漏了日元无须再跌的信号。日本央行委员会委员原田泰提到,过去几年日元过度强势令日本制造商利益受损,但是现在这一情况已经得到了修正。黑田东彦表示,从实际有效汇率的角度来看,日元不可能进一步下挫。

资料来源:华尔街见闻网,2015年6月16日。

【关联理论】

当一国有贸易盈余时($NX>0$),它出售给外国人的物品与服务多于外国人购买的,必然用从国外的物品与服务的净销售中得到的外国通货来购买外国资产,因此资本从国内流出($NCO>0$);反之,当一国有贸易赤字时($NX<0$),它从国外购买的物品与服务多于向外国人出售的,在世界市场上本国如何为这些物品与服务的净购买筹资呢?它必定在国外出售资

产,导致资本流入国内(NCO <0)。一个重要但又微妙的核算事实表明:对整个经济而言,资本金流出(NCO)必然始终等于净出口(NX)。

【案例解剖】

NCO = NX,这个等式之所以成立,是因为影响净出口的每次交易同样会完全等量地影响资本净流出,反之亦然。当一个外国人从中国购买物品时,中国的出口和净出口增加;外国人以通货或资产支付,因此中国得到一些外国资产,使资本净流出增加。中国居民通过出口物品或服务得到外汇时,既可以持有外汇,也可以用它从进口国购买物品或服务,还可以用来从进口国购买资产(股票或债券)。因此,NCO = NX 恒等式即能表明中国购买美国国债的最根本原因。

自从 1978 年改革开放以后,中国出口商品都是统一以美元计价,这样导致中国外汇储备中有大量美元。中国购买美国国债,是一种投资动机,毕竟国债风险比较小,而且以国家信誉做保证。美国是作为发达经济体,经济增长比较稳定,美元是世界通行的货币。中国购买其国债、股票等,是为了使中国外汇增值,也为了使外汇避免缩水。特别是购买其国债风险较小,回报率也相对比较稳定。出于国家战略利益考虑,中国有大量美元和美元资产,中国也可以追求一种平等对话权利。美元和美元资产绝不能全部抛售出去,因为这样会引起"多米诺骨牌效应",不仅伤害美国,同时也对中国不利。因为中国如果大量抛售美元以及美元资产,根据价值规律,美元供求关系一定失衡,一旦美元资产处于供过于求的状况,中国持有的美元和美元资产也会贬值。当然,中国的外汇充足之后,由于面临人民币升值压力,对外贸易可以不一定以美元支付,因为一国货币的升值会导致另一国货币的贬值。中国人民银行可以改用一篮子货币支付,也就是允许外汇中不只有美元,还有英镑、欧元、日元,甚至韩元,这样做也是为人民币升值做准备和规避外汇储备中美元和美元资产贬值的风险。

(二)案例研究 B

究竟谁是人民币汇率下跌的幕后推手

此次触发人民币即期汇率接近跌停的幕后推手,无疑是欧元贬值潮和美元指数一路飙高所就。不仅如此,上周五晚间人民币汇率在离岸市场大幅下挫以及 1 月中国 PMI 表现疲软,是导致 2 日人民币即期汇率大幅度走低的主要原因。

央行副行长潘功胜 1 月 23 日曾公开表示,欧洲央行的新一版 QE 政策加上美国量化宽松政策正常化的趋势,将会进一步推动美元汇率的走强,从而可能会对人民币对美元汇率形成下行压力。

22 日晚间,欧洲央行宣布推出 QE 政策,从今年 3 月开始每月购买主权债券 600 亿欧元,购债标的是欧元区成员国国债和机构债券,持续时间至 2016 年 9 月。依此计算,在未来的 18 个月内,将有 1.08 万亿欧元注入欧元区经济,远超此前各方的预期。

此外,在一周之内,印度、埃及、秘鲁、丹麦、土耳其、加拿大央行相继宣布降息,其中丹麦央行一周内两度降息,英国央行也一致否决了加息方案,同时暗示年内无望加息。

随着美国经济的进一步走强,美国经济和美元指数的继续走强是较为确定的趋势,人民币对美元贬值压力持续存在。

资料来源:人民网,2015 年 2 月 3 日。

【关联理论】

如果购买力平价理论成立,名义汇率就是国外物价水平 P^* 与国内物价水平 P 的比率,即 $e = P^*/P$。这一理论的关键含义是,当物价水平变动导致两个国家有不同的通货膨胀率时,名义汇率也发生变动。

【案例解剖】

根据购买力平价理论,两国通货之间的名义汇率必然反映在两国的物价水平上。相比较而言,如果其中一个国家的中央银行发行了大量货币,无论根据它能买到的物品与服务,还是根据它能买到的其他国家通货,这种货币的价值都减少。这种通货的贬值有对内和对外两个体现,对内贬值体现在发生通货膨胀,对外贬值体现在名义汇率下降。针对此次触发人民币即期汇率接近跌停的幕后推手,部分观点认为其根本原因不是人民币太弱,而是美元太强,且美元的强势多年来实属罕见。也就是说,如果仅从购买力平价理论来分析,人民币汇率下跌的原因总可以归结于中国国内与美国等国外物价水平的相对变化,而这种国内外物价水平及通货膨胀率的相对变化又可以追溯至国内外货币政策实施及其效果之间的差异。当然,部分专家也认为,中国的出口贸易额下降、楼市降价等市场唱空声音导致逃离资金获利回吐等现实因素也会影响人民币汇率走向。

2015 年 2 月以来,人民币对美元即期汇率在数个交易日都出现了大幅下挫,逼近中国央行规定的中间价下方 2% 的“跌停板”。人民币的这种罕见“暴跌”引发了对人民币大幅贬值的担忧,但人民币不会出现大幅持续贬值,人民币汇率的双向波动很可能会成为 2015 年的主基调。全球除了美国之外,无论是欧洲、日本还是一些新兴市场国家,都面临着汇率大幅度的贬值,所以对人民币来说构成了相当大的贬值压力。这是最近人民币连续出现跌停现象的一个根本原因。所以在这种背景下,市场出现了一些资金向境外流动的趋势。但是,尽管中国经济面临一定压力,但中国经济增速在全球仍处在第一梯队,改革红利渐次释放,外汇储备充足,这些因素都不支持人民币持续大幅贬值。总的来说,中长期人民币的汇率取决于中国经济相对于美国经济的复苏情况,这又取决于中国经济改革的进程是否顺利,是否能保持较高的经济增速。如果未来中国改革颇具成效,稳增长目标得以实现,那么人民币将走强。在有管理的浮动汇率制度下,人民币汇率中间价的波动是正常的,不仅是中间价市场化程度提高的体现,也是市场供求在汇率形成中决定性作用的反映。

四、课外习题

(一) 术语解释

1. 净出口
2. 资本净流出
3. 升值
4. 真实汇率
5. 购买力平价

（二）单项选择

1. 以下哪一项交易会影响中国的净出口？（　　）
   A. 杭州某居民买了一台苹果电脑
   B. 深圳某居民买了苹果公司的股票
   C. 苹果公司的一职员买了中国的小米手机
   D. 华为公司的一职员买了阿里巴巴的股票
2. 以下哪一项不是外国直接投资？（　　）。
   A. 华为集团在泰国建厂　　B. 上海一股民通过沪港通购买香港股票
   C. New Balance 运动鞋在广州设工厂　　D. 中国银行在纽约开立分行
3. 中国购买的韩剧多于韩国购买的中国电视剧，对于中国来说（　　）。
   A. 电视剧净出口为正　　B. 电视剧净出口为负
   C. 电视剧贸易盈余　　D. 无法判断
4. 一国与他国之间的物品交换中，贸易盈余是指（　　）。
   A. 进口大于出口　　B. 出口大于进口
   C. 进出口相等　　D. 与进出口无关
5. 根据下表，以下关于 2014 年中国金融机构直接投资的说法正确的是（　　）。

直接投资流量时间序列（季度） 项目（单位：亿元人民币）	第一季度	第二季度	第三季度	第四季度
来华直接投资净流入	132.52	121.99	116.79	147.18
流入	139.74	215.53	145.61	179.45
流出	7.22	93.54	28.81	32.27
对外直接投资净流出	75.68	105.92	3.05	197.90
流入	51.33	117.13	269.02	93.63
流出	127.01	223.05	272.07	291.53

数据来源：中国国家外汇管理局网站。

   A. 来华直接投资净流入为负　　B. 对外直接投资流出大于流入
   C. 仅看直接投资，净资本流出为正　　D. 无法判断
6. 以下关于国民储蓄、投资和资本净流出之间关系的说法不正确的是（　　）。
   A. 储蓄是投资和资本净流出之和
   B. 在既定的储蓄量时，资本净流出增加必定减少国内投资
   C. 在既定的储蓄量时，资本净流出减少必定减少国内投资
   D. 与资本净流出等量增加的储蓄增加使国内投资不变
7. 如果人民币对美元汇率从 8 变成了 6，那么（　　）。
   A. 人民币升值　　B. 人民币贬值　　C. 美元升值　　D. B 和 C 都对
8. 下列哪种情况是对本币贬值的直接描述？（　　）。
   A. 相同数量本币能够买更多外国物品
   B. 相同数量外币能够买更多本国物品
   C. 相同数量本币能够买的外国物品数量变少了
   D. 相同数量外币能够买的本国物品数量变少了

9. 人民币持续走强，一直升值，谁会为此高兴？（　　）。

A. 向西班牙出口的中国出口商　　B. 在国外的中国留学生

C. 在澳洲打工的中国技工　　D. 卖版权给中国的某外国电影公司

10. 一个景德镇的花瓶在中国卖600元人民币，在美国卖100美元，如果用购买力平价理解，美元和人民币的名义汇率是（　　）。

A. 100　　B. 60　　C. 1/6　　D. 6

11. 一双耐克球鞋在香港卖800港币，在深圳卖800人民币，以下哪个我们无法判断？（　　）

A. 耐克球鞋在香港和深圳价格不同　　B. 耐克球鞋存在价格歧视

C. 存在套利可能　　D. 耐克球鞋在两个市场上需求不同

12. 储蓄、投资和资本流动之间的关系是（　　）。

A. $S = I + \mathrm{NCO}$　　B. $S = I - \mathrm{NCO}$　　C. $I = S + \mathrm{NCO}$　　D. $I = S - \mathrm{NCO}$

13. 贸易盈余时，以下哪一种不太可能出现？（　　）。

A. 出口 > 进口　　B. $Y > C + I + G$　　C. 储蓄 < 投资　　D. 资本净流出 >0

14. 真实汇率与名义汇率的关系是（　　）。

A. 真实汇率 = 名义汇率 × 国内价格/国外价格

B. 名义汇率 = 真实汇率 × 国内价格/国外价格

C. 真实汇率 = 名义汇率 × 国外价格/国内价格

D. 名义汇率 = 真实汇率 × 国外价格/国内价格

15. 购买力平价理论虽然很有用，但也有一些缺陷，比如（　　）。

A. 不能解释超速通货膨胀期间出现的汇率变动

B. 许多物品是不容易进行贸易的

C. 消费者对于来自不同国家的同种物品存在偏好

D. B和C都是

（三）判断正误

1. 封闭经济与开放经济最大的区别在于是否与其他经济贸易。（　　）
2. 当联想买了IBM的股票时，中国的资本净流出就增加了。（　　）
3. 贸易政策是影响出口量变化的因素之一。（　　）
4. 外国直接投资只发生在国际资本市场上。（　　）
5. 一杯星巴克咖啡在泰国卖125泰铢，在中国卖35元，人民币和泰铢的汇率是1∶5，那么有套利机会。（　　）
6. 净出口是出口减去进口，也称贸易赤字。（　　）
7. 长期出售进口日韩服装的淘宝店主，总是希望人民币贬值。（　　）
8. 通常认为净出口和资本净流出相等。（　　）
9. 真实汇率与名义汇率是一回事。（　　）
10. 购买力平价的基本逻辑是一价定律。（　　）

（四）简答题

1. 影响净出口的重要因素有哪些？影响资本净流出的重要因素有哪些？

2. 为什么净出口与资本净流出相等？当一国有贸易盈余时,资本是如何流动的？

3. 什么叫名义汇率？什么叫真实汇率？请阐述真实汇率与名义汇率之间的关系。

4. 购买力平价理论的基本逻辑是什么？

5. 为什么购买力平价理论并不是所有时候都成立呢？

(五) 应用题

1. 假设一瓶法国香水的价格为100欧元,一瓶类似的香水在中国价格为700元人民币,并且1欧元可以兑换7.5元人民币,那么名义汇率与真实汇率分别是多少？

2. 上海一股民通过沪港通购买了香港的股票,那么,这笔交易如何影响中国的资本净流出？请解释。

3. 为什么美国人不爱储蓄,但仍然能维持充足的投资？请阐述。

(六) 拓展思考题

1. 在以下两种情况下,中国的真实汇率将发生怎样的变化？请说明原因。

(1) 中国名义汇率下降,但国内物价与国外物价都没有变。

(2) 中国名义汇率不变,但国内物价上升快于国外物价。

2. 以下是2015年3月28日中国银行外汇牌价表(部分),外币是100单位,请结合下表所给信息回答以下问题:

货币名称	中行折算价
澳大利亚元	481.60
加拿大元	492.20
瑞士法郎	645.08
欧元	669.71
英镑	914.13
港币	79.18

资料来源:http://www.boc.cn/sourcedb/whpj/

(1) 这个表显示的是名义汇率还是真实汇率？为什么？

(2) 请结合上表数据,计算1欧元能换多少港币？

(3) 如果下一季度中国通货膨胀率超过瑞士,那对于瑞士法郎而言,人民币是升值还是贬值？

五、习题答案

(一) 术语解释

1. 净出口:一国的出口值减去一国的进口值,又称贸易余额。

2. 资本净流出:指本国居民购买的外国资产减去外国人购买的国内资产。

3. 升值:按所能购买到的外国通货衡量的一国通货的价值增加,即汇率的变动使1单位本币买到更多的外国通货。

4. 真实汇率:一个人可以用一国的物品与服务交换另一国物品与服务的比率。

5. 购买力平价:一种认为任何一单位通货应该能在所有国家买到等量物品的汇率理论。

(二) 单项选择

1. A 2. B 3. B 4. B 5. B 6. C 7. A 8. C 9. B 10. D 11. D 12. A 13. C 14. A 15. D

(三) 判断正误

1. √ 2. √ 3. √ 4. × 5. √ 6. × 7. × 8. √ 9. × 10. √

(四) 简答题

1.【考查要点】 影响净出口的因素以及影响资本净流出的因素。

【参考答案】 影响净出口的因素有:消费者对国内与国外物品的爱好;国内与国外物品的价格;人们可以用国内通货购买国外通货的汇率;国内与国外消费者的收入;从一国向另一国运送物品的成本;政府对国际贸易的政策。

影响资本净流出的因素有:国外资产得到的真实利率;国内资产得到的真实利率;持有国外资产可以觉察到的经济与政治风险;影响国外对国内资产所有权的政府政策等。

2.【考查要点】 资本净流出与净出口的关系。

【参考答案】 一个开放经济以两种方式与世界其他经济相互交易——在世界物品与服务市场上和世界金融市场上。一个重要但又微妙的核算事实表明:对整个经济而言,净出口衡量一国进口与出口的不平衡,资本净流出衡量一国购买与出售资产的不平衡,这两种不平衡相互抵消,即资本净流出始终等于净出口,即 NCO = NX。这个等式之所以成立,是因为影响净出口的每次交易同样会完全等量地影响资本净流出,反之亦然。

当一国有贸易盈余时(NX >0)时,它出售给外国人的物品与服务多于外国人购买的。它从国外的物品与服务的净销售中得到的外国通货必然用来购买外国资产。因此,资本从一国流出(NCO >0)。

3.【考查要点】 名义汇率和真实汇率。

【参考答案】 名义利率是指一个人可以用一国通货交换另一国通货的比率。真实汇率是一个人可以用一国的物品与服务交换另一国物品与服务的比率。如果用 e 是名义汇率,P 是国内物价指数,P^* 是国外物价指数,则真实汇率 $= (e \times P)/P^*$。

4.【考查要点】 购买力平价的理论基础。

【参考答案】 一价定律,即一种物品在所有地方都应该按同样的价格出售,否则就有未被利用的可以获取利润的机会。

5.【考查要点】 购买力平价的局限。

【参考答案】 主要有两个原因:(1) 许多物品是不容易进行贸易的;(2) 即使是可贸易物品,当它们在不同国家生产时,也并不能完全替代。

(五) 应用题

1.【考查要点】 名义汇率与真实汇率。

【参考答案】 名义汇率是:EUR/CNY = 7.5;真实汇率是:EUR/CNY = 700/100 = 7。

2.【考查要点】 资本净流出。

【参考答案】 内地和香港证券市场属于境内、境外两个不同资本市场，中国股民购买香港股票会使境内购买境外资产多于境外购买境内的资产，资本净流出增加。

3.【考查要点】 储蓄、投资与资本流动。

【参考答案】 国民储蓄等于国内投资加资本净流出。根据 $S = I + \text{NCO}$，如果美国资本流入大于资本流出，即 NCO 为负，除了本国投资，还有国外的资本流入，则虽然储蓄很低，但是仍有很高的国内投资。

(六) 拓展思考题

1.【考查要点】 真实汇率与名义汇率。

【参考答案】 (1) 真实汇率下降；(2) 当中国的名义汇率不变，而中国物价上涨快于国外，则中国的真实汇率上升。

2.【考查要点】 名义汇率及汇率换算。

【参考答案】 (1) 名义汇率是一个人用一国通货交换另一国通货的比率。我们在媒体上看到的都是名义汇率。

(2)【考查要点】 汇率换算。

【参考答案】 EUR/CNY = 6.6971，HKD/CNY = 0.7918，所以 EUR/HKD = 6.6971/0.7918 = 8.4581。

(3)【考查要点】 通货膨胀率与升值、贬值。

【参考答案】 如果中国发生通货膨胀，则人民币对瑞士法郎贬值。

第 32 章
开放经济的宏观经济理论

一、学习精要

(一) 教学目标

1. 理解开放经济中可贷资金市场和外汇市场的供给与需求。

2. 掌握开放经济中可贷资金市场和外汇市场如何联系起来,并共同决定开放经济中重要的宏观变量。

3. 学会运用两个市场均衡的模型来分析政策和其他事件的变动如何改变经济的均衡。

4. 掌握重要的政策和事件包括政府预算、贸易政策和资本外逃等对真实利率、真实汇率、贸易余额等关键变量的影响。

(二) 内容提要

本章构建了一个开放经济的理论模型,把供求工具运用到开放经济中来,探讨可贷资金市场和外汇市场中可贷资金与本国通货的供给与需求,并且两个市场是如何通过资本净流出联系起来,共同决定均衡的真实利率、国内投资、真实汇率、贸易余额等重要宏观变量。本章运用这个模型来考察各种事件和政策,如政府预算、贸易政策和资本外逃对开放经济的影响。本章所使用的模型比简单的供求模型复杂的地方在于它需要同时考察两个市场的均衡。

1. 可贷资金市场与外汇市场的供给与需求

为了理解在开放经济中发生作用的力量,我们集中研究两个市场的供给与需求,即可贷资金市场和外汇市场。

(1) 可贷资金市场。开放经济中的可贷资金市场是封闭经济中的可贷资金市场的扩大。可贷资金是国内产生的可用于资本积累的资源流量。假设存在一个储户可以贷款和投资者可以借款的金融市场。由于 $S = I + \mathrm{NCO}$,因此在开放经济中,可贷资金的供给来自国民储蓄(S),可贷资金的需求来自国内投资(I)和资本净流出(NCO)。

可贷资金的供给和需求取决于真实利率 r。一方面,较高的真实利率鼓励储蓄,增加可贷资金供给量,因此可贷资金的供给 S 与真实利率 r 正相关。另一方面,较高利率不仅增加为本国资本项目筹资而借贷的成本,抑制国内投资 I 从而减少可贷资金的需求量;同时本国真实利率上升意味着本国资产收益上升,抑制本国人购买外国资产并鼓励外国人购买本国资产,从而减少资本净流出 NCO 和可贷资金的需求量。

真实利率的调整使可贷资金的供给与需求平衡。如果利率低于均衡水平,可贷资金供给量将小于需求量,所引起的可贷资金短缺将使利率上升。相反,如果利率高于均衡水平,可贷资金供给量将大于需求量,所引起的可贷资金过剩将使利率下降。在均衡利率时,可贷资金供给量正好与需求量平衡,或者说人们想储蓄的量正好与合意的国内投资和资本净流出量平衡。

(2) 外汇市场。外汇市场的分析以上一章学习的恒等式 NCO = NX 为起点,这个等式表明国外资本资产购买与出售之间的不平衡(NCO)等于物品与服务的出口与进口之间的不平衡(NX)。而在开放经济模型中,这个恒等式两边代表外汇市场上的双方。

在外汇市场中,本国通货(在这里以美元为例)的供给来自资本净流出(NCO),需求来自净出口(NX)。例如,当一个美国共同基金购买日本政府债券时,它需要把美元兑换为日元,因此它在外汇市场上供给美元。又如当一家日本航空公司想购买美国制造的飞机时,它需要把日元兑换成美元,因此在外汇市场上需要美元。美元的真实汇率可以看作外汇市场中美元的价格。一方面当美元真实汇率上升时,美国物品相对于外国物品变贵了,美国净出口减少,在外汇市场上对美元的需求量减少,因此美元的需求与真实汇率负相关。另一方面,资本净流出所供应的美元量并不取决于真实汇率,而取决于真实利率,这是因为尽管较高的美元汇率意味着外国资产更便宜而更有吸引力,但从外国资产所获得的收益仍需要兑换成美元,较高的美元汇率会抵消掉之前的正面影响。因此,资本净流出量可以被假定为不受汇率影响,即外汇市场中美元的供给曲线是垂直而不是向右上方倾斜。

汇率调节美元供求的平衡,正如任何一种物品的价格调整使该物品的供求平衡一样。在均衡的真实汇率上,由资本净流出(NCO)所引起的美元的供给量与来自净出口(NX)的美元的需求量平衡。

2. 开放经济中的均衡

(1) 资本净流出:两个市场之间的联系。可贷资金市场和外汇市场通过资本净流出(NCO)相联系。资本净流出的关键决定因素是真实利率,资本净流出既代表可贷资金市场中可贷资金需求的一部分,又代表外汇市场中美元的供给,从而把两个市场联系起来。

(2) 两个市场的同时均衡。下面的三幅图说明了两个市场的同时均衡。

图(a) 可贷资金的供给来源于国内储蓄,供给曲线向右上方倾斜;可贷资金的需求来源于国内投资和资本净流出,需求曲线向右下方倾斜。供给曲线和需求曲线的交叉点是均衡的真实利率和可贷资金量,代表在这一均衡的真实利率上,可贷资金的需求量正等于可贷资金的供给量。

图(b) 美国真实利率上升意味美国资产收益上升,抑制美国人购买外国资产并鼓励外国人购买美国资产,从而抑制资本净流出和可贷资金的需求量。所以资本净流出与真实利率负相关,即资本净流出曲线向右下方倾斜。在资本净流出曲线上相对于图(a)中均衡真实利率的是均衡资本净流出量。

图(c) 外汇市场中的美元供给来源于资本净流出。资本净流出不受真实汇率的影响,所以在外汇市场中资本净流出曲线,即美元的供给曲线是垂直的。而它的位置,即资本净流出量由图(b)中的均衡资本净流出量决定。美元的需求来源于净出口,需求曲线向右下方倾斜。两条曲线的交叉点是使美元供求平衡的均衡真实汇率和均衡美元交易量。

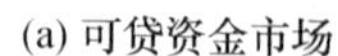
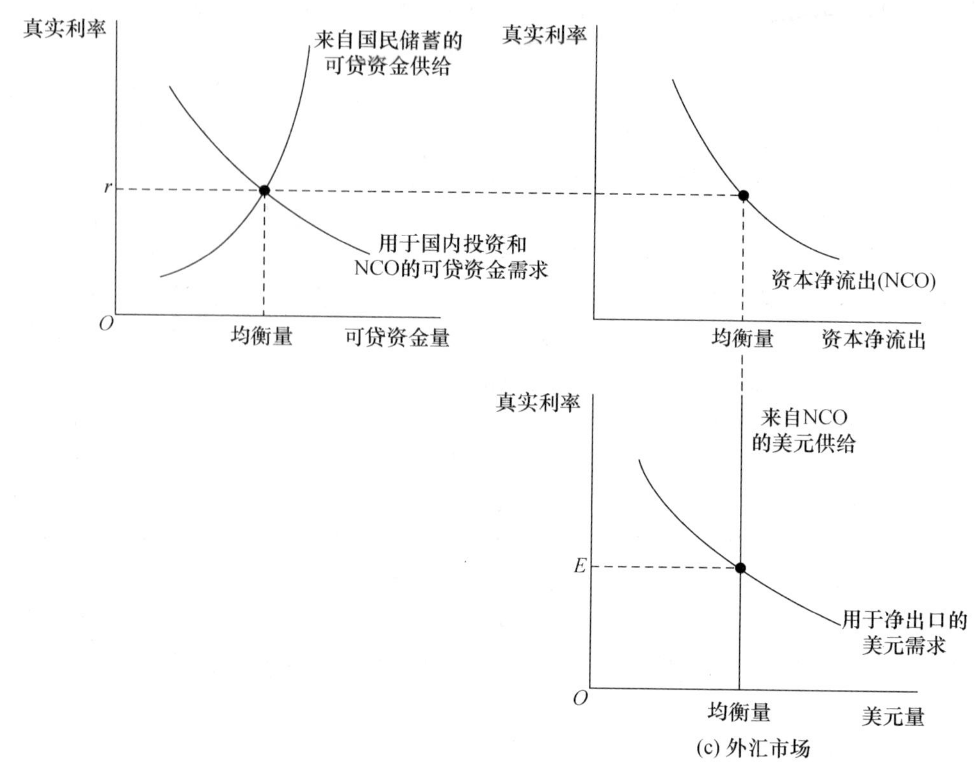

3. 政策和事件如何影响开放经济

在提出一个解释开放经济中关键宏观经济变量如何决定的模型之后,我们可以用它来分析政策和其他事件的变动如何改变经济均衡。分析可以按三个步骤进行:第一步,确定该政策或事件如何影响某一个市场中的供给或需求;第二步,用供求图考察这些影响如何改变这一市场中的经济均衡;第三步,考察这些改变是否影响到另外的市场中的供给和需求及其经济均衡。

(1) 政府预算赤字。首先,政府预算赤字会减少国民储蓄,因此减少可贷资金市场中可贷资金的供给,即可贷资金供给曲线向左移动。这种改变会使均衡真实利率上升并导致国内投资量和资本净流出量的下降。其次,资本净流出也是外汇市场中美元的供给,资本净流出量的下降使外汇市场中美元的供给曲线向左移动,这一改变会提高均衡真实汇率并降低均衡的净出口量。因此,预算赤字的增加减少了国民储蓄,提高了真实汇率,减少了国内投资,减少了资本净流出,并使贸易余额倾向于赤字。这个模型表明政府预算赤字引起贸易赤字,预算赤字与贸易赤字之间联系非常密切,通常被称为“孪生赤字”。

(2) 贸易政策。贸易政策是直接影响一国进口或出口的物品与服务数量的政府政策。常见的贸易政策是关税和配额。首先,贸易政策既不会改变国内储蓄,也不会改变国内投资或资本净流出,即贸易政策不会影响可贷资金市场的供求。但贸易政策会限制进口,从而增加净出口,而净出口代表外汇市场中对美元的需求,所以贸易政策会增加外汇市场中对美元的需求。其次,在外汇市场的供求图中,这表现为美元的需求曲线上移。因为贸易政策不改变可贷资金市场中的均衡真实汇率,资本净流出即美元的供给曲线不会移动。从图中可以看出，改变的结果是均衡真实汇率上升，而均衡净出口量不变。更好地理解这一结果，需要认识到尽管贸易政策会限制某一行业的进口，但由于均衡真实汇率的上升，本国的物品和服务相对于别国变贵了，从而限制了出口。所以无论政府实行什么贸易政策，在国民储蓄和国内投资水平既定时，真实汇率的调整都使贸易余额保持不变。

(3) 政治不稳定和资本外逃。资本外逃是指一个国家大量且突然的资金流出，它可能因为国家的政治不稳定而发生。资本外逃增加资本净流出，从而增加可贷资金市场中对可贷资金的需求，在可贷资金市场的供求图中表现为需求曲线的右移，而导致均衡的真实利率上升。同时，资本净流出增加在外汇市场中美元的供给量，在外汇市场的供求图中表现为美元供给曲线右移，从而导致均衡的真实汇率的下降和净出口的增加。

4. 结论

对一个国家经济的全面分析要求了解这个经济体如何与世界其他经济相互交易，本章为思考开放经济的宏观经济学提供了一个基本模型。但需要注意的是，虽然对国际经济学的研究是有价值的，但我们不应该夸大它的重要性，因为经济学家通常认为很多问题是内生的。

(三) 关键概念

1. 孪生赤字：政府预算赤字往往会引起贸易赤字，因此两者通常被称为“孪生赤字”。

2. 贸易政策：直接影响一国进口或出口的物品与服务数量的政府政策。

3. 关税：对进口物品征收的税。

4. 进口配额：对在国外生产而在国内销售的物品数量的限制。

5. 资本外逃：指一个国家大量且突然的资金流出，它可能因为国家的政治不稳定而发生。

(四) 拓展提示

1. 本章所讨论的四个重要的宏观经济变量是国民储蓄 (S)、国内投资(I)、资本净流出(NCO) 和净出口(NX)。它们之间的关系既可以用恒等式表示，也可以用供求图表示。用恒等式表示为 $S = I + \text{NCO}$ 和 $\text{NCO} = \text{NX} = S - I$。用供求图表示，$S$ 为可贷资金市场的供给，$I + \text{NCO}$ 为可贷资金市场的需求；NCO 为外汇市场中美元的供给，NX 为美元的需求。另外两个重要的宏观经济变量分别是真实利率和真实汇率，其中真实利率为可贷资金市场中可贷资金的价格，而真实汇率为外汇市场中美元的价格。

2. 国内投资量(I) 和资本净流出量(NCO) 各自的变化不能从可贷资金市场的供求图中直接找到，因为图中可贷资金的需求量是两者的总和，但两者与真实利率的关系方向一致，都是负相关。真实利率上升使国内资本项目借款的成本提高而国内投资下降。它也使美国资产收益上升，从而美国资本净流出量下降。当分析一个政策或事件对国内投资量和资本净流出量的影响时，从供求图中可以看出真实利率的变化和可贷资金需求总量的变化，进而推论出国内投资量和资本净流出量各自的变化。例如，当一国政治不稳而出现资本外逃时，在每一个既定的真实利率下，资本净流出量进而可贷资金的需求量都增加，即可贷资金的需求曲线右移，使均衡的真实利率上升，国内投资量下降。同时，均衡的资本净流出量因资本净流出曲线的右移而增加，但增加的幅度会因真实利率的上升而被抵消掉一部分，表现在资本净流出图中是沿着新的资本净流出曲线向左上方移动。

3. 对本章所使用的模型中供给与需求的理解：在可贷资金市场中，本章的模型把资本净流出作为可贷资金市场需求的一部分,所以资本净流出的增加被看作可贷资金需求的增加;另一种方法是把资本净流出看作可贷资金的供给,资本净流出的增加可以被看作可贷资金供给的减少。两种方法都有道理,但无论使用哪种方法,所得出的结论都是一样的。在外汇市场中也是这样,本章模型把净出口看作美元需求的来源,而资本净流出是美元供给的来源。所以一个美国公民进口一辆日本汽车时,本章模型把这个交易作为美元需求的减少(因为净出口减少了),而不是美元供给的增加。而当一个日本公民购买美国政府的债券时,我们的模型把这个交易作为美元供给的减少(因为资本净流出减少了),而不是对美元需求的增加。同样,哪种对供给和需求的理解都有道理,所得出的结论也都一致,在这里建议大家熟练掌握对一种方法的理解和运用。

4. 熟练掌握教材中的三个例子可以帮助大家对本章模型的理解和运用,最终达到举一反三的效果。

二、新闻透视

(一) 新闻透视 A

新闻片段 1:美国工会要求对中国产轮胎实施进口配额限制

前不久对中国钢管发难的美国钢铁工人协会此次又将矛头对准了中国轮胎。该协会周一向美国总统奥巴马提交诉状说,进口中国轮胎正在破坏美国的轮胎产业,政府应该对其施加进口配额进行限制。

美国钢铁工人协会会长莱奥·杰勒德说:“美国工人正在挣扎着渡过八十年来最为严重的经济危机。我们的轮胎产业正在4 600 万进口中国轮胎的重压下逐步瓦解。”

该协会在其诉状中称,在2004 年至2008 年的四年间,美国从中国进口轮胎量增加了215%,价值增长295%,从而导致美国大量裁员。协会要求美国政府对中国轮胎施加进口配额,并在实行第一年把进口中国轮胎量限制在2 100 万个以内。

据悉,如果这项措施得以通行,那么中国对美轮胎出口量将回落到2005 年时的水平。

资料来源:唐湘,环球时报,2009 年4 月21 日。

新闻片段 2:WTO 裁定轮胎特保案中方败诉

2011 年9 月5 日,世界贸易组织最高法院发布终裁报告,维持美国轮胎特保措施,准许美国向进口自中国的汽车轮胎征收保护性关税,并驳回中国的所有上诉。

9 月6 日,商务部条约法律司负责人就世贸组织上诉机构发布中国诉美国轮胎特保措施案裁决表示非常遗憾,并敦促美方尽快终止特保措施,保证中国企业公平竞争的环境。

商务部相关负责人表示,美国2009 年对华实施的轮胎特殊保障措施是为转嫁国内政治压力采取的贸易保护主义措施,未获得其国内产业支持,不仅损害了中方的正当贸易利益,也未能减少轮胎进口量。

商务部国际贸易经济合作研究院国际市场研究部副主任白明接受记者电话采访时表示,美国的轮胎特保案实际上是“损人不利己”的做法。美国限制中国轮胎进口,征收高额关税,使得中国轮胎出口企业面临危机;但另一方面,美国从其他国家进口轮胎的数量却持续攀升。

美国的做法是直接针对中国的贸易保护主义,导致贸易的扭曲。

据了解,2010 年美国从中国进口的轮胎数量同比下降 23.6%,2011 年上半年进口量继续同比下降 6%。与此同时,美国 2010 年从全球进口的轮胎数量却同比大增 20.2%,2011 年上半年进口量继续同比攀升 9%。

白明告诉记者,美国轮胎企业压力很大,但并非来自于中国的出口,而是因为美国轮胎企业自身竞争力的大幅下降,美国劳动力成本高企,在低端市场竞争力不足。

实际上,中国出口美国的轮胎多为低端产品,而美国则主要生产较高端轮胎产品,中国对美出口并不直接与美国企业产生竞争关系,对于美国的就业影响也极为有限。

白明同时向记者表示,轮胎特保案除了上诉的效果不对称之外,甚至主体也不对称。向中国发起诉讼的是美国钢铁工人协会,而并非中国输美轮胎的直接竞争对手,也就是美国的轮胎企业。这一主体的不对称让特保案显得较为尴尬。

面对美国的制裁措施,中方一直在采取反制措施,商务部多次就相关问题发表谈话,并积极向世贸组织申诉,不过最终仍然以败诉收场。

此次特保案始于 2009 年 4 月 20 日,美国钢铁工人协会向美国国际贸易委员会提出对中国输美商用轮胎实行进口配额限制,随后美方开始对中国轮胎启动特保调查。当年 9 月 12 日,美国总统奥巴马宣布对从中国进口的轮胎实施为期三年的惩罚性关税,税率第一年为 35%,第二年为 30%,第三年为 25%。

2010 年 12 月,世贸组织争端解决机制公布的专家组报告认为,美国的做法与世贸组织规则并没有冲突。中方则于今年 6 月份向世贸组织提出申述,并表示强烈不满,要求重新审议专家组报告。

中国轮胎特保案是奥巴马执政以来中美之间贸易摩擦的第一案,也是针对中国的最大特保案,世贸组织最终裁定中方败诉。

资料来源:刘涛,证券市场周刊,2011 年 9 月 6 日。

【关联理论】

进口配额和保护性关税都属于贸易政策, 即直接影响一国进出口的物品与服务数量的政府政策。贸易政策往往由某些行业或企业为保护本行业或企业免于国外竞争而提出,是为了维护该行业或企业的利益。但从宏观来看,贸易政策对一个国家的贸易余额却不能产生影响,并可能造成对资源有效配置的扭曲。

【新闻评析】

奥巴马政府对从中国进口的轮胎实施为期三年的惩罚性关税是典型的贸易限制政策。这个政策源于美国工会对奥巴马政府提交的诉讼,该诉讼认为中国进口轮胎破坏了美国轮胎产业,导致美国大量裁员。评价这一政策可以从宏观和微观两个方面来考虑,从宏观上可以考察这一政策对美国净出口总量的影响,从微观上,可以考察这一政策对美国轮胎行业及其他行业的影响。

根据本章的开放经济模型,我们知道一国的净出口总是等于这个国家的资本净流出,而资本净流出又等于国内储蓄减国内投资。奥巴马政府限制中国进口轮胎的政策既不会改变美国国内储蓄,又不会改变国内投资,因此美国的净出口量不会因为该政策而有所增加。这是因为中国进口轮胎数量降低所带来的最初的美国净出口的增加会提高外汇市场上美元的需求,导致美元汇率上升,而美元汇率的上升意味着美国商品相对于其他国家商品的价格上升而导致美国其他行业出口的下降,而美国经济总体贸易余额仍保持不变。

就美国轮胎行业本身来说,如果新闻片段2中的分析是对的,中国出口美国的轮胎多是低端轮胎,而美国轮胎制造业生产的多是高端轮胎,中国轮胎企业对美国轮胎制造业并没有直接竞争关系。而当美国从中国进口轮胎的数量因为贸易限制而下降时,美国从全球其他国家进口的轮胎数量却大幅度攀升。因此,美国轮胎企业面临的压力,并非来自于中国的出口,而是因为美国轮胎企业自身劳动力成本高,在低端市场竞争力不足。美国直接针对中国而不是其他国家的贸易限制造成了贸易扭曲。

(二)新闻透视B

欧盟取消对华纺织品配额

近日,欧盟委员会决定,自2008年1月1日起,将不再延长对从中国进口的纺织品服装的进口配额,10种输欧纺织品将不再受配额限制。然而业内专家认为,配额贸易壁垒被打破并不意味着输欧纺织品完全"自由化",国内纺织企业不可因此盲目乐观,应理性应对,继续积极调整出口结构。

取消原因不简单

中国纺织工业协会新闻发言人孙淮滨表示,要从两方面看待配额取消:一方面中欧纺织品贸易回归到一体化轨道上,使我国纺织品能够在欧盟市场上享受一体化的待遇,是好事;但另一方面,我国纺织企业必须要冷静、理性对待,绝不能因此头脑发热,以致重演2005年的混乱局面。

商务部研究院研究员梅新育表示,欧盟的决定兑现了此前在布鲁塞尔召开的第22届中欧经贸混委会上达成的共识,有利于中国纺织业的发展。梅新育同时指出,尽管2008年之后欧盟不会采取配额限制中国纺织品出口,但中国纺织服装业也需要警惕诸如技术性贸易措施等举措。

其他保护手段威力甚于配额

据悉,欧盟计划联合监控中国的纺织品出口,并称这是避免出现新的贸易紧张局面的关键。新机制将与欧盟的进口许可监控并行,以在2008年1月1日后尽早发现纺织品进口大增的趋势。

商务部国际贸易经济合作研究院欧洲研究部主任李钢认为,欧盟目前在政策上有追随美国的倾向,美国对华纺织品设限是到2008年年底结束,估计欧盟在对华纺织品设限问题上也不会轻易"善罢甘休",即使2008年不再延长对中国纺织品设限,但也会采取反倾销等其他贸易保护措施。

根据中国入世协议,在2012年前可以适用特定产品过渡性保障条款,一旦世贸组织成员认为原产于中国的产品对其国内市场造成扰乱,就可提请采取特保措施进行限制。除特保措施外,其他的贸易保护手段(如反倾销措施、反补贴和保障措施等)对中国纺织品出口的危害要比单纯的配额限制大得多。

历史上,欧盟国家还曾采用技术性贸易措施抵制过中国纺织品的输入。如1994年4月1日,德国正式禁止含偶氮染料的纺织品进口;随后,法国、荷兰等发达国家也相继禁止使用20余种偶氮染料,使我国正在使用偶氮染料的100多种纺织品对欧出口中断。

别把出口当成唯一途径

中国第一纺织网总裁樊敏认为,短短1年的配额保护并未改变欧盟纺织业夕阳产业的尴尬地位,随着中欧、中美纺织品协议的到期,我国纺织品将不可避免地再次进入贸易摩擦高峰期。

面对并不轻松的贸易环境,孙淮滨呼吁国内纺织企业在配额取消后要慎重把握出口节奏,调整出口结构,“重要的是转变出口增长方式,重视科技和品牌的贡献,要提高产品附加值,促进升级方式的转变”。

业内专家建议,政府方面要积极采取措施,对企业进行引导和管理,规范进出口贸易;而企业方面不要一味追求低价,“授人以柄”,导致其他贸易保护措施的出现。政府和企业要同心协力,创造健康、自由的贸易秩序和产业秩序,促进我国纺织工业健康发展。

孙淮滨同时建议,我国虽然是纺织品服装出口大国,但在新形势下,纺织服装企业也要看到国内市场的巨大潜力,要意识到纺织企业增长的主要动力源在国内市场,企业要积极“布局”国内市场,不要把出口当成唯一的销售途径。

资料来源:中国贸易报,2007年8月10日。

【关联理论】

贸易政策除了关税、进口配额外,还包括反倾销、反补贴、保障措施和技术性贸易壁垒等等。无论是贸易限制还是贸易限制的取消,由于这些政策也会影响到外汇市场上的均衡汇率,进而调整其他行业的进出口,因此它们在宏观上都不会改变进口国和出口国的总贸易余额。但这些政策会对所针对的行业产生微观上的影响,如影响该行业的就业、结构、技术进步等。

【新闻评析】

欧盟取消对华纺织品的配额限制可以加大中国对欧洲纺织品的出口。从中国的角度来看,对欧纺织品出口的增加可以增加中国的净出口,净出口的增加会增加外汇市场中对人民币的需求量,使人民币的真实汇率提高,这意味着中国商品的价格相对于其他国家商品价格的提高从而降低国外消费者对中国商品的需求,因此中国其他商品的出口会相应降低,中国的总贸易余额不会改变。单就中国纺织品行业来说,欧盟取消对华纺织品的配额限制有利于促进中国纺织品行业的发展。但如新闻中所说,配额限制的取消不等于其他贸易限制政策的取消,反倾销、反补贴、保障措施和技术性贸易壁垒等其他形式的限制仍可能影响中国纺织品对欧的出口,中国纺织业自身需要转变出口增长方式,重视科技和品牌的贡献,要提高产品附加值,促进自身产业结构的升级。

从欧盟的角度来看,取消对华纺织品的配额限制会增加中国纺织品的进口,欧盟的净出口会在最初有所降低,净出口的降低反映在外汇市场上是对欧元需求的降低,这会使欧元的真实汇率降低,使其他国家对欧盟商品的需求量加大,从而促进欧盟商品的出口。欧盟的总贸易余额也不会因为这一政策而有所改变。欧盟的消费者会因为这一政策而有机会买到价格更低廉的中国纺织品并因此受益,但欧盟的纺织行业则必须面对来自中国的竞争。要在竞争中取胜,欧盟纺织业需要在成本节约、技术革新、产业结构调整等方面继续创新,而不能依靠贸易限制的保护。

三、案例研究

(一) 案例研究 A

美国孪生赤字的成因

近年来,美国经济饱受财政赤字和贸易赤字(即孪生赤字)的内外困扰。美国财政赤字必然导致贸易赤字;美国孪生赤字是公共支出膨胀、税收赦免、居民过度消费和储蓄率极低的必然结果。要降低贸易赤字,就必须削减财政赤字。

由于进口大大超过出口,美国每天必须从国外吸纳 20 亿美元以弥补其巨额贸易逆差。世界上最富裕的国家正日益入不敷出。弄清成因,方能解决问题。贸易赤字通常等于一国(国内)储蓄与投资的差额。因此,贸易赤字要么源于投资增加,要么源于储蓄下降。如果储蓄下降(例如,政府出现巨额财政赤字),除非投资随即相应减少,否则贸易赤字必然上升。这就是所谓的孪生赤字问题:财政赤字必然导致贸易赤字。这一问题在罗纳德·里根时代曾经出现,现在美国又面临同样的问题。

贸易赤字的成因

如果贸易赤字源于财政赤字,那就要深究:财政赤字从何而来?乔治·布什政府可以将财政赤字归因于经济低迷,也可以嫁祸于历史遗留问题。但现在的事实并非如此,经济开始恢复增长,失业率已经下降。很明显,美国存在严重的结构性赤字。克林顿政府时期,财政盈余为 GDP 的 2%;现在的财政赤字则高达 GDP 的 4%。这种变化极为明显且占主导地位的原因是布什政府针对美国高收入阶层的减税政策。

当然,伊拉克战争、公司福利和农业补贴的大幅上升也是重要诱因。由于公共支出膨胀以及对企业、富人的税收减免,美国存在严重的结构性赤字;而结构性赤字不会自动消失。

对外负债的利弊

财政赤字和贸易赤字并非总是坏事,关键是赤字的成因。例如,在克林顿时代,政府有效控制了财政赤字,但由于投资需求旺盛,美国被迫向外筹资。然而,为扩大投资而对外负债,与为狂热消费而负债有根本区别,前者推动了未来的经济增长,提高了一国偿还到期债务的能力。

今日美国的贸易赤字是由低储蓄而非高投资引起的。由于个人储蓄率接近创纪录的零,用"消费狂热"形容当今美国是再恰当不过的了。无论如何形容,布什的减税政策并没有导致投资增加。布什政府的贸易赤字加上财政赤字是狂热消费的必然结果,它们为美国未来制造了巨额成本和巨大风险。

贸易赤字的祸首

美国当局一直在寻找贸易赤字的替罪羊:欧洲经济增长缓慢,或中国人为地低估人民币汇率。重估人民币汇率可能会减少美中之间的贸易逆差,但它对美国储蓄或美国投资有重大影响吗?如果没有,则它对美国的贸易赤字也无影响,顶多是把对中国的贸易逆差转移给其他国家。然而,中国似乎很愿意向美国提供资金,即为支持对美国的出口而提供卖方融资,其他国家则不太愿意。

欧洲经济的更快增长既有利于欧洲,也有利于世界。然而,一旦汇率和利率发生变化,美国的贸易赤字将几乎没有变化。如果投资上升(很可能如此,因为为满足欧洲的需求,美国出口商的对外投资日益增加),美国的贸易赤字会进一步增加。

资料来源:约瑟夫·斯蒂格利茨,王年咏编译,社会科学报,2006年7月20日。

【关联理论】

一国的净出口等于资本净流出,又等于国民储蓄减去国内投资。所以一个国家的国民储蓄水平和投资水平决定着这个国家的贸易余额。政府的大幅度预算赤字必然带来贸易赤字,即孪生赤字。

【案例解剖】

本案例分析的是2001年到2009年小布什任职时期美国政府财政赤字和贸易赤字的成因。尽管美国政府试图把美国的巨大贸易赤字归因于中国的低汇率,但通过本章的学习以及本案例中的分析,我们可以看出美国贸易赤字的根本原因在于美国结构性的政府赤字,是美国公共支出膨胀、税收赦免、居民过度消费和储蓄率极低的必然结果。

从本章的会计恒等式中我们可以看到一国的净出口等于资本净流出,又等于国民储蓄减去国内投资,而国民储蓄包括私人储蓄和公共储蓄,所以一国大额度的政府赤字和较低额度的私人储蓄必然导致大额度的贸易赤字。用开放经济模型来解释,政府预算赤字会减少国民储蓄,因此减少可贷资金市场中可贷资金的供给,即可贷资金供给曲线向左移动。这种改变会使均衡真实利率上升并导致国内投资量和资本净流出量的下降。由于资本净流出也是外汇市场中美元的供给,资本净流出量的下降使外汇市场中美元的供给曲线向左移动,这一改变会提高均衡真实汇率并降低均衡的净出口量。因此,预算赤字的增加使贸易余额倾向于赤字。

本案例又探讨了美国财政赤字的根源,指出美国的财政赤字来源于美国庞大的公共开支和布什政府针对美国高收入阶层的减税政策,是结构性的财政赤字。另外,美国接近于零的个人储蓄率不能够弥补财政赤字所带来的负的国民储蓄。不同于克林顿时代,投资需求旺盛,美国被迫向外筹资,布什政府时期的贸易赤字是由高消费、低储蓄而不是高投资造成的。如果美国的国民储蓄没有改善,即使中国降低自己的利率,也只能改善中美之间的贸易逆差,美国的总体贸易逆差不会有所改变,而会转移到别的国家去。所以,美国转变其贸易逆差的根本在于解决自身的结构性政府赤字及鼓励个人储蓄。

(二)案例研究B

中国资本流动的"斯蒂格利茨怪圈"

自20世纪90年代起,在许多发展中国家都不约而同地出现了一种奇怪的现象:一方面,以较高的利率从发达国家引进过剩的资金;而另一方面,这部分资金又通过购买美国国债或其他低回报率的资产流回发达国家,形成了一种得不偿失的资本流动怪圈,又被称为"斯蒂格利茨怪圈"。

我国的现状是,一方面储蓄大于投资,保持经常项目下的高额顺差,是资本净输出国,而资本输出的方式是通过积累的外汇储备以低收益率投资于美国国债或其他低收益资产;另一方面,在国内并不缺乏资本的情况下,用高成本引入外资,尤其是FDI的大量流入,造成了资本项目的顺差。

明明不缺乏资金，却仍然大量引入外资有一种解释是，引进外资是为了引进先进的技术、机器设备和科学的管理，如此的资本流动无疑是有利的。但是，我国也存在一些内部体制的问题，可能造成我国资本流动的不健康。

储蓄率过高

2006 年我国的储蓄占 GDP 的 51%，超过了消费，而居民消费占 GDP 的比重只有 38%。高额的储蓄在对国内经济发展提供充足资金的同时，也对我国的消费产生了较大的挤出效应，在高速的经济发展水平下，消费市场的需求被储蓄挤出，所带来的必然是社会总供给过剩，而过剩的供给不能通过国内市场来消化，只能通过出口的形式转移到国外的消费市场。

我国的金融体制不完善

我国储蓄向投资转化主要是通过直接融资和间接融资两种方式进行，其中直接融资主要表现为各储蓄部门通过证券市场向需要资金支持的投资部门提供资金；间接融资主要表现为各储蓄部门以银行存款的方式积累储蓄，通过银行信贷的方式向各个投资部门提供资金。由于我国证券市场的不发达，通过直接融资的资金规模非常小，从而大部分的储蓄都集中于银行体系，使得企业的资金来源过于单一。在我国金融机构中存贷差的不断扩大说明我国有很大一部分的储蓄并没有通过贷款的形式得到有效应用。由于储蓄转化为投资的效率极其低下，使我国对国内资金的利用不足，实际上仍然存在投资资本的短缺，从而转为对外资的高度依赖。

与我国的外汇管理制度有关

我国外汇储备的快速增长也是造成我国“斯蒂格利茨怪圈”现象的一个因素。外汇储备的大量积累和我国外汇管理制度有着很大关系。

从资本流入方面来看，我国鼓励国际资本来华直接投资，结果是使 FDI 占我国实际使用外资额中的比重迅速上升，但是与此同时，其他外资流入方式如证券投资等方式，国家并没有出台相应的鼓励措施，仍然处于限制流入的项目。

从资本流出方面来看，与我国资本流入管制的逐步放松对比，我国的资本流出一直处于相对严格的管制状态，为“宽进严出”。尽管自 2006 年以来，出台了很多放松资本流出的政策，但总体来说我国对外投资的规模依然很小，不足以抵消大量的资本流入，使资本与金融项目下积累了大量的外汇储备。

对于经常项目，直到 2007 年，我国才逐步取消强制结售汇和限额结售汇，实现了经常项目的可兑换，但由于结售汇制度实行的时间过长，这一体制造成的外汇储备大量累积并没有被立刻消化。

在我国外汇管制较严格的情况下，大部分资本项目和经常项目产生的顺差仍然通过央行转化为外汇储备投资于美国国债或其他低收益资产。所以，我国不仅不缺资金，同时还为外国居民的消费和投资融资，其中还包括外国居民在中国的投资，从这个角度说，我们引进外资，实则是引进自己的资金。其次，我国国内的资金通过国际金融市场以较低的利率融给了外国居民，再由他们带回到中国赚取高的收益，由此形成了我国国际资本流动上的“斯蒂格利茨怪圈”。

资料来源：改编自 宋莉君，中国“斯蒂格利茨怪圈”现象解析，华东师范大学 2009 年博士论文。

【关联理论】

中国国民储蓄大大高过国内投资，是资本净输出国和贸易顺差大国。但由于中国金融体制不完善,储蓄转化为投资的效率极其低下,使我国对国内资金的利用不足,实际上仍然存在投资资本的短缺,从而转为对外资的高度依赖。并且由于我国外汇管理体制的不完善,我国的资本输出大部分以央行购买回报率较低的美国国债的形式输出。

【案例解剖】

近年来,中国政府通过积累包括大量美国政府债券在内的外国资产,压低其通货——人民币在外汇市场上的价值,以鼓励其出口行业。这种政策设计背后的动机是什么?为什么中国领导人关注生产出口品并投资于国外,而不是生产国内的消费品并投资于国内?这没有显而易见的答案。一种可能是中国想积累紧急情况时可以拿出来的外国资产储备——一种国家的未雨绸缪,另一种可能是政策也许具有某种程度上的误导性。

本案例描述了中国资本的流动的“斯蒂格利茨怪圈”现象,并试图解释造成这种流动现象的原因,可以为理解教材中的案例提供一些启发。首先,中国的国民储蓄大过国内投资,从本章的会计恒等式来看,这必然使得中国成为资本净输出国,并保持贸易顺差。所以中国成为贸易顺差大国,并非中国政府有意贬低人民币价值的结果,而是由于中国储蓄率过高,而国内储蓄没能有效地转化为国内投资的结果。

案例中分析,由于中国储蓄率过高,消费市场的需求被储蓄挤出,造成社会总供给过剩,而过剩的供给不能通过国内市场来消化,只能通过出口的形式转移到国外的消费市场。另外,因为中国金融体制的不完善,我国有很大一部分的储蓄并没有通过贷款的形式得到有效应用。由于储蓄转化为投资的效率极其低下,使我国对国内资金的利用不足,实际上仍然存在投资资本的短缺,从而转为对外资的高度依赖。而较为严格的外汇管制使大部分资本项目和经常项目产生的顺差通过央行转化为大量的外汇储备,投资这些外汇储备的风险较低的方法是购买美国政府债券等回报率较低的国外资产。

正是由于以上原因,中国出现了一方面在国内不缺资金的情况下以较高的利率从发达国家引进资金,而另一方面,这部分资金又通过购买美国国债或其他低回报率的资产流回发达国家的资本流动怪圈。

(三)案例研究 C

东南亚金融危机

自 1997 年 7 月起,爆发了一场始于泰国、后迅速扩散到整个东南亚并波及世界的东南亚金融危机,使许多东南亚国家和地区的汇市、股市轮番暴跌,金融系统乃至整个社会经济受到严重创伤,这些国家和地区出现了严重的经济衰退。

这场危机首先是从泰国开始。当时泰国几家动摇的金融机构都明显处于债务违约的边缘。这些金融机构一直以较低的利率从国际商业银行那里借入美元,然后以较高的利率向当地的不动产开发商出借泰铢。然而,由于投机性地建造了过多的房地产,这些开发商无法出售其商用和住宅房地产,导致它们不能履行偿债责任。这转而又使得泰国的金融机构在向国际商业银行偿还美元贷款方面违约的可能性不断增大。外国投资者感到危机即将发生,于是开始逃离泰国的股票市场,美元的需求上升和泰铢的供应增加促使泰铢兑美元的汇率下跌。外汇交易商和对冲基金看到这种情况就开始对泰铢进行投机性攻击,卖空泰铢。泰国政府试图保卫钉住汇率制度,但结果是耗空了外汇储备。泰铢的汇率从 1 美元兑 25 泰铢一度跌到 1 美元兑 55 泰铢。随着泰铢的贬值,泰国的债务危机爆发,并导致泰国股市进一步下跌。

和泰国具有相同经济问题的菲律宾、印度尼西亚和马来西亚等国迅速受到泰铢贬值的巨大冲击。菲律宾比索、马来西亚林吉特和印度尼西亚卢比接连受到投机活动的袭击,全都急剧下跌。危机也延及了新加坡、日本、韩国和中国台湾地区。东南亚金融危机的进一步加剧引发了包括美国股市在内的股市大幅下挫。

这次东南亚金融危机持续时间之长、危害之大、波及面之广,远远超过人们的预料。从外部原因看,国际投资的巨大冲击以及由此引起的外资撤离是造成这次危机的直接原因。据统计,危机期间,撤离东南亚国家和地区的外资高达400亿美元。但是,这次东南亚金融危机的根本原因也在于这些国家和地区内部经济的矛盾性。

资料来源:〔美〕查尔斯·希尔,王蔷等译,《国际商务(第9版)》,中国人民大学出版社,2014年版,第11章国际货币体系。

【关联理论】

资本外逃可以看作一国或经济体的境内及境外投资者由于担心该国将发生经济衰退或其他经济和政治的不确定性而大规模抛出该国国内金融资产,将资金转移到境外的情况。资本外逃会使该国货币贬值,利率上升,投资下降,损害经济增长。严重时,资本外逃会加剧和恶化该地区原有的危机。

【案例解剖】

1997年的东南亚金融危机是一个很典型的资本外逃的例子。由于泰国、印度尼西亚等东南亚国家的金融机构明显处于债务违约的边缘,资本迅速逃离那些国家。资本的逃离造成外汇市场上这些国家货币供给在短时间内的大幅度增加,导致其汇率的大幅度下降,而其汇率的下降使其以美元计价的债务更加沉重,最终导致其脆弱的金融机构的破产,以及股市的急剧下跌。这次东南亚金融危机持续时间之长、危害之大、波及面之广,远远超过人们的预料。从外部原因看,国际投资的巨大冲击以及由此引起的外资撤离是造成这次危机的直接原因。但是,这次东南亚金融危机的根本原因也在于这些国家和地区长期积蓄起来的内部经济矛盾。

资本外逃可能对投资者产生不利影响,资本外逃一般会伴随着汇率的剧烈变化,比较常见的是本国货币的贬值。一般来讲,资本外逃可能是由于经济原因和政治原因造成,如一部分业主对私有财产权的保障心存疑虑;腐败分子、走私集团转移资金;经济体制不健全,管理强度弱;一国的政局不稳,实施外汇管制或政策法令的投资限制;等等。当然,资本外逃也不仅仅是为了逃避外汇管制,还有的是为了规避国内政治和经济风险,逃避税收征管,或是为了洗钱和转移资产。资本外逃不仅存在于发展中国家,也存在于发达国家。恰如资本市场是经济晴雨表的说法,当发生资本外逃事件时,通常也是经济将遭遇衰退的前兆。1997年的东南亚金融危机作为一次大规模资本外逃事件,在境内外资本逃离亚洲各国后,该地区用了两到三年时间才从衰退中摆脱出来,足见资本外逃对区域经济损害的严重程度。中国现行金融特别是外汇管理体制决定了不会发生类似1997年东南亚金融风暴和近期的卢布危机的恶性事件,但中国亦须谨防大规模资本外逃,以免引爆中国的房地产、股市、地方债和产能过剩行业的金融风险。因为资本大举外逃对一国经济金融伤害很大,往往是酿成一国金融乃至经济危机的导火索或者根源。

四、课外习题

(一) 术语解释

1. 孪生赤字
2. 贸易政策
3. 关税
4. 进口配额
5. 资金外逃

(二) 单项选择

1. 以下哪一项关于可贷资金市场的表述是正确的?(　　)。
   A. 国内投资增加使可贷资金的需求向右移动
   B. 政府预算赤字使可贷资金的需求向右移动
   C. 一国的资本净流出增加使可贷资金的需求向左移动
   D. 一国的资本净流出增加使真实利率下降
2. 以下哪一项关于外汇市场的表述是正确的?(　　)。
   A. 中国净出口增加增加了人民币供给,以及人民币贬值
   B. 中国净出口增加减少了人民币供给,以及人民币贬值
   C. 中国净出口增加减少了人民币需求,以及人民币升值
   D. 中国净出口增加增加了人民币需求,以及人民币升值
3. 如果日本对中国紫菜进口实行配额,以下哪一项关于日本外汇市场的表述是正确的?(　　)。
   A. 日元供给增加,以及日元贬值　　B. 日元供给减少,以及日元升值
   C. 日元需求增加,以及日元升值　　D. 日元需求减少,以及日元贬值
4. 出口补贴对以下哪一项有抵消作用?(　　)。
   A. 关税　　B. 资本外逃
   C. 政府预算赤字　　D. 私人储蓄增加
5. "孪生赤字"是指(　　)。
   A. 一国的贸易赤字和其政府预算赤字
   B. 一国的贸易赤字和其资本净流出赤字
   C. 一国的储蓄赤字和其投资赤字的相等
   D. 如果一国有贸易赤字,其贸易伙伴必定也有贸易赤字
6. 资本外逃(　　)。
   A. 减少了一国的净出口,增加了其长期增长路径
   B. 减少了一国的净出口,降低了其长期增长路径
   C. 增加了一国的净出口,降低了其长期增长路径
   D. 增加了一国的净出口,增加了其长期增长路径

7. 以下哪一项关于外汇市场的表述是正确的？(　　)。
   A. 美国资本净流出增加增加了美元供给,以及美元升值
   B. 美国资本净流出增加增加了美元供给,以及美元贬值
   C. 美国资本净流出增加增加了美元需求,以及美元升值
   D. 美国资本净流出增加增加了美元需求,以及美元贬值
8. 美国的预算赤字减少导致了美国利率下降,对于日本投资者来说,他将(　　)。
   A. 增加对美国的资本净流出,因为到美国投资的相对成本下降了
   B. 不改变对美国的资本净流出,因为日本本国的利率没有变化
   C. 减少对美国的资本净流出,因为到美国投资的相对收益下降了
   D. 减少对美国的间接投资,而增加直接投资
9. 日本一般总有大量的贸易盈余。根据开放经济的宏观经济理论,与这一现象最有关系的是(　　)。
   A. 外国对日本物品的高需求
   B. 日本对外国物品的低需求
   C. 相对于日本国内的投资而言,其储蓄率较高
   D. 日本对进口施加的限制政策
10. 根据开放经济宏观模型,以下哪一项不能解释美国具有较高的贸易赤字？(　　)。
   A. 其他国家到美国投资的热情较高　　B. 美国对其进口的限制较小
   C. 美国的经济相对其他国家更加富有　　D. 美国政府拥有较高的财政赤字
11. 假设美国居民购买了英国产的一辆汽车,而英国出口商用所得到的美元购买了美国某公司的股票,那么从英国的角度看,以下哪一种说法是正确的？(　　)。
   A. 净出口减少,资本净流出减少　　B. 净出口增加,资本净流出减少
   C. 净出口减少,资本净流出增加　　D. 净出口增加,资本净流出增加
12. 欧洲人对从美国生产的福特汽车的偏好提高引起美元(　　)。
   A. 贬值,以及美国净出口增加　　B. 贬值,以及美国净出口减少
   C. 升值,以及美国净出口总值保持不变　　D. 升值,以及美国净出口增加
13. 美国政府预算赤字的增加(　　)。
   A. 增加了美国净出口,且减少了美国的资本净流出
   B. 减少了美国净出口,且增加了美国的资本净流出
   C. 减少了美国净出口,也减少了美国的资本净流出
   D. 增加了美国净出口,而美国的资本净流出仍然相等
14. 如果美国储蓄了10 000亿美元,而且美国的资本净流出是－2 000亿美元,那么美国的国内投资是(　　)。
   A. 12 000亿美元　B. －2 000亿美元　C. 2 000亿美元　D. 8 000亿美元
15. 假设美国居民购买了英国的一辆捷豹汽车,而英国出口商用所得到的美元购买了通用电气公司的股票。从美国的角度看,以下哪一种说法是正确的？(　　)。
   A. 净出口减少,资本净流出增加　　B. 净出口减少,资本净流出减少
   C. 净出口增加,资本净流出增加　　D. 净出口增加,资本净流出减少

(三) 判断正误

1. 资本净流出既可以是正的,也可以是负的,所以它既可以增加也可以减少由国内投资引起的可贷资金的需求。(　　)

2. 使外汇市场供求平衡的价格是真实利率。(　　)

3. 资本净流出的关键决定因素是真实利率,当该国的真实利率高时,拥有该国资产更有吸引力,因而该国资本净流出低。(　　)

4. 外汇市场中对本国通货的供给曲线向右上方倾斜。(　　)

5. 政府预算赤字使真实利率上升,真实汇率下降。(　　)

6. 贸易政策可以帮助改善一国的贸易余额。(　　)

7. 一国国民对外国商品的喜好增加会恶化该国的贸易余额。(　　)

8. 一国国民储蓄的提高可以帮助改善该国的贸易余额。(　　)

9. 经历资本外逃的国家会面临货币贬值和净出口增加。(　　)

10. "孪生赤字"是指政府预算赤字和贸易赤字。(　　)

(四) 简答题

1. 在开放经济中,可贷资金的供给与需求各来源于什么？请解释可贷资金供给与需求曲线的形状及其原因。

2. 举例说明外汇市场中人民币供给与需求的来源。

3. 为什么外汇市场中本国货币的供给量不受真实汇率的影响？

4. 解释孪生赤字的形成机制。

5. 为什么贸易限制不会增加净出口？

(五) 应用题

1. 假设美国纺织工人工会鼓励人们只购买美国制造的衣服。这种政策对贸易余额和真实汇率有什么影响？

2. 美国政府在过去长期处于预算赤字状态。如果美国政府削减开支,减少预算赤字,对美国的利率、投资、汇率和对外贸易会带来什么样的影响？

3. 过去十年来,中国购买了大量的美国政府债券。请结合开放经济相关理论回答以下两个问题:(1) 如果中国决定减少对美国资产的购买,美国可贷资金市场会发生什么变动？特别是,美国的利率、储蓄和投资会发生什么变动？(2) 外汇市场会发生什么变动？特别是,美元价值和美国的贸易余额会发生什么变动？

(六) 拓展思考题

1. 利用恒等式"净出口 = 国民储蓄 - 国内投资 = 资本净流出"论述贸易赤字产生的可能原因,及不同成因对经济不同的长期影响。

2. 2008 年 12 月 19 日,美国、墨西哥在 WTO 下针对中国政府为某些"名牌"产品提供的奖金、贷款和其他鼓励措施提出磋商请求。美国贸易谈判代表提到,中国实施的"名牌"战略相关政策涉及家用电器、纺织品服装、轻工产品、农产品、食品、金属化工品、医药产品等,美国认为这些鼓励政策属于对国内产品和生产者的不正当补贴,违反了中国在 WTO 下的义务。

2009年2月5日至6日,中国与美国、墨西哥、危地马拉三国在日内瓦举行了联合磋商。2009年12月18日,美国贸易代表宣布已与中国就本案签订协议。依据该协议,证实中国已采取步骤撤销或修正相关措施,从而移出任何以出口为条件给予名牌称号和财政利益的条款。

(1) 中国如果取消任何以出口为条件给予名牌称号和财政利益的条款,对中国的总贸易余额有什么影响?对中国相关产业有什么影响?

(2) 中国如果取消任何以出口为条件给予名牌称号和财政利益的条款,对美国的总贸易余额有什么影响?对美国相关产业有什么影响?

五、习题答案

(一) 术语解释

1. 孪生赤字:政府预算赤字往往会引起贸易赤字,因此两者通常被称为“孪生赤字”。

2. 贸易政策:直接影响一国进口或出口的物品与服务数量的政府政策。

3. 关税:对进口物品征收的税。

4. 进口配额:对在国外生产而在国内销售的物品数量的限制。

5. 资本外逃:指一个国家大量且突然的资金流出,它可能因为国家的政治不稳定而发生。

(二) 单项选择

1. A 2. C 3. C 4. D 5. A 6. C 7. B 8. C 9. C 10. C 11. D 12. C 13. C 14. A 15. B

(三) 判断正误

1. √ 2. × 3. √ 4. × 5. × 6. × 7. × 8. √ 9. √ 10. √

(四) 简答题

1.【考查要点】 可贷资金的供给与需求。

【参考答案】 在开放经济中,可贷资金的供给来自国民储蓄(S),可贷资金的需求来自国内投资(I)和资本净流出(NCO)。可贷资金的供给和需求取决于真实利率。较高的真实利率鼓励储蓄,因此增加可贷资金供给量,所以可贷资金的供给曲线向右上方倾斜。可贷资金的需求曲线则向右下方倾斜。因为较高的利率会增加为本国资本项目筹资而借贷的成本,抑制国内投资从而减少可贷资金的需求量;同时本国真实利率上升意味着本国资产收益上升,抑制本国人购买外国资产并鼓励外国人购买本国资产,从而抑制资本净流出和可贷资金需求量。

2.【考查要点】 外汇市场中的供给与需求。

【参考答案】 外汇市场中人民币的供给来自中国的资本净流出(NCO)。例如,当一个中国共同基金购买美国政府债券时,它需要把人民币兑换为美元,因此它在外汇市场上供给人民币。人民币的需求来自中国的净出口(NX)。再如,当一家美国公司从一家中国公司购买服装时,它需要把美元兑换成人民币,因此在外汇市场上需要人民币。

3.【考查要点】 外汇市场中本国货币的垂直供给曲线。

【参考答案】 外汇市场中本国货币的供给来源于是本国资本的净流出，而它并不取决于真实汇率,却取决于真实利率,这是因为尽管较高的真实汇率意味着外国资产更便宜而更有吸引力,但从外国资产所获得的收益仍需要兑换成本国货币,较高的真实汇率会抵消掉之前的正面影响。因此,资本净流出量可以被假定为不受汇率影响,即外汇市场中本国货币的供给曲线是垂直而不是向右上方倾斜。

4.【考查要点】 孪生赤字的形成机制。

【参考答案】 首先,政府预算赤字会减少国民储蓄,因此减少可贷资金市场中可贷资金的供给,即可贷资金供给曲线向左移动。这种改变会使均衡真实利率上升并导致国内投资量和资本净流出量的下降。其次,资本净流出也是外汇市场中本国货币的供给,资本净流出量的下降使外汇市场中本国货币的供给曲线向左移动,这一改变会提高均衡真实汇率并降低均衡的净出口量,即使贸易余额倾向于赤字。因此,政府赤字和贸易赤字在理论和实践上紧密相关,被称为"孪生赤字"。

5.【考查要点】 贸易限制对开放经济的影响。

【参考答案】 首先,贸易限制既不会改变国内储蓄,也不会改变国内投资或资本净流出,即贸易政策不会影响可贷资金市场的供求。但贸易政策会限制进口,从而增加净出口,而净出口代表外汇市场中对本国货币的需求,所以贸易政策会增加外汇市场中对本国货币的需求。其次,在外汇市场的供求图中,这表现为对本国货币的需求曲线上移。因为贸易政策不改变可贷资金市场中的均衡真实汇率,资本净流出即对本国货币的供给曲线不会移动,导致均衡真实汇率上升,而均衡净出口量不变。

(五) 应用题

1.【考查要点】 贸易限制的作用。

【参考答案】 纺织工人工会鼓励人们只购买美国制造的衣服最初会减少美国的服装进口,由于净出口等于出口减进口,因此美国服装的净出口也增加了。由于净出口是外汇市场上美元需求的来源,因此外汇市场上的美元需求增加了。美元需求的增加引起真实汇率上升,当外汇市场上美元的价值上升时,相对于外国物品,美国国内的物品变得更昂贵了。这种升值鼓励进口而抑制出口——这两种变动的作用抵消了由于美国服装进口减少而增加的净出口,结果,美国的贸易余额未变。

2.【考查要点】 政府预算赤字减少的宏观经济影响。

【参考答案】 首先,政府预算赤字减少会增加国民储蓄，因此增加可贷资金市场中可贷资金的供给,即可贷资金供给曲线向右移动。这种改变会使均衡真实利率下降并导致国内投资量和资本净流出量的增加。其次,资本净流出也是外汇市场中美元的供给,资本净流出量的增加使外汇市场中美元的供给曲线向右移动,这一改变会降低均衡真实汇率并增加均衡的净出口量。因此,预算赤字的减少增加了国民储蓄,降低了真实汇率,增加了国内投资,并使贸易余额倾向于盈余。

3.【考查要点】 资本净流出对开放经济的影响。

【参考答案】 (1) 中国购买美国资产相当于负的美国资本净流出,所以中国减少对美国资产的购买相当于增加美国资本净流出，即增加了美国可贷资金的需求，可贷资金需求曲线向右移动,使均衡的美国真实利率上升。真实利率上升意味着储蓄的预期回报率增加,因而美国的储蓄会增加,同时利率上升也意味着投资的成本增加,因而美国的国内投资会减少。

(2)中国决定减少购买美国资产,增加美国资本净流出,美国资本净流出是外汇市场中的美元供给,美元供给曲线向右移动,使得真实汇率下降,汇率贬值使得贸易余额倾向于盈余。

(六)拓展思考题

1.【考查要点】 开放市场中的可贷资金市场和外汇市场、贸易赤字产生的可能原因及影响。

【参考答案】 从恒等式“净出口 = 国民储蓄 - 国内投资 = 资本净流出”中可以看出,贸易赤字可能是由国民储蓄不足造成的,也可能是由国内投资高涨造成的。(1)低储蓄引起贸易赤字以及外债增加,外债最终是必须偿还的,现期的高消费势必引起未来的低消费,这意味着子孙后代要承担这个负担。如果国民储蓄不足而没有引起贸易赤字,就必然会减少投资,必然抑制经济的持续增长,所以在这种情况下,有外国人投资比完全没有要好。(2)投资高涨也可以带来贸易赤字和高负债,但资本品的增加会以更多物品与服务生产的形式获得良好的收益。这样,经济就应该能够应对累积的债务。如果投资项目没有产生预期的收益,债务就会带来负担。

2.【考查要点】 贸易政策对贸易余额的影响。

【参考答案】 (1)中国取消以出口为条件给予名牌称号和财政利益的条款,相当于取消对这些名牌产品和生产商的出口补贴,会增加这些商品的出口成本和价格,减少国外消费者对这些商品的需求而减少这些产品的出口量。这些产品出口量的降低体现在外汇市场中是外汇市场中对人民币的需求的降低,这使人民币的真实汇率降低,而真实汇率的降低意味着中国商品的价格相对于其他国家商品价格的降低而增加国外消费者对中国其他商品的需求,因此中国其他商品的出口会有所提高,中国的总贸易余额不会改变。单就中国有关行业来说,中国取消以出口为条件给予名牌称号和财政利益的条款会减少这些行业的出口,可能影响这个行业的就业及从业人员收入。

(2)中国取消以出口为条件给予名牌称号和财政利益的条款,对美国而言提高了相关产品的价格,减少了相关产品的进口量,即美国的净出口会在最初有所增加。但净出口的增加反映在外汇市场上是对美元需求的增加,这会使美元的真实汇率提高,使其他国家对美国商品的需求量降低,而减少美国其他商品的出口。美国的总贸易余额也不会因为这一政策而有所改变。美国的相关产业却可以因中国出口补贴的取消而面临竞争减少,从更多的国内销量中获利。

第 33 章
总需求与总供给

一、学习精要

(一) 教学目标

1. 了解经济波动的三个关键事实。

2. 理解总需求与总供给模型,以及解释短期经济波动的适用性。

3. 掌握总需求曲线为什么向右下方倾斜,以及为什么总需求曲线会移动。

4. 掌握长期总供给曲线为什么是垂直的,以及为什么长期总供给曲线会移动。

5. 掌握短期总供给曲线为什么向右上方倾斜,以及为什么短期总供给曲线会移动。

6. 理解经济波动的两个原因,学会利用总需求与总供给模型和四步法对短期经济波动和长期经济趋势进行分析和预测。

(二) 内容提要

本章主要介绍总需求与总供给模型,这个模型可以帮助我们解释短期的经济波动。值得注意的是,这些波动背离了我们前面章节学习模型所解释的经济的长期趋势。

1. 关于经济波动的三个关键事实

(1) 事实 1:经济波动是无规律的且不可预测的。尽管经济波动常被称为经济周期,但"经济周期"这个术语往往会引起一些误解,因为经济波动根本没有规律,而且几乎不可能较为准确地预测。

(2) 事实 2:大多数宏观经济变量同时波动。对于监测短期波动而言,用哪一种衡量指标来观察经济活动实际上无关紧要。大多数衡量某种收入、支出或生产波动的宏观经济变量几乎同时发生变动,虽然变动的量会有所不同。

(3) 事实 3:随着产量减少,失业增加。物品与服务产量的变动与经济中劳动力利用的变动密切相关。当真实 GDP 下降的时候,失业率上升,因为当生产的物品与服务减少的时候,企业自然会解雇工人。

2. 解释短期经济波动

(1) 古典经济学的假设。古典理论依据的是古典二分法和货币中性。古典二分法将变量分为真实变量(衡量数量或相对价格的变量)和名义变量(按货币衡量的变量)。货币中性认为"货币仅仅是一层面纱",货币供给的变动只影响名义变量,与真实变量无关。

(2) 短期波动的现实性。尽管这些古典假设可以准确地描述长期经济,但不适用于短期经济的分析。在短期中,真实变量与名义变量是高度相关的,而且货币供给的变动可以暂时地使真实 GDP 背离其长期趋势。因此为了分析短期经济运行，必须放弃古典二分法和货币中性，建立新模型，并将注意力集中在真实变量与名义变量如何相互影响上。

（3）总需求与总供给模型。我们用总需求与总供给模型来解释短期经济波动。总需求与总供给模型是用来解释经济活动围绕其长期趋势的短期波动的模型，这个模型可以画成以 CPI 或 GDP 平减指数衡量的物价水平为纵轴、以真实 GDP 为横轴的图形。总需求曲线表示在每一种物价水平上，家庭、企业、政府和国外消费者想要购买的物品与服务量，它向右下方倾斜；总供给曲线表示在每一种物价水平上，企业生产并销售的物品与服务量，它向右上方倾斜。注意总需求与总供给模型不仅仅是普通微观经济供求模型的放大，由于总需求与总供给曲线的倾斜和移动的原因不同，因而这两个模型是完全不同的。

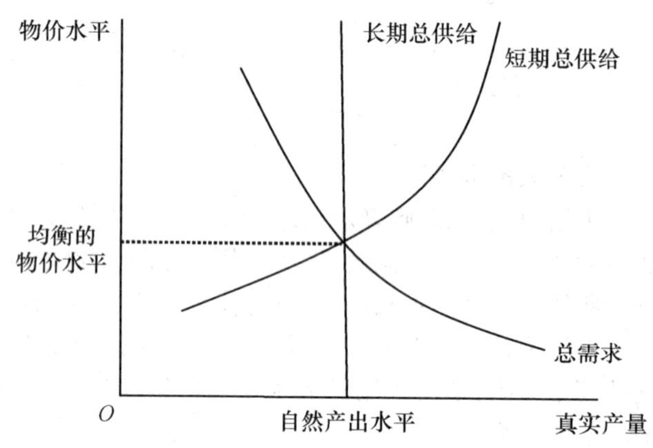

3. 总需求曲线

（1）为什么总需求曲线向右下方倾斜？由 $Y = C + I + G + NX$，假设 G 为固定的政府政策变量，为了说明总需求曲线为什么向右下方倾斜，我们必须考察物价水平对消费（C）、投资（I）和净出口（NX）的影响。由于财富效应、利率效应、汇率效应三大效应，物价水平下降增加了消费、投资和净出口，进而增加总需求。这里需要注意的一个问题是，对向右下方倾斜的总需求曲线的三个解释都假定货币供给固定，即总需求曲线是根据一个既定的货币供给量做出。

第一，物价水平与消费：财富效应。物价水平下降提高了货币的真实价值，并使消费者更富有，这又鼓励他们更多地支出。消费者支出增加意味着物品与服务需求量更大。相反，物价水平上升降低了货币的真实价值，并使消费者变穷，这又减少了消费者支出以及物品与服务的需求量。

第二，物价水平与投资：利率效应。物价水平下降降低了利率，鼓励更多的用于投资品的支出，从而增加了物品与服务的需求量。相反，物价水平上升提高了利率，抑制了投资支出，并降低了物品与服务的需求量。

第三，物价水平与净出口：汇率效应。当美国物价水平下降引起美国利率下降时，美元在外汇市场上的真实价值下降。这种贬值刺激了美国的净出口，从而增加了物品与服务的需求量。相反，当美国物价水平上升并引起美国利率上升时，美元的真实价值就会上升，而且这种升值减少了美国的净出口以及物品与服务的需求量。

(2) 为什么总需求曲线会移动?

第一,消费变动引起的移动。在物价水平既定时,使消费者支出增加的事件使总需求曲线向右移动;在物价水平既定时,使消费者支出减少的事件使总需求曲线向左移动。

第二,投资变动引起的移动。在物价水平既定时,使企业投资增加的事件使总需求曲线向右移动;在物价水平既定时,使企业投资减少的事件使总需求曲线向左移动。

第三,政府购买变动引起的移动。政府对物品与服务购买的增加使总需求曲线向右移动;政府对物品与服务购买的减少使总需求曲线向左移动。

第四,净出口变动引起的移动。在物价水平既定时,增加净出口支出的事件使总需求曲线向右移动;在物价水平既定时,减少净出口支出的事件使总需求曲线向左移动。

4. 总供给曲线

总供给曲线告诉我们在任何一种既定的物价水平时企业生产并销售的物品与服务总量。与总是向右下方倾斜的总需求曲线不同,总供给曲线的走势取决于所考察时间的长短。在长期中,总供给曲线是垂直的;而在短期中,总供给曲线向右上方倾斜。

(1) 为什么长期中总供给曲线是垂直的? 在长期中,一个经济的物品与服务生产(它的真实 GDP)取决于它的劳动、资本和自然资源的供给,以及可得到的用于把这些生产要素变为物品与服务的技术。在长期中,无论物价水平如何变动,供给量都是相同的,因为物价水平并不是影响真实 GDP 的长期决定因素。

(2) 为什么长期总供给曲线会移动? 经济中任何改变自然产出水平的变动都会使长期供给曲线移动,由于古典模型中的产量取决于劳动、资本、自然资源和技术知识,因此可以把长期总供给曲线的移动分为以下四个方面:

第一,劳动变动引起的移动。一个经济中工人的数量增加(如移民增加),长期总供给曲线向右移动;反之,曲线向左移动。此外,长期总供给曲线还取决于自然失业率,因此自然失业率的任何一种变动都会使长期总供给曲线移动。自然失业率上升,长期总供给曲线向左移动;反之,曲线向右移动。

第二,资本变动引起的移动。经济中资本存量的增加提高了生产率,从而增加了物品与服务的供给量,导致长期总供给曲线向右移动;相反,经济中资本存量的减少降低了生产率,从而减少了物品与服务的供给量,导致长期总供给曲线向左移动。

第三,自然资源变动引起的移动。新矿藏的发现使长期总供给曲线向右移动;使农业减产的天气变化使长期总供给曲线向左移动。在许多国家,重要的自然资源是从国外进口的,这些资源的可获得性也会使总供给曲线移动。

第四,技术知识变动引起的移动。新技术的应用,或对外贸易开放,促使长期总供给曲线向右移动。

(3) 用总需求与总供给来描述长期增长和通货膨胀

长期增长和通货膨胀可以表示为长期总供给曲线由于以上四大因素引起的向右移动,而由于货币供给增加导致总需求曲线向右移动的幅度更大,因而随着时间的推移,产量增加且物价会上升。长期趋势是短期波动叠加的结果,应该把产量与物价水平的短期波动视为对持续的产量增长和通货膨胀长期趋势的背离。

(4) 为什么短期中总供给曲线向右上方倾斜? 短期总供给曲线向右上方倾斜,是因为物价水平变动引起短期内的产量背离其长期水平。有黏性工资理论、黏性价格理论、错觉理论三种理论可以解释,这三种理论均有一个共同的主题,即当实际物价水平 P 大于预期物价水平 P_E时,产量就可能增加到高于自然产出水平。

第一,黏性工资理论:未预期到的低物价水平增加了真实工资,这引起企业减少雇用工人并减少生产的物品与服务量。

第二,黏性价格理论:未预期到的低物价水平使一些企业的价格高于合意的水平,这就抑制了它们的销售,并引起它们削减生产。

第三,错觉理论:未预期到的低物价水平使一些供给者认为自己的相对价格下降了,这引起生产减少。

(5)为什么短期总供给曲线会移动?当考虑什么引起短期总供给曲线移动时,必须考虑使长期总供给曲线移动的四大因素以及一个新变量——预期的物价水平,因为它影响黏性工资、黏性价格和对相对价格的错觉。

第一,导致长期总供给曲线移动的任何因素,包括劳动、资本、自然资源和技术知识的变动,都会使短期总供给曲线移动。

第二,预期物价水平的变化也会移动短期总供给曲线。如果 P_E 上升,工人与企业会倾向于达成一个更高水平名义工资的合同。在每个价格水平 P,生产获利减少导致供给量 Y 下降,短期总供给曲线向左移动。反之,预期物价水平下降增加了物品与服务的供给量,并使短期总供给曲线向右移动。

预期对短期总供给曲线的这种影响在解释经济如何从短期转向长期时起到了关键作用。在短期中,预期是固定的,经济处于总需求曲线与短期总供给曲线的交点。在长期中,如果人们观察到物价水平不同于他们的预期,他们的预期就会得到调整,短期总供给曲线将会移动。这种移动保证了经济最终会处于总需求曲线与长期总供给曲线的交点。

5. 经济波动的两个原因

经济的长期均衡是在总需求曲线与长期总供给曲线的交点,此时预期物价水平将调整为等于实际物价水平,并且此时短期总供给曲线也相交于这一点。结合所学的总需求与总供给模型,可以考察短期经济波动的两个基本原因:总需求移动与总供给移动。这里我们用到分析宏观经济波动的四个步骤:第一,确定经济事件到底影响总需求曲线还是总供给曲线;第二,确定曲线移动的方向;第三,确定新的短期均衡;第四,分析从短期均衡到长期均衡的变动过程。

(1)总需求移动的影响。以悲观情绪对宏观经济的影响为例来分析。悲观情绪影响支出计划,因而影响总需求曲线并使其向左移动,从而导致短期经济中的产量下降且物价水平下降。但随着时间的推移,预期物价水平的下降改变了工资、价格和感觉,从而导致短期总供给曲线向右移动,产量恢复到自然产出水平。经济纠正了自己:即使决策者不采取行动,长期中产量的减少也会逆转。

关于总需求移动的情形有三个重要结论:第一,在短期中,总需求移动引起经济中物品与服务产量的波动。第二,在长期中,总需求移动影响物价总水平,但不影响产量。第三,影响总需求的决策者可以潜在地减缓经济波动的严重性,譬如如果悲观情绪导致经济可能进入衰退,政府可以通过财政政策和货币政策来增加总需求。如下图所示。

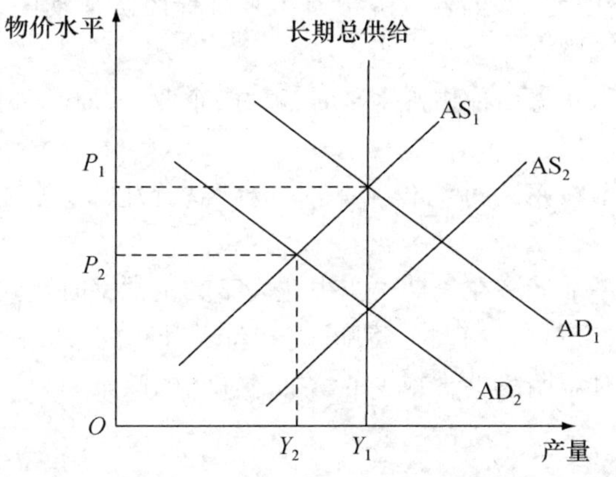

（2）总供给移动的影响。以石油价格上涨对宏观经济的影响为例来分析。石油价格上涨增加企业生产成本，企业在每一物价水平上都会减少供给量，因而影响总供给曲线并使其向左移动，从而导致短期经济中的产量下降且物价水平上升，即经济出现滞胀现象。物价水平上升会暂时引起工人索要更高的工资，并暂时导致工资—物价螺旋式上升。但在长期中，低产量处的高失业率导致工人议价能力下降，名义工资下降导致企业获利性提高，从而总供给曲线向右移动并回到初始位置，因而经济也相应回到初始均衡点。

关于总供给移动的情形有两个重要结论：第一，总供给移动会引起滞胀，即衰退（产量减少）与通货膨胀（物价上升）并存的现象。第二，能影响总需求的决策者可以潜在地减缓对产量的不利影响，但是只能以加剧通货膨胀问题为代价，譬如如果石油价格上涨导致经济可能出现滞胀，政府可以通过财政政策和货币政策促使总需求向右移动，从而抵消短期总供给曲线移动的影响，此时抵消性政策为维持高产量和就业水平而接受持久的高物价水平。如下图所示。

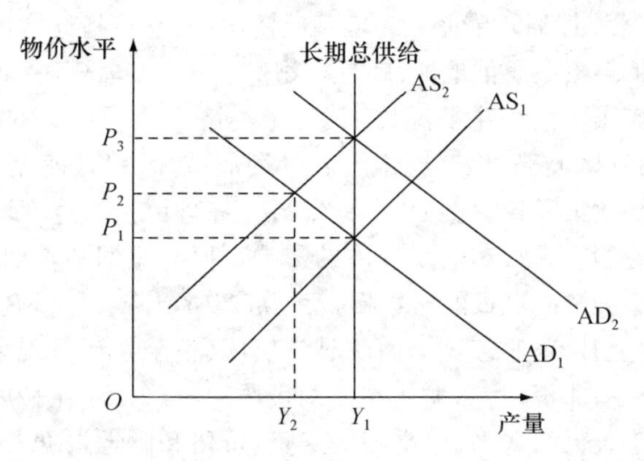

6. 结论

本章实现了两大目标：其一是讨论经济活动中短期波动的一些重要事实；其二是介绍用于解释这些波动的总需求与总供给模型。

（三）关键概念

1. 衰退：真实收入下降和失业增加的时期。
2. 萧条：严重的衰退。

3. 总需求与总供给模型：大多数经济学家用来解释经济活动围绕其长期趋势的短期波动的模型。

4. 总需求曲线：表示在每一种物价水平时，家庭、企业、政府和外国客户想要购买的物品与服务数量的曲线。

5. 总供给曲线：表示在每一种物价水平时，企业选择生产并销售的物品与服务数量的曲线。

6. 自然产出水平：一个经济在长期中当失业处于其正常率时达到的物品与服务的生产。

7. 滞胀：经济衰退（产量减少）与通货膨胀（物价上升）并存的现象。

8. 抵消性政策：针对短期总供给减少的增加总需求的政策。

（四）拓展提示

1. 用来解释短期中总供给曲线向右上方倾斜的黏性工资理论、黏性价格理论、错觉理论三种理论之间的相似之处比它们之间的差别更重要，它们都表明：当实际物价水平大于预期的物价水平时，产量就可能增加到高于自然产出水平。这种思想可以用数学公式表述如下：

$$Y = Y_N + a(P - P_E)$$

其中，Y 表示产量的供给量，Y_N 表示自然产出水平，P 表示实际物价水平，P_E 表示预期物价水平，a 衡量产量对物价水平未预期到的变动的反应。这里需要注意的是，在每一种情况下，供给量的变动都是因为实际价格背离了预期的价格；但无论短期总供给曲线向右上方倾斜是因为黏性工资、黏性价格还是错觉，这种效应都是暂时的。随着时间的推移，长期中工资和价格都具有弹性，相对价格的错觉也会得到纠正。即在长期中，$P = P_E$，因而 $Y = Y_N$，总供给曲线垂直。

2. 滞胀的全称是停滞性通货膨胀。在宏观经济学中，它特指经济停滞，即失业与通货膨胀同时持续高涨的经济现象。通俗地说，就是指物价上升，但经济停滞不前，它是通货膨胀长期发展的结果。造成滞胀有两个主要原因：其一是经济产能因负面的供给震荡而减少。例如，石油危机造成石油价格上涨，生产成本上升及利润减少，引致商品价格上升同时经济放缓。其二是不当的经济政策所致。例如，中央银行允许货币供给过度增长，政府在商品市场和劳动市场作出过度管制。滞胀对宏观经济的影响可以分短期和长期两方面：在短期中，滞胀的物价持续上涨现象会造成严重的通货膨胀，经济产量下降会导致企业提供的物品和服务减少，从而导致失业率上升，企业甚至会面临破产倒闭，整个经济呈现衰退的趋势。同时，高通胀率影响财富分配并扭曲价格，高失业率使国民收入下降。而在长期中，物品与服务的产量在一段时期内仍处于较低的水平，但是随着工资、价格和感觉根据较高的生产成本进行调整，最终衰退会自行消失。例如，低产量和低就业会加大使工人的工资下降的压力，较低的工资又增加了供给量。随着时间的推移，当短期总供给曲线移回到原来的位置时，物价水平下降，产量接近于其自然率，经济回到总需求曲线与长期总供给曲线相交的位置，这一过程也就是经济的自我纠正。

二、新闻透视

(一)新闻透视 A

新闻片段 1:宏观经济企稳回暖 内外需仍然偏弱

从5月份数据来看,在2014年11月份以来政府采取的一系列宏观调控措施的综合作用下,近期国内投资和消费需求都有一定程度的企稳回升迹象,工业生产增长略有加快。但从全年发展态势看,整体经济企稳回升的基础仍不牢固,下行压力依然较大。

从投资需求的角度看,虽然在房地产开发投资初步企稳和制造业投资略有恢复的带动下,5月份固定资产投资同比增长9.9%,增幅比4月份上升了0.3个百分点,但前5个月累计固定资产投资增速为11.4%,仍低于前4个月增速(12%)0.6个百分点,说明自2014年11月份以来固定资产投资持续减缓的趋势还没有明显反转。特别是从投资的资金来源看,除企业自筹和财政预算资金仍保持10%左右的增长外,来自国内贷款和外商直接投资的资金都继续呈下降态势。另外,大型(亿元以上)新开工项目计划投资同比减少,也给下一阶段固定资产投资企稳带来了一定压力。

从消费需求的角度看,由于城乡居民收入保持平稳增长,持续火爆的股市也为广大股民带来了一定程度的财富效应,5月份全国消费市场呈现了稳中略升的态势。当月社会消费品零售总额同比增长10.1%,增幅比4月份略快0.1个百分点;扣除物价因素,5月份消费品零售总额实际增长10.2%,比上月加快了0.3个百分点。特别值得关注的是,在社会消费品零售总额中占比较大的汽车类商品同比增长2.1%,增速比上月有所提高,说明居民的消费信心有所增强。

从工业生产的角度看,在消费需求企稳略升、制造业和房地产开发投资略有回暖、商品出口有所改善等因素的支撑下,5月份工业增加值同比增长6.1%,增速比4月份加快0.4个百分点,呈现连续两个月的小幅回升态势。其中消费品行业回升明显,高科技产业保持较快增长,部分符合消费升级方向的新兴产业(如新能源汽车、智能电视、城市轨道车辆、光电子器件等)快速增长,说明在国家一系列促进产业转型升级政策的支持下,推动中国经济增长的新动力正在形成。

资料来源:庄健,证券日报,2015年6月13日。

新闻片段 2:2015年5月中国对外贸易情况

海关初步统计,2015年5月,全国进出口1.97万亿元,同比(下同)下降9.7%。其中,出口1.17万亿元,下降2.8%;进口0.8万亿元,下降18.1%;顺差3668亿元,增长65%。按美元计,全国进出口3220亿美元,下降9.3%。其中,出口1908亿美元,下降2.5%;进口1313亿美元,下降17.6%;顺差595亿美元,增长64.2%。5月外贸运行主要呈以下特点:

一是出口降幅继续收窄,进口持续低迷;二是对美国出口增长加快,自欧盟等国家进口降幅较大;三是一般贸易出口由降转升,加工贸易持续低迷;四是机电产品出口好于整体,进、出口商品价格降幅扩大;五是中西部地区好于全国,部分东部省市出口恢复增长;六是民营企业出口恢复增长,国有和外资企业持续低迷。

资料来源:商务部,http://douala.mofcom.gov.cn/article/jmxw/201506/20150601018978.shtml,2015年6月21日。

【关联理论】

总需求有四个组成部分,当消费、投资、净出口变动时,都会引起每种物价下需求量的变动,即会引起总需求曲线的移动。当总需求曲线发生移动时,就可能会导致经济波动。影响总需求的决策者可以潜在地减缓经济波动的严重性,譬如如果有某种因素导致经济可能进入衰退,政府可以通过财政政策和货币政策来增加总需求。

【新闻评析】

总需求表示在每一种物价水平上,家庭、企业、政府和国外消费者希望购买的物品与服务量。根据 $Y = C + I + G + \mathrm{NX}$ 可知,假定政府购买 G 为固定的政府政策变量,当消费、投资、净出口三个因素中的任何一个发生变动时,都会带来经济波动。关于总需求移动的情形有三个重要结论:第一,在短期中,总需求移动引起经济中物品与服务产量的波动。第二,在长期中,总需求移动影响物价总水平,但不影响产量。第三,影响总需求的决策者可以潜在地减缓经济波动的严重性,譬如如果有某种因素导致经济可能进入衰退时,政府可以通过财政政策和货币政策来增加总需求。

2014年11月,国务院办公厅印发《关于促进内贸流通健康发展的若干意见》,在当前稳增长、促改革、调结构、惠民生的关键时期,要求加快发展内贸流通,引导生产、扩大消费、吸纳就业、改善民生,进一步拉动经济增长。紧接着,国务院办公厅印发《国务院印发能源发展战略行动计划》,明确了2020年我国能源发展的总体目标、战略方针和重点任务,部署推动能源创新发展、安全发展、科学发展。这是今后一段时期我国能源发展的行动纲领。近一年过去了,在以上一系列宏观政策调控下,消费、投资开始回暖。数据显示,投资方面,大部分数据都有同比增长,但来自国内贷款和外商直接投资的资金继续呈下降态势,总的来说增加了总需求中投资的部分;消费方面,消费品零售额都有所增长,特别是2015年上半年股市持续高涨,股票价格上涨从而消费者感到更富有了,消费的支出增加,增加了总需求中的消费部分;工业生产上,新能源产业在国家宏观政策的引导下,有较快增长。但是,由于地方政府、企业的债务负担仍然较重,国内产业产能过剩,内需没有得到充分调动。再加上,对外贸易状况没有得到有效改善。进口、出口低迷情况仍未彻底解决——进口、出口数据同比下降,特别是进口持续下降。所以,目前总需求中净出口一项始终低迷,也就是外需偏弱。

在看到2015年5月份经济企稳回暖迹象的同时,也要看到由于影响经济走势的国内外需求仍然偏弱,特别是在传统经济增长拉动力减弱的同时,支持经济增长的新动力还没有形成或力量较弱。因此经济企稳回升的基础仍显脆弱,下一阶段经济下行压力仍然较大。考虑到目前地方政府、企业的债务负担仍然较重,存在于众多传统制造业中的产能过剩问题依然没有得到根本性解决,世界经济回升乏力,要实现中国经济全年7%左右的增长目标还有相当大的难度。因此,中国今后一段时期的财政政策和货币政策仍将延续“稳中求进”和“定向宽松”的总体思路,在稳增长的同时,推动中国经济进一步转型升级,夯实在新常态下保持可持续发展的基础。

(二) 新闻透视 B

总供给收缩初现端倪

2014年8月规模以上工业增加值同比实际增长6.9%,增幅创2008年12月以来新低,为68个月新低;8月发电量日均产量同比负增长,同比下降2.2%,这是发电量增长今年首次同比下跌。尽管8月经济数据下滑有季节性因素、基数高等原因,但有观点担心更深层次的原因是总供给出现萎缩迹象。

具体来看,央企、国企方面,从财政部发布的2014年1至8月全国国有及国有控股企业经济运行情况报告来看,同期纳入统计范围的全国国有及国有控股企业总收入同比增速持续放缓,同比增长5.5%;利润总额同比增幅下降,同比增长8%;营业总成本同比增长5.7%,其中销售费用、管理费用和财务费用同比分别增长7.7%、3.1%和19.7%,财务费用激增近两成。中小企业方面,5月以来国务院7次提及发文并要求缓解融资困难的问题,但中小企业"融资难、融资贵"依然难以解决。渣打银行8月发布的中小企业信用指数为53.5,与7月的56相比有所下降,中小企业融资成本仍居高不下。温州民间融资综合利率指数亦显示,综合利率在20%附近徘徊。

现在调结构对社会就业的影响已开始显现,9月制造业PMI就业分项指数初值下滑至46.9,创2009年2月以来的最低水平,该指数已经连续11个月在50下方运行,汇丰服务业PMI的就业分项则成温和扩张的趋势,但综合就业水平仍显示下降。传统工业中劳动密集型行业的劳动力持续转出,服务业尽管发展迅速但吸纳劳动力的能力有限,如何承接这些转出的劳动力是一个紧迫的问题。

企业收入方面,1至7月工业企业实现利润同比增长11.7%,较上半年11.4%的水平提高0.3个百分点,但7月当月实现利润同比增长13.5%,较6月17.9%的水平下降超过4个百分点,虽然累计增速仍在上行,但更多源于6月的贡献,7月工业企业利润水平较6月下滑明显。企业收入、利润增速的放缓也是将来不得不面对的一个难题。

资料来源:潘玮杰,中国证券报,2014年9月27日。

【关联理论】

总供给曲线告诉我们在任何一种既定的物价水平时企业生产并销售的物品与服务总量。经济中任何改变自然产出水平的变动都会使长期供给曲线移动,由于古典模型中的产量取决于劳动、资本、自然资源和技术知识,因此可以把长期总供给曲线的移动分为以下四个方面:第一,劳动变动引起的移动。一个经济中工人数量的增加(如移民增加),长期总供给曲线向右移动。第二,资本变动引起的移动。经济中资本存量的增加提高了生产率,从而增加了物品与服务的供给量,导致长期总供给曲线向右移动。第三,自然资源变动引起的移动。新矿藏的发现使长期总供给曲线向右移动;使农业减产的天气变化使长期总供给曲线向左移动。第四,技术知识变动引起的移动。新技术的应用,或对外贸易开放,促使长期总供给曲线向右移动。

【新闻评析】

经历了改革开放三十多年持续高增长之后,目前中国经济似乎呈现出与以往宏观经济周期不尽相同的特征。除了对短期经济周期波动的关注外,各界已越来越多地开始担忧深层次以及中长期问题，而这些深层次问题的解决与否也直接影响着宏观经济的短期增长。在一国经济增长动力不足或者下行风险突出的时期，宏观经济政策是否应刺激总需求，或者在多大程度上实施刺激往往是摆在宏观决策者面前的重大现实问题。传统的凯恩斯主义认为，应该通过政策手段不断刺激总需求，弥补国内有效需求的不足，从而拉动经济增长。近年来在各国的政策实践特别是金融危机的应对过程中，该理念明显占据上风，积极主动的总需求管理似乎成为各国宏观经济管理的常态。然而，现实中这种政策思路也遇到一些新的挑战。

如果总需求扩张遇到现实制约，那么我们该如何应对并促进经济持续健康发展呢？总需求的调整可以相对迅速，但总供给一般受资本和劳动力的限制调整速度缓慢。在目前调结构的政策背景下，传统产业的出清和转型是一个漫长的过程，尽管政府在加大对新兴产业和服务业的支持力度，但新兴产业的大发展和各产业的升级依然需要时间，总供给的萎缩将会是中长期存在的问题。总供给的萎缩主要有两方面原因：一是融资成本居高不下，生产的边际成本增加；二是在部分行业产能过剩、整体经济环境疲弱背景下，企业对未来的盈利预期下调，需求疲弱致使产成品库存积压、价格不振，企业迫不得已主动收缩产能。供给端若出现持续性收缩，将会对国内就业、总收入状况产生深远影响。传统行业缩减产能首先受到影响的就是就业。

如果全球经济进入旷日持久的缓慢增长期，要想让逆周期干预措施发挥作用，就需要着眼于能够在短期内创造就业并有利于促进未来生产率提高和经济增长的项目。政府如果能够帮助启动此类项目和计划，就可以从一种对危机的被动反应模式向为长期可持续增长创造机会的模式转变。随着中国总需求的提升受到越来越多的限制，要成功应对目前“内忧外患”的挑战、保持中国经济平稳较快增长等现实问题，仅使用传统的发货币、上项目等方式已经难以实现高质量的增长，反而容易引发物价以及房价的较快反弹。目前情况下，需另辟蹊径，在保持常规总需求政策的同时，尽快推出改善总供给，尤其是改善劳动力供需、资本配置效率、技术水平等的各项措施，合力推动总供需朝着更为合意的均衡水平发展。一般认为，与总需求政策相对注重熨平经济短期波动相比，这些总供给政策更着眼于解决经济中长期增长问题。尽管如此，由于总供给面的这些掣肘是目前中国经济的主要症结之所在，因而也具有相当的短期紧迫性。目前可以改善中国供给面的主要突破点在于：

其一，推进户籍改革及社会保障，增加劳动力的有效供给。中国人口红利看似已接近用尽，但考虑到城镇化进程的不充分，劳动力供给水平仍然有较大提升空间。应尽快推进户籍改革，淡化对人口迁徙的硬约束，同时不断提高农民工进城待遇，切实解决其医疗、社保及子女就学等问题，建立起覆盖城乡、体系相同、水准相当、异地可接续的社保体系，为公民自由迁徙、农民转为市民提供可靠保障。

其二，实施减税以及税制改革，增强微观主体供给能力。从总供给—总需求框架来看，给劳动者减税相当于右移劳动力供给曲线，给企业减税相当于右移劳动力需求曲线，均使得同一价格水平下的可投入总劳动力水平上升。从而，使得总供给曲线右移，均衡产出增加，均衡价格下降。

其三，改善资本融资方式，降低资金要素供给的扭曲。进一步推动面向合格机构投资者的场外债券市场的发展；继续加大银行间市场非金融企业债务融资工具市场发展和产品创新力度，进一步扩大短期融资券、中期票据、中小企业集合票据等产品规模；积极研究资产支持票据、高收益债券等创新产品，全方面提升资金供给能力。

其四，破除垄断及推进国企改革，激发制度对供给的提升效力。国有经济要大幅退出经营性领域,让社会资源加快进入管制和垄断的现代服务业,引入竞争以促进生产率的提高。同时,应逐步放宽电信、电力、铁路、金融、教育、医疗卫生等行业的限制,鼓励民营企业进入并适当扶持,扩大相关产品供给以创造相应需求,逐步提升中国宏观生产函数水平。

其五,重新审视政府与市场的边界,发挥生产率对提升总供给的根本性作用。影响劳动生产率的主要因素包括劳动者的平均熟练程度、科学技术的发展程度、生产过程的组织和管理、生产资料的规模和效能、自然条件等,其中最重要的还是要推动技术进步,而技术进步的重点应当放在现有产业的提升上。

三、案例研究

(一) 案例研究 A

为中国经济"滞胀"忧

一方面是紧缩货币,强力压制中国经济内需;另一方面是国际计价、结算货币大注水,推高中国制造业原材料成本,从而拉高中国 CPI;CPI 上升更给了货币当局紧缩货币的理由,而进一步压制中国经济内需,但物价该涨还涨。

静心回顾一下,过去五年,中国经济是不是这样的状况?而如此恶性循环的最终结果就是:早晚有一天,中国经济会"滞胀"。

眼下是不是已经发生"主动性增长动力微弱,不得不三番五次靠政府托市"?实际上,这种情况在 2012 年中期已经初露迹象。现在,政府"微刺激"的频率越来越高,越来越密,而效果却越来越弱。

现在大问题又出现了。美国 QE 期间,为了减少国际压力,美国政府通过一系列的手段压制了大宗商品价格的上涨。但现在,美国开始缩减 QE,大宗商品价格开始上涨。市场炒作的理由是"需求增加",而刻意避开了美元注水必然导致商品价格上涨的因素。美、欧、日一起货币注水,一起竞相贬值,它使得美元指数"失真",无法反映美元的真实贬值幅度,但商品价格却不断上涨。这预示着,美国有理由"推卸美元贬值推高大宗商品价格"的责任,而把大宗商品价格上涨的责任归咎于"需求增加"。

以石油为例。3 月中旬布伦特石油投机性多头持仓总规模达到 440 亿美元,刷新历史所有纪录,创出历史新高。笔者估计,美国攻击中国的历史性"决战"正在悄然拉开序幕,攻击重点是中国的实体经济。因为,中国金融以国有为主,不可能发生流动性风险,但攻击实业则将起到对中国金融釜底抽薪的效果。而且,多年人民币升值构成的房价泡沫,以及错误的货币政策导致的中国实体经济虚弱,现在只差进一步大幅推高中国实业成本这一把火了。

这件事对美国伤害不大。因为,美国的经济结构是以服务为主,对工业原材料的需求不多。但中国则不同,如果大宗商品价格出现暴涨,中国经济必定出现"滞胀",而"滞胀"本身就是中国最大的经济危机、金融危机和社会危机。中国作为以实体经济为本的实物商品生产国,将是国际大宗商品价格的被动接受者。金融巨头提高操纵商品期货价格赚钱,而中国实体产业通过被动接受这一价格赔钱;实体产业不想赔钱,就必须将提高的成本向后端商品传导,直至传导给最终消费品。

一方面,不断攀升的成本、需求的减少,使企业无法提高劳动力工资,国民收入增长艰难;

另一方面，企业要活下去，则成本刚性推高价格（价格不因需求减少而降低）。结果是什么？生产萎缩、消费萎缩、投资萎缩、产能更加过剩，以至于经济所承受的下行压力越来越大。但物价却因成本推动，而不断上涨。这不就是“滞胀”？

“滞胀”将从摧毁实业的角度让中国同时发生经济危机、金融危机和社会危机。实业垮了，金融必垮；实业和金融垮了，社会必然动乱。

我们相信，中国政府有能力避免“滞胀”发生。

资料来源：钮新文，中国经济周刊，2014年4月28日。

【关联理论】

滞胀，即指经济既经历着停滞，又经历着通货膨胀。具体地说，经济停滞主要是指产量下降，经济增长停滞；而通货膨胀主要是物价持续上升。除此之外，由于经济停滞，产量下降，引起企业减少雇用工人，就业率会下降，失业率上升，这些均反映了滞胀的基本表现情况。根据总供给—总需求分析，可以得出造成滞胀的两个主因。

【案例解剖】

经济的长期均衡是在总需求曲线与长期总供给曲线的交点，此时预期物价水平将调整为等于实际物价水平，并且此时短期总供给曲线也相交于这一点。结合所学的总需求与总供给模型，可以考察短期经济波动的两个基本原因：总需求移动与总供给移动。这里我们用到分析宏观经济波动的四个步骤：第一，确定经济事件到底影响总需求曲线还是总供给曲线；第二，确定曲线移动的方向；第三，确定新的短期均衡；第四，分析从短期均衡到长期均衡的变动过程。根据总供给—总需求分析，很容易得出经济学家提出的造成滞胀的两个主因：其一，经济产能因负面的供给震荡而减少，譬如石油危机造成石油价格上涨、生产成本上升及利润减少，引致商品价格上升同时经济放缓；其二是不当的经济政策，例如中央银行容许货币供给过度增长，政府在商品市场和劳动市场作出过度管制。

新凯恩斯学说区分两种不同的通胀：需求拉动型（总需求曲线位移所致）及成本推动型（总供应曲线位移所致）。在这个观点中，滞胀是由成本推动型通胀引致。成本推动型通胀在某种压力或情况以致成本上升时发生；而因素可以是政府政策（例如加税）或单纯的外在因素（如天然资源短缺或战争行为）。我们关心中国总供给与总需求，担心通货膨胀和通货紧缩。同样地，我们还担心一个问题——滞胀，经济增长衰退、停滞，同时又伴随着高物价。近十年来，中国GDP增长从2005年的11.3%到2014年的7.4%，经济放缓已经是不争事实。政府的“微刺激”作用越来越小，物价居高不下。美国已使用QE来抑制物价上扬，取得了一定效果。而中国现阶段是发展的关键阶段，仍然需要大量的原材料和基础设施建设，成本上升推高物价，消费萎缩、产能过剩、增长缓慢，这无疑会对企业的销售和盈利能力造成负面影响。虽然高通胀通常对企业收入具有正面影响，但这只是对那些能通过提高价格而把成本压力转移出去的企业，并不能解决实际经济发展问题。在短期内，滞胀的物价持续上涨现象会造成严重的通货膨胀，经济产量下降会导致企业提供的服务和物品减少，从而导致失业率上升，企业甚至会面临破产倒闭，整个经济呈现衰退的趋势。高通胀率影响财富分配并扭曲价格，高失业率使国民收入下降。

应付滞胀，政府很难依靠单一的货币政策来消除，因为采用紧缩货币政策，一提高利率，企业经营成本加大，经济就有可能更加萧条，甚至引发衰退，若采用宽松的货币政策，降低利率，刺激了经济增长，但又会引发恶性通货膨胀。因此，政府应该扩大公共财政支出，同时减税,加上适度提高利率来压制通胀,随着时间推移则可逐步消除滞胀。但此方法可能增加国债负担。针对企业和个人而言,滞胀下的投资策略以商品、短期债券和现金为最佳组合;其次为需求弹性小的公共事业、医药等股票;再次为部分工业股;最后为金融、房地产和非必需消费类股票。

(二)案例研究B

在华日企现撤离潮:劳动力成本上涨成主因

继中国欧盟商会发表对中国营商环境的信心调查之后,6月17日,中国日本商会也发布了《中国经济与日本企业2015白皮书》(以下简称"白皮书")。

该白皮书显示,中国实际使用来自日本的投资额度自2012年达到顶峰以后持续下降,从74亿美元下降到2014年的43亿美元,同比减少38.8%。此前中国欧盟商会的调查中,也显示过半数企业正在考虑将当前和计划中的对华投资转至其他市场。

联系自2014年下半年来松下、东芝、西铁城等多家日企在中国关停了工厂的背景,中国是否正在成为外资"出逃"地?

据日本贸易振兴机构(JETZO)2014年的调查,受访在华日企中83.9%认为面临的经营问题中排第一位的是"劳动力成本上涨",与2013年一样。以下依次为"员工素质"(55.6%)、"竞争对手增加(在成本方面竞争)"(53.7%)、"质量管理困难"(53.7%)。

受这些原因叠加影响,国际协力银行发布的《日本制造业企业的海外事业开展相关调查报告》中,在日本企业"中期(今后三年左右)看好的事业发展目标国家和地区"排名中,中国退居第三位,而2013年之前的调查显示,中国都排在第一位。

这与日企对华投资的行业分配呈现一致性。白皮书称,2014年的对华直接投资,制造业同比减少12.3%,非制造业同比增加11.0%。非制造业中,占据最大份额(29.0%)的房地产增加20.2%,引导着对华直接投资的发展。

有媒体梳理发现:2015年前5个月中,日企宣布在中国关闭工厂或业务清算的消息有8则;在2014年,该数字为13则;2013年为5则;2012年为1则。共涉及21家日本上市企业。其中,17则消息涉及制造业相关日企。

然而,在这些宣布"撤离"的企业中,其实不少是剥离附加值较低的低端业务。以2015年1月闹得沸沸扬扬的松下电器"撤离"山东为例,松下电器发布公告通知称,山东松下电子信息有限公司的生产已于1月30日终止,并将开始企业清算手续。这家企业成立于1995年,主要生产显像管电视机。显然,在液晶电视已经趋于普及的当下,这项业务被剥离并不难理解。

"日企采取了不同的办法应对劳动成本提升等一系列问题,最典型的就是外销转成内销,以及跨国企业中加大盈利部门和非盈利部门之间的精简整合。"中国日本商会副会长田端祥久表示,调查显示,批发、零售以及运输设备等在中国本土的国内销售型企业更倾向于扩大规模,对它们而言,中国的潜力很大;而面向日本等外部市场的出口型企业则更乐于维持现状,它们也正通过出口转内销等方式来解决问题。

资料来源:李艳洁,日资在华欲去还留 呼吁中方罚款透明,中国经营报,2015年6月20日。

【关联理论】

总供给是在每一种物价水平上,企业生产并销售的物品与服务量。在长期中,总供给的产量取决于劳动、资本、自然资源和技术知识。如果提高最低工资,自然失业率就会上升,从而经济生产的物品与服务量就会减少,长期会引起总供给曲线的左移。技术知识提高了生产率,使既定劳动、资本、自然资源生产出更多的物品与服务,所以技术变动会引起总供给的右移。

【案例解剖】

经济的运行,取决于供需的消长变化;说到底,经济理论实质上就是供需理论。所以,"总需求—总供给"系统是宏观经济理论的核心框架,是赖以展开宏观经济研究的基轴和主线。劳动、资本、自然资源和技术知识等因素的变化,均会带来总供给曲线的移动,进而引起经济波动。

近年来,中国珠三角、长三角等地区劳动力短缺,工资上涨,劳动力成本上升,已是不争事实。日资企业在权衡比较多国制造成本之后,如果发现同一生产环节,中国的成本高于其他国家,将会考虑减少在中国的雇员,即工人数量减少(裁员),供给曲线向左移动。如今,中国制造业的成本优势在减弱,利润空间不断缩小、融资困难、未来订单的不确定性以及人民币汇率的变化给这些制造业工厂的生存带来威胁。随着中国向制造产业链上游攀升,劳动力短缺、成本上升也许能倒逼行业技术更新、提高生产率。技术革新,如投入自动化生产、用机器人代替一些人力,提高生产的效率已经大大超过工资的增长。传统制造业正向更精密制造业的转变表明,创新和技术将为中国带来更大贡献。通过以上案例分析可知,劳动力和技术会影响供给,劳动力成本上升会使供给减少,技术的创新会突破劳动力短缺的难题,大大提高生产效率。因此,如果能在劳动力短缺时,及时找到技术突破的方法,比如机器人或自动化生产,这样将更难预测总供给曲线的变化。

在经历了长期出口导向型的经济增长模式后,由于受到国际金融危机、国内刘易斯拐点等的冲击,中国经济正面临越来越多的挑战,总需求调整受到不少制约。单靠传统的逆周期宏观调控政策难以彻底破解中国经济的困局,有必要在宏观经济分析中找寻更加系统性的解决方案。我们认为,在总需求—总供给的系统性分析框架下,为了实现更加合意的经济均衡,现阶段中国应特别强化宏观经济政策组合的力量:一方面,应继续坚持逆周期的总需求调控,但在后金融危机期间要格外注重追求投资效率、把握刺激力度,充分考虑物价对总需求(尤其是投资)扩张的敏感程度;另一方面,应试图寻求破解困局的突破点,全方位推进总供给调整进程。总需求、总供给两者不可偏废,应加强相互协调,使之相得益彰,共同促成中国当前宏观经济困局的破解,迈向未来的可持续健康发展之路。

(三)案例研究C

电子商务为经济增长注入新活力

电子商务作为一种新兴业态,凭借其低成本、高效率的优势,正愈发成为我国转变经济发展方式、优化产业结构的重要推动力。电子商务对城市经济发展的影响已经逐渐显现。电子商务成为就业人数众多和带动性很高的新兴产业,目前电子商务已经广泛渗入生产、流通、消费和服务各个领域,不断与各个产业相融合,并成为新的经济增长点。从宏观经济层面上看,作为流通方式的电子商务在开拓市场范围方面的作用,使得需求方面临更广泛的市场选择范围,导致一定价格水平上的总需求数量的增长。电子商务可以看作一种技术创新,能有效降低交易成本、提高交易的效率,通过节省从微观经济活动到宏观经济运行的成本,提高全社会的总供给水平,因此促进经济总量的增长。

拉动经济增长的新引擎

电子商务对经济增长的拉动作用非常显著,电子商务通过拉动消费、促进投资、促进国际贸易等因素促进地区经济增长。作为一种新型的流通方式,电子商务可缩短生产和消费之间的流通环节,提高流通效率,降低交易成本,促进中间需求,刺激最终消费。电子商务在企业内部的应用,有效降低了企业的采购成本和销售成本,刺激了企业中间需求的增加;电子商务给普通消费者提供了更加方便、多样和实惠的消费选择,加快了收入增长向消费转化的过程,网络零售对最终消费的拉动作用日益明显。电子商务目前已成为扩大居民消费、拉动内需、保持经济增长动力的有效手段。

在传统国际贸易模式下,中小企业获取国际市场信息的成本很高,而且面临代理、渠道、运输等一系列问题,并为此付出高额成本,这使得很多出口中小企业只能依附于大企业成为订单的接包方。而电子商务以其开放性、跨时空和全球性等特点,可以打破各国家和地区之间的时空障碍,简化国际贸易流程,减少贸易成本,拓宽贸易渠道,有效降低中小企业开展国际贸易的门槛。借助阿里巴巴、慧聪网、敦煌网等第三方电子商务平台,中小企业开展国际贸易的门槛和成本得到降低,电子商务成为中小企业开拓国际市场的重要手段之一。电子商务在创造新兴市场方面有助于拓展地区经济发展的空间。

电子商务是产业关联度、感应度及带动性都很高的新兴产业,电子商务的快速发展,不仅直接拉动了信用、物流、支付、标准、云计算等电子商务支撑服务发展,而且还促进了与电子商务相关的交易、技术、运营、信用、支付、培训等衍生服务的发展,带动了金融、人才、第三方物流、信息服务、教育培训等多种现代服务业的发展,加快了传统服务业升级调整的步伐。这种为电子商务提供服务的一系列行业已经产业化,并被称为电子商务服务业。从现代服务业的角度看,电子商务服务业是以互联网等计算机网络为基础工具,以营造商务环境、促进商务活动为基本功能,是传统商务服务在信息技术——特别是计算机网络技术条件下的创新和转型,是基于网络的新兴商务服务形态,位于现代服务业的中心位置。

改善民生的新平台

电子商务以其方便、快捷、高效、低成本等特点拉近了生产和消费之间的距离,将海量个性化需求汇集到一起,使得大规模定制成为现实,给人们提供了便捷的消费方式和多样化、个性化的选择。在B2C综合购物网站快速发展的同时,很多垂直化的专业购物网站也大量出现,加上C2C平台上大量的中小卖家,以及大批传统企业开设网上销售渠道,这给市民的生活提供了更加多样化的选择,使人们足不出户就可以购买到丰富而优惠的产品和服务,也可以很容易就买到线下买不到的产品,给人们节省了大量的时间和金钱,极大地方便了市民的生活。

随着电子商务应用领域的不断拓展,以及移动商务、网络团购等新兴模式的出现,电子商务与电信、旅游、餐饮、零售等本地生活服务企业的融合更加紧密,这给城市居民的生活提供了极大的便利,人们足不出户就可以进行网上购物、网上订餐、网上娱乐、网上旅行预订、网上缴费等,网络化的消费和生活方式已经融入了市民的日常生活。由于可以方便地进行网上购物,一定程度上也减少了人们外出购物的次数,这也非常有助于缓解城市交通拥堵问题。出行次数的减少带来的环保收益又对建设绿色、低碳的城市起到了支撑作用。

资料来源:中国社科院财经战略研究院课题组,经济日报,2013年4月22日。

【关联理论】

经济中任何改变自然产出水平的变动都会使长期供给曲线移动,劳动、资本、自然资源和技术知识是四大关键因素。即使在既定劳动、资本和自然资源的情况下,新技术的应用或对外贸易开放也会促使长期总供给曲线向右移动。由于信息、协调和外部性方面的原因,政府应积极主动发挥作用,引导企业采用新技术,为产业升级和多样化提供便利。

【案例解剖】

电子商务是一种技术创新,改变了总供给的方式,重新定义了交易的游戏规则。电子商务,是基于互联网基础,以信息网络技术为手段,以商品交换为中心,以电子交易方式进行交易活动和相关服务的活动,是传统商业活动各环节的电子化、网络化、信息化。这种技术将注定比上一代有更快的信息流、资金流和物流。

电子商务提高了总供给中各个相关行业的生产率,加深了社会分工,提高了总供给的效率。传统产业与互联网的结合,包括移动互联网,以更快、更现代化的方式为消费者提供了全新的产品信息,同时电子商务也带动了物流业的发展。这种技术通过节省从微观经济活动到宏观经济运行的成本,有效降低了交易成本,提高了交易的效率,降低了服务成本,成本下降供给上升,提高了全社会的总供给水平,也因此促进了经济总量的增长。在经济活动中产品生产占用的时间平均下降到10%以下,90%以上的时间处于流通状态。发展电子商务,能够极大地拓展交易的时空,有效解决交易双方信息不对称问题,最大限度地消除中间环节,促使终端供应者与最终消费者之间的直接交易,提高生产经营的准确性和时效性,大幅度降低流通成本和产品积压,带动国民经济快节奏、低成本、高效率运转,促进经济增长方式转变。

总而言之,电子商务是一种新的技术知识,它的产生将引起总供给的变动,随着它的普及,将使总供给曲线右移。“科学技术是第一生产力”,邓小平的这一论断可以说是在中国官方文件中首次直接将科技纳入生产函数。只有从根本上提高劳动生产率,才能维持下一个十年的增长。影响劳动生产率的主要因素包括劳动者的平均熟练程度、科学技术的发展程度、生产过程的组织和管理、生产资料的规模和效能、自然条件等,其中最重要的还是要推动技术进步。目前中国外需导向型的经济起飞已到由复制到创新的第二阶段,德、日等传统出口导向型经济体的转型经验告诉我们,在该阶段大力提升科技水平刻不容缓。由于信息、协调和外部性方面的原因,在发展过程中,政府应积极主动发挥作用,为产业升级和多样化提供便利。历史证据表明,产业政策、贸易政策和技术政策的运用是西方发达国家早期成功完成结构转型的主要因素。但应合理划分政府管理经济的边界,政府不能对所有事情包揽包办。目前中国很多问题的根源确实在于政府对市场的过度干预,最终仍需要依靠市场力量引导企业去提高劳动生产率。

四、课外习题

(一) 术语解释

1. 总需求与总供给模型
2. 总需求曲线
3. 总供给曲线
4. 自然产出水平

5. 滞胀

(二) 单项选择

1. 以下关于经济波动的说法正确的是(　　)。
   A. 经济波动是无规律的且不可预测的　　B. 大多数宏观经济变量同时波动
   C. 随着产量减少,失业增加　　D. 以上说法都正确
2. 以下关于总需求与总供给模型的说法错误的是(　　)。
   A. 总需求与总供给模型是用来解释经济活动围绕其长期趋势的短期波动的模型
   B. 这个模型可以画成以 CPI 或 GDP 平减指数衡量的物价水平为纵轴、以真实 GDP 为横轴的图形
   C. 总需求与总供给模型仅仅是普通微观经济供求模型的放大,这两个模型完全相同
   D. 总需求曲线向右下方倾斜,总供给曲线向右上方倾斜
3. 总需求曲线向右下方倾斜是由于(　　)。
   A. 价格水平上升时,投资会减少　　B. 价格水平上升时,消费会减少
   C. 价格水平上升时,净出口会减少　　D. 以上结论均正确
4. 以下哪一项不是总需求曲线向右下方倾斜的原因?(　　)。
   A. 财富效应　　B. 利率效应
   C. 古典二分法或货币中性效应　　D. 汇率效应
5. 根据利率效应,总需求曲线向右下方倾斜是因为(　　)。
   A. 物价水平下降降低了利率,鼓励更多用于投资品的支出,增加物品与服务的需求量
   B. 物价水平下降提高了利率,鼓励更多用于投资品的支出,增加物品与服务的需求量
   C. 物价水平下降降低了利率,鼓励更少用于投资品的支出,增加物品与服务的需求量
   D. 物价水平下降降低了利率,鼓励更多用于投资品的支出,减少物品与服务的需求量
6. 当价格水平下降时,总需求曲线和总需求的量的变化分别是(　　)。
   A. 向左移动;增加　　B. 向右移动;减少
   C. 不变;增加　　D. 不变;减少
7. 当其他条件不变时,总需求曲线在(　　)。
   A. 政府支出减少时会右移
   B. 价格水平上升时会左移
   C. 税收减少时会左移
   D. 名义货币供给增加时会右移
8. 以下关于长期总供给曲线的表述,不正确的是(　　)。
   A. 总供给曲线的走势取决于所考察时间的长短
   B. 在长期中,物价水平并不影响真实 GDP,因此长期总供给曲线垂直
   C. 劳动、资本、自然资源和技术知识的变动会引起长期总供给曲线的移动
   D. 长期趋势不是短期波动叠加的结果,不应该把产量与物价水平的短期波动视为对持续的产量增长和通货膨胀长期趋势的背离。

9. 短期总供给曲线向右上方倾斜，是因为物价水平变动引起短期内的产量背离其长期水平，以下哪一种理论能用于这一解释？（　　）。

A. 黏性工资理论　　B. 黏性价格理论　　C. 错觉理论　　D. 以上都是

10. 假设物价水平下降，但供给者只注意到自己的某种物品价格下降。由于认为自己的某种物品的相对价格下降，他们开始削减销量。这是哪一种理论的证明？（　　）。

A. 短期总供给曲线的黏性工资理论　　B. 短期总供给曲线的黏性价格理论

C. 短期总供给曲线的错觉理论　　D. 古典二分法

11. 当考虑什么引起短期总供给曲线移动时，必须考虑使长期总供给曲线移动的四大因素以及一个新变量——（　　），因为它影响黏性工资、黏性价格和对相对价格的错觉。

A. 预期的物价水平　　B. 实际的物价水平

C. 预期的利率水平　　D. 实际的利率水平

12. 在总需求与总供给模型中，消费者乐观情绪高涨的最初影响是（　　）。

A. 短期总供给曲线向右移动　　B. 短期总供给曲线向左移动

C. 总需求曲线向右移动　　D. 总需求曲线向左移动

13. 以下关于经济波动的两个原因的说法，错误的是（　　）。

A. 在短期中，总需求移动引起经济中物品与服务产量的波动

B. 在长期中，总需求移动影响物价总水平，但不影响产量

C. 总供给移动会引起滞胀，即产量减少与通货膨胀并存的现象

D. 影响总需求的决策者可以潜在地减缓总需求变动对经济波动的严重性，但不可能通过财政政策和货币政策“抵消”不利的供给冲击。

14. 假设经济起初处于长期均衡。假若由于冷战结束，军费支出减少。根据总需求与总供给模型，短期中和长期中物价与产量的变动分别是（　　）。

A. 物价上升，产量增加；物价下降，产量仍是初始值

B. 物价下降，产量减少；物价下降，产量仍是初始值

C. 物价下降，产量减少；产量下降，物价仍是初始值

D. 物价上升，产量增加；产量下降，物价仍是初始值

15. 假设经济起初处于长期均衡。假若洪涝灾害摧毁了大部分水稻，根据总需求与总供给模型，短期中和长期中物价与产量的变动分别是（　　）。

A. 物价上升，产量增加；物价下降，产量仍是初始值

B. 物价下降，产量减少；物价下降，产量仍是初始值

C. 物价上升，产量减少；产量下降，物价仍是初始值

D. 物价上升，产量减少；产量和物价都仍是初始值不变

（三）判断正误

1. 经济波动是无规律的且不可预测的。（　　）

2. 货币中性认为“货币仅是一层面纱”，货币供给的变动只影响名义变量，与真实变量无关。（　　）

3. 古典假设既可以准确地描述长期经济，又适用于短期经济的分析。（　　）

4. 总需求与总供给模型是用来解释经济活动围绕其长期趋势的短期波动的模型，它不

仅仅是普通微观经济供求模型的放大。(　　)

5. 总需求曲线表示在每一种物价水平上，家庭、企业、政府和外国客户想要购买的物品与服务量。(　　)

6. 由于财富效应、利率效应、汇率效应三大效应，物价水平下降减少了消费、投资和净出口，进而减少总需求。(　　)

7. 在长期中，总供给曲线是垂直的；而在短期中，总供给曲线向右上方倾斜。(　　)

8. 经济中任何改变自然产出水平的变动都会使长期总供给曲线移动。(　　)

9. 预期物价水平的变化不会引起短期总供给曲线的移动。(　　)

10. 短期经济波动的两个基本原因是总需求移动与总供给移动。(　　)

(四) 简答题

1. 画出一个有总需求、短期总供给和长期总供给的图，并准确标出坐标轴和曲线名称。

2. 简述总需求曲线向右方下倾斜的三个原因。

3. 为什么长期总供给曲线是垂直的？

4. 列出解释短期总供给曲线为什么向右上方倾斜的三种理论。

5. 什么会引起短期总供给曲线和长期总供给曲线同时移动？什么只是引起短期总供给曲线移动而长期总供给曲线不变？

(五) 应用题

1. 假设股市急剧上涨。用总需求与总供给模型说明短期中产量和物价会发生什么变动。

2. 如果经济正处于衰退中，为什么决策者会选择以调整总需求来消除衰退，而不是让经济自我补救或自我校正？

3. 假设企业对未来的经济状况极其乐观，并大量投资于新资本设备。画出总需求与总供给图说明这种乐观主义对经济的短期影响，以及经济新的长期均衡，并解释总需求量在短期与长期之间会发生的变动。

(六) 拓展思考题

1. 假设中国经济开始时处于长期均衡，对全球气候变化的关注使政府严格限制矿石燃料发电。由于这种变化，外国投资者对经济失去信心，而且人民币在外汇市场上贬值。画出图形说明这些事件的短期影响并解释为什么会发生这些变化。

2. 假设经济处于长期均衡，若企业和工人突然预期未来物价会上升，并就提高工资达成一致意见。(1) 通过解释哪一条曲线以哪一种方式移动，说明这个事件在总需求与总供给模型中的最初影响。(2) 短期中物价水平和真实产量发生了什么变动？(3) 如果想使产量回到自然产出水平，决策者应该怎么做，这样对物价水平又会产生什么影响？(4) 如果决策者根本什么都不做，随着经济自我校正或调整到自然产出水平，工资率会发生什么变化？(5) 仅仅是物价预期和工资上升能引起物价水平长期上升吗？请解释原因。

五、习题答案

(一) 术语解释

1. 总需求与总供给模型:用来解释经济活动围绕其长期趋势的短期波动的模型。

2. 总需求曲线:表示在每一种物价水平时,家庭、企业、政府和外国客户想要购买的物品与服务数量的曲线。

3. 总供给曲线:表示在每一种物价水平时,企业选择生产并销售的物品与服务数量的曲线。

4. 自然产出水平:一个经济在长期中当失业处于其正常率时达到的物品与服务的生产。

5. 滞胀:经济衰退(产量减少)与通货膨胀(物价上升)并存的现象。

(二) 单项选择

1. D 2. C 3. D 4. C 5. A 6. C 7. D 8. D 9. D 10. C 11. A 12. C
13. D 14. B 15. D

(三) 判断正误

1. √ 2. √ 3. × 4. √ 5. √ 6. × 7. √ 8. √ 9. × 10. √

(四) 简答题

1. 【考查要点】 总需求与总供给模型的图示。

【参考答案】 图略。

2. 【考查要点】 总需求曲线的形状及其移动。

【参考答案】 (1) 物价水平与消费:财富效应。物价水平下降提高了货币的真实价值,并使消费者更富有,这又鼓励他们更多地支出。消费者支出增加意味着物品与服务需求量更大。(2) 物价水平与投资:利率效应。物价水平下降降低了利率,鼓励更多的用于投资品的支出,从而增加了物品与服务的需求量。(3) 物价水平与净出口:汇率效应。当一国物价水平下降引起利率下降时,该国货币在外汇市场上的真实价值下降。这种贬值刺激了该国的净出口,从而增加了物品与服务的需求量。

3. 【考查要点】 长期总供给曲线的形状。

【参考答案】 在长期中,一个经济的物品与服务生产取决于它的劳动、资本和自然资源的供给,以及可得到的用于把这些生产要素变为物品与服务的技术。在长期中,无论物价水平如何变动,供给量都相同,因为物价水平并不影响这些真实 GDP 的长期决定因素。

4. 【考查要点】 短期总供给曲线形状的解释。

【参考答案】 短期总供给曲线向右上方倾斜,是因为物价水平变动引起短期内的产量背离其长期水平。有黏性工资理论、黏性价格理论、错觉理论三种理论可以解释,这三种理论均有一个共同的主题,即当实际物价水平 P 大于预期的物价水平 P_E 时,产量就可能增加到高于自然产出水平。

5. 【考查要点】 短期总供给曲线和长期总供给曲线的移动。

【参考答案】 (1) 劳动、资本、自然资源和技术知识的变动会引起短期总供给曲线和长期总供给曲线同时移动。(2)预期的物价水平会影响黏性工资、黏性价格和对相对价格的错觉,因而预期物价水平的变化会移动短期总供给曲线,但对长期总供给曲线没有影响。

(五)应用题

1.【考查要点】 总需求与总供给模型的应用。

【参考答案】 股市急剧上涨,消费者认为财富增加,则会增加支出,使其总需求曲线向右移动,从而导致短期经济中的产量上升且物价水平上升。

2.【考查要点】 抵消性政策及其选择。

【参考答案】 如果经济正处于衰退中,决策者会选择以调整总需求来消除衰退,这样可以使经济更快地回到自然产出水平,或者说在负供给冲击的情况下,决策者对产出的关注远远大于通货膨胀。

3.【考查要点】 经济波动的两个原因之一:总需求移动造成的短期经济波动及长期影响。

【参考答案】 假设企业对未来的经济状况极其乐观,并大量投资于新资本设备,投资变动使得总需求曲线向右移动,在短期内经济的产量从 Y_1 增加到 Y_2,物价水平从 P_1 上升到 P_2,如下图所示。

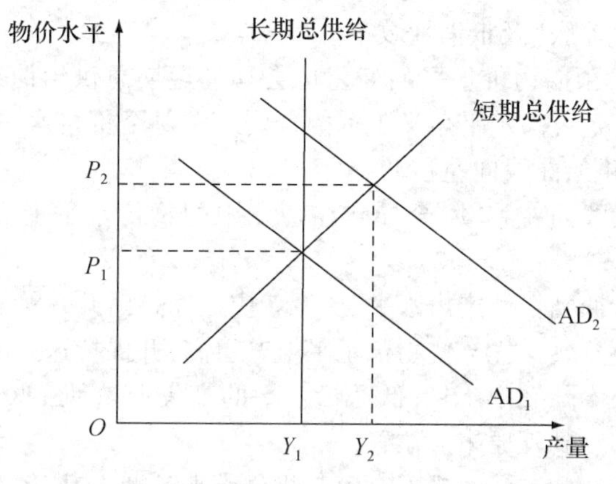

随着时间的推移,在长期中,人们的感觉、工资和价格会随着物价调整,预期物价水平上升减少了物品与服务的供给量,并使短期总供给曲线由 AS_1 向左移动到 AS_2。经济达到新的均衡点,此时物价水平继续上升到 P_3,产量恢复到自然产出水平 Y_1,如下图所示。

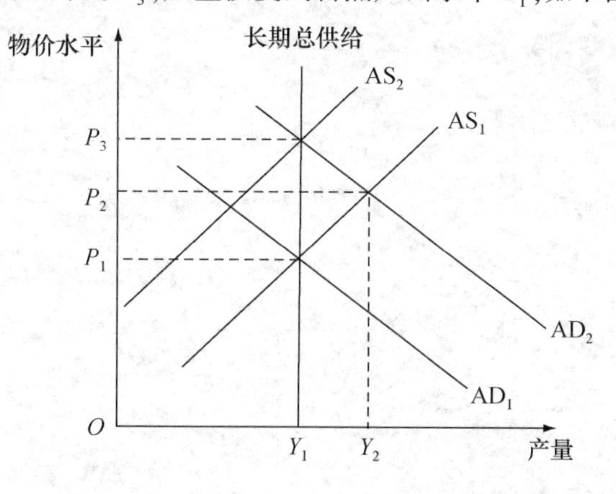

(六) 拓展思考题

1.【考查要点】 净出口对总需求的影响及总需求与总供给模型的应用。

【参考答案】 如果人民币在外汇市场上贬值,中国的出口将上升,进口将下降,净出口的增加导致总需求曲线 AD_1 向右移动至 AD_2,因此短期内产量从 Y_1 上升到 Y_2,价格从 P_1 上升至 P_2。

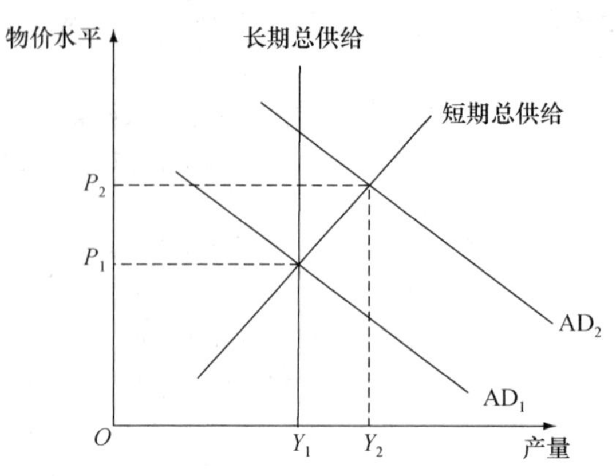

2.【考查要点】 "滞胀"及抵消性政策。

【参考答案】 (1) 预期物价水平的变化也会移动短期总供给曲线。如果 P_E上升,工人与企业会倾向于达成一个更高水平名义工资的合同。在每个价格水平 P,生产获利减少导致供给量 Y 下降,短期总供给曲线向左移动。

(2) 短期总供给曲线向左移动,会导致在短期中的物价水平上升,但产量减少,即出现"滞胀"。

(3) 如果想使产量回到自然产出水平,决策者应该通过财政政策和货币政策来增加总需求,使总需求曲线向右移动,这样会使物价水平上升更高,并保持这一水平。

(4) 如果决策者根本什么都不做,低产量水平的高失业迫使工资下降到其原水平,从而使短期总供给又向右移动到其原来的位置。

(5) 仅仅是物价预期和工资上升不会引起物价水平长期上升,因为生产成本增加需要政府用继续提高物价的政策来抵消。

第 34 章 货币政策和财政政策对总需求的影响

一、学习精要

(一) 教学目标

1. 了解解释利率的决定因素的流动性偏好理论。
2. 考察利率效应与总需求曲线向右下方倾斜的关系。
3. 掌握货币政策和财政政策如何影响总需求,理解货币政策中利率目标的作用,以及财政政策的乘数效应和挤出效应。
4. 了解关于决策者是否应该运用政策稳定经济的争论,掌握自动稳定器的作用机理。

(二) 内容提要

本章将说明政府的货币政策和财政政策如何影响总需求,目的是论述货币政策和财政政策的短期效应,以及这些政策背后的理论和关于是否要实施稳定政策的一些争论。

1. 货币政策如何影响总需求

(1) 上一章讨论了总需求曲线向右下方倾斜的三个原因,即财富效应、利率效应和汇率效应。物价水平下降,增加了消费、投资和净出口,进而增加总需求;相反,物价水平上升,减少了消费、投资和净出口,进而减少总需求。虽然这三种效应同时发挥作用,但是其重要性并不相同。对美国经济而言,总需求曲线向右下方倾斜的最重要原因是利率效应。

(2) 利率是总需求的关键决定因素。为了说明货币政策如何影响总需求,我们提出被称为流动性偏好理论的凯恩斯利率决定理论。该理论认为利率的调整使货币供给与货币需求平衡,即利率由货币的供求决定。这里说的利率既是名义利率,也是真实利率。因为我们假设预期的通货膨胀在短期内一般是稳定的,因而名义利率和真实利率之间的差距不变,此时名义利率和真实利率同方向变动。

(3) 流动性偏好理论包括货币供给和货币需求两个部分。第一个部分是货币供给:在这里我们不考虑货币供给的细节,直接把货币供给看成是由中央银行直接控制的政策变量。因此货币供给不受利率影响,货币的供给曲线是一条垂线。第二个部分是货币需求:作为最具有流动性的资产,人们选择持有货币而不持有其他可以提供较高收益率的资产,是因为货币可以用于购买物品与服务。利率上升增加持有货币的成本,并减少货币需求量;利率下降减少持有货币的成本,并增加货币需求量。因此货币的需求随利率水平上升而下降,货币的需求曲线向右下方倾斜。根据流动性偏好理论,利率调整使货币供求平衡。

(4) 可以用流动性偏好理论解释总需求曲线向右下方倾斜的原因。因为货币需求与物价正相关,较高的物价水平增加货币需求。如下图所示,货币需求曲线向右移动,而货币供给由央行控制固定,从而提高了利率。高利率减少投资支出,因而减少物品和服务的需求量。当然,同样的逻辑也在反方向发生作用。因此物价水平与总需求之间负相关,即总需求曲线向右下方倾斜。

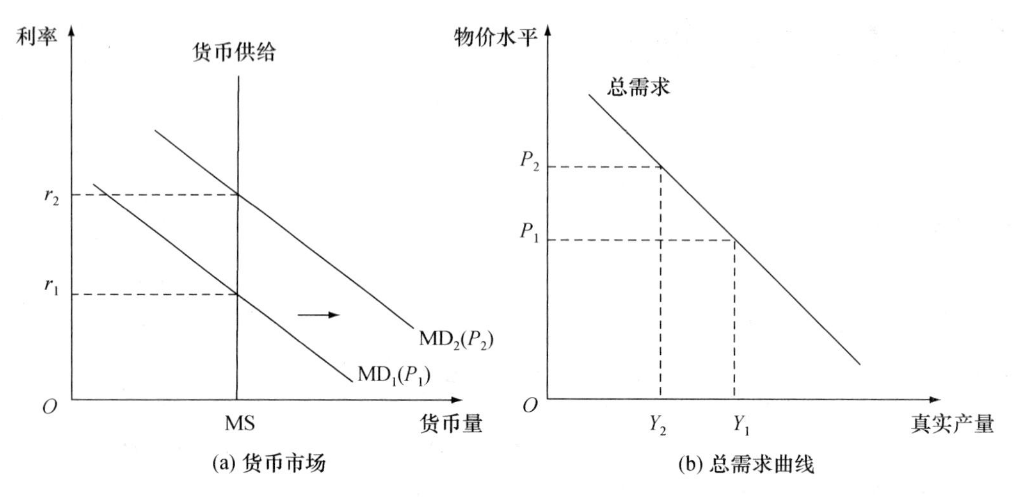

(a) 货币市场　　(b) 总需求曲线

(5) 使总需求曲线移动的一个重要变量是货币政策。如下图所示,当中央银行增加货币供给时,货币供给曲线向右移动,导致货币市场上的利率下降,从而增加既定物价水平时的物品与服务的需求量,使总需求曲线向右移动。相反,央行减少货币供给会使总需求曲线向左移动。

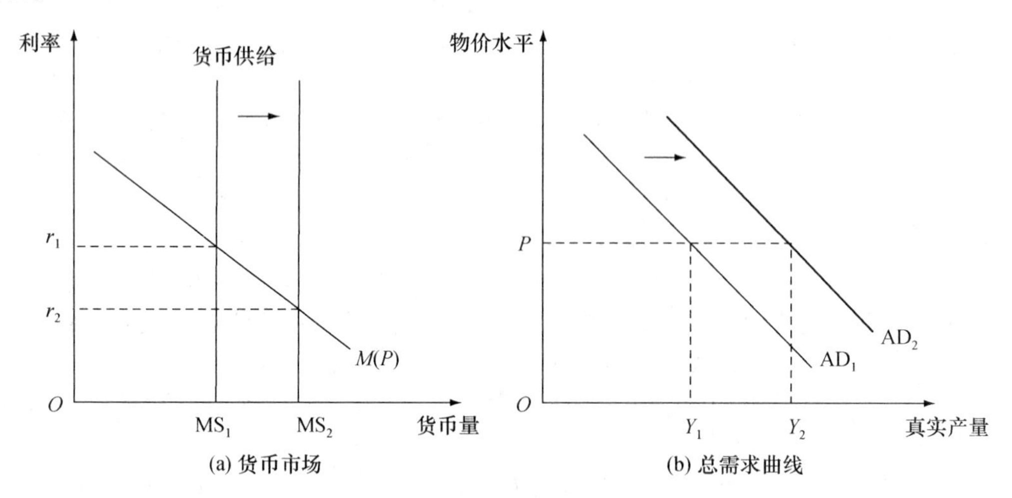

(a) 货币市场　　(b) 总需求曲线

2. 财政政策如何影响总需求

(1) 财政政策即为政府对政府购买和税收总水平的选择。与货币政策类似,财政政策也能对总需求造成影响。政府购买增加或减税可刺激总需求,使总需求曲线向右移动;政府购买减少或加税则抑制总需求,使总需求曲线向左移动。有两种宏观经济效应使得总需求曲线移动的幅度不同于政府购买的变动:其一是乘数效应,其二是挤出效应。

（2）当政府购买或税收水平发生变化时，引起的总需求变动规模会大于政府购买或税收本身的变化量，具体可以表现为放大或缩小，这种现象被称为乘数效应。乘数的产生是因为更高的收入引起更大的消费支出，若以 MPC 代表边际消费倾向，则乘数的大小取决于 MPC。MPC 越大，消费者对收入变动的反应越大，因此乘数也就越大。

$$乘数 = 1/(1 - MPC)$$

除了乘数之外，政府购买增加还会引起企业增加用于新设备的投资，这进一步增加了总需求对政府购买最初增加的反应。这种来自于投资需求的正的反馈被称为投资加速数。因此，总需求曲线的移动可以大于政府购买的变动。乘数效应的逻辑同样适用于除政府购买和税收水平以外的支出变动，如消费、投资、净出口的冲击都会对总需求产生乘数效应。

（3）挤出效应与乘数效应发生作用的方向正好相反。当实行扩张性财政政策时，收入的增加使得货币需求曲线向右移动。这就引起利率上升，并减少投资。因此政府购买增加会提高利率，挤出私人投资，并引起总需求减少。由于挤出效应，总需求曲线移动的幅度可能小于政府购买的增加。

（4）政府购买的变动相应会引起总需求曲线的移动，但总需求曲线最后的移动是大于还是小于政府购买的最初变动，取决于挤出效应与乘数效应之间的大小。同样，这种思想也适用于税收。减税可以使总需求曲线向右移动，增税会使总需求曲线向左移动，但总需求曲线移动的大小取决于挤出效应与乘数效应的大小。此外，家庭对税收是持久还是暂时的感觉，也会对总需求变化的幅度产生重要影响。

3. 运用政策来稳定经济

（1）政府常常会利用货币政策和财政政策影响总需求的规律来试图稳定经济，但经济学家对于政府是否应该积极地利用这种工具去稳定经济存有很大争议。支持积极稳定政策论的人认为这样做有助于稳定总需求，从而稳定生产和就业。反对的人认为这些政策对经济的影响有很长的时滞，这些政策努力不但难以稳定总需求，反而可能加剧经济的波动。

（2）自动稳定器是在经济处于衰退时自发地刺激总需求的财政政策变动，因而决策者不用采取有意的行动。一般情况下，经济中的自动稳定器主要有两种。其一是税制：当经济进入衰退时，政府征收的税收量自动减少，这种自动的减税会刺激总需求，从而降低经济波动的程度。其二是政府支出：当经济进入衰退且工人被解雇时，更多的人申请失业保险金、福利补助和其他形式的收入补助，这种政府支出的自动增加正好在总需求不足以维持充分就业时刺激总需求。而严格的平衡预算规则会消除税收与政府支出制度中固有的自动稳定器。

4. 结论

本章已经说明了财政政策如何影响储蓄、投资和长期经济增长，以及货币政策如何影响物价水平和通货膨胀率。当减少政府支出以平衡预算时，既要考虑对储蓄和经济增长的长期效应，又要考虑对总需求降低和就业的短期效应。当中央银行降低货币供给增长率时，必须既考虑到对通货膨胀的长期效应，又考虑到对生产的短期效应。

（三）关键概念

1. 流动性偏好理论：由凯恩斯提出的认为利率的调整使货币供给与需求平衡的理论。
2. 流动性：一种资产转变为交换媒介的容易程度。
3. 财政政策：政府决策者对政府支出和税收水平的确定。
4. 乘数效应：当扩张性财政政策增加了收入，从而增加了消费支出时引起的总需求的额外变动。

5. 投资加速数:较高的政府需求对较高的投资品需求的刺激作用。

6. 边际消费倾向:家庭额外收入中用于消费而不用于储蓄的比例。

7. 挤出效应:当财政扩张使利率上升时所引起的总需求减少现象。

8. 稳定政策:为了减少经济中的波动所采取的财政政策和货币政策。

9. 自动稳定器:当经济进入衰退时,决策者不必采取任何有意的行动就可以刺激总需求的财政政策变动。

(四)拓展提示

1. 长期中的利率由可贷资金的供求决定,而短期中的利率由货币供求决定,这两者之间并不矛盾。在长期中,产量由要素供给和技术所固定,利率的调整使可贷资金的供求平衡,物价水平的调整使货币的供求平衡。在短期中,物价水平是黏性的,不能调整。因此在短期中的任何一个既定的物价水平上,利率的调整使货币的供求达到平衡,利率影响总需求进而会影响经济中的总产量。

2. 有关美联储政策的讨论往往把利率,甚至是联邦基金利率,而不是货币供给作为政策工具。其主要原因在于,不仅货币供给很难非常准确地衡量,而且货币需求也一直在波动。实际上,流动性偏好理论也说明了一个重要原理:既可以根据货币供给,也可以根据利率来描述货币政策。旨在扩大总需求的货币政策变动既可以被描述为货币供给增加,也可以被描述为利率降低;旨在紧缩总需求的货币政策变动既可以被描述为货币供给减少,也可以被描述为利率提高。换句话说,当美联储把利率作为目标时,它就可以自己调整货币供给,以便在货币市场均衡时达到既定目标。

3. 在学习本章内容时,我们可以想象自己是政策制定者,你需要慎重考虑货币政策和财政政策对经济造成的影响。货币政策发生作用的过程是央行增加或减少货币供给,导致均衡利率下降或上升,继而增加或减少既定物价水平时的物品与服务的需求量。其中,利率是高度敏感、极其重要的中间变量,利率的少许变化都可能对宏观经济造成显著影响。财政政策通过对政府支出水平和税收水平的选择来影响总需求。政府改变物品与服务的购买可直接使总需求曲线移动。财政政策在刺激总需求的同时也抑制了总需求,表现为乘数效应和挤出效应,故要充分考虑到财政政策对宏观经济影响的复杂性和不可测性。关于是否应该运用财政政策和货币政策来稳定经济的问题,在不同的情境和约束条件下会有不同的答案,也许我们不应该作出非此即彼的选择。

4. 财政政策影响总需求的分析显而易见,但财政政策还会影响总供给,这里有两个解释:其一,减税能提高工作激励,并引起总供给曲线向右移动。供给学派认为,这种效应是如此之大以至于可以增加税收;当然正常情况可能并非如此。其二,政府对道路和桥梁等这类资本的购买能增加每种物价水平上的供给量,并使总供给曲线向右移动。在长期内,第二种效应更加明显。

二、新闻透视

（一）新闻透视 A

央行政策重点转向定向宽松是两害相权取其轻

目前人人都在积极讨论经济的“新常态”，但大家都心知肚明，眼下国内外货币政策均是非常规的：先看国外，美、欧、日、英央行都在实施“量化宽松”（Quantitative Easing，QE）加零利率的货币政策组合，传统上以利率为中间目标的货币政策让位于倚重数量的非常规政策；再说国内，中国央行开始将“定向宽松”（Targeted Easing）作为货币政策的关键词，将货币政策风格由“大水漫灌”转变为“滴灌”与“喷灌”。今年以来两度的定向降准备金率，以及再贷款工具的“老树新花”，加上热议中的抵押补充贷款（PSL），似乎都构成了定向宽松的新工具组合。

中国央行政策重点转向定向宽松，实际上是应对两难境地的不得已而为之的选择。一方面，今年年初以来，宏观经济数据的下滑使得保增长压力加大，通过放松政策来确保 GDP 增速不低于下限，已成为中国政府的硬性承诺；另一方面，中国经济杠杆率居高不下，尤其企业部门与地方政府的负债率在存量与增速方面令人担忧，制造业的过剩产能以及中西部新增基础设施的低利用率，都意味着宏观政策调控不能再走总量宽松的老路。换言之，中国央行在保增长与调结构之间痛苦权衡的结果，正是出台定向宽松政策的原因。

做中国央行官员实属不易。欧洲中央银行的货币政策目标仅是维持低通胀，美联储货币政策目标不过是兼顾经济增长与通货膨胀。在实施定向宽松政策之前，中国央行的货币政策目标就已经包含了经济增长、充分就业、通货膨胀与国际收支平衡，而从定向宽松开始，似乎调结构也成为中国央行新的货币政策目标。如此多的政策目标，彼此之间是否会发生冲突？央行的货币政策工具能够确保实现上述目标吗？定向宽松是否会成为货币政策的难以承受之重呢？中国央行的定向宽松政策，虽然确是货币政策创新之举，但能否获得预期效果，却又面临较大的不确定性，原因在于以下五点因素：

第一，货币政策本质上是一种总量政策，用货币政策来调结构可谓工具错配。一般而言，货币政策调节的是经济体内或金融市场上的流动性松紧（无论是通过法定存款准备金率变动这样的数量手段，还是通过短期政策性利率变动这样的价格手段），但它并不能保证流动性的最终流向。

第二，要让货币政策发挥调结构的功能，即使采用最为透明化与市场化的机制，也必须赋予央行对借款者或中介机构提供差别化待遇的权力。例如，如果是定向降准，那么究竟对哪些部门的哪些机构降准？如果是再贷款，那么究竟对哪些金融机构提供再贷款？

第三，提高央行货币政策的独立性，应该是现代央行发展的必由之路。传统的货币政策独立性，是指在经济增长与通货膨胀目标之间发生分歧时，应该允许央行克服其他部门的阻力，重点关注通货膨胀。这意味着，央行货币政策的目标越清晰、越单一，就越容易提高货币政策独立性。而目前中国央行货币政策目标越来越多的现实，似乎并不利于提高其独立性。

第四，定向宽松政策的实施并不利于利率市场化背景下央行货币政策框架的转型。随着利率市场化推进，央行正在实施货币政策中间目标由 M2（广义货币供给量）向短期货币市场利率的转型。近年来影子银行体系的发展已经使得传统的银行贷款、M2 等指标变得越来越不准确,要全面把握市场整体流动性的变动,银行间市场回购利率、上海银行间同业拆借利率(Shibor)等似乎是更好的指标。

第五,应该将基础货币的发行机制与定向宽松的货币政策区分开来。目前对于PSL的界定存在争议,有人认为它会成为补充外汇占款的新的基础货币发行工具,有人认为它是央行干预中期利率走向的政策工具,有人认为它无非是新版本的再贷款工具。而最适宜的基础货币投放机制,仍然是在公开市场上的国债买卖。因此,央行与财政部应该在此问题上达成一致。财政部应该发行更大规模、更多期限的国债产品,这除了能够提供更多资金来源之外,还有助于为央行的公开市场操作提供充足标的。

综上所述,中国央行的未来政策重点应该是在利率与汇率形成机制日益市场化背景下,实现货币政策框架由以数量为主到以价格为主的转型,同时在外部资金流入规模下降背景下,找到新的可靠的基础货币投放机制,而非通过定向宽松政策来实现调结构的任务。

资料来源:张明,和讯网,http://opinion.hexun.com/2014-09-04/168173494.html,2014年9月4日。

【关联理论】

货币政策通过使利率变动对经济施加影响,而利率是总需求的重要决定因素,故货币政策在短期内能显著影响总需求。当货币供给增加时,货币供给曲线向右移动,进而导致货币市场上的利率下降,从而增加既定物价水平时的物品与服务的需求量,使总需求增加。同理,央行减少货币供给会使总需求减少。一个经济的货币供给由央行控制,具体的形式则多种多样,但不管用什么方式都伴随着利率的变化。央行可以通过在公开市场操作中买卖政府债券的方式改变银行体系的准备金数量,从而改变货币供给,也可以用直接调整准备金率或贴现率的方法最终影响货币供给。后两种手段对经济的冲击更大,容易矫枉过正。

【新闻评析】

除了财政政策外,决策者还常常使用货币政策来影响总需求。在使货币政策影响总需求的过程中,利率是一个关键的中间变量。一般在经济正常情况下,央行通过常规的公开市场业务操作,即主要通过买卖市场中的短期债券对利率进行微调,使利率靠近目标利率。但是,当经济处于较严重的衰退状态时,就算名义利率已降至接近零点,低迷的货币需求仍不足以使货币政策发挥效力,即出现所谓的"流动性陷阱"。这时,央行可能会开出一剂猛药——量化宽松,主要指通过购买国债等中长期债券,增加基础货币供给,向市场注入大量流动性资金,强力地刺激开支和借贷,这常被认为是间接增印钞票。量化指扩大一定数量的货币发行,宽松即减少银行的资金压力。当金融体系中的有价证券被央行大量收购时,新发行的货币便自然进入私有银行体系。

量化宽松常常是货币当局在其他招数不奏效的情况下最后采取的极端措施。在以上新闻中,中国央行是在宏观经济下行压力加大的情况下,不得已而为之。考虑到既要保增长,又要调结构,还要兼顾充分就业、国际收支平衡等其他目标,我国实行的不是一般的量化宽松,而是定向宽松,即由"大水漫灌"转变为"滴灌"与"喷灌"。但是否真能取得预期的效果还未可知。

实际上,能够真正调节流动性流向的是宏观审慎监管政策,而非货币政策。但宏观审慎政策与传统货币政策属于不同的范畴。从之前的定向宽松实践来看,中国央行货币政策倾斜的重点包括"三农"贷款、小微企业贷款与棚户区改造贷款。政策照顾的重点似乎并没有错,但究竟给哪些金融机构贷款,贷款多少更为适宜,依然是需要央行相机抉择的事情。定向宽松政策工具关注的中间目标依然是数量,而非价格。因此对定向宽松的过度关注,可能会妨碍中国央行货币政策中间目标的转变。经济结构的调整不应该过分倚重货币政策这样的总量政策,财政政策才是更理想的结构调整工具。

(二) 新闻透视 B

开局之年,跟着财政政策去寻宝

对于"十二五"的开局之年,经济学家普遍认为,明年 GDP 超过8%的关键在于"十二五"规划的拉动,对于二级市场的投资者而言,把握好明年政策扶持的重点行业,不失为获取超额收益的法宝之一。综观"十二五"规划,再结合今年中央经济工作会议精神,不难看出投资仍然是拉动我国经济增长的一支重要力量,"在控制投资合理增长速度的前提下,政府投资将向优化投资结构、提高投资质量和效益转变"。

《红周刊》通过统计"九五"、"十五"和"十一五"期间的固定资产投资增速情况,发现虽然投资增速因整个国家的经济周期波动而大幅波动,但每一个五年规划的开局之年都是政府投资的重头年,而且全社会固定资产投资增速均远快于当年的 GDP 增速。比如1996年投资增速比1995年增长17.5%,同年 GDP 增长9.6%;2001年投资增速比2000年增长13%,同年 GDP 增长7.5%;2006年投资增速比2005年增长23.9%,同年 GDP 增长11.6%。

2011年"一号文件"可能将聚焦中国水利问题,而国统股份、葛洲坝等水利股近期的强势也印证了这个预期。如果猜测被证实,那么这是2004年至2010年连续7年聚焦"三农"问题后,"一号文件"主题首次指向更具体的水利问题。而从2010年中央经济工作会议来看,政府给力的方向明显向水利建设倾斜。

"十二五"规划建议中已经着重笔墨提及了水利问题。建议中明确指出:农村基础设施建设要以水利为重点,大幅增加投入,完善建设和管护机制,推进小型病险水库除险加固,加快大中型灌区配套改造,搞好抗旱水源工程建设,完善农村小微型水利设施,全面加强农田水利建设。水利建设自2009年起全面提速,2010年全行业水利投入有望达到2 000亿元,增长达到40%,创近8年新高。

除了水利外,高端装备制造业也将是投资重点。之前由于我国装备制造业存在诸多问题,市场对高端装备制造并不关注。如今,高端装备制造作为新兴战略产业被政府提出,各项扶持政策已开始陆续出台,是2011年业界普遍看好的投资机会,有望在未来涌现出一匹黑马。

从"十一五"以来,节能环保一直受到政府的高度重视,这次它又被列为七大战略性新兴产业之首,也是未来几年政府公共财政支出的重头。

资料来源:节选自 马曼然,证券市场红周刊,2010年12月20日。

【关联理论】

当政府改变其物品与服务的购买水平时,它就直接使总需求曲线移动,并且总需求增加的水平在乘数效应的作用下会大于政府支出本身的规模,一系列相关行业的需求会被带动起来。一些基础设施项目和对固定资产投资要求很大的高端项目通常是政府支出偏爱的主要领域。

【新闻评析】

财政政策能对总需求造成显著影响。政府购买增加或减税可使总需求曲线向右移动,政府购买减少或加税则会抑制总需求,使总需求曲线左移。但总需求曲线移动的幅度一般不等同于政府购买的变动,主要是会受到乘数效应和挤出效应的影响。

此外,政府采购增加还会引起企业加大对新设备的投资,这进一步扩大了总需求对政府购买初始增加的正向反应,这种来自于投资需求的正的反馈被称为投资加速数。因此,总需求曲线的移动可以大于政府购买的变动。而挤出效应是指当实行扩张性财政政策时,需求的增加也使得货币需求曲线向右移动,这就引起利率上升,挤占部分私人投资,继而引起总需求减少。由于挤出效应,总需求曲线移动的幅度可能小于政府购买的增加。众所周知,我国目前的经济增长主要是由投资而不是消费驱动的,并且还不是私人企业的投资,而是政府主导的投资。政府购买占到了 GDP 中很大的份额。虽然我们在倡导调整经济增长的结构,欲使消费和私人投资成为经济增长的主要引擎,但这是一个渐进的过程,在未来很长一段时间内,政府主导的投资仍将在经济增长中扮演重要角色。

不同于其他间接影响总需求的政策手段,政府购买的变动会直接使总需求曲线移动,并且在乘数效应的作用下,它会带动一系列相关行业需求的成倍扩大。反过来,当政府支出减少时,它也会让需求成倍缩小。作为微观的企业来讲,一定要顺应、利用这个大趋势,分享政府投资的这个大蛋糕。如新闻中提到的,水利、高端装备制造、节能环保等国家重点扶持的行业,蕴藏着巨大的发展机会,相关企业不仅能获得可观订单,也能经此提高竞争力。对政府来讲,恰当地使用财政政策很大程度上能把短期问题和国家真正追求的现代化建设的中长期目标结合起来,起到推进调结构、转方式、深化改革的实质性进展的作用。但也要警惕政府支出财政的副作用,其所带来的挤出效应对民企积极性和主动性的负面影响不能忽视。

三、案例研究

(一) 案例研究 A

郎咸平:4 万亿该怎么用

4 万亿的方案出来后,股价涨到接近 2 000 点。我们发现涨的全是钢铁、水泥、大型机械、大型国企等,它们的股价涨了,因此拉动大盘到 2 000 多点。那么,生产民生必需品、消费品等的民营企业的股价涨了没有?没涨。也就是说,又是这些占到经济总量 20%—30% 的部门,拉动这次股指到达 2 000 点。股价的走势充分反映了二元经济现象,也就是说 4 万亿元投下去之后的必然结果,就是资源从民营经济大量转移到公共建设部门,从而形成公共部门过热、民营经济过冷的现象。

那么,4 万亿元应该怎么用?我认为 4 万亿元应该用在刀刃上,也就是将 4 万亿元的资源透过政府的力量,用在与民生相关的行业上。我从来不否认修桥铺路可以增加建筑工人的就业量,可以提升某些行业。可是请注意,真正占 90% 雇佣量的是占据我们经济总量 70% 的民营经济。而这些基础工程的建设呢,确实也需要雇人,可是你雇的人数再多,也远远比不上民营经济。20 世纪 90 年代的时候,我们消费还是比较旺盛的,大概占了整个 GDP 的 60%。那个时候投资基础建设所创造的效益是非常高的。到了今天,和那时相比,为了创造同样的效益,今天的基础投资必须 3 倍于当时,因为我们的基础建设做得太多了。基础建设这种政府投资占 GDP 的比重已经高到 56% 了,消费则压缩到 30% 左右,而且我担心会持续下滑。如果这个社会的消费持续下滑，怎么撑得起我们的民营经济？过去很大一部分增长靠出口，但由于全世界的金融海啸，我们的出口受到了极大影响。所以要拿4万亿元来作提振消费之用。而提振消费不是叫老百姓去花钱。我们能不能换个思维，不要老是讲需求，提振供给可不可以？

什么叫提振供给呢？大家知道我们今天的问题是老百姓太穷，这就是我们消费非常少的原因。所以今天替老百姓创造财富才是最重要的，那怎么创造财富呢？就是透过政府的力量，拿着4万亿元去帮助民营企业赚更多的利润。而企业赚更多利润之后，就会给员工更多的薪水，那员工才会去消费，然后企业才能赚更多的钱。这就是提振供给。企业赚更多的钱之后，才会去做转投资。比如说投资1块钱，大概可以赚到7块钱到10块钱的投资效益。然后赚更多的钱，聘用更多的劳工，再赚更多钱，形成一个“滚雪球”的现象。国家经济救助方案的主要受惠者应该是占经济总量70%的民营经济，而非大型国企，因为前者才是推动中国经济前进的根本动力。

如果投资在基础建设上，那就是一锤子买卖。比如说建一条高速公路，聘请一堆人来建公路，建完了呢？失业。怎么办呢？再建第二条，然后再让他们就业。如果第二条高速公路又建完怎么办呢？再失业。那回头来干吗呢？再拆掉第一条高速公路，再就业，拆完之后又失业了，怎么办呢？再拆第二条高速公路，再就业。因为拆公路也需要人的。你建高速公路也好，拆高速公路也好，都是GDP的增加。不是说把高速公路拆了以后GDP就减少。你只要拆了高速公路，GDP就增加一条高速公路的GDP，你建一条高速公路，也是一条高速公路的GDP，所以最好建一条拆一条，建一条拆一条，你可以永远增加就业量。可是你不觉得有点荒谬吗？所以今天不要简单地说，提振内需，需求是重要的，可是在这个时刻，由供给创造需求才是一个新思路。

资料来源：节选自 郎咸平，新浪网新世纪周刊专题，http://news.sina.com.cn/c/2009-01-12/122717027411.shtml，2009年1月12日。

【关联理论】

财政政策即为政府对政府购买和税收总水平的选择。与货币政策类似，财政政策也能对总需求造成影响。政府购买增加或减税可刺激总需求，使总需求曲线向右移动；政府购买减少或加税则抑制总需求，使总需求曲线向左移动。有两种宏观经济效应使得总需求曲线移动的幅度不同于政府购买的变动：其一是乘数效应，其二是挤出效应。

【案例解剖】

财政政策的一个重要表现是在政府主导下，运用财政资金对基础设施、重型工业等资金密集型行业进行大规模的投资。由于政府支出本身规模巨大，加上乘数效应的作用，以及企业在经济繁荣的预期下也会加大投资，这些对短期经济的刺激立竿见影。这种凯恩斯主义的刺激计划在经济严重衰退时确实能起到解燃眉之急的作用，但要注意今天在基础设施上的投资已出现边际效应递减的现象，而把资金用到帮助创造了大部分就业岗位、发展水平还较低的民营经济上可能会有更好的效果。

2009年为对抗金融危机推出的4万亿刺激方案一直存在争议。不少经济学家认为，当时经济数据的走弱、增长速度的下行，不是一个简单的周期现象，而是一种结构性的衰退，跟大多数人理解的周期性衰退不一样。4万亿的刺激是对经济的过度干预，反而妨碍了中国经济深层次结构性调整的过程，短期刺激了经济，长期造成更大的隐患。但我们不能全盘否定“4

万亿”。回想2008年，当时全球经济增长因为雷曼兄弟公司倒闭的冲击而出现断崖式滑坡。中国经济也不例外，增长大幅减速，上千万农民工失业返乡。这时宏观政策的第一要务显然是维护经济乃至社会的稳定，如果连当下的难关都过不去，怎能奢谈将来？在这方面，“4万亿”功不可没。没有它，中国经济早就进入了我们曾在1998年到2002年经历过的那种去产能带来的通缩陷阱。只是，如案例中所提到的，这种刺激方案尚有很多可改进之处。最大的问题是4万亿元过度地投向了公共建设部门，对占经济总量70%、雇佣量90%的民营经济顾及不够。公共建设部门相比民企效率不足，它本身缺乏一种“自生能力”，这种类似于输血的资金注入，只能起到短期的刺激作用，缺乏可持续性。而若资金用于帮助民企培育核心能力，发展精益制造，则能提升“造血”水平，对经济可能产生更长期的正面效应。

（二）案例研究B

谢国忠：中国需立即减税1万亿

2012年是近20年来中国面临最重要考验的一年。在过去十年中，由于成本较低，中国出口年增长率超过20%，这种成功掩盖了政府部门快速扩张的低效率。全球经济停滞是结构性的。中国出口在未来十年可能会增长缓慢。如果国有部门不收缩，中国将面临低速增长和通胀，亦即经历滞胀。要避免这种命运，中国必须改革，恢复增长。最重要的措施就是减税。

快速扩张的政府部门、国有企业以及那些依附于前两者的私营企业，效率低下非常严重，给未来的中国经济带来了巨大威胁。现行体系本应通过发改委的审批程序来限制此类低效行为，但显然无济于事。固定资产投资的浪费情况随处可见。

一般而言，赚钱容易就会降低效率。政府部门通过税费和从银行低价借贷，轻易获取了大量收入。这部分过于容易获得的钱导致了政府部门的大规模扩张。减税将会显著刺激经济。随着出口疲软，这将是非常必要之举。通过减少政府浪费来提高效率是一项当务之急。

中国需要立即减税1万亿元人民币来提高效率。1万亿元的减税目标可以通过增值税、消费税和营业税各降低五分之一来实现。比如，若将增值税降低五分之一，将会从现在17%的税率降低到13.5%。将最高个人所得税税率削减到25%也并不会明显影响财政收入。但是，这会对中国的国际形象有很大影响，对各地的高收入人群有很大吸引力。这些人转向中国，将会提高中国的生产力和国际地位。这一行动可以说是投入小，回报高。中国的家庭消费只占GDP的三分之一，不到发达国家的一半，也远低于发展中国家平均55%的水平。物价高是低消费的主要原因。而减税带来的消费增长额很可能会超过减税额。

资料来源：谢国忠，搜狐博客，2012年1月9日。

【关联理论】

通过调整税收水平来影响对物品和服务的总需求是财政政策的典型体现。减税可以使总需求曲线向右移动，增税会使总需求曲线向左移动，但总需求曲线移动的大小取决于挤出效应与乘数效应的大小。此外，家庭对税收是持久还是暂时的感觉，也会对总需求变化的幅度产生重要影响。

【案例解剖】

政府购买的变动相应会引起总需求曲线的移动，但总需求曲线最后的移动是大于还是小于政府购买的最初变动，取决于挤出效应与乘数效应之间的大小。同样，这种思想也适用于税收。当政府削减税收比如个人所得税时,就增加了就业者可以拿回家的工资。家庭除了把一部分额外的收入储蓄起来之外,也会把一部分用于消费支出。对企业而言,减税能扩大其获利空间,继而使其加大研发投入力度,增加工人雇佣量,扩大自身产能,这就会使总需求曲线向右移动。

当经济增速放慢时,决策者通常会想到用增加支出或降息的方式来刺激经济。但许多时候,减税是更为有效和恰当的方式。因为增加支出或降息很有可能通过刺激通胀或催生新的泡沫来支撑经济,即使奏效,其潜在成本也会大于当前收益。比如,降息通过鼓励借贷刺激经济。中国的企业和地方政府已经逼近借贷的极限,在建房地产的市值也已远超 20 万亿元。政府需要创造大量的家庭债务泡沫才能消化这部分总量。而如此多的债务很可能会导致大规模通胀。此外,减税可以减缓经济下行的速度。不管用什么标准衡量,中国家庭的消费都偏低。通过减税增加人们可支配收入,进而增加消费水平,这会显著提升消费在国内生产总值中的比重,减轻增长对国有部门的过度依赖,对经济结构的优化是一种很大的促进,对长远的经济发展更有利。而且,拉弗曲线告诉我们,减税通过促进经济增长,扩大征税的税基,反而可使政府财政收入增加。

四、课外习题

(一) 术语解释

1. 财政政策
2. 乘数效应
3. 投资加速数
4. 挤出效应
5. 自动稳定器

(二) 单项选择

1. “流动性陷阱”指的是当利率已经非常接近于零时,中央银行没有能力再降低利率。1998 年时,日本的利率几乎为零,而经济仍然处在衰退之中。此时,你认为比较合理的刺激产出的政策是(　　)。

   A. 货币政策　　B. 财政政策
   C. 无所作为,因为两种政策都失效　　D. 财政—货币政策组合

2. 美国在克林顿执政时期的美联储主席是格林斯潘。那段时间美国在没有导致衰退的情况下成功地减少了政府赤字。这是怎样的宏观经济政策导致的?利率和投资如何改变?(　　)。

   A. 紧缩性的财政与货币政策,利率下降,投资上升
   B. 扩张性的财政与货币政策,利率和投资不变
   C. 紧缩性的财政政策与扩张性的货币政策,利率下降,投资上升
   D. 扩张性的财政政策与紧缩性的货币政策,利率上升,投资下降

3. 下列哪一事件没有导致我国货币供给的减少?(　　)。

   A. 中央银行发行大量的央行票据(一种向商业银行借款的收据)

B. 中央银行限制商业银行发放新的贷款

C. 人们为了减少经常去银行取钱的排队时间,而持有更多的现金

D. 商业银行增加了自动取款机(ATM)的数量

4. 假设宏观经济目前面临通货膨胀的危险。以下哪一条理由削弱了政府应该采取货币和财政政策来稳定经济的论断?(　　)。

A. 税制和失业保障机制不完善,不能起到自动稳定器的作用

B. 地方政府存在不计成本、扩张投资的内在冲动

C. 中央银行对货币供给的控制很不完全,而且有相当的时滞

D. 由于市场机制不完善,经济过热往往伴随着资源的错误配置,蕴藏着金融风险

5. 某国政府宣布永久性地增加政府支出(G)200 亿美元。三个得知这一消息的经济学学生发表了如下看法。甲:“这肯定会导致利率上升。因为可贷资金市场上的供给减少了。”乙:“如果政府相应地增加 200 亿美元的税收,就可以完全抵消对可贷资金供给的影响,使利率不变。”丙:“这可能导致利率下降。因为一旦利率上升,就会导致私人储蓄上升,反而增加可贷资金供给。”谁的看法是正确的?(　　)。

A. 甲　　B. 乙

C. 丙　　D. 三个人的看法都正确

6. 假设银行在每个街区设立了自动取款机,这通过易于得到现金而减少了人们想持有的货币量。假设美联储没有改变货币供给以应对这一变化,根据流动性偏好理论,利率会(　　),投资会(　　),总需求会(　　)。

A. 下降;上升;上升　　B. 下降;上升;不变

C. 上升;下降;下降　　D. 不变;不变;不变

7. 为减少经济中存在的失业,应采取的财政政策工具是(　　)。

A. 增加政府支出　　B. 提高个人所得税

C. 增加失业保险金　　D. 增加货币供给量

8. 边际消费倾向(MPC)降低(　　)。

A. 提高了乘数的值　　B. 对乘数值无影响

C. 降低了乘数的值　　D. 很难说有什么影响

9. 较低的物价水平提高了家庭持有的货币的真实价值,从而刺激了消费支出,这是属于(　　)。

A. 利率效应　　B. 财富效应　　C. 汇率效应　　D. 挤出效应

10. 下列哪一种不属于央行影响货币供给的工具?(　　)。

A. 公开市场操作　　B. 改变贴现率

C. 调整存款准备金率　　D. 改变税率

11. 在其他条件不变的情况下,增加货币供给会使均衡利率(　　)。

A. 上升　　B. 下降　　C. 不变　　D. 无法判断

12. 以下关于边际消费倾向的说法,正确的是(　　)。

A. 消费占收入的比例　　B. 消费占增加的收入的比例

C. 消费增量占收入的比例　　D. 额外收入中用于消费的比例

13. 挤出效应是指(　　)。

A. 扩张性财政政策使消费收入增加时引起总需求的额外变动

B. 收入或消费的变动所引起的投资大幅度变动

C. 一段时间内即使利率降到很低水平,市场参与者对其变化不敏感,对利率调整不再作出反应,导致货币政策失效。

D. 扩张性财政政策引起利率上升,从而减少了投资支出时所引起的总需求减少

14. 下列不属于自动稳定器的是(　　)。

A. 税制　　B. 政府支出

C. 失业保险补助制度　　D. 消费偏好

15. 政府支出增加的最初效应是(　　)。

A. 总需求曲线向左移动　　B. 总需求曲线向右移动

C. 总供给曲线向左移动　　D. 总供给曲线向右移动

(三) 判断正误

1. 政府支出增加 1 单位导致均衡产出增加 1 单位(假定价格和利率都不变)。(　　)

2. 总需求曲线向下倾斜,是单个产品市场向下倾斜的需求曲线水平相加得到的。(　　)

3. 政府支出和税收同等幅度的减少对总需求没有影响。(　　)

4. 如果央行购买了 1 000 万美元的政府债券,并且法定准备金率是 10%,那么货币供给的最大增加量就是 1 亿美元。(　　)

5. 增加税收是扩张性财政政策。(　　)

6. 由于财政扩张使利率上升时所引起的总需求减少被称为挤出效应。(　　)

7. 货币乘数是准备金率的倒数。(　　)

8. 货币政策影响经济有一定时滞,但财政政策没有时滞。(　　)

9. 自动稳定器影响经济的时滞短于积极的稳定政策。(　　)

10. 如果边际消费倾向是 0.5,那么乘数的值是 2。(　　)

(四) 简答题

1. 流动性偏好理论如何对总需求曲线向右下方倾斜作出解释?

2. 请简述乘数效应发挥作用的过程。

3. 举一个自动稳定器的例子,并解释它如何发挥作用。

4. 人们对经济前景感到悲观,此时如果决策部门什么都不做,总需求会发生什么变动?为了稳定总需求,央行可以做什么?其他实施财政政策的部门可以做什么?

5. 支持积极稳定政策论的人和反对积极稳定政策论的人,他们的论点分别是什么?

(五) 应用题

1. 假如决策者想用财政政策稳定经济,他们应该按哪个方向变动政府支出和税收?

(1) 对经济前景的悲观减少了企业投资和家庭消费。

(2) 物价的持续上升引起工人要求提高工资。

(3) 净出口大量增加。

(4) 国际市场上原油价格大幅下降。

2. 由于许多原因,当产量和就业波动时,财政政策会自动改变。

(1) 为什么经济衰退时税收收入会变动?

(2) 为什么经济衰退时政府支出会变动?

(3) 如果政府受严格平衡预算规定制约,在衰退时不得不做什么?这会加剧还是缓和衰退?

3. 政府增加了700亿元人民币的支出,统计部门核算出使得总需求增加了2 100亿元。假设不存在挤出效应,边际消费倾向(MPC)是多少?若考虑到挤出效应,对MPC的估算是大于还是小于原来的估算?

(六) 拓展思考题

1. 赞同用财政政策来刺激总需求的一个理论依据是乘数理论,认为政府增加财政支出有一种杠杆效应,可以大幅度地推动整个社会的消费和就业,将经济带出低谷。请思考:

(1) 乘数理论在什么情况下不起作用?

(2) 乘数效应要显著,需满足什么条件?

2. 阅读以下新闻摘录,请结合本章相关理论回答问题。

温家宝接受路透社采访 谈中国经济形势等问题

林尼班克(记者):中国经济正在以令人屏息的速度发展。但是有很多分析师和观察家都发表了自己的意见和看法,认为中国经济从多方来讲都有过热迹象,好像中国现在除了提高利率抑制通货膨胀,没有其他选择,你对这些分析有何意见?准备采取什么政策抑制过热?

温家宝:中国经济形势总体是好的,经济增长较快,工业企业利润提高,农业生产形势趋好,外贸进出口规模扩大,财政收入大幅提高,城乡居民收入不断增长。但是经济运行当中确实存在突出的矛盾和问题,主要表现在固定资产投资增长过快,建设规模过大;煤、电、油、运供求关系趋紧;货币发行量和贷款规模增长过快;通货膨胀的压力增大,特别是生产资料价格上涨较快。

对于经济运行当中存在的矛盾和问题,必须予以重视,尽快采取切实有力有效的措施加以解决。我们采取的措施主要是:第一,控制货币发行量和贷款规模;第二,认真清理和整顿在建和新建的项目;第三,在全国范围内开展节约资源的活动。我们已经第二次提高银行的存款准备金率,还将提高部分行业投资项目的资本金比例。总的考虑是,宏观调控既要坚决果断,又要适时适度,区别对待。我们相信这些措施经过一段时间会见效的,保持经济平稳的、较快的发展,避免大起大落。中国经济存在的问题从根本上讲还是结构问题和体制问题,因此要继续毫不动摇地推进改革,包括投资体制改革、金融改革。虽然宏观调控有难度,但是我们有信心。

资料来源:北方网,2004年4月28日。

讨论题:

(1) 提高利率为什么能够抑制通货膨胀?

(2) 货币发行量增长过快为什么导致经济过热?

(3) 在新闻中,温家宝总理重点提到了固定资产投资问题。作为建造和购置固定资产的经济活动,固定资产投资额是监测投资变化的重要指标,是经济运行热度的重要测量器。党的十六大以来,中国固定资产投资保持快速增长,为经济平稳较快发展做出了积极的贡献。与此同时,固定资产投资结构进一步优化。2003—2011 年,累计完成全社会固定资产投资 1 448 711 亿元,年均增长 25.6%。年度全社会固定资产投资由 2002 年的 43 500 亿元增加到 2011 年的 311 022 亿元,投资规模增加了 6 倍多,是改革开放以来增速较高、持续时间较长的一个时期。2013 年全年固定资产投资(不含农户)436 528 亿元,比上年名义增长 19.6%。其中,国有及国有控股投资 144 056 亿元,增长 16.3%;民间投资 274 794 亿元,增长 23.1%,占全部投资的比重为 63%。这是自 2003 年以来我国固定资产投资增速首次低于 20%。投资主要构成分项呈现分化格局,其中工业和制造业投资均不及 19.6%。2014 年,全国固定资产投资(不含农户)502 005 亿元,同比名义增长 15.7%(扣除价格因素实际增长 15.1%)。试以固定资产投资在中国十年来的发展变化作为分析起点,阐释投资的适度增长与经济的可持续发展之间的关系。

五、习题答案

(一) 术语解释

1. 财政政策:政府决策者对政府支出和税收水平的确定。

2. 乘数效应:当扩张性财政政策增加了收入,从而增加了消费支出时引起的总需求的额外变动。

3. 投资加速数:较高的政府需求对较高的投资品需求的刺激作用。

4. 挤出效应:当财政扩张使利率上升时所引起的总需求减少现象。

5. 自动稳定器:当经济进入衰退时,决策者不必采取任何有意的行动就可以刺激总需求的财政政策变动。

(二) 单项选择

1. B 2. C 3. D 4. C 5. A 6. A 7. A 8. C 9. B 10. D 11. B 12. D 13. D 14. D 15. B

(三) 判断正误

1. × 2. × 3. × 4. √ 5. × 6. √ 7. √ 8. × 9. √ 10. √

(四) 简答题

1.【考查要点】 流动性偏好理论对总需求曲线向右下方倾斜的解释。

【参考答案】 因为货币需求与物价正相关,较高的物价水平增加货币需求。货币需求曲线向右移动,而货币供给由央行控制固定,从而提高利率。高利率减少投资支出,因而减少物品和服务的需求量。当然,同样的逻辑也在反方向发生作用。因此物价水平与总需求之间负相关,即总需求曲线向右下方倾斜。

2.【考查要点】 乘数效应发生机制。

【参考答案】 政府的一笔购买增加了生产其所采购物品的企业的就业和利润。当这些企业的工人收入增加、企业所有者利润增加时,他们对这种收入增加的反应是增加对消费品的支出。结果,政府的这些采购还增加了经济中许多其他企业产品的需求。由于政府支出的每一美元可以增加的物品与服务的总需求大于一美元,因此政府购买对总需求有一种乘数效应。在第一轮之后,这种乘数效应仍在继续。当消费支出增加时,生产这些消费品的企业会雇用更多工人,并获得更高的利润。更高的收入和利润又刺激了消费支出,如此循环往复。因此,当较高需求引起较高收入时,存在一种正的反馈,这种正的反馈又引起更高的需求。一旦把所有这些效应加在一起,对物品与服务需求量的总影响会远大于最初来自政府支出的刺激。

3.【考查要点】 自动稳定器原理。

【参考答案】 自动稳定器是在经济进入衰退时,决策者不必采取任何有意的行动就可以刺激总需求的财政政策变动。比如税收,它与经济活动密切相关,当经济衰退使收入、工资和利润都减少时,政府的税收也随之降低,这种自动的减税刺激了总需求,降低了经济波动的程度。

4.【考查要点】 货币政策和财政政策对总需求的刺激作用。

【参考答案】 当人们对经济前景感到悲观时,家庭和企业均会减少支出,结果是总需求减少,生产减少,失业增加。为了稳定总需求,央行可以实行扩张性的货币政策,如增加货币供给或降低贴现率来扩大总需求。扩张性货币政策会降低利率,刺激企业和家庭的投资和消费支出。其他财政政策执行部门可以通过增加政府支出或减税来增加消费和投资。

5.【考查要点】 积极稳定政策论。

【参考答案】 支持积极稳定政策的人认为政府应该并且可以对私人经济中的变动作出反应以便稳定总需求。凯恩斯在《就业、利息与货币通论》中强调了总需求在解释短期经济波动中的关键作用。凯恩斯及其许多追随者认为总需求的波动主要是因为非理性的悲观主义与乐观主义情绪。他用“动物本能”这个词来描述这些态度的任意变动。他们认为,政府可以调整货币政策与财政政策以对这些乐观主义和悲观主义情绪作出反应,从而稳定经济。例如,当人们过分悲观时,央行可以扩大货币供给,降低利率并扩大总需求。当人们过分乐观时,央行可以紧缩货币供给,提高利率并抑制总需求。

反对积极稳定政策的人认为,政策对经济的影响一般会有很长的时滞。所以,央行不应该试图对经济进行微调,央行通常对变动的经济状况反应太迟,结果是引起经济波动,而不是抑制经济波动。财政政策也会由于政治过程而存在时滞。货币政策和财政政策中的时滞之所以成为一个问题是因为经济预测极不准确,衰退和萧条通常在没有预兆的情况下降临。

(五)应用题

1.【考查要点】 财政政策对总需求的稳定作用。

【参考答案】 (1)增加支出,减税。

(2)增加支出,减税。

(3)减少支出,增税。

(4)减少支出,增税。

2.【考查要点】 自动稳定器、平衡预算与总需求的关系。

【参考答案】 (1)当经济衰退时,政府的征税量自发减少,因为所有的税收都与经济活动密切相关。

(2) 当经济衰退更多人失业时,申请失业保险补助、福利补助和其他收入补助的人增多。这种政府支出的增加会在总需求不足以维持充分就业时刺激总需求。

(3) 当经济衰退时,税收减少,而政府支出却增加,预算朝赤字方向发展。如果政府受严格平衡预算规定约束,政府就被迫寻求在衰退中减少支出、增加税收的方法,故而加剧衰退。

3.【考查要点】 乘数和边际消费倾向。

【参考答案】 乘数 = 1/(1 - MPC) = 3, MPC = 2/3,不考虑挤出效应时估算的 MPC 为 2/3;

若考虑挤出效应,对 MPC 的估算会大于原来的估算。

(六) 拓展思考题

1.【考查要点】 乘数效应。

【参考答案】 (1) 首先,要考虑政府支出用在了什么上。假如政府刚好把钱花在了私人本来就想要购买的物品上,比如政府把钱付给餐厅,让餐厅向顾客提供免费的饮食,那么顾客很可能不会将意外节省下来的金钱花掉。已经有很多经济学研究表明,人们倾向于将意外的收入存起来而不是花掉。在这种情况下,政府支出增加多少,私人开支就相应减少多少。政府只是代替了私人作开支,"乘数"的效果被抵消。其次,要考虑政府支出的来源。政府增加的开支来自三个途径:印钞票、增税、发行债券向私人借钱。无论采用哪种做法,政府都只是将钱从一个人手上转移到另一个人手上,这很难改善总的经济状况。更糟的是,让政府代替私人从事投资,政府投资往往比私人投资更缺乏效率。

(2) 要使乘数效应显著,必须做到:首先,如果政府支出使私人支出减少,私人会把这意外收入花掉而不是存起来;或者,政府将支出用在没人想购买的物品上。其次,政府增加支出要在财政有盈余的情况下,而不是用增发货币或发债的方法。

2.【考查要点】 总需求及其影响因素。

【参考答案】 (1) 提高利率减少了投资需求,从而减少了总需求,总需求曲线左移,均衡产出和价格水平下降。

(2) 货币发行增加导致货币市场上货币供给曲线右移,从而利率下降;利率下降导致总需求增加,在总供求模型上总需求曲线右移,均衡产出和价格水平上升,即出现经济过热。

(3) 固定资产投资是建造和购置固定资产的经济活动,即固定资产再生产活动。固定资产再生产过程包括固定资产更新(局部和全部更新)、改建、扩建、新建等活动。固定资产投资是一个国家(地区)经济增长的前提保证,是优化产业结构的重要途径,也是实现经济持续健康发展的重要动力。一个地区的固定资产投资增长要和本地区的发展阶段相适应。在发展初期,较快的固定资产投资增长能促进经济的快速发展,当发展到一定阶段后,保持适度的固定资产投资增长才能促进经济健康发展。同时,固定资产投资规模要和本地区的经济状况相协调,固定资产投资规模超过本地区经济的承受能力,也会影响经济的健康发展。一般来说,固定资产投资的适度增长能促进经济持久发展;固定资产投资增长不足可能减缓经济发展;固定资产投资增长过快导致总需求过快增长,总需求曲线右移,均衡产出和价格水平上升,可能引发经济过热。

同样地,可以以此来分析投资的适度增长与经济的可持续发展之间的关系。一方面,投资是社会总需求的重要组成部分,它对需求的总量和结构会产生直接的影响。另一方面,投资又是增加社会总供给的重要途径,通过增加投资能扩大社会生产能力。需求拉动作用通常直接表现在投资增长和经济增长的同期数值中,供给推动作用则有一定滞后期。投资波动会导致经济同向波动,它与总产出之间存在着乘数效应。当投资增加时,会立即增加对投资品的需求,增加投资品生产企业的产量,就业就会上升,居民收入增加,有利于促进消费需求的增加,从而使社会总产出成倍增加;反之,则相反。投资与经济增长是一种相互促进、相互制约的关系。

第 35 章 通货膨胀与失业之间的短期权衡取舍

一、学习精要

(一) 教学目标

1. 理解通货膨胀与失业之间的权衡取舍在短期中成立而在长期中不成立的原因。
2. 掌握什么是短期菲利普斯曲线和长期菲利普斯曲线。
3. 理解预期如何影响菲利普斯曲线的移动,并且能够画出这些曲线的移动。
4. 掌握供给冲击如何影响菲利普斯曲线的移动,并且能够画出这些曲线的移动。
5. 会考虑降低通货膨胀的代价,理解在遭遇不利供给冲击时决策者在反通货膨胀和反失业之间的艰难抉择。

(二) 内容提要

本章将要探讨总需求的短期变动所产生的两种经济现象:通货膨胀与失业,以及通货膨胀与失业之间的短期权衡取舍。重点将会分析菲利普斯曲线以及降低通货膨胀的代价。不同的理论对通货膨胀与失业的关系论述是不一样的,本章内容将具体解释为什么通货膨胀与失业之间的权衡取舍在短期中成立而在长期中不成立,这是总需求与总供给模型得出的结论的延伸。

1. 菲利普斯曲线

(1) 菲利普斯曲线描述了通货膨胀和失业之间的负相关关系。通过减少货币供给,决策者可以在菲利普斯曲线上选择低通货膨胀和较高失业的一点;反之通过增加货币供给,决策者可以在菲利普斯曲线上选择高通货膨胀和较低失业的一点。

(2) 菲利普斯曲线所描述的通货膨胀与失业之间的权衡取舍只在短期中成立。每条菲利普斯曲线都反映了某个特定的通货膨胀率。短期中物品与服务的增加引起总需求增加,物价水平也上升,高的物价水平激励供给量的增加,产量越多意味着就业率越高。高物价水平意味着高通货膨胀率。所以短期内,总需求变动引起的通货膨胀率与失业率是负相关的。可以用下图来加以说明,若总需求增加使经济从 A 点变到 B 点,则通货膨胀率和失业率沿着短期菲利普斯曲线从 A 点变到 B 点。

(3) 货币政策和财政政策可以使总需求曲线移动,进而使经济沿着菲利普斯曲线移动。货币供给增加、政府支出增加或减税都扩大总需求,并使经济移动到菲利普斯曲线上低失业

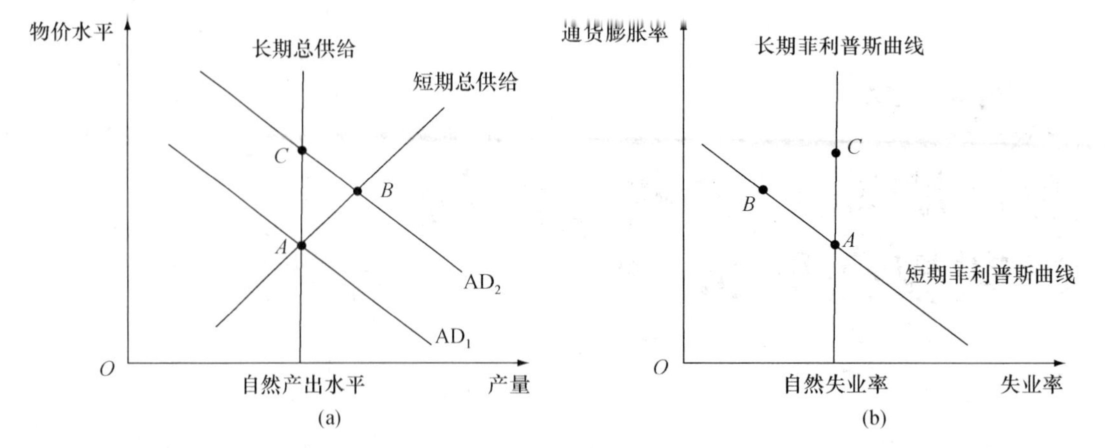

和高通货膨胀的一点上。货币供给减少、政府支出减少或增税都紧缩总需求,并使经济移动到菲利普斯曲线上高失业和低通货膨胀的一点上。因此,菲利普斯曲线向决策者提供了一个通货膨胀与失业组合的菜单。

2. 菲利普斯曲线的移动:预期的作用

(1) 在长期中,产量与失业率都趋向于其自然率,通货膨胀由货币供给的增长决定。货币增长仅仅引起物价和收入同比例变化,而且应该对失业没有影响,因此长期菲利普斯曲线是经过自然失业率的一条垂线,如下图所示。反过来也说明,垂直的长期总供给曲线和垂直的长期菲利普斯曲线都意味着货币政策只影响名义变量(物价水平和通货膨胀率),但并不影响真实变量(产量和就业)。

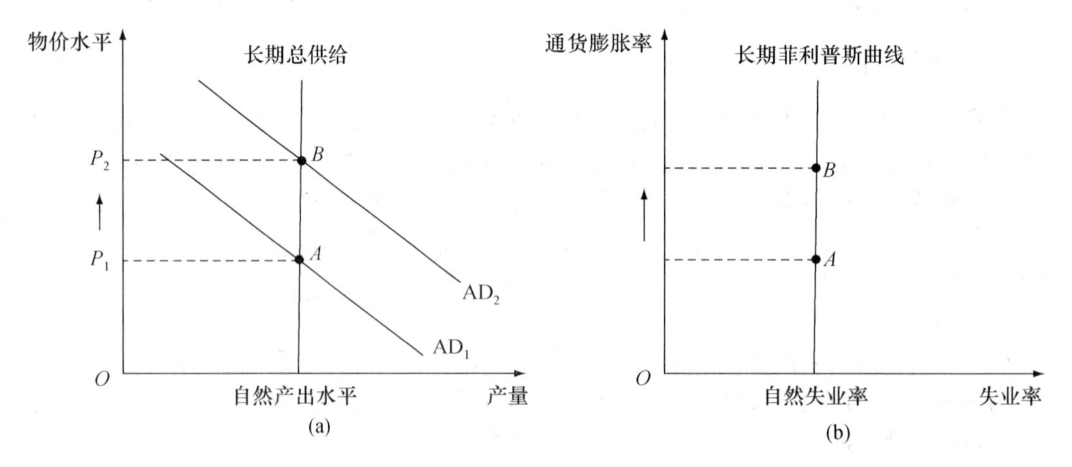

(2) 通货膨胀与失业之间的负相关关系在短期存在,但决策者不能将它作为长期中结果的菜单。决策者可以在某一时期内实行扩张性货币政策以实现较低的失业,但失业最终要回到自然失业率,并且扩张性货币政策只引起较高的通货膨胀。自然失业率中的"自然"是指经济长期中趋近的失业率,但自然失业率不一定是合意失业率。货币政策对自然失业率没有影响,"自然失业率假设"认为无论通货膨胀率如何,失业率最终会回复至均衡的自然失业率。货币政策对自然失业率没有影响,但是其他影响劳动市场的政策会影响自然失业率。

(3) 正如在短期总供给曲线与长期总供给曲线中一样,预期再次成为理解短期菲利普斯曲线和长期菲利普斯曲线如何相关的关键。弗里德曼和菲尔普斯把预期的通货膨胀作为一个新变量引入通货膨胀和失业的权衡取舍中，并认为在短期中通货膨胀对失业有相当大的影响。可以用以下公式来总结弗里德曼和菲尔普斯的分析：

$$失业率 = 自然失业率 - a(实际通货膨胀率 - 预期通货膨胀率)$$

这个方程式将失业率与自然失业率、实际通货膨胀率及预期通货膨胀率联系起来，其中 a 衡量失业对未预期到的通货膨胀反应的敏感程度。在短期中，预期通货膨胀率是既定的，总需求的增加会引起通货膨胀，暂时地增加产出，并将失业率降到自然失业率之下，因此短期中较高的实际通货膨胀率与较低的失业率相关。但在长期中，人们通过提高自己的通货膨胀预期（要求更高的工资）来调整到更高的通货膨胀率，因而实际通货膨胀率等于预期通货膨胀率，而且失业处于自然失业率水平。

（4）弗里德曼和菲尔普斯方程式也意味着，并不存在稳定的短期菲利普斯曲线。每条短期菲利普斯曲线都反映某个特定的预期通货膨胀率，且向右下方倾斜的短期菲利普斯曲线与垂直的长期菲利普斯曲线相交于预期通货膨胀率那一点。当预期通货膨胀率变动时，短期菲利普斯曲线就会发生移动。如下图所示，设想经济开始处于实际通货膨胀率低并且预期通货膨胀率也低的状态，失业处于自然失业率水平（如 A 点所示）。假设决策者试图用货币政策或财政政策扩大总需求，则经济在短期从 A 点移动到 B 点，即预期通货膨胀率仍然低，但实际通货膨胀率高，而失业低于自然失业率。在长期中，预期通货膨胀率上升，经济从 B 点移动到 C 点，此时预期通货膨胀率和实际通货膨胀率均高，而失业回复到自然失业率。因此弗里德曼和菲尔普斯得出结论：决策者只面临着通货膨胀和失业之间的短期权衡取舍。在长期中，更快地扩大总需求将引起更高的通货膨胀，而失业没有任何减少。

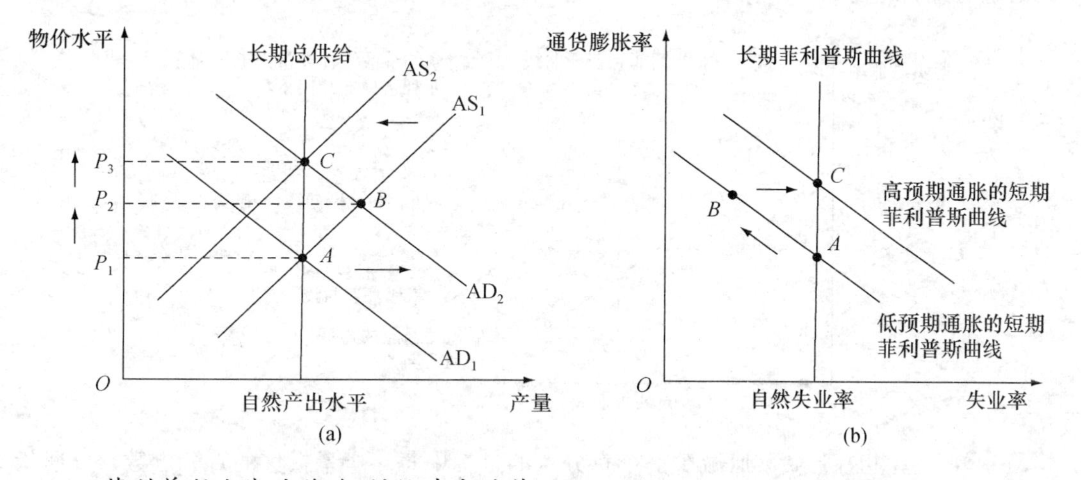

3. 菲利普斯曲线的移动：供给冲击的作用

（1）经济学家提出的另一个短期菲利普斯曲线移动的原因就是供给冲击。供给冲击是直接改变企业的成本和价格从而影响它们收取的价格的事件，它使经济中的总供给曲线移动，进而使菲利普斯曲线移动。

（2）当碰到不利的总供给变化时，决策者会面临着反通货膨胀和反失业之间的抉择，这种权衡取舍比总供给变动之前更为不利。在失业率既定时，他们必须忍受一个更高的通货膨胀率；在通货膨胀率既定时，他们又必须忍受一个更高的失业率，抑或这两者之间的一种组合，如下图所示。

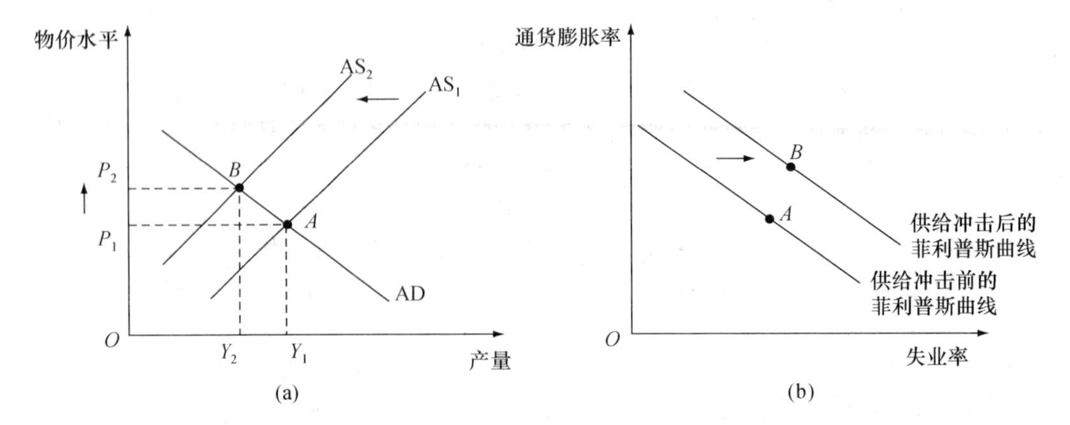

(3) 这种不利的移动是暂时的还是持久的取决于如何调整通货膨胀预期。如果供给冲击引起的通货膨胀上升是暂时的,预期的通货膨胀将不会变,那么移动是暂时的;如果这种冲击使得通货膨胀提高到一定程度,预期的通货膨胀将上升,那么移动是持久的。

4. 降低通货膨胀的代价

(1) 为了降低通货膨胀,往往会实行紧缩性货币政策。当货币供给增长率降低时,总需求就会紧缩,总需求减少使企业生产的物品与服务量减少,从而再引起就业减少。降低通货膨胀的代价是一段时期的失业和产量损失。因此决策者想要降低通货膨胀就必须忍受高失业和低产量的状态,如下图所示。

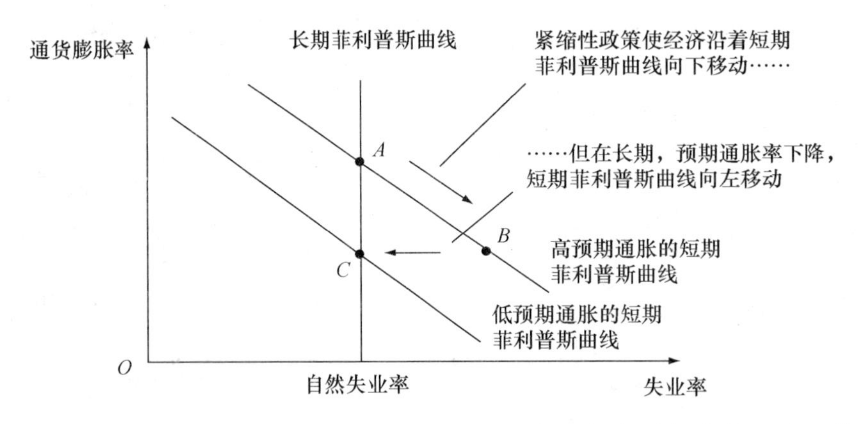

(2) 牺牲率指在通货膨胀减少一个百分点的过程中每年产量损失的百分点数。反通货膨胀的代价取决于通货膨胀预期下降的速度。如果人们对央行的政策信任程度高,反通货膨胀的代价会较低。

(3) 根据理性预期理论,当人们在预测未来时可以充分运用他们所拥有的全部信息,包括有关政府政策的信息。理性预期对通货膨胀与失业之间的权衡取舍有较高的适用性。1979 年年末沃尔克实行的一项反通货膨胀政策使得通货膨胀在五年内从 10% 降到 4% ,但失业大大增加,不过失业的增加小于估算的牺牲率所预言的。之后在格林斯潘时代,低通货膨胀和低失业是有利的供给冲击和紧缩货币政策的结果。到伯南克时期,由于美国房地产市场崩溃和金融危机导致总需求减少,石油和商品价格上涨导致总供给减少,因此经济面临失业率和通货膨胀率同时上升。伯南克希望保持低通货膨胀预期,使得工人不会要求加薪,企业不会提价。

5. 结论

本章主要讨论了如何思考通货膨胀与失业的关系,许多优秀的经济学家都给出了各种观点,这之中对某些原理已经达成了共识。通货膨胀与失业之间存在着暂时的权衡取舍,但并不存在持久的权衡取舍。暂时的权衡取舍并不是来自通货膨胀本身,而是来自未预期到的通货膨胀,通常这也意味着来自上升的通货膨胀率。通货膨胀率上升可以减少失业,而高通货膨胀率却不能。

(三)关键概念

1. 菲利普斯曲线:一条表示通货膨胀与失业之间短期权衡取舍的曲线。

2. 自然率假说:认为无论通货膨胀率如何,失业最终要回到其正常率或自然率的观点。

3. 供给冲击:直接改变企业的成本和价格,使经济的总供给曲线移动,进而使菲利普斯曲线移动的事件。

4. 牺牲率:在通货膨胀减少一个百分点的过程中每年产量损失的百分点数。

5. 理性预期:当人们在预期未来时,可以充分利用他们拥有的全部信息,包括有关政府政策的信息的理论。

(四)拓展提示

1. 短期菲利普斯曲线可以说是短期总供给曲线的镜面反映。短期中价格预期固定,物价水平上升激励了企业提高产量,引起短期总供给曲线向右上方倾斜。产量上升会使失业减少,所以短期菲利普斯曲线向右下方倾斜。同理,长期菲利普斯曲线也是长期总供给曲线的反映。因为在长期中物价水平上升,对应的物价和收入水平都同比上升,并没有改变生产的激励,也就不会影响失业。长期总供给曲线和长期菲利普斯曲线都是垂线。

2. 菲利普斯曲线确定了通货膨胀和失业之间的关系,表明当失业极低时劳动市场紧张,工资和物价更快上升,但是并没有确定两者之间的因果关系。

3. 自然失业率的估算差别较大,使得决策者对相应的货币政策和财政政策有不同意见。当我们能看出经济是高于还是低于在图形上所选的长期自然率时,可以结合菲利普斯曲线或总需求—总供给模型,然后决定是应该扩张还是紧缩总需求,或者让其自行变动。但是实际上衡量自然失业率是非常困难的,决策者也无法确定经济实际上是高于还是低于自然失业率。

4. 短期菲利普斯曲线是表明在预期通货膨胀率低于实际通货膨胀率的短期,失业率与通货膨胀之间存在交替关系的曲线。但这里的预期是指合乎理性的预期,其特征是预期值与以后的实际值是一致的。在这种预期的假设下,不可能有通货膨胀率低于以后实际发生的通货膨胀率的情况,即无论是在短期还是长期中,预期通货膨胀率与实际通货膨胀率是一致的,从而也无法以通货膨胀为代价来降低失业率。

二、新闻透视

(一) 新闻透视 A

基于扩展菲利普斯曲线的中国通货膨胀影响因素研究

中国经济发展处于起步阶段,同时伴随着体制转轨、全球经济一体化进程加快等诸多因素,使得中国的通货膨胀呈现出更为复杂的变化。从需求方面看,影响中国价格总水平上涨的主要因素是:货币供给量增长较快,银行信贷增加快,流动性过剩,固定资产投资增长过快,国际收支长期处于贸易顺差等。从供给方面看,国际大宗商品价格的上涨、国际能源价格上涨、国际食品价格上涨、劳动力结构性变化引起的工资报酬率增加等成本上升推动了通货膨胀的发生。

此外,通货膨胀率的滞后水平对通货膨胀预期的产生起到了很大的作用,对通货膨胀率的影响显著;产出缺口对通货膨胀率的贡献率也很明显;工资率对通货膨胀率的影响也具有较好的显著性。这表明了中国通货膨胀预期与国内产出缺口的扩大,确实推动了通货膨胀水平的提高;另外,随着工资水平的不断上涨、生产成本的上升,也加深了通货膨胀预期效应,助推通货膨胀率走高。

对于外部影响因素,我们用实际汇率(实际汇率 = 名义汇率 × 外国物价指数/本国物价指数)来作为外部影响因素的变量,汇率的变动会引起进出口商品和服务相对价格的变动,改变贸易条件,调节贸易差额;实际汇率通过对进出口的控制影响国内经济,实际汇率上升将抑制出口,增加国内市场商品供应,压低国内物价水平,减少国内生产和国民收入,提高失业率。

资料来源:马任远,中国物价,2014 年 1 月。

【关联理论】

弗里德曼对传统的菲利普斯曲线假设工人与企业能够区分实际工资与名义工资,那么通过政策措施降低实际工资,将会提高价格水平进而降低失业率。但是完全预期到的价格水平的上涨将会完全反映在对名义工资提高的要求中,而对实际工资没有任何影响。失业率回到由劳动力结构和产品市场决定的自然失业率水平。那么通货膨胀与失业率的关系就增加了预期因素,然而实际上人们的预期会滞后于现实情况,政策制定者可以通过持续增长的通货膨胀率水平,使失业率保持在自然失业率之下。

【新闻评析】

伴随着全球经济一体化的进程,中国通货膨胀不单单由国内因素造成,也受到外部国际环境影响,并且影响将越来越强。从需求角度分析:中国经济发展速度相对较快,需求旺盛,特别是投资需求,政府主要通过推动投资增长促进经济增长,全社会固定资产投资额增长频频超出 GDP 增速;另外由于货币多发,一定程度上带动了居民消费,房地产泡沫为通货膨胀增添了隐忧。从供给角度分析:供给冲击对通货膨胀的影响越来越大。

从国内看,低端劳动力价格持续上涨,造成农产品价格和服务业价格上涨,工资成本的上涨推动物价水平上升;从国际环境看,国际粮价、能源价格等大宗商品价格的上升,直接影响到国内原材料价格上涨,从国外直接向国内输入通货膨胀。

随着世界经济从金融危机和严重衰退中逐步复苏,中国经济也在近年保持平稳较快发展,经济增长、稳定物价成为当前和未来政府宏观调控的主要任务。因此,应稳健货币政策,改革汇率制度,发展实体经济,保障粮食、能源安全,管理通胀预期,缓解通胀压力,以保持物价总水平基本稳定。

(二)新闻透视 B

美国"痛苦指数"创 56 年来最低水平

根据"痛苦指数"(Misery Index)来衡量,目前美国经济处于艾森豪威尔总统时期以来最佳状态。通胀率大幅下滑使得美国"痛苦指数"跌至 1959 年春季以来最不痛苦的水平。

"痛苦指数"是 20 世纪 70 年代由经济学家、布鲁金斯学会学者阿瑟·奥肯(Arthur Okun)所提出,当时美国正处于高失业率和高通胀并存的滞胀时期。为了衡量那个年代的痛苦,奥肯提出可以用失业率与年通胀率简单相加,得出一个新的数字。

这一指数很好地描绘了当时的经济困境。在 70 年代,不但很多人难以找到工作,他们还必须与不断加速上涨的物价作斗争。1980 年 5 月,美国"痛苦指数"出现 21.9 的峰值,当时失业率为 7.5%,通胀率为 14.4%。最终,为了遏制通胀,当时的美联储主席保罗·沃尔克(Paul Volcker)将利率升至高达 20%。随后通胀快速下降,失业率也不断下降。

在 2008 年金融危机之后的衰退中,美国"痛苦指数"的最高值出现在 2011 年 9 月份,当时失业率为 9%、通胀率为 3.8%。12.8 的痛苦指数为 80 年代初以来的最高值。此后通胀和失业率都稳步下降。不过现在痛苦指数跌至 56 年来新低并不十分正常,因为通胀大幅下降主要是因为油价暴跌。1 月份美国年通胀率降至 -0.1%。

这就与奥肯在 70 年代推出"痛苦指数"的初衷相去甚远,因为现在通胀过低,许多经济学家都认为它是一个问题。就业市场已经改善,但经济学家和美联储官员认为失业率低估了就业市场的疲软程度。比如说,失业率没有将那些从事兼职但希望获得全职工作的人计算在内,也没有计入那些彻底放弃找工作的人群。

资料来源:新浪财经,http://finance.sina.com.cn/stock/usstock/economics/20150303/152621633688.shtml,2015 年 3 月 3 日。

【关联理论】

痛苦指数是由经济学家阿瑟·奥肯提出的,是通过将失业率和通货膨胀水平简单加和得出的一个经济指标。该指数认为,失业与通货膨胀给人们带来的痛苦是相同的,失业率上升 1% 与通胀率上升 1% 对人们构成同样程度的"痛苦"。通胀率越高,稳定物价越不成功;失业率越高,实现充分就业越不成功。痛苦指数越高,宏观经济状况越坏,政策越不成功。较高的失业率和糟糕的通胀水平都将导致一个国家的经济和社会损失。

【新闻评析】

美国的痛苦指数是反映国民经济运行的重要指标,也是了解民意最直接的变量,其通货膨胀与失业指标也是社会保障制度建设中最需要关注的现实问题。痛苦指数越高意味着经济越困难,人民生活越痛苦。正如以上新闻中,1980 年通货膨胀水平与失业率双高造成了美国痛苦指数的峰值(21.9)。

进入 20 世纪 90 年代,美国出现了低通胀、低失业的双低态势,至今全球经济又出现了低速增长的时期,表示就业水平的失业率通常与 GDP 的损失有一定关联度,奥肯法则认为经济中周期失业率每增加一个百分点,GDP 就对应下降 2.5 个百分点,失业率与 GDP 存在反向关系。而通货膨胀与通货紧缩会使社会财富产生再分配效应,所造成的名义资产的升值或贬值,导致财富在债权人与债务人之间的转移。它们是由于货币发行量不合适、发行量变化成为现实流通量后对于商品与服务关系不合适而形成的种种社会矛盾冲突。两者对经济冲击的本质,在于严重破坏了市场经济的价格核心机制,使价格的频繁波动干扰了市场信号的传递,并使价格信号失真,资源配置失调。

(三) 新闻透视 C

治理"滞胀":美国的经验

"滞胀"并非新事物,早在 1960—1980 年间美国就曾出现过三次"滞胀"。实际上整个西方世界在 20 世纪 70 年代初均陷入"滞胀"泥潭。西方 7 个主要发达国家的平均年增长率为 2.4%,失业率为 5.3%,消费物价指数年增长率为 9.4%。而在此之前这些国家的平均增长率为 4.3%,平均失业率为 3.2%,物价平均上涨率为 4.8%。

针对这些情况,弗里德曼教授曾提出,在短期中当局也许可以依循凯恩斯主义理论,但是由于凯恩斯理论无法解释"滞胀"的成因并提出有效解决方案,受到了质疑。此外供给学派认为,美国当时的困境来自于储蓄率下降、技术革新速度放慢等原因所导致的产品竞争力下降,这正是国家干预过于强烈所造成,提出要减少国家行政干预,由市场进行自我调节。

当时里根政府明确表示赞成货币主义和供给学派的主张,并通过抑制货币增长的方式来降低通货膨胀;通过减税和压缩政府开支或者至少是减缓开支的增长速度同时并进,以便平衡预算。最终这套方法在降低通货膨胀和失业率方面取得了明显的效果,消费物价指数大幅度回落的同时经济增长速度也迅速提高,失业率连续下降。

资料来源:新浪财经,2014 年 1 月 3 日。

【关联理论】

菲利普斯曲线所描述的通货膨胀与失业之间的权衡取舍只在短期中成立。每条菲利普斯曲线都反映了某个特定的通货膨胀率。短期中物品与服务的增加引起总需求增加,物价水平也上升,高物价水平激励供给量的增加,产量越多意味着就业率高。高物价水平意味着高通货膨胀率。所以短期内,总需求变动引起的通货膨胀率与失业率是负相关的。在长期中,产量与失业率都趋向于其自然率,通货膨胀由货币供给的增长决定。货币增长仅仅引起物价和收入同比例变化,而且应该对失业没有影响,因此长期菲利普斯曲线是经过自然失业率的一条垂线。

【新闻评析】

结合上则新闻,弗里德曼教授曾指出在短期中当局可以在经济增长减缓、失业率上升时,以通货膨胀为代价刺激经济增长,降低失业率,但在长期中,这种替代关系并不成立,物价最终会螺旋式上升,同时失业率依旧。此外供给学派认为美国当时的情况,最主要是因为国家干预政策破坏了市场自我调节机能的结果,导致商品竞争力下降,因此主张减少国家干预,降低税率,以便鼓励生产,刺激供给的增加。

中国当前经济运行过程中也面临着一些导致“滞”和“胀”的问题的困扰。首先,中国目前正在经历原材料、劳动力成本持续上升的时期,引发成本推动型的通货膨胀的风险加大,可能会抑制企业投资,进而影响经济增长。其次,由于政府调控不到位等因素导致教育、医疗、住房支出或价格连年攀升,增加了居民生活负担,促使居民维持较高的储蓄水平从而大大抑制消费欲望,导致市场增长乏力。

针对这些问题,中国政府应该在保证国内能源生产和供应的前提下,鼓励企业以多种方式参与境外能源的开发利用,满足国内经济增长的需要。同时在教育、医疗、住房等领域采取措施以实现有效监督,维持市场各方合理利益,防止社会资源向上述产业或部门过度集中,进而影响整体经济发展潜力。

三、案例研究

(一)案例研究 A

中国通货膨胀与失业率的关系

当前中国经济一直面临非均衡态势,在这一态势下必然存在着一定程度的失业率和通货膨胀率,而就业与通货膨胀作为两个既关乎经济又涉及政治的问题,同时又是宏观经济学的两个基础性问题。

近些年来,在持续的货币超发积累与国内市场中的流动性泛滥的共同作用下,中国当前正面临着居高不下的通货膨胀率,特别是在国内资产过度投资以及美国次贷危机等国内外因素的共同诱发下,中国经济开始呈现出向由原材料价格上涨造成的成本推动型通货膨胀方向发展的态势。并且在日益严峻的就业压力以及持续高涨的通货膨胀压力之下,菲利普斯曲线失灵这一经济特征也日益在中国宏观经济中有所呈现。

同时,随着改革开放以来中国经济的迅猛发展,加入世界贸易组织后对产业结构的深入调整,国有企业改革的不断深入以及政府针对解决下岗职工就业问题出台的政策措施的落实,使得国内就业人数和劳动力需求日益增加,但是由于中国的实体经济受到2008年以美国次贷危机为诱因的全球性金融危机的影响,对劳动力的需求大幅度下降,使得中国仍然面临着严重的就业压力,甚至出现了大学生失业的现象。在金融危机导致的经济发展缓慢这一国际大背景下,在历年未实现就业与本年度应届人数的高压下,许多大学生与研究生面临着毕业即失业的窘况,就业形势严峻异常,这也使得许多高知识人才怨声载道;另一方面,同中国大量农村劳动力急需转移的状况极不协调的“民工荒”现象在许多经济发达地区也开始普遍化发展。而且中国作为一个处于经济、社会转型期的社会主义大国,二元结构特征明显,人口基数大,就业压力本来就特别紧张,整个就业环境没有发生根本性的变化。

通过对菲利普斯曲线的解读我们可以知道,失业率与通货膨胀率之间呈明显负相关关系,即二者之间是此消彼长的替代关系,也就是说,通货膨胀率低时,失业率就高,反之亦然,无通货膨胀和充分就业根本无法同时实现,因此,尽可能地减少失业与通货膨胀之和成为政府在力所能及的范围内所能做的事,在此菲利普斯曲线这一工具就具有重要的意义。那么针对菲利普斯曲线中表明的这一替代关系,政府是否可以基于通货膨胀率的提高来缓解失业现状,解决失业问题呢?无疑答案是否定的。因为中国的失业与通货膨胀问题并不完全适用于传统的菲利普斯曲线,意图通过通货膨胀率的提高实现失业率的降低并不可行。如果政府通过提高通胀率来减轻失业率,短期内失业率会下降,但长期看,失业率的不均衡不可能永远存在下去,也就是说长时间内,失业率将最终回归到自然失业率水平,而一旦通胀率提高,长时间都会钉死在较高的位置,很难下调,人们只能接受高通胀的煎熬。

资料来源:袁翠莲,浅析中国通货膨胀与失业率的关系及其应对方法,佳木斯教育学院学报,2014年第5期。

【关联理论】

菲利普斯曲线表示失业率与通货膨胀率之间的反方向变动关系。在某种意义上,菲利普斯曲线也是一条表示失业率和工资变动率之间交替关系的曲线。但是在长期中,工人预期的通货膨胀率与实际通货膨胀率迟早会一致,因此通货膨胀就不会起到减少失业的作用。此时的菲利普斯曲线是一条垂线,失业率始终固定在自然失业率水平。

【案例解剖】

在某种意义上,菲利普斯曲线是一条用以表示失业率和工资变动率之间交替关系的曲线。失业率上升时工资增长率下降,失业率下降时工资增长率上升。通货膨胀的其中一个原因是成本推动,在该理论下,通货膨胀率可以由货币工资增长率表示,即失业率高则通货膨胀率低,失业率低则通货膨胀率高。通货膨胀使实际工资下降,从而刺激生产,增加对劳动的需求,减少失业,因此这条曲线就可以表示失业率与通货膨胀率之间的反方向变动关系。但是在长期中,工人将根据实际情况不断调整自己的预期。工人预期的通货膨胀率与实际发生的通货膨胀率迟早会一致。这时工人会要求增加名义工资而使实际工资不变,从而通货膨胀就不会起到减少失业的作用。并且在长期中经济实现充分就业,失业率是自然失业率。因此这时的菲利普斯曲线是一条垂线,失业率总是固定在自然失业率的水平上,以引起通货膨胀为代价的扩张性财政政策与货币政策并不能减少失业。

弗里德曼根据自然失业率的概念指出,菲利普斯曲线所表明的通货膨胀与失业率的交替关系,只是在特定的条件下才能实现。就是说如果政府扩大货币供给量,价格就会高于预期水平,实际工资下降,雇主愿意增雇工人,就业就增加。这样通过提高通货膨胀率会减少失业率,使实际失业率降到自然失业率之下。但这只能是暂时的,因为价格变化同时会影响预期,刺激名义工资上升,使实际工资恢复到原来水平。雇主就不会增雇工人,失业率上升,被拉回到一个与较快的价格增长率相对应的自然失业率水平。正因为存在着自然失业率,所以以充分就业为目的的经济政策就无法完全消灭失业。这些扩张性政策的实施只能是增加货币供给量,引起通货膨胀,却无法消灭失业。

中国的通胀虽然在一定程度上与工资成本上升有关,但近年由农产品、原材料价格和进口中间品成本上升引致的成本推动型通胀、由城乡利益格局调整引致的结构性通胀以及由国际投机资本涌入、外汇储备过快增长引致的流动性过剩压力也构成了中国物价上涨的主要因素。据此,中国经济并不完全体现出菲利普斯曲线的特性,仅凭货币工资增长这一条件并不能直接导致通胀现象,并且中国通胀与这几年的失业率并无稳定的负相关关系,目前的失业主要是产业结构调整过程中出现的结构性失业和摩擦性失业,以及国际贸易摩擦对中国出口行业就业的冲击。因而我们不能对传统的菲利普斯曲线直接予以套用,我们可以根据菲利普斯曲线的理念,结合中国特有的经济事实与就业实际,对其进行扬弃发展,对通货膨胀和失业现象进行量化分析,决策治理方案,寻找出理论与现实最优的结合。

（二）案例研究 B

菲利普斯曲线在中国宏观经济中的实证分析

1958 年,在英国任教的新西兰经济学家菲利普斯在研究英国失业率和货币工资增长率的统计资料后,提出了一条用以表示失业率和货币工资增长率之间替换关系的曲线,这就是最初的菲利普斯曲线。根据成本推动理论,货币工资增长率可以表示通货膨胀率。因此,这条曲线就可以表示失业率与通货膨胀率之间的反方向变动关系。菲利普斯曲线不仅指出了失业率与通货膨胀率之间的反向关系,而且为宏观经济决策者提供了通货膨胀率与失业率之间的权衡取舍关系,想通过低通货膨胀率与低失业率来达到目标是相互冲突的。

首先,在中国经济社会中,通货膨胀率和失业率的反向关系在一定的范围内是存在的。根据这种反向的变动关系,经济决策者可以根据不同的情况来制定政策,选择适当的通货膨胀率与失业率的组合进行调整,以促进经济发展,降低失业率。其次,实际工资是雇主与工人真正关心的重点,所以工人会考虑预期的通货膨胀率来定名义工资,附加预期的菲利普斯曲线可以较好地解释中国国内通货膨胀率与失业率之间的关系。

但是中国正处在经济转轨的特殊时期,市场经济体制并未完全建立,价格杠杆在资源配置方面没有起到基础性的作用,劳动力市场还受国家干预和政府管制,所以根据宏观经济理论,我们应该采取宽松的财政政策、紧缩的货币政策组合,以扩张性的财政政策扩大就业,降低失业率,用紧缩的货币政策控制通货膨胀。

资料来源:徐海,时代金融,2014 年第 9 期。

【关联理论】

菲利普斯曲线表明,当失业率较低时货币工资增长率较高;反之失业率较高时,货币工资增长率较低,甚至是负数。根据成本推动的通货膨胀理论,货币工资增长率可以表示通货膨胀率。因此该曲线可以表示失业率与通货膨胀率之间的交替关系,同时也是一种反向变动关系,因为通胀使实际工资下降,从而能刺激生产,增加对劳动的需求,减少失业。但菲利普斯曲线只是提示了通货膨胀率与失业率之间的关系,并没有在程度上给予准确的具体确定。主要是因为影响两者的因素太多且关系非常复杂。并且,中国经济社会与西方还是存在着非常大的差异,经济规律明显不同,所以菲利普斯曲线理论并不能完全应用于中国的经济社会。

【案例解剖】

在短期内,菲利普斯曲线可以在一定程度上描述通货膨胀率、失业率以及 GDP 增长率之间的变动关系,也表明了在短期内,一定程度上的经济刺激政策是有效的,有一定的政策意义。积极促进经济发展、降低失业的同时,应该防止通货膨胀的大幅上涨;在控制经济过热,出台一系列宏观调控政策的时候,应注意通过不同政策组合,积极扩大就业,缓解失业问题。

但是菲利普斯曲线是基于西方经济社会的一种理论,菲利普斯曲线成立有其特定的条件,随着条件的不同而不断地发展。对中国而言,经济正面临着转型期,市场经济刚刚建立,工业化水平还不高,生产力水平还很低,农村大量剩余劳动力不断向城市转移,使得菲利普斯曲线一定程度上失去了成立的前提条件。比如在产品定价上,由于中国市场经济仍不成熟,价格杠杆在资源配置方面上的作用受到了一定的限制,国家干预和政府管制仍然占据着重要的地位,这些都必然导致中国商品价格水平与市场均衡价格的偏离。

因此,中国经济社会与西方还是存在着非常大的差异,经济规律明显不同,所以菲利普斯曲线理论并不能完全应用于中国的经济社会。我们应该有选择地采纳,才能使菲利普斯曲线理论充分地在中国经济发展实践中发挥作用。

四、课外习题

(一) 术语解释

1. 菲利普斯曲线
2. 自然率假说
3. 供给冲击
4. 牺牲率
5. 理性预期

(二) 单项选择

1. 菲利普斯曲线通常是用来说明(　　)。
   A. 通货膨胀导致失业　　B. 通货膨胀与失业呈正相关
   C. 通货膨胀与失业呈负相关　　D. 产量与失业之间的权衡取舍
2. 长期菲利普斯曲线说明(　　)。
   A. 通胀与失业之间存在交替关系　　B. 传统的菲利普斯曲线仍有效
   C. 离原点越来越远　　D. 通胀与失业之间不存在交替关系
3. 按照(　　)观点,菲利普斯曲线所表示的通胀与失业率之间的替代关系是不存在的。
   A. 凯恩斯主义　　B. 理性预期学派　　C. 货币主义　　D. 供给学派
4. 绝大多数经济学家认为,在长期中菲利普斯曲线是(　　)。
   A. 垂直的　　B. 水平的　　C. 向上倾斜的　　D. 向下倾斜的
5. 一些评论者建议衡量经济政策状态的痛苦指数是(　　)。
   A. 产量增长率与通货膨胀率之和　　B. 失业率与通货膨胀率之和
   C. 产量增长率与失业率之和　　D. 自然失业率与实际失业率之和
6. 沿着短期菲利普斯曲线,(　　)。
   A. 低产量增长率与高失业率相关　　B. 低产量增长率与低失业率相关
   C. 低通胀率与低失业率相关　　D. 低通胀率与高失业率相关
7. 根据菲利普斯曲线,短期中如果决策者选择扩张性政策来降低失业率,那么(　　)。
   A. 如果价格预期不变,通胀不受影响　　B. 通货膨胀上升
   C. 通货膨胀下降　　D. 以上各项都不对
8. 菲利普斯曲线是总需求与总供给模型的扩展,因为在短期中总需求降低会使物价下降以及(　　)。
   A. 产量增加　　B. 通货膨胀增加
   C. 失业减少　　D. 失业增加
9. 自然率假说认为(　　)。
   A. 自然失业率一直低于失业　　B. 自然失业率一直高于失业

C. 在长期中失业率都将回到自然失业率　　D. 自然失业率等于失业

10. 当实际通货膨胀大于预期通货膨胀时,(　　)。

A. 失业大于自然失业率　　B. 失业小于自然失业率

C. 失业等于自然失业率　　D. 以上各项都不对

11. 长期菲利普斯曲线说明(　　)。

A. 政府需求管理政策无效　　B. 政府需求管理政策只在一定范围内有效

C. 政府需求管理政策有效　　D. 以上都不对

12. 下列哪一项会使长期菲利普斯曲线向右移动?(　　)。

A. 预期通货膨胀上升　　B. 国外石油价格上升

C. 总需求增加　　D. 最低工资增加

13. 在长期中如果调整价格预期,以致所有物价和收入都与物价水平的上升同比例变动,那么长期菲利普斯曲线(　　)。

A. 向右上方倾斜　　B. 向右下方倾斜

C. 是垂直的　　D. 由价格预期决定

14. 预期通货膨胀上升,(　　)。

A. 短期菲利普斯曲线向下移动,失业—通胀的权衡取舍有利

B. 短期菲利普斯曲线向下移动,失业—通胀的权衡取舍不利

C. 短期菲利普斯曲线向上移动,失业—通胀的权衡取舍有利

D. 短期菲利普斯曲线向上移动,失业—通胀的权衡取舍不利

15. 外国石油价格下降,(　　)。

A. 短期菲利普斯曲线向下移动,失业—通胀的权衡取舍有利

B. 短期菲利普斯曲线向下移动,失业—通胀的权衡取舍不利

C. 短期菲利普斯曲线向上移动,失业—通胀的权衡取舍有利

D. 短期菲利普斯曲线向上移动,失业—通胀的权衡取舍不利

(三)判断正误

1. 从短期看,现代菲利普斯曲线所描述的通货膨胀率与失业率之间并不存在替代关系。(　　)

2. 从短期看,总需求增加提高了物价,降低了产量,增加了失业。(　　)

3. 失业补助减少降低了自然失业率,并使长期菲利普斯曲线向左移动。(　　)

4. 若通货膨胀率是3%,失业率是5%,痛苦指数是8。(　　)

5. 自然率假说提出,长期中无论通货膨胀如何,失业都要回到自然失业率。(　　)

6. 当失业高于自然率时,劳动市场是异常紧张的,带来工资和物价上升的压力。(　　)

7. 在长期中菲利普斯曲线是一条经过自然失业率的垂线。(　　)

8. 不利的供给冲击会使菲利普斯曲线向上移动,并使失业—通货膨胀的权衡取舍不利。(　　)

9. 突然的货币紧缩使经济沿短期菲利普斯曲线向上移动,减少了失业,提高了通货膨胀。(　　)

10. 当实际通货膨胀大于预期通货膨胀时,失业率大于自然失业率。(　　)

(四) 简答题

1. 菲利普斯曲线有哪几种类型？其各自的政策含义是什么？

2. 如何理解自然失业率？影响自然失业率的因素有哪些？

3. 通货膨胀对名义利率和真实利率的影响在短期和长期有何区别？

4. 如果物价水平高于买方和卖方的预期，真实工资和就业率会发生什么变动？企业的利润空间会受到什么影响？自然失业率和实际失业率有何变化？

5. 假设干旱摧毁了农作物并使食物价格上升。这对通货膨胀与失业之间的短期权衡取舍有什么影响？

(五) 应用题

1. 假设自然失业率是6%，在一幅图上画出可以用来描述下列四种情况的两条菲利普斯曲线。标出每种情况下表示经济所处位置的点。

(1) 实际通货膨胀率是5%，而预期通货膨胀率是3%。

(2) 实际通货膨胀率是3%，而预期通货膨胀率是5%。

(3) 实际通货膨胀率是5%，而预期通货膨胀率是5%。

(4) 实际通货膨胀率是3%，而预期通货膨胀率是3%。

2. 假设中央银行宣布，它将实施紧缩性货币政策以降低通货膨胀率。下列情况使接下来的衰退更加严重还是有所缓和？请解释。

(1) 工资合约期间变短。

(2) 很少有人相信中央银行降低通货膨胀的决心。

(3) 通货膨胀预期迅速对实际通货膨胀作出调整。

3. 假设中央银行的政策是通过使失业处于自然失业率水平来维持低且稳定的通货膨胀。但是，中央银行认为当实际失业率为5%时，自然失业率是4%。如果中央银行把这个信念作为决策的基础，经济会发生什么变动？中央银行会认识到，它对于自然失业率的信念是错误的吗？

(六) 拓展思考题

1. 说明下列情况对短期菲利普斯曲线和长期菲利普斯曲线的影响，并给出其所依据的经济推理。

(1) 自然失业率上升。

(2) 进口石油价格下降。

2. 尽管通货膨胀直接降低人们生活水平的观点是一种谬误，但通货膨胀确实会产生许多更为微妙的成本，譬如与减少货币持有量相关的皮鞋成本、与频繁调整价格相关的菜单成本、相对价格变动与资源配置不当带来的低效率、混乱与不方便以及未预期的通货膨胀的特殊成本——任意的财富再分配等。考虑到通货膨胀对政府造成的压力，假设中国人民银行决定采取紧缩性货币政策以降低通货膨胀。请回答以下两个问题：

(1) 用菲利普斯曲线说明这种政策的短期影响与长期影响。

(2) 说明可以如何减少实施这种政策所带来的短期代价。

五、习题答案

（一）术语解释

1. 菲利普斯曲线：一条表示通货膨胀与失业之间短期权衡取舍的曲线。

2. 自然率假说：认为无论通货膨胀率如何，失业最终要回到其正常率或自然率的观点。

3. 供给冲击：直接改变企业的成本和价格，使经济的总供给曲线移动，进而使菲利普斯曲线移动的事件。

4. 牺牲率：在通货膨胀减少一个百分点的过程中每年产量损失的百分点数。

5. 理性预期：当人们在预期未来时，可以充分利用他们拥有的全部信息，包括有关政府政策的信息的理论。

（二）单项选择

1. C 2. D 3. B 4. A 5. B 6. D 7. B 8. D 9. C 10. B 11. A 12. C 13. C 14. D 15. A

（三）判断正误

1. × 2. × 3. √ 4. √ 5. √ 6. × 7. √ 8. √ 9. × 10. ×

（四）简答题

1.【考查要点】 菲利普斯曲线的类型及其政策含义。

【参考答案】 菲利普斯曲线可以分为短期菲利普斯曲线和长期菲利普斯曲线。向右下方倾斜的短期菲利普斯曲线的政策含义是，在短期中引起通货膨胀上升的扩张性财政政策与货币政策是可以起到减少失业的作用的。长期菲利普斯曲线是一条垂直线，表明失业率与通货膨胀之间不存在替代关系，其政策含义是从长期看，政府运用扩张性政策不但不能降低失业率，还会使通货膨胀率不断上升。

2.【考查要点】 自然失业率含义及其影响因素。

【参考答案】 自然失业率是指当经济处于充分就业状态时的失业率，这时经济的失业只是摩擦性失业和结构性失业。失业持续的时间和失业频率是影响自然失业率的两个主要因素。失业持续的时间取决于经济周期及劳动力市场结构；失业频率是人们在一定时期内变为失业者的次数。失业持续时间越长、失业频率越高，自然失业率也越高。

3.【考查要点】 通货膨胀与名义利率和真实利率的关系。

【参考答案】 名义利率 = 真实利率 + 预期的通货膨胀率。在长期中，名义利率可以对通货膨胀作完全调整，名义利率将等于没有通货膨胀时的利率加通货膨胀率。在短期中，名义利率不能对通货膨胀作完全调整，国家也很有可能在制度上不允许银行对银行存款支付高利息。这样真实利率不再是恒定的，所以真实利率 = 名义利率 − 预期的通货膨胀率。

4.【考查要点】 对菲利普斯曲线的理解。

【参考答案】 与价格水平被准确预期相比，价格水平高于决策者的预期会使实际工资水平更低，就业率更高。利润率将上升，实际失业率降到自然失业率以下。

5.【考查要点】 菲利普斯曲线的移动

【参考答案】 如果干旱摧毁了农作物,并使食物价格上升,生产成本增加,总供给曲线向上移动,菲利普斯曲线向右上方移动,无论何种失业状况都应对着较之前更高的通货膨胀率。

(五) 应用题

1.【考查要点】 菲利普斯曲线定义,与通货膨胀、自然失业率的关系。

【参考答案】 (1) 如下图所示,实际通货膨胀率是5%,而预期通货膨胀率是3%。经济所处位置为A点。

(2) 实际通货膨胀率是3%,而预期通货膨胀率是5%。经济所处位置为B点。

(3) 实际通货膨胀率是5%,而预期通货膨胀率是5%。经济所处位置为C点。

(4) 实际通货膨胀率是3%,而预期通货膨胀率是3%。经济所处位置为D点。

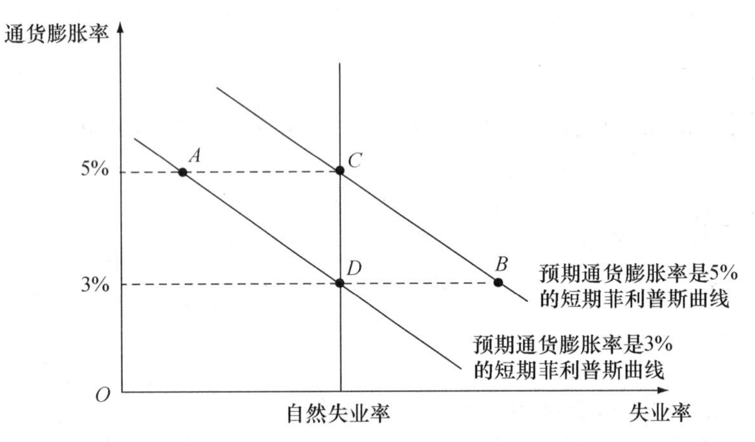

2.【考查要点】 影响菲利普斯曲线移动的因素。

【参考答案】 (1) 工资合同期限变短会使衰退有所缓和。因为工资合约期间变短使得工人能尽快对新的政策调整预期,使得短期总供给曲线和短期菲利普斯曲线能较快地调整到经济的长期均衡位置。(2) 很少有人相信中央银行降低通货膨胀的决心会使衰退更加严重。人们的预期调整很慢,短期总供给曲线和短期菲利普斯曲线调整到经济长期均衡位置的速度较慢。(3) 通货膨胀预期迅速地对实际通货膨胀作出调整会缓和降低通货膨胀引起的衰退。这样短期总供给曲线和短期菲利普斯曲线调整到经济长期均衡位置的速度较快。

3.【考查要点】 降低通货膨胀的代价。

【参考答案】 中央银行认为当实际失业率为5%时,自然失业率是4%。中央银行认为现在的失业率高于自然失业率,其会采用扩张的货币政策降低失业率。随着货币供给的增加,失业率达到了4%,但是此时人们会调整预期,通货膨胀率会继续增加。当中央银行发现失业率与通货膨胀率同方向变化时,会认识到其对自然失业率的信念是错误的。

(六) 拓展思考题

1.【考查要点】 短期菲利普斯曲线和长期菲利普斯曲线的移动。

【参考答案】 (1) 自然失业率上升会使长期菲利普斯曲线向右移动。由于较高的失业意味着生产物品与服务的工人较少,因此在任何一种既定的物价水平时,物品与服务的供给量也少了,而且长期总供给曲线将向左移动。这样,经济就在任何一种既定的货币增长率和通货膨胀率时面临较高的失业和较低的产量。

（2）进口石油价格下降使短期菲利普斯曲线向左下移动。进口石油价格下降降低了生产许多物品与服务的成本，它增加了在任何一种既定物价水平时的物品与服务供给量。供给增加使总供给曲线右移，物价水平下降，而产量增加。由于需要较多的工人来生产较多的产量，就业增加，失业减少。由于物价水平较低，通货膨胀率也较低，总供给移动引起较低的失业和较低的通货膨胀，短期菲利普斯曲线向左下移动。

2.【考查要点】 预期对菲利普斯曲线的作用及降低通货膨胀的代价。

【参考答案】 （1）为了降低通货膨胀率，中国人民银行必须实行紧缩性货币政策。如下图所示，当中国人民银行放慢货币增长率时，它就紧缩了总需求。总需求减少又减少了企业生产的物品与服务量，而这种生产减少引起了就业减少。经济开始在图中的 A 点，并沿着短期菲利普斯曲线移动到 B 点，这一点是较低的通货膨胀和较高的失业。随着时间推移，当人们懂得了物价的上升会较缓慢时，预期通货膨胀和短期菲利普斯曲线都向下移动，经济从 B 点移动到 C 点，通货膨胀降低而失业又回到其自然率。

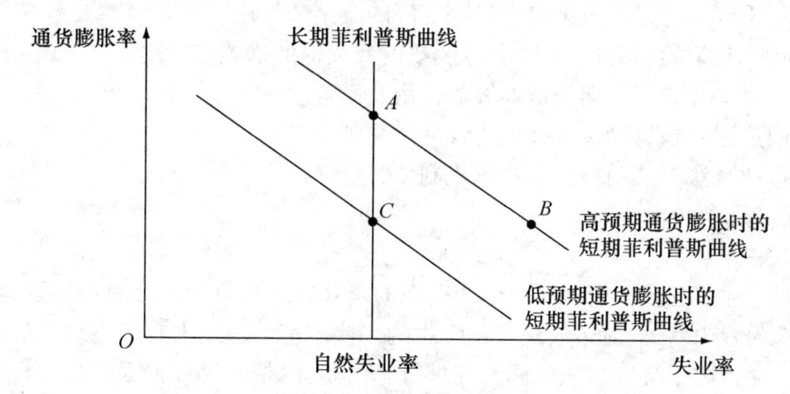

（2）预期通货膨胀的调整速度决定了反通货膨胀政策的短期代价。如果理性使人们能够根据中国人民银行的反通货膨胀政策迅速降低通货膨胀预期，短期菲利普斯曲线将向下移动，经济将很快达到低通货膨胀，而没有暂时高失业和低产量的代价。所以中国人民银行树立可信任的反通货膨胀承诺可以减少反通货膨胀的短期代价。

第36章
宏观经济政策的六个争论问题

一、学习精要

(一) 教学目标

1. 领会货币政策与财政政策对于稳定经济的意义和作用。
2. 了解货币政策的相机抉择机制,以及政府反衰退的措施。
3. 理解通货膨胀对于长期经济发展的作用及影响。
4. 掌握政府财政预算对于社会稳定及社会福利的影响。
5. 掌握修改税法对鼓励储蓄的影响机制。

(二) 内容提要

本章主要论述了现阶段宏观经济学中存在的宏观经济政策的六个争论问题,以之前所学的宏观经济学内容为基础,对于宏观经济学中的一些敏感问题及未有明确结论的问题进行了细致的讨论。在讨论中分别从正反两方面进行了论述,以帮助读者根据自身信息作出有效的决策和判断。

1. 货币政策与财政政策决策者应该试图稳定经济吗

(1) 正方:决策者应该试图稳定经济。正方认为决策者应该试图稳定经济,否则经济就会倾向于发生波动,这种波动尤其在经济衰退时更明显。经济衰退会导致家庭与企业减少支出,从而减少社会总需求。总需求减少又导致社会生产减少,失业上升和收入减少又会强化经济衰退的预期,从而加重经济衰退。宏观经济学理论认为,决策者可以利用货币政策和财政政策减轻经济波动的影响,甚至"熨平"经济周期。正方认为只要通过"逆经济变动的风向行事"就可以实现稳定经济的目标。

(2) 反方:决策者不应该试图稳定经济。虽然理论上货币政策与财政政策可以稳定经济,但在实践过程中存在重大障碍,影响政府政策的效用,甚至会加重初始的经济衰退。货币政策和财政政策的实施与生效存在一个相当长的时滞。另外时滞问题在外部经济因素未发生较大转变时对于政策效用的影响不大,但在外部经济因素发生重大转变时就会影响政策的效用,甚至会起到反作用。

2. 政府反衰退应该增加支出还是减税

(1) 正方:政府应该增加支出来反衰退。宏观经济学理论认为,除积极的货币政策外,通过减税和增加政府支出都可以有效增加总需求。传统的凯恩斯主义者认为,后者比前者更有潜力。减税增加家庭和个人的可支配收入,但由于存在储蓄,可能使减税效力漏出;增加政府支出则直接增加了总需求,不存在效力漏出。通过美国政府的历史实践,决策者认为增加政府支出应集中于以下三类:基础设施建设;政府援助;转移支付等。

(2) 反方:政府应该通过减税来反衰退。反方认为减税不仅对总需求而且对总供给都有重要影响。同时增加支出的反衰退措施会引起理性消费者未来增加高税收的预期,从而引起税收的无谓损失,因此政府增加支出的乘数效应会受到影响。另外政府扩大支出的选择和使用过程是以集中决策为特征,很容易引起低效率甚至是腐败,这一点不如通过减税让个人与家庭提高收入进行个人决策更有效率。

3. 货币政策应该按规则制定还是相机抉择

(1) 正方:货币政策应该按规则制定。主要是因为相机抉择存在两个问题:其一是货币政策相机抉择存在无法限制能力不足和滥用权力的情况,由此还会引发政治性经济周期等问题;其二是货币政策相机抉择所引起的通货膨胀会高于合意的水平。正方认为避免相机抉择引发的两个问题的方法就是政府央行必须服从于政策规则。

(2) 反方:货币政策不应该按规则制定。反方承认货币政策相机抉择存在一些缺点,但认为其同时也具备更显著的优点,即灵活性。反方认为经济活动的许多情况都是未知的或不可预测的,因此相机抉择的灵活性就体现出重要的作用。同时反方认为相机抉择存在的两个问题被夸大了,在实际中并不明显,甚至相较于灵活性的优点可以忽略。最后明确的规则本身需要详细的说明和解释,这本身就面临着实践的高成本。

4. 中央银行应该把零通货膨胀作为目标吗

(1) 正方:央行应该把零通货膨胀作为目标。因为通货膨胀本身不仅没有好处,而且还会为经济发展带来较高的通胀成本。尽管宏观经济学认为短期内存在“菲利普斯曲线”效应,但就长期来看降低通货膨胀是一项暂时有成本、长期有好处的政策。另外零通货膨胀在央行政策中是较自然的通货膨胀率值。

(2) 反方:央行不应该把零通货膨胀作为目标。主要是因为相对于零通货膨胀下的物价稳定好处,温和的通货膨胀对于经济发展更有利。零通货膨胀的成本较大,同时正方所提及的通货膨胀成本并不大,而且可以通过其他的政策降低和化解。

5. 政府应该平衡其预算吗

(1) 正方:政府应该平衡其预算。原因主要有直接影响和间接影响两种。直接影响是指政府债务不仅增加了一代人的负债,而且还增加了下一代甚至几代人的负债,同时降低了后代的生活水平;间接影响体现在预算赤字可能造成负的公共储蓄,使社会生产减缓甚至停滞。尽管如此,正方也认为有些情况下的政府预算赤字是合理的,比如说战争等。

(2) 反方:政府不应该平衡其预算。主要因为三点:其一是政府债务问题被夸大了,相对于年收入而言,每个人分担的债务占比非常小;其二是政府预算的用处涉及公共投资等社会福利问题,削减公共投资必然会导致社会总福利水平下降;其三是不能单纯地、孤立地看待政府预算赤字问题,应与具体的情况结合。

6. 应该为了鼓励储蓄而修改税法吗

(1) 正方:应该为了鼓励储蓄而修改税法。正方认为一国的储蓄率是其长期繁荣的关键决定因素,基于“人们会对激励作出反应”的原理,政府应该为鼓励储蓄而进行税法修改。但目前美国的税制反而更加抑制了储蓄,因此必须对税法进行修改。

(2) 反方:不应该为了鼓励储蓄而修改税法。主要是因为增加储蓄并不是税收政策的唯一目标,除此外还应当保证税收负担公平分配。高收入家庭与低收入家庭在鼓励储蓄和负担公平两方面不可兼得,因此可以采用其他方法鼓励储蓄而不是通过修改税法来实现。

7. 结论

本章所讨论的六个问题在实际中并没有定论,每位读者必须根据自身了解的信息进行实际的判断。但正如教材中所提到的:“如果他们说的好像是要给你提供免费午餐,那么你一定要找一找隐藏着的价格标签。”

(三) 关键概念

1. 逆风向行事:在宏观经济学中用作采用稳定总需求的政策的比喻。
2. 不稳定政策:使产量背离长期自然率的政策。
3. 政治性经济周期:由于决策者本人与参与竞选的政治家联盟而引起的经济波动。
4. 政策的前后不一致:政策宣告与政策行为的不一致。
5. 相机抉择:决策者没有指导方针而依据具体情况作出选择的政策。

(四) 拓展提示

1. 在第三个争论中,正方与反方讨论的并不是货币政策是应按规则制定还是相机抉择的两选问题,而是多大程度上减少相机抉择权力使用的问题。因此第三个争论正反方之间并不存在相互对立的观点,读者在学习过程中需要注意。

2. 在第五个争论中,双方对于政府平衡预算的问题也存在着一个基本的认知,即适度的预算赤字对于经济和社会发展具有一定的推动作用。双方争议的焦点在于预算赤字的规模问题。

3. 本章中对于六个争论问题的正、反方的理由分别进行了阐述,但是在具体的实践中仍不足以支撑读者作出明确的判断和决策。

二、新闻透视

(一) 新闻透视 A

中国进一步放松货币政策　外媒:2015 年或有两次降息

外媒称,在一份报告显示中国工业企业的利润出现两年来最大降幅之际,中国央行自7月以来首次停止正回购操作,进一步放松货币政策。

据彭博新闻社网站11月27日报道,中国人民银行当天没有进行任何公开市场操作。这家央行日前采取了2012年以来的首次降息行动。央行上一次暂停正回购是在7月21日。正回购可以从银行系统吸收资金。

渣打银行驻香港的策略分析师刘洁表示,中国央行“十分有可能”在12月开始通过逆回购向金融体系注资。

中国人民银行在11月20日将14天期正回购规模减半至100亿元人民币,25日再次降至50亿元,同时合同利率也下降20个基点,至3.2%。央行11月21日将基准一年期贷款和存款利率分别下调0.4个百分点和0.25个百分点,以支持经济发展。

彭博新闻社的调查显示,中国国内生产总值2014年预计将增长7.4%,低于过去十年

10.2%的平均值。27日的政府数据显示,10月份中国规模以上工业企业利润同比下降2.1%,这是2012年8月以来的最大降幅。

澳新银行驻上海的经济学家周浩说,停止正回购是"前一周削减利率后可以预料到的举动"。"市场利率总体来说保持黏性。这反映了中国当局正面临的政策困境,因为仅通过降息并不能够管理市场预期。"

汇丰银行经济学家屈宏斌和王然11月24日发表报告称,到2015年中期,中国央行可能还会有两次降息,每次下调25个基点。明年,银行的存款准备金率预计将会累计下调150个基点。

资料来源:参考消息网,http://finance.cankaoxiaoxi.com/2014/1129/581021.shtml,2014年11月29日。

【关联理论】

货币政策是指中央政府为达到某种特定的目标,通过中央银行对货币供给量、信贷量、利率等进行调节和控制而采取的政策措施。在众多的货币政策工具中,主要的政策工具包括存款准备金率、再贴现率和公开市场业务。另外,选择性补充政策包括调节信用,其中包括调节利息率。适当的货币政策可以有效地缓解甚至扭转经济发展的趋势。

【新闻评析】

目前中国经济增速处于下行通道中,能否止住甚至扭转下行趋势,是政府首要关注的问题。经济增速下行本身是经济自我调整的正常手段,经济周期理论也告诉我们市场经济具有自我调节的功能。但是在经济周期的调整过程中必然会出现一些非市场能控制的问题,如失业率上升、工业企业倒闭等问题,这些问题不仅关系到中国的经济发展趋势,而且关系到社会安全等问题,因此中央政府必须采用一定的政策措施,调整中国目前的经济发展环境,进而止住或扭转目前的经济发展趋势。可见,中国政府处于争论一的正方,即认为货币政策与财政政策的决策者应当试图稳定经济,不可任由市场经济进行突发式的自我调整。

中国人民银行进一步放松货币政策的目的在于降低企业的融资成本,以此促进中国工业企业的进一步发展。另外央行还可能通过逆回购向金融体系注资,此做法的目的在于丰富各商业银行的资金存量,促使商业银行扩大信贷规模,进一步降低贷款利率,以更低的利率向工业企业注资,促使其恢复活力,实现产业调整和进一步发展。央行在调整银行贷款利率(0.4个百分点)的同时,为了能够保证商业银行的盈利能力,同时也降低了存款利率(0.25个百分点)。因此可以预期的是储户对于更低的存款利率没有更大的兴趣,资金的流向可能通过其他途径而不仅仅是银行流向实体经济,如股市、理财产品等。

中国政府稳定经济的意图很明显,但仅依靠一次小幅度的降息并不能达到稳定经济的目标,中国政府后续的货币政策和财政政策可能更密集(也难怪外媒会预测2015年可能会再降息),这对于中国经济稳定是有利的。但是一旦市场形成一定的预期之后,中国政府的货币政策和财政政策的效应就会大打折扣。

(二)新闻透视B

央地收支矛盾凸显　年底大花钱难免　赤字欲增5000亿元

"金融业'营改增'最晚2015年年底或者2016年年初开始实施,而最早的实施时间可能定为明年10月1日。”普华永道中国内地及香港地区间接税主管合伙人胡根荣近日在接受媒体采访时表示。

财政部提示:受经济下行压力仍然存在、扩大“营改增”增加减税、去年收入基数逐步提高等影响,中央财政收入增长仍较困难,地方部分省份收入增幅有可能回落,全国财政收支差将逐步拉大,在赤字率不变的情况下,赤字规模增加成为大概率事件。

中国社科院财经战略研究院院长高培勇认为,按照当前积极财政政策逻辑,预计规模在今年13 500亿元基础上,将增加5 000亿元的规模,区间在13 500亿—19 000亿元。

“‘营改增’将为金融行业带来利好。金融保险行业采购所产生的增值税进项税额可以获得抵扣,这将减轻重复征税问题。”尽管这被胡根荣视为行业利好,但是对于财政,尤其是地方财政而言,“营改增”扩围直接影响的就是政府税收。

国家税务总局公布的统计数据显示,中国营业税改征增值税试点启动以来,全国已累计减税3 276亿元。

不仅是金融业,后续生活性服务业的“营改增”方案或也将在年底前出台,而建筑业、房地产业的“营改增”最早于明年1月1日起施行。

毋庸置疑的是,随着明年年底“营改增”的全部完成,地方政府将面临巨大的税收缺失。

眼下,中央财政收入的增速正在放缓。财政部发布的数据显示,1—10月中央财政收入同比增长6.6%,比1—9月累计增幅提高0.6个百分点,但比预计增幅(7%)低0.4个百分点。

在土地财政不能长久的前提下,地方政府税收的减少,意味着需要控制其支出规模。

财政部数据显示,1—10月累计,全国财政支出113 549亿元,比去年同期增加11 510亿元,增长11.3%,完成预算的74.2%,其中,中央财政本级支出17 572亿元,同比增长9.2%,完成预算的78.1%;地方财政支出95 977亿元,同比增长11.7%,完成预算的73.8%。

从以上数据也可看出,中央和地方的财政支出并没有减少的迹象。

“地方政府减税背后其实是减支,如果支出没有变化,那么减少的税收只能依靠增加赤字来弥补。”高培勇表示。

资料来源:杜丽娟,中国经营报(宏观版),2014年12月1日。

【关联理论】

简而言之,财政赤字是一国政府财政支出大于财政收入而形成的差额。财政政策是一国政府维持或刺激经济增长的一种常见工具和手段,因而政府财政支出必然会出现较大的增长。在财政收入保持不变或持续减少的情况下,极易形成财政赤字。财政赤字是目前各国政府普遍存在的现象,也是政府宏观调节市场经济的必然结果。

【新闻评析】

一国政府在宏观调节国内市场经济平稳发展的过程中必然会产生财政支出,比如兴建基础设施、进行大规模开发等项目。一般情况下,财政支出产生政府的债务,其债权则掌握在央企、私人单位甚至自然人手中。政府的财政支出产生的债务需要由政府的财政收入进行偿还,由于政府的财政收入主要来源于税收,因此税收能力就成为一国政府还债能力的直接体现。

简单来说,政府的税收能力越强,其还债能力越强,财政赤字越不可能对长期的经济发展造成负面影响;政府的税收能力越弱,其还债能力越弱,财政赤字越可能对长期的经济发展造成负面影响。由于中国经济下行的压力较大,因此政府的税收能力下降,财政收入增加放缓。

在财政赤字比率保持不变的情况下,财政赤字的规模必然会越来越大。

新闻中的数据也显示出中国中央政府和地方政府的财政支出并未出现减少的迹象,因此在税收减少的情况下,为保证财政赤字规模减小则必须减小财政支出的规模。但就目前来看,由于前期中央及地方政府的赤字规模基数较大,快速地减少财政支出的做法并不现实,地方债务危机也初现端倪。政府赤字作为政府债务,应该被重视,而不能简单地用后人的税收弥补前人的损失,尤其是在财政赤字不断扩大的背景下。中国政府的财政赤字规模主要是由于经济下行压力过大,为了保证总体经济平稳增长而采取的应急措施。因此在"应急"之后,必须找到适当的办法消除债务,否则不仅经济下行压力没有缓解,而且很有可能会出现大规模的政府债务危机。

(三) 新闻透视 C

中国修改《个人所得税法》 个税起征点调至 3 500 元

十一届全国人大常委会第二十一次会议 30 日表决通过关于修改个人所得税法的决定。法律规定,工资、薪金所得,以每月收入额减除费用 3 500 元后的余额为应纳税所得额,工资、薪金所得,适用超额累进税率,税率为 3% 至 45%,修改后的个税法将于 9 月 1 日起施行。

十一届全国人大常委会第二十一次会议决定对《个人所得税法》作如下修改:

第三条第一项修改为:"工资、薪金所得,适用超额累进税率,税率为百分之三至百分之四十五。"

第六条第一款第一项修改为:"工资、薪金所得,以每月收入额减除费用三千五百元后的余额,为应纳税所得额。"

这是自 1994 年现行《个人所得税法》实施以来第三次提高个税免征额。2006 年,免征额从每月 800 元提高到 1 600 元;2008 年,免征额从 1 600 元提高到 2 000 元。此次修法涉及的减税额是最大的一次。

4 月,初次审议的个税法修正案草案将起征点由 2 000 元提高到 3 000 元,将现行工资、薪金所得适用的个税税率,由 9 级超额累进修改为 7 级超额累进。本月 27 日,个税法修正案草案提交全国人大常委会再次审议,将超额累进第 1 级税率由 5% 修改为 3%。

资料来源:中国新闻网,http://www. chinanews. com/gn/2011/06-30/3148413. shtml,2011 年 6 月 30 日。

【关联理论】

税收是政府的重要财政收入来源,是政府行使权力的重要保障手段,也是企业法人与自然人应尽的主要义务之一。税法是国家制定的用以调整国家与纳税人之间在纳税方面的权利及义务关系的法律规范的总称,对于一国法人和自然人具有重要的指引作用,因此修改税法会引起较大的经济和社会反应,并且持续时间较为长久。减税是政府扩大总需求的有效措施,也是政府扭转下行经济趋势的重要手段。

【新闻评析】

按照一般的解释,超额累进税率指将应税所得额按照税法规定分解为若干段,每一段按其对应的税率(上升趋势)计算出该段应交的税额,然后再将计算出来的各段税额相加,即为应交纳的个人所得税。所以超额累进税率一般被认为是体现社会公平的一种税收制度。但从起征点的角度来看，如果起征点过低的话，承担个税的主体仍是低收入者。高收入者的税收绝对值较高，但相对来说仍比低收入者的税收轻松，因此个人所得税的起征点高低关系到社会公平。

从历次个税起征点修改来看，本次修改是幅度最大的一次，之前起征点分别是 800 元、1 600 元和 2 000 元。随着中国经济在前期的快速发展，社会底层人民的平均收入也出现了较快速的增长，很明显以 800 元、1 600 元、2 000 元为个税起征点已经不能将低收入者从个税征收主体中排除，自然也就无法体现税收公平。政府修改税法，提高个税起征点，一方面可以体现税收公平，维持低收入人群的生活水平和生活质量；另一方面个人可支配收入的提高使储蓄意愿强烈，为市场经济发展提供了较丰富的资金，并有效地降低了企业的融资成本。因此中国政府提高个税起征点的做法不仅对个人是一件好事，而且对市场经济微观主体也具有较积极的影响；不仅在短期内可以收到成效，而且在长期内可以有效地促进经济发展。

三、案例研究

（一）案例研究 A

财政赤字对中国经济有什么影响？

财政赤字对中国经济有什么影响？由于财政赤字是一种客观存在的经济现象，因此关于财政赤字对经济的影响有着许多不同的争论。亚当·斯密和萨伊等经济学家都反对财政赤字，直到凯恩斯的出现才彻底改变人们对赤字一贯错误的看法。人们不能单纯地认为赤字是好是坏，而应该结合不同的时期、不同的经济制度，去分析财政赤字真正发挥的作用。

我们都知道财政赤字发生作用的机制是通过收入小于支出，从而通过不同的弥补方式形成流通中货币量增加的机制和社会总需求扩大的机制。判断这种机制到底发挥积极还是消极的作用必须结合当时所处的环境。财政赤字在一定条件下会表现出好的一面，促进经济的发展，但是在另一种条件下也许就会表现出坏的一面。

结合中国的具体国情和经济制度，在改革开放这三十多年里，财政赤字对中国国民经济的影响是积极的。改革开放以来，中国建立了社会主义市场经济体制，使中国的经济保持了相对稳定和高速的增长，这个过程中，我们不得不承认，财政政策和财政赤字起到了关键的作用。很多专家分析了中国这三十多年的历程，得出的结论是如果没有财政赤字，那么中国的经济增长率将下降一定的百分点，这个结论不无根据。从中国的经济体制方面出发，改革开放之后中国变计划经济为市场经济，这无疑是个非常正确的决定，社会主义市场经济极大地促进了国民经济的发展，但是由于中国刚刚实行这个制度，以及其他外部因素等原因，使中国市场经济并不完善，市场配置社会资源的功能没有充分发挥，这也就说明社会上存在着一些资源并没有得到充分利用。这种情况下，财政赤字就起到了举足轻重的作用，财政赤字帮助政府有效地集中和动员了大量的社会资源，扩大内需，促进经济的快速发展。

由于发行公债只是部分社会资金使用权的暂时转移，不会引起通货膨胀，因此在 1994 年以后，中国一律通过发行公债来弥补财政赤字。发行公债在一定程度上促进了国民经济的发展。

我们都知道，公债最大的特点就是保障性强，所以购买公债的人群基本上是为了获取稳定的债券利息收入的人群,以老年人和社会保障比较低的人群为主,这类人最大的特点就是求稳,平时有钱不花,所以他们手中的资金大多数情况下是闲置资金,闲置资金越多就说明社会资源没有得到充分利用,所以政府通过发行公债获取这部分闲置的资金,将这部分资金集中起来,运用到其他经济领域,使资源能够得到充分利用,促进经济又快又稳发展。

除此之外,改革开放以来,财政赤字对中国经济的影响还有很多不同的形式,总体来说都是促进中国经济发展的,财政赤字在中国现阶段的经济运行中已经不断化为一种经济政策,即赤字财政政策,赤字财政政策不断成为中国现阶段经济运行中促进经济增长和抑制通货膨胀的政策工具。由此,财政赤字将会长期存在于中国现阶段社会主义市场经济的运行之中,因为它一定会对中国经济产生长期的积极的影响。

资料来源:金投外汇网,http://forex.cngold.org/school/c2868957.html,2014年11月10日。

【关联理论】

财政赤字是一国政府财政支出大于财政收入时形成的差额,反映了一国政府的财政收支状况。在现阶段财政赤字已经从被动的显示工具发展为政府主动干预国家经济的重要手段,也是一种世界性的财政现象。各国政府在初期或多或少地以减少财政赤字为目标,但在实际干预宏观经济的过程中则保持着一种弹性的空间,即将财政赤字稳定在一定的规模而不是彻底地消除财政赤字,这是因为财政赤字对于一国经济的发展具有重要的意义。

【案例解剖】

通俗地讲,财政赤字就是"今天花明天的钱,爷爷花孙子的钱"。从单独一代人的角度来看,财政赤字并不合理,让后代人背负前代人的债务;但从国家长远发展角度来看,只要能够维持政权稳定,这种财政赤字并不会出现太多的负面影响,前提是财政赤字保持在一定的规模以内。财政赤字对于宏观经济的影响有利也有弊。

财政赤字将现期货币转化为投资,降低了国民储蓄规模,从而推高了实际利率水平并导致私人投资减少。投资减少又会导致实际生产过程中劳动生产率低下及社会总供给减少。同时政府为了兑现远期的债务必然会增加远期国民的税收,所以财政赤字会使现期社会总消费处于较低的水平,远期的税收处于较高的水平,这对于后代人是不公平的。

财政赤字体现出政府干预经济的能力和手段。由于市场具有局限性,因此政府干预就成为稳定社会经济发展的重要手段。一般认为政府在公共产品领域必须作为供给方,这些公共产品不仅对当代人的生活水平有着重要的促进作用,而且对于经济的长期稳定发展也具有重要的影响。因此现期通过财政赤字提供公共物品的做法是符合国家整体经济发展的需求的,也能在一定程度上符合国民提升生活水平的需求。

中国财政赤字政策对于经济发展具有重要的推动作用,案例中认为"如果没有财政赤字,那么中国的经济增长率将下降一定的百分点",这一点是大多数经济学者的共识。所以再次重申中国政府对于财政赤字应该持有的态度:财政赤字对于中国经济发展具有重要的促进作用,应将财政赤字维持在一定的规模内而不是现期平稳财政赤字。

(二)案例研究B

"中国储蓄率世界第一"数据再引关注

最近,一项"中国储蓄率世界第一"的数据再次引发社会关注。国务院发展研究中心研究员吴敬琏日前表示,中国最近几年储蓄率在50%左右,居世界第一,但居民储蓄率只是20%左右。储蓄高主要表现在政府和企业,而非居民。造成这个局面的根本原因在于市场体制存在缺陷。另有专家指出,企业储蓄率高暴露出在一次收入分配中,企业回报多、劳动者回报少的痼疾,致使消费不振,加剧了经济结构失衡。将更多政府和企业收入转化为普通居民的收入成为当务之急。

居民储蓄率仅为20%

中国的高储蓄率世界闻名。2013年9月,中国居民储蓄连续3个月突破43万亿元,人均储蓄超过3万元,为全球储蓄金额最多的国家。

长期以来,舆论普遍认为高储蓄率源于中国百姓爱存钱的习惯。然而,事实证明这种认识有很大偏差。实际上,中国国民的高储蓄率中,有很大一部分是政府和企业储蓄高导致的。

吴敬琏指出,国民储蓄分三个部分,一般国家都以居民储蓄为首,然后是企业储蓄、政府储蓄,而中国的储蓄结构却刚好相反。"中国储蓄主要是政府储蓄和企业储蓄,而不是居民储蓄。"他说。

统计显示,从1992年到2012年,中国国民储蓄率从35%升到了59%,其中,政府储蓄率和企业储蓄率翻了一番,但居民储蓄率却没有变,1992年为20%,2012年依然是20%。

根子在投资分配体制

高储蓄率曾支撑了中国独特的经济增长模式——高投资、高进出口规模,为中国经济发展作出了应有贡献。但在加大消费比重,调整投资和出口为导向的经济结构的今天,高储蓄率的弊端越来越明显。

"高储蓄率致使经济结构失衡。总储蓄大于总投资,多的部分只能靠出口消化,导致了出口导向型的经济模式;同时,高储蓄也抑制了消费,不利于扩大内需。"中国国际经济交流中心信息部部长徐洪才对记者说。

造成中国高储蓄率的原因很多。专家指出,普通劳动者家庭收入增长缓慢、内需不足、社会保障不充分和预期不稳定等,都使居民非常看重储蓄。

此外,投资渠道少也是居民高储蓄的原因之一。"从结构和数据来看,市场投资主体主要是政府和企业,民间的投资渠道则很窄。"吴敬琏指出。

吴敬琏说:"2009年4万亿投资是主要给了国企,而且主要是央企,10万亿贷款主要给了谁呢?还是国企,是央企,以至于有些央企感觉负担很重,拿到这么多钱怎么办呢?结果纷纷成立房地产公司,就出现这个情况。"

"所以,根本的问题还是在体制上。不同的所有制企业获取要素的能力是不一样的,要素中最重要的就是资本要素。另外一个问题,就是我们的资本市场很不正常,不是一个建立在规则上的真正市场,因此才出现这样的问题,根本的出路是改革。"吴敬琏强调。

提高国企分红比例

解决国民储蓄率高的问题,除拓宽投资渠道,加大对居民的社保、医疗卫生和教育领域的投入外,更重要的是提高居民收入。其中,扩大国企对全民的分红比例,能起到降低储蓄率和调整经济结构的双重作用。

"企业储蓄率高,有很重要的原因是企业,特别是国企利润对全体公民分红过低,大部分企业利润趴在账上,俗话说'肉烂在了锅里'。"徐洪才指出。

徐洪才说,当前,在一次收入分配中,存在企业利润厚、劳动者收入薄的问题。有些国企旱涝保收,利润丰厚,成为特殊利益集团,集团内部福利丰厚。这"一厚一薄"抑制了居民消费,使内需不足,造成产能过剩,导致经济结构以投资和出口为主,消费不振。

现在,要调整经济结构,提高消费比重,就要提高百姓收入。"提高百姓收入就要降低国企储蓄率,把更多的钱从银行拿出来给大家分红。"徐洪才认为,要改革国有资产管理体制,保障国有资产出资人——全体公民的利益。

还有专家建议,政府要加大转移支付力度,增加在公共服务和民生领域的消费支出,人大和社会公众要加强对政府预算的监督,将更多政府收入转化为普通居民的收入。

资料来源:中研网,http://www.chinairn.com/news/20140428/102236208.shtml,2014年4月28日。

【关联理论】

储蓄率是指私人储蓄与公共储蓄之和除以国内生产净值。国民储蓄率则指个人和部门的储蓄、公共储蓄(公共赤字)两者之和与GDP的比值。储蓄率越高说明用于国家经济发展和转型的资金越充裕,因此对于发展中国家及新兴经济体而言,较高的储蓄率说明经济发展的前景较好。

【案例解剖】

储蓄率的高低对于国民经济的发展具有重要的影响,同时也是国民经济长期发展前景的风向标之一。中国储蓄率(约50%左右)一直处于全球第一说明可以用于经济发展和投资的资金较为丰富,但储蓄率较高也说明现期的消费较少,对于长远的经济发展并不是好消息。因此把储蓄率的高低看作经济发展的重要甚至唯一的风向标是不正确的,我们必须对高储蓄率背后的原因进行深入分析,以确保高储蓄率可以成为中国长期经济发展的有利因素。

本案例认为,中国较高的储蓄率中主要是由公共储蓄部门拉动的,占据消费主力的居民的储蓄率则较低。这种情况说明了两点:一是在国民财富的第一次分配中部门占据了更大的比例,从而使得部门储蓄率偏高;二是在国民财富的第二次分配中没有给予居民更多的转移,导致居民的储蓄率较低。针对这两个原因,本案例认为应当从两个方面进行调整:一是调整投资分配体制,在第一次分配过程中减少部门经济主体的分配比例,偏向于居民;二是增加国企的分红比例用于居民的社会保障体系建设,以此减少居民储蓄的压力,转向增加消费,从而更长远地支撑国民经济的发展。

所以综合来看,中国的储蓄率不是太低,而是太高了,因此不主张政府为了提高储蓄率而修改税法。就目前来看,中国政府应主张通过收入分配制度的改革而不是单纯地修改税法来增加居民的投资收益,扩宽居民投资的渠道,提高居民的消费意愿。

四、课外习题

(一)术语解释

1. 逆风向行事
2. 不稳定政策
3. 政治性经济周期
4. 政策的前后不一致
5. 相机抉择

(二) 单项选择

1. 当总需求不足以确保充分就业时,决策者不应(　　)。
   A. 降低物价　B. 增加政府支出　C. 扩大货币供给　D. 减税
2. 传统的凯恩斯主义分析表明,(　　)是一种比减税更有潜力的工具。
   A. 减少政府采购规模　B. 提高所得税起征点
   C. 增加政府采购规模　D. 降低所得税起征点
3. 在经济周期期间,(　　)是 GDP 中最易变化的组成部分。
   A. 进口贸易　B. 投资支出　C. 消费支出　D. 出口贸易
4. 高收入家庭的储蓄占其收入的比例(　　)低收入家庭的储蓄占其收入的比例。
   A. 不确定　B. 高于　C. 等于　D. 低于
5. 某政府增加了对老年人的社会保障补助,那么现在的年轻人可能(　　)。
   A. 政府储蓄增加　B. 家庭消费减少　C. 增加私人储蓄　D. 减少私人储蓄
6. 政府对于一些资本收入(如股票分红等)实行(　　)。
   A. 单次征税　B. 双重征税　C. 三重征税　D. 四重征税
7. 货币政策的一般性工具不包括(　　)。
   A. 公开市场业务　B. 存款准备金率　C. 汇率　D. 再贴现率
8. 下列政策中,(　　)是把老年人的收入再分配给年轻人。
   A. 预算赤字增加　B. 更少的教育贷款补贴
   C. 增加高速公路投资　D. 社会保障补助增加
9. 在某种程度上,中央银行领导人与政治家结盟,相机抉择政策就会引起反映大选日程的经济波动,这种波动被称为(　　)。
   A. 紧缩性经济周期　B. 扩张性经济周期
   C. 契约性经济周期　D. 政治性经济周期
10. 假设政府通过消减公共投资,例如教育的支出来减少预算赤字,当这一代年轻人成为劳动力时,(　　)。
    A. 政府债务将减少　B. 政府税收将负担增加
    C. 生产效率将提高　D. 其收入将提高
11. 在应对衰退的方法中,(　　)的优点在于分散了支出决策。
    A. 增加财政采购　B. 减税　C. 增加基础投资　D. 增加企业补贴
12. 某政府鼓励家庭进行储蓄,这对于宏观经济发展是(　　);某政府鼓励家庭进行消费,某家庭厉行节约,这对于该家庭是(　　)。
    A. 有利的;不利的　B. 不利的;不利的　C. 有利的;有利的　D. 有利的;不利的
13. 对于真实的市场经济,(　　)是最有利的。
    A. 通货紧缩　B. 零通货膨胀　C. 温和通货膨胀　D. 恶性通货膨胀
14. 生活水平取决于(　　),而不取决于倾向政策。
    A. 税率水平　B. 生产率水平　C. 利率水平　D. 汇率水平
15. 国民储蓄包括(　　)。
    A. 居民储蓄和政府储蓄　B. 私人储蓄和公共储蓄
    C. 居民储蓄和企业储蓄　D. 企业储蓄和政府储蓄

(三) 判断正误

1. 降低通货膨胀率是一项暂时成本较低、远期成本较高的政策。(　　)

2. 当家庭和企业变得悲观时,它们就增加支出,从而增加了物品与服务的总需求。(　　)

3. 若一国政府在增加基础教育投资时资金不足,可以通过发行债券的方式筹集资金。(　　)

4. 一个国家政府储蓄越多,对于经济增长越有利。(　　)

5. 货币政策和财政政策能够立即对经济产生影响,这也是政府频繁采用货币政策和财政政策干预经济的原因。(　　)

6. 政府扩大财政支出可以缓解宏观经济衰退趋势。(　　)

7. 市场经济具有自我修复的能力,因此所有的政府干预都会扭曲经济的发展,甚至使经济发展倒退。(　　)

8. 对家庭而言,拥有的资产越多越好,因此储蓄越少越好。(　　)

9. 零通货膨胀目标的一个优点是给决策者提供了一个比任何其他数字都更自然的聚焦点。(　　)

10. 预算赤字代表了负的公共储蓄。(　　)

(四) 简答题

1. 货币政策的决策者在采用相机抉择的过程中可能存在哪些问题?并提出一条解决问题的对策。

2. (1) 通货膨胀如何使真实利率可能为负?

(2) 请列举并解释通货膨胀带来的成本有哪些。

3. 如果用消费税取代所得税,并精心选择税率使普通人的税收负担不变。谁会受益?谁会受损?为什么?

4. 请阐述"货币政策不应该按规则制定"的支持者的原因。

5. "政府应该平衡其预算"的支持者认为在何种情况下预算赤字是合理的?

(五) 应用题

1. 2011 年中国将个人所得税的征收标准提高至每月 3 500 元人民币,新的七档累进所得税率如下表所示:

级数	全月应纳税所得额 含税级距	税率(%)
1	不超过 1 500 元的	3
2	超过 1 500 元至 4 500 元的部分	10
3	超过 4 500 元至 9 000 元的部分	20
4	超过 9 000 元至 35 000 元的部分	25
5	超过 35 000 元至 55 000 元的部分	30
6	超过 55 000 元至 80 000 元的部分	35
7	超过 80 000 元的部分	45

(1) 据美国职业篮球联盟公布的信息,2014 年职业篮球运动员科比的工资收入为 3 050 万美元,约合人民币 1.89 亿元(汇率按 6.2 计算)。按中国个人所得税的征收标准,科比平均每月的个人所得税为多少人民币?

(2) 据统计,2013 年中国金融业国企高管的平均年薪为 81.2631 万元人民币,请问按中国个人所得税的征收标准平均每月个人所得税为多少人民币?

(3) 据中国国家统计局公布的消息,2013 年全国平均工资为 4.5676 万元人民币,请问按中国个人所得税的征收标准平均每月个人所得税为多少人民币?

2. 假设你今年年初 25 岁,有一份较为稳定的工作。为保证你在 70 岁初退休后可以享受较为舒适的生活,你打算每年支出 10 000 元人民币购买年利率为 5% 的债券(按年复利计算)。

(1) 如果不对利息进行征税,在 70 岁初你的投资可以累积到多少元人民币?

(2) 如果对利息征收 20% 的税,在 70 岁初你的投资可以累积到多少元人民币?

3. (1) 2013 年理财产品的一般年收益率为 5.5%,通货膨胀率约为 2.6%,假设你在年初购买 50 000 元人民币的理财产品。在 2013 年年末你的实际收益率为多少? 在 2013 年年末你的收益的现值是多少?

(2) 如果一种结构性改变减少了对大学行政管理人员的需求,使他们的均衡工资减少了 5%。如果要降低 5% 的实际工资,通货膨胀率是 0 还是 6% 时会更容易? 为什么?

(六) 拓展思考题

1. 请解释"预算赤字的批评者有时断言,政府债务不能永远持续下去,但实际上它可以永远持续下去"。

2. 仔细阅读新闻报道,运用政府对待通货膨胀的相关理论回答两个问题。

英国国家统计局 2014 年 12 月 16 日发布数据显示,由于油价暴跌使得交通运输成本大幅下降,英国 11 月份通胀率从上一个月的 1.3% 降至 1.0%,创 2002 年以来新低。统计局表示,导致当月通胀率下降的主要原因是交通运输成本的下降,特别是汽车燃料、航空运输成本和二手汽车价格的下降。另外,休闲和娱乐商品价格的下跌也是当月通胀率下降的主要原因。数据显示,当月剔除能源、食品、酒精和烟草等商品的核心消费物价指数同比上升 1.2%,升幅低于前一个月的 1.5%。

资料来源:新华网,2014 年 12 月 16 日。

讨论题:

(1) 通货膨胀率较前期下降说明英国的经济发展前景看好还是看衰? 请说明原因。

(2) 如果你是货币政策制定者,请问你会使用何种工具缓解新闻中出现的这种状况?

五、习题答案

(一) 术语解释

1. 逆风向行事:在宏观经济学中用作采用稳定总需求的政策的比喻。

2. 不稳定政策:使产量背离长期自然率的政策。

3. 政治性经济周期:由于决策者本人与参与竞选的政治家联盟而引起的经济波动。

4. 政策的前后不一致:政策宣告与政策行为的不一致。

5. 相机抉择:决策者没有指导方针而依据具体情况作出选择的政策。

(二) 单项选择

1. A 2. C 3. B 4. B 5. D 6. B 7. C 8. C 9. D 10. A 11. B 12. D 13. C 14. B 15. B

(三) 判断正误

1. × 2. × 3. √ 4. × 5. × 6. √ 7. × 8. × 9. √ 10. √

(四) 简答题

1.【考查要点】 货币政策应该按规则制定。

【参考答案】 货币政策运用中的相机抉择存在两个问题:第一个问题是无法限制能力不足及滥用权力;第二个问题是它引起的通货膨胀会高于合意的水平。避免这两个问题的一种方法是要中央银行服从政策规则。

2. (1)【考查要点】 通货膨胀对真实利率的影响。

【参考答案】 名义利率不会为零,因为债权人可以总持有自己的货币而不会以负收益贷出去,因此如果通货膨胀率为零,那么真实利率就永远不可能为负;如果通货膨胀率大于零,那么名义利率低于通货膨胀率时就会产生负的真实利率。

(2)【考查要点】 通货膨胀的成本。

【参考答案】 经济学家认为通货膨胀有六种成本,分别是:与减少货币持有量相关的皮鞋成本、与频繁地调整价格相关的菜单成本、相对价格变动的加剧、由于税法非指数化引起的意想不到的税收负担变动、由于计价单位变动引起的混乱与不方便、债务人与债权人之间任意的财富再分配。

3.【考查要点】 税法修改与储蓄。

【参考答案】 高收入群体会将他们收入的更大比例用于储蓄,因此会从这种变动中受益;低收入群体几乎会把他们所有的收入都用于消费,他们的境况恶化。

4.【考查要点】 倾向政策不应该按规则制定的原因。

【参考答案】 虽然相机抉择具有一定的缺点,但其具有一个重要的优点就是灵活性。灵活性的特点使得政府在面临更复杂的实际经济环境时能够及时作出有效的决策,及时解决经济发展中存在的问题而不是把这些问题进行累积。

5.【考查要点】 预算赤字不得不使用的情况。

【参考答案】 预算平衡的支持者认为有一些情况下预算赤字是合理的,主要包括两种情况:战争和经济活动暂时下降时。但同时认为,并不是所有预算赤字都可以用战争或衰退来解释。

(五) 应用题

1.【考查要点】 个人所得税计算。

【参考答案】 (1) 18 900/12 = 1 575(万元/月)

$$1\,500 \times 3\% + 3\,000 \times 10\% + 4\,500 \times 20\% + 26\,000 \times 25\% + 20\,000 \times 30\% + 25\,000 \times 35\% + 15\,666\,500 \times 45\% = 7\,072\,420\text{(元/月)}$$

（2）812 631/12 = 67 719.25(元/月)

$$1\,500 \times 3\% + 3\,000 \times 10\% + 4\,500 \times 20\% + 26\,000 \times 25\% + 20\,000 \times 30\% + 9\,219.25 \times 35\% = 16\,971.74\text{(元/月)}$$

（3）45 676/12 = 3 806.33(元/月)

$$(3\,806.33 - 3\,500) \times 3\% = 9.19\text{(元/月)}$$

2.【考查要点】 货币政策对储蓄意愿的影响。

【参考答案】 （1）$10\,000 \times (1 + 5\%)^{45} = 89\,850.08$(元)

（2）$10\,000 \times (1 + 5\% \times (1 - 20\%))^{45} = 58\,411.76$(元)

3.（1）【考查要点】 通货膨胀率对货币实际购买力的影响。

【参考答案】 2013 年实际收益率为:5.5% − 2.6% = 2.9%;2013 年年末你的收益的现值为:5 000 × (1 + 5.5%)/(1 + 2.9%) = 5 126.34(元)

（2）【考查要点】 真实变量与名义变量。

【参考答案】 在维持零通货膨胀条件下,行政管理人员需要接受名义工资下降 5%;在 6% 通货膨胀条件下,他们只需要接受名义工资增长 1%。很显然, 第二种情形更可行,因为很多人会有"货币幻觉",只关注名义变量,而不是实际变量。

（六）拓展思考题

1.【考查要点】 政府对预算赤字的态度。

【参考答案】 人口增长和技术进步使国家经济的总收入一起在增长,因此政府支付债务利息的能力也一直在增长。只要政府债务的增长慢于国民收入,就没有什么能阻止政府债务一直增长。

2.【考查要点】 政府应对通货膨胀下降的对策分析。

【参考答案】 （1）看衰。通货膨胀率下降说明英国物价水平上涨的速度变慢,同时也说明英国的经济发展受到较多的负面影响,社会总需求减少,这对于英国远期的经济前景是不利的。

（2）政府为应对通货膨胀率下降的趋势,可以采用积极的货币政策,如通过公开市场买入债券、降低法定存款准备金率和降低再贴现率等手段。